ANDREAS
SCHWIENTEK

DRAUßEN

RUND UM Stuttgart

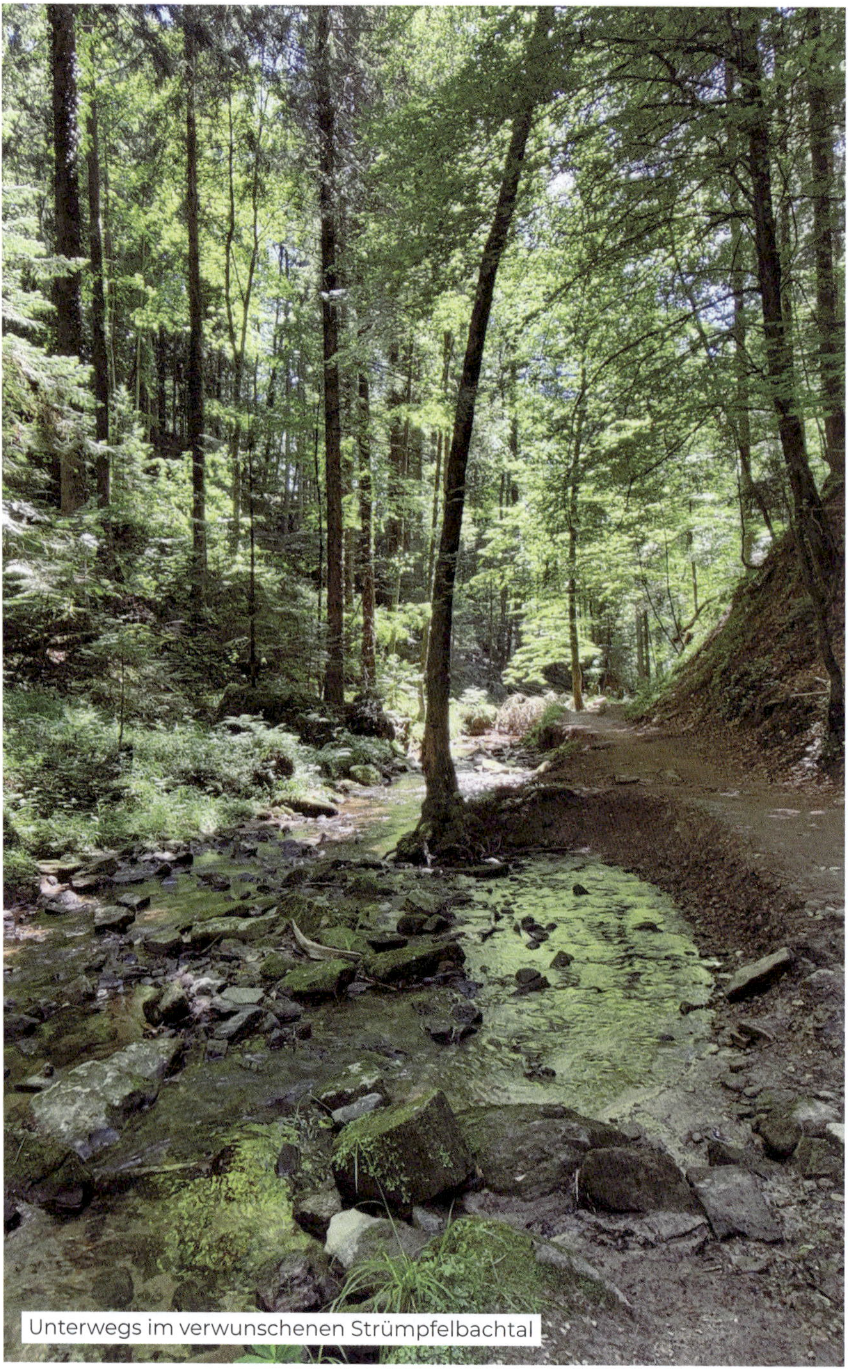

Unterwegs im verwunschenen Strümpfelbachtal

VORWORT

Draußen rund um Stuttgart: Was es hier alles zu entdecken gibt! Wer den Kessel verlässt, der hat die Wahl zwischen einer Fülle an Outdoor-Aktivitäten, für die manch einer extra in den Urlaub fährt. Ob Rund- oder Streckentour, Ein- oder Mehrtageswanderung, Rad- oder Klettertour, Kanufahrt oder Alpaka-Wanderung – all das lässt sich direkt vor der Stuttgarter Haustür erleben. Die einzigartige Natur dieses Landstrichs – mit Gipfeln und Tälern, Wäldern und Weinbergen, Viehweiden und Streuobstwiesen, Bächlein und Flüssen – ist das perfekte Terrain für erlebnisreiche Entdeckungen.

Wie wäre es mit einer Schluchtenwanderung zu den Wasserfällen des Schwäbischen Waldes? Oder einem Ausflug zum Barfußpfad Ötisheim? Es darf eine Nummer größer sein? Vielleicht ein Ausflug zum höchsten Wasserfall der Schwäbischen Alb in Bad Urach? Wer Lust hat, unternimmt eine abwechslungsreiche Erlebnistour in den „Schwäbischen Dolomiten“. Oder man bestaunt den vielleicht schönsten Sonnenuntergang der Alb vom Aussichtspunkt auf dem Breitenstein aus. Mit der Burg Teck direkt gegenüber lockt eine originelle Übernachtungsmöglichkeit für die ganze Familie.

Dass die Alb ein wahres Höhlenparadies ist, kann man bei einem Ausflug zur Nebelhöhle erfahren – und wer schon einmal in der Nähe ist, lässt sich gleich noch vom Besuch des „Märchenschlosses“ Lichtenstein verzaubern. Die Schelmenklinge im Remstal lädt mit ihren Wasserspielen ebenso zu einem Familienausflug ein wie das romantische Siebenmühlental südlich von Stuttgart. Hier werden auch Fans der schwäbischen Küche fündig.

Freunde des nassen Elements kommen bei einer Kanutour auf der Enz auf ihre Kosten. Langstreckenfans nehmen sich den rund um Stuttgart verlaufenden Rössleweg vor. Wer gern in luftigen Höhen unterwegs ist, für den ist der Baumwipfelpfad in Bad Wildbad und die spektakuläre Hängebrücke Wildline das Richtige. Im Nordschwarzwald liegt auch die Hermann-Hesse-Stadt Calw, die mit ihrem Fachwerk-Charme punktet und in deren Umgebung ein „Genießerpfad“ zum Wandern auf den Spuren des Literaturnobelpreisträgers verführt.

Auf bestens ausgebauten Radstrecken lassen sich die ruhigen Täler von Rems und Neckar oder der von Bächen durchzogene Naturpark Schönbuch erkunden. Wie wäre es zum Abschluss einer Neckartal-Radtour mit einer Nachtwächterführung in der Altstadt von Bad Wimpfen? Oder einer Einkehr in einer der vielen urigen Besenwirtschaften nach einer E-Bike-Tour durch die Weinberge des Remstals? – Draußen rund um Stuttgart: Es gibt viel zu entdecken und zu erleben!

Andreas
Schwientek

INHALT

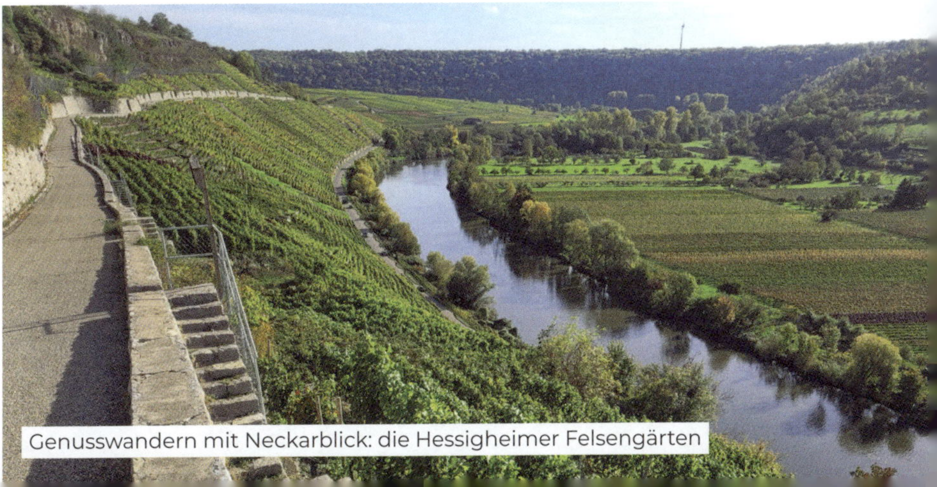

Genusswandern mit Neckarblick: die Hessigheimer Felsengärten

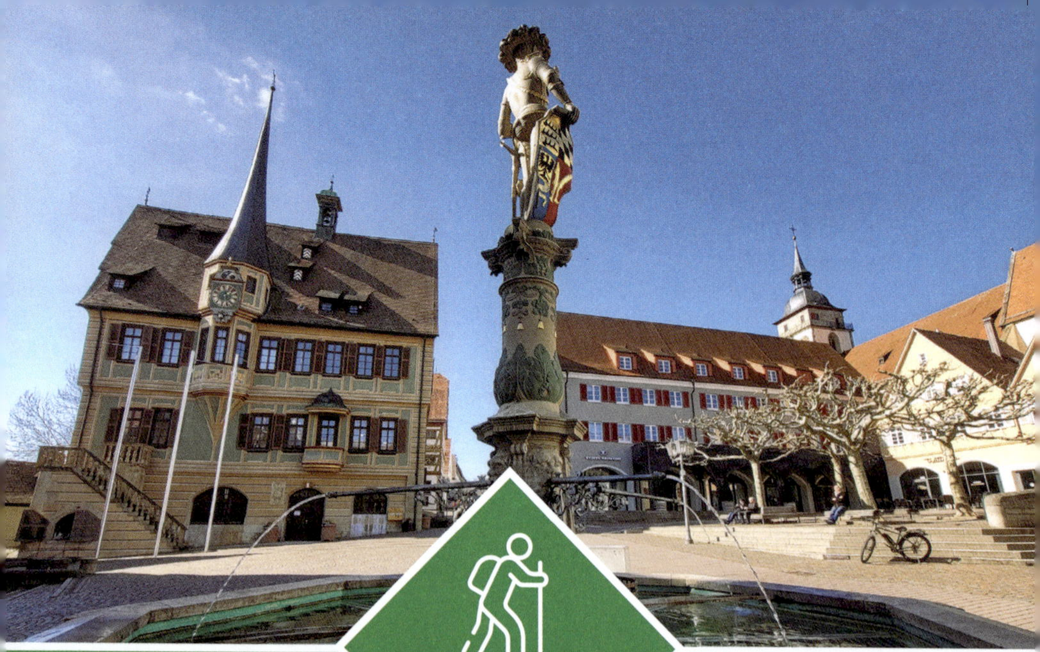

1

FACHWERKTOUR MIT ELSASS-FLAIR: VON BIETIGHEIM-BISSINGEN NACH BESIGHEIM

Dauer
ca. 3½ Std.

Entfernung
ca. 12,5 km | 200 HM

Weitere Infos:
www.3b-tourismus.de

Ein Streifzug für Architekturliebhaber, Kulturbegeisterte und Elsass-Fans: Die Altstädte in #BIETIGHEIM-BISSINGEN und #BESIGHEIM laden zum Staunen und Verweilen ein. Perfekt für eine gemütliche Sonntagnachmittagstour mit Kaffee und Kuchen, einem Glas Wein oder leckerem Flammkuchen in traumhaftem #FACHWERK-AMBIENTE. Zwischendurch geht es über saftgrüne Wiesen und pittoreske Weinterrassen.

Für wen ist die Tour geeignet?

Fachwerk-Liebhaber und **Urban-Hiking-Anhänger** werden von dieser städtisch geprägten Tour begeistert sein. Wer das typische Elsass-Flair von Colmar und Straßburg zu schätzen weiß, entdeckt in den beiden beschaulichen Orten viele Anklänge. **Fotografen** finden hier eine Vielzahl lohnender Motive. Wegen des Verlaufs auf großteils asphaltierten Wegen ist dieser Vorschlag auch hervorragend als **Kinderwagentour** und **Familienausflug** geeignet.

Eckdaten

Charakteristik: leicht zu gehende Streckenwanderung mit wenigen Steigungen, die eher einem ausgiebigen Spaziergang gleicht. Der Weg ist größtenteils asphaltiert und daher auch gut mit dem Kinderwagen machbar. Besonderes Schuhwerk ist nicht nötig – sogar die neuesten Sneaker können bedenkenlos angezogen werden!

Stärkung zwischendurch: Zu Beginn kann man in Bietigheim-Bissingen einkehren, am Ende in Besigheim. Für den Weg dazwischen sollte man sich Getränke und Proviant mitnehmen.

Anreise

Bahnfahrer erreichen den **Bhf. Bietigheim-Bissingen** vom Stuttgarter Hbf. aus mit der **Regionalbahn** in gerade einmal 17 Min., die **S-Bahn** benötigt rund 30 Min. für die Strecke.

Am **Zielpunkt** der Wanderung in **Besigheim** fährt man bequem mit der Regionalbahn nach Stuttgart zurück. Die Fahrt dauert lediglich 5 Min. und ist mehrmals pro Stunde möglich.

Autofahrer können eines von mehreren **Parkhäusern** in der Innenstadt von Bietigheim-Bissingen nutzen, etwa in Bahnhofsnähe.

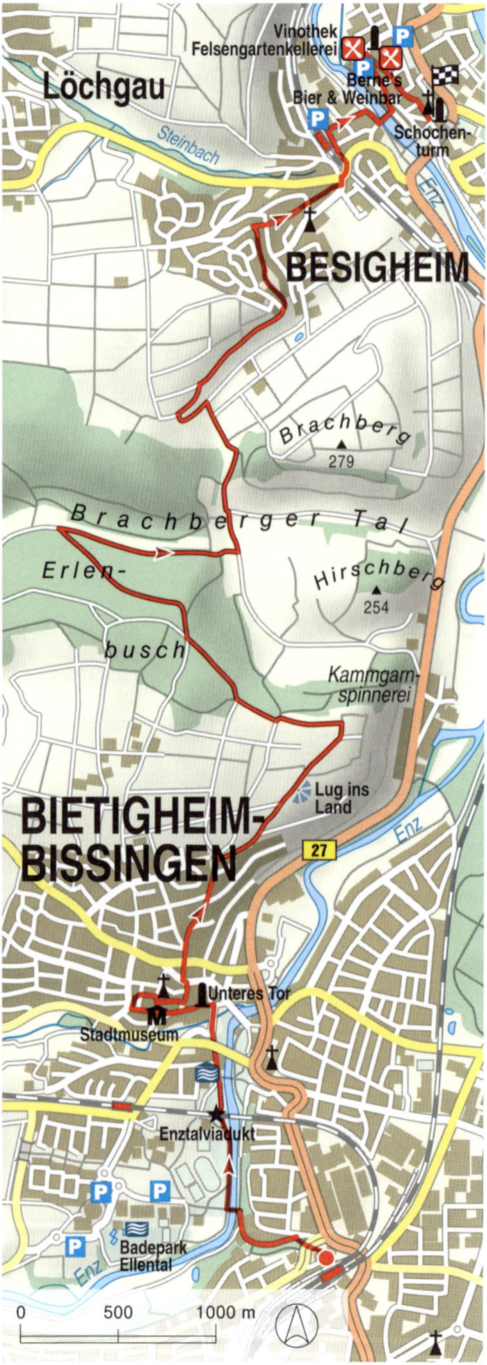

START AM ENZUFER MIT DEM ENZTALVIADUKT

Vom **Bahnhof Bietigheim-Bissingen** geht es über die Wobachstraße zuerst westlich, dann nördlich in Richtung Innenstadt. Der Bahnhof liegt nämlich nicht zentral, sondern einige Schritte südlich des Ortszentrums. Das macht aber überhaupt nichts, denn so machen wir Bekanntschaft mit dem Flüsschen **Enz,** das wir über eine kleine Brücke überqueren.

Auf dem ca. 1,8 km langen Weg in die Innenstadt wandern wir gen Norden am Enzufer entlang und unterqueren bald das eindrucksvolle **Enztalviadukt.** Die nicht zu übersehende Eisenbahnbrücke wurde 1851–1853 gebaut und gilt heute als eines der **Wahrzeichen** Bietigheim-Bissingens. Kurz vor Erreichen des Stadtkerns überqueren wir abermals einen kleinen, schmalen Fluss, die **Metter.**

BIETIGHEIM-BISSINGEN: STADTTOR, FACHWERK UND MODERNE KUNST

An der Kreuzung mit der Hauptstraße stehen wir schon vor dem ersten Highlight der heutigen Tour, dem **Unteren Tor.** Es ist das letzte erhaltene Stadttor Bietigheim-Bissingens – bereits seit dem 14. Jh. betreten Besucher die Altstadt durch den kunstvoll bemalten Eingang. Und das tun wir jetzt auch.

Weiter geradeaus in Richtung Westen gehend, stoßen wir auf den

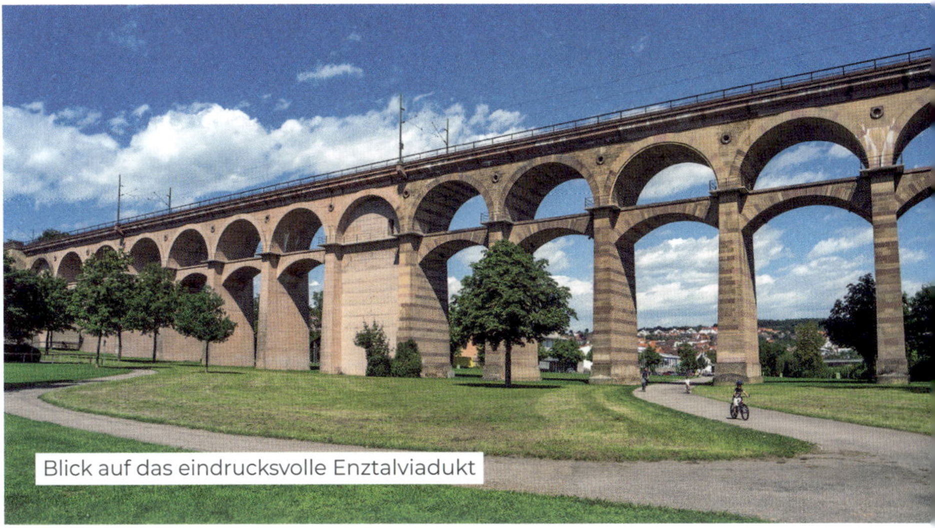

Blick auf das eindrucksvolle Enztalviadukt

eindrucksvollen **Fräuleinsbrunnen.** Namensgebend ist die auf einer Säule thronende Melusine mit Fischschwanz, eine mythologische Gestalt des Mittelalters. Fotogen speien die vier Münder unentwegt Wasser in den Brunnen. Ein geradezu ideales Fotomotiv, von denen wir in den Innenstädten von Bietigheim-Bissingen und Besigheim noch einige zu sehen bekommen werden.

Wir schlendern weiter über die Hauptstraße mit ihren zahlreichen **Geschäften, Restaurants und Cafés.** Viele Läden sind in schmucken, gut erhaltenen **Fachwerkhäusern** untergebracht. Empfehlenswert ist der eine oder andere Abstecher in die Seitenstraßen. Fachwerk, wohin das Auge schaut!

Der **Marktbrunnen** und das **Rathaus** bilden das nächste reizende Postkartenmotiv am **Marktplatz.** Über dem Brunnen wacht ein Schildhalter mit badischem Wappen. Das Rathaus kann auf eine über 500 Jahre alte Geschichte zurückblicken. Gleich nebenan ist ein Bürgerhaus aus der Renaissance Blickfang: Das sogenannte **Hornmoldhaus** birgt heute das **Stadtmuseum** (Hauptstr. 57, https://stadtmuseum.bietigheim-bissingen.de, Di.–Fr. 13.45–17.45, Do. bis 19.45, Sa./So./feiertags 10.45–17.45 Uhr, Eintritt frei). Es bringt Besuchern die Geschichte des Ortes anhand verschiedener Ausstellungen näher. Teil des Museums ist ein erlebnisreicher **Escape-Room** (s. S. 10).

Einen spannenden Kontrast zum bisher Gesehenen stellt die moderne **Skulptur „Turm der grauen Pferde“** am **Hillerplatz** dar. Die Arbeit des Künstlers Jürgen Goertz ist Teil der **„Skulptour“** (www.bietigheim-bissingen.de/stadt-und-tourismus/

Extra-Tipp
Eskapaden im Stadtmuseum

Im **Escape-Room „Rumpelkammer“** des **Stadtmuseums Hornmoldhaus** in Bietigheim-Bissingen werden Gäste in die 1970er-Jahre zurückversetzt. Damals stand der Abriss des Gebäudes zur Debatte, der glücklicherweise abgewendet werden konnte. Spielerisch wird einem die Geschichte des Hornmoldhauses nähergebracht und man hat eine Stunde Zeit, um den Fachwerkbau vor dem Abbruch zu retten. Dabei müssen verschiedene Rätsel gelöst werden.
Weitere Infos: https://stadtmuseum.bietigheim-bissingen.de (unter „Besucherinformation & Kontakt“/ „Angebote für Kinder und Familien“), 2–5 Pers., 60 Min., 50 € pro Gruppe, Anmeldungen tel. oder über die Website

sehenswertes/skulpturen), auf der mehrere zeitgenössische Künstler ihre Werke präsentieren.

An dieser Stelle wenden wir uns um 180 Grad, gehen ein Stück zurück und biegen links zur **Stadtkirche Bietigheim** ab. Hinter dem Gottesheim geht es über die Pfarr- in die Weinstraße, wir halten uns links und verlassen die Altstadt in Richtung Norden.

Rund 1,6 km wandern wir weiter in nördliche Richtung. Wir überqueren die Karl-Mai-Allee und laufen nun entlang der **Lugstraße.** Am Dürren Berg zweigt die Route nach rechts ab. Hier wird es zusehends ländlicher. Bald bekommen wir mit der Aussichtsplatte Lug ein echtes Kontrastprogramm zum bisherigen Stadtambiente geboten.

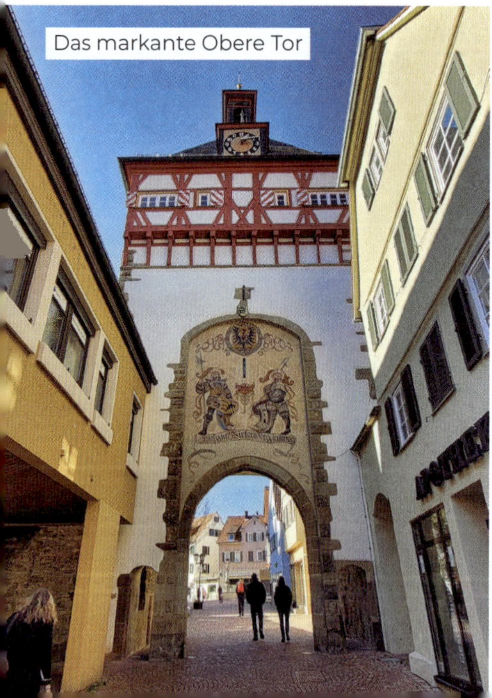

Das markante Obere Tor

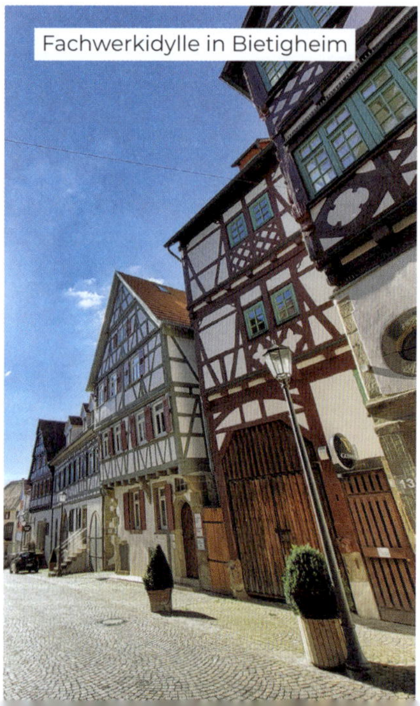

Fachwerkidylle in Bietigheim

ÜBER DIE AUSSICHTSPLATTE LUG INS BRACHBERGER TAL

Vom Lug-Plateau können wir den Blick in die Ferne schweifen lassen. Kein Wunder, dass der hiesige Aussichtspunkt **„Lug ins Land"** heißt. Es geht vorbei an kleinen Schrebergärten, Streuobstwiesen und Weinbergen. Mittels **gelber Wegweiser** ist die Route nach Besigheim gut ausgeschildert. Wir biegen links ab und stoßen nach 1 km auf eine weitere Weggabelung, der wir nach rechts folgen – nicht jedoch, ohne zuvor Platz auf einer der **hölzernen Wellnessliegen** zu nehmen.

Eine **Informationstafel** klärt uns darüber auf, dass wir im **„3B-Land"** unterwegs sind: Die drei Bs stehen für die Städte Bietigheim-Bissingen, Besigheim und Bönningheim, die sich als Tourismusdestination zusammengeschlossen haben.

Bald haben wir den **höchsten Punkt** der heutigen Wanderung auf ca. 337 m erreicht. Auf dem folgenden Streckenkilometer geht es einige Schritte bergab hinunter ins **Brachberger Tal,** indem wir uns an der Weggabelung links halten. An der nächsten Wegkreuzung biegen wir wieder rechts ab und wandern weiter durch das Tal. An sonnigen Wochenenden ist hier ordentlich Betrieb – Ausflügler, Radfahrer und Wanderer wissen die Region zu schätzen. Nach 600 m wenden wir uns nach links und gehen einen weiteren Kilometer in Richtung Norden.

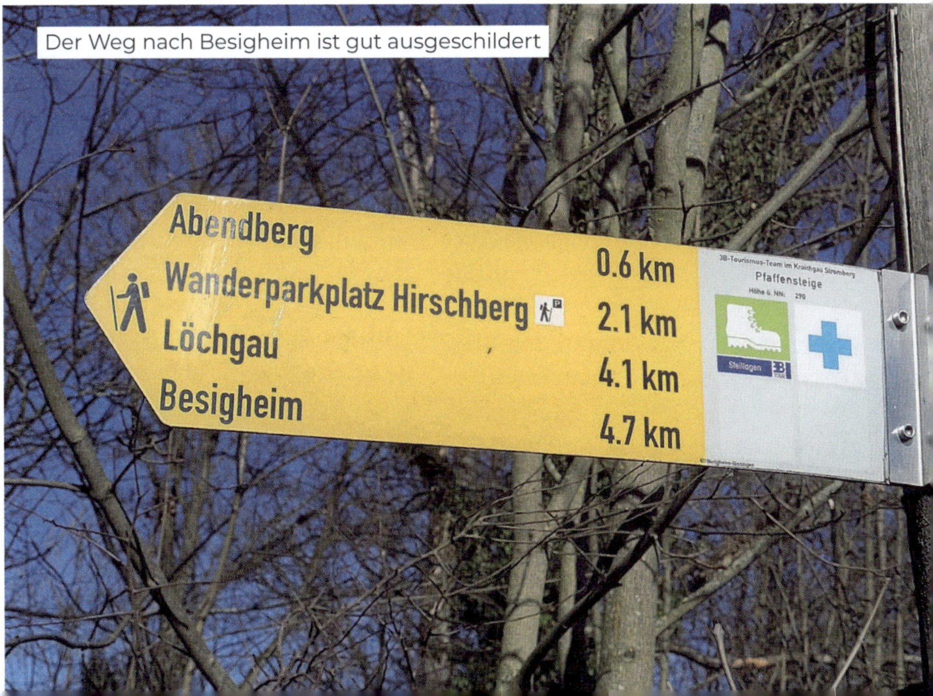

Der Weg nach Besigheim ist gut ausgeschildert

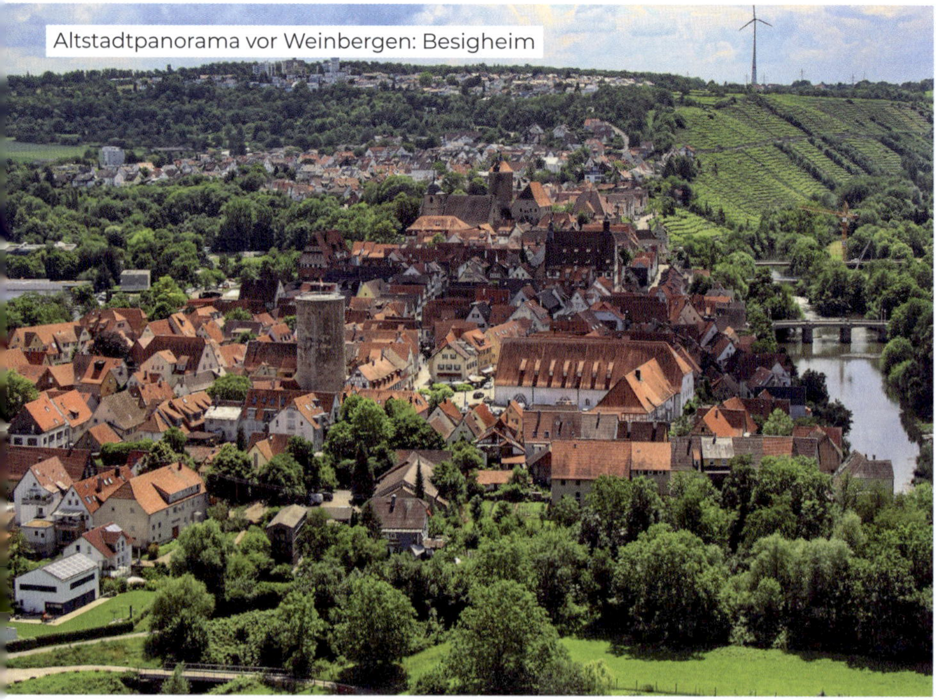
Altstadtpanorama vor Weinbergen: Besigheim

WEINBERGPARADIES BESIGHEIM: DIE SCHWALBENHÄLDE

Wir nähern uns Besigheim, das deutschlandweit wegen seiner **erstklassigen Weine** gerühmt wird. Folgerichtig führt uns diese Route nun durch einige dieser Weinhänge. Dieser Abschnitt ist als **Schwalbenhälde** bekannt.

In etwa 3 km Entfernung sind die **Hessigheimer Felsengärten** erkennbar – ein ebenso lohnenswertes Wandergebiet, das wir im Kapitel **„Schwäbische Dolomiten: Wandern und Klettern in den Hessigheimer Felsengärten“** (s. S. 16) näher vorstellen.

Die Route macht einen **Schlenker** nach links und nachdem wir einige Meter auf Schotterwegen gelaufen sind, ist der Pfad nun wieder asphaltiert. Von hier kann man erstmals einen Blick auf das idyllisch zwischen Neckar und Enz gebettete Besigheim werfen, dem wir uns nun aus Richtung Südwesten nähern.

URBAN HIKING UND URBAN ART IN BESIGHEIM

Ab hier wird die Route wieder städtisch – passenderweise spricht man bei solchen Stadtwanderungen auch von „Urban Hiking“. An der **Enzbrücke** werden wir von **Skulpturen** in Form zweier überdimensionierter Hände begrüßt – eine von mehreren Arbeiten des Künstlers Gunther Stilling. Das Kunstwerk trägt den passenden Namen **„Ingresso“** (italienisch „Eingang“). Wir überqueren die Brücke und halten uns links.

Ebenso wie Bietigheim-Bissingen zu Beginn unserer Wanderung kann auch Besigheim mit einem interessanten **Skulpturenpfad** (www.besigheim.de/start/unsere+stadt/skulpturenpfad.html) aufwarten. Nach und nach werden dabei auch neue Kunstwerke im öffentlichen Raum aufgestellt. Besonders markant ist der von der Enzbrücke aus erkennbare, knallrote **„Flossi“** der Künstlerin Rosalie, ein kletternder Mann mit flossenhaften Gliedmaßen, der hier die Stadtmauer in Richtung Rathaus erklimmt.

Wir setzen unseren Weg ganz klassisch auf der Straße fort. Diese führt uns bis zur **Stadthalle Alte Kelter** mit angeschlossener **Vinothek der Felsengartenkellerei** (Hauptstr. 59, https://felsengartenkellerei.de). Auf der gegenüberliegenden Straßenseite ragt der runde, um 1220 als einer von zwei Staufertürmen des Ortes erbaute **Waldhornturm** empor. Den Namen erhielt der 29 m hohe Turm, weil er früher nur über ein benachbartes, gleichnamiges Lokal betreten werden konnte. Am Waldhornturm machen wir eine 180-Grad-Kehrtwende und gelangen über die Kirchgasse in den Altstadtkern.

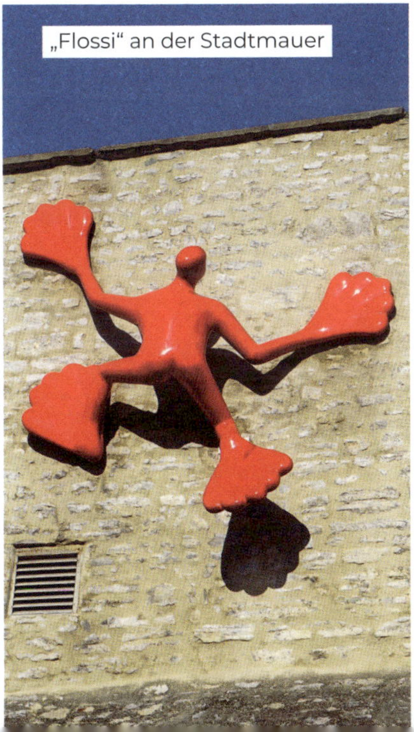
„Flossi“ an der Stadtmauer

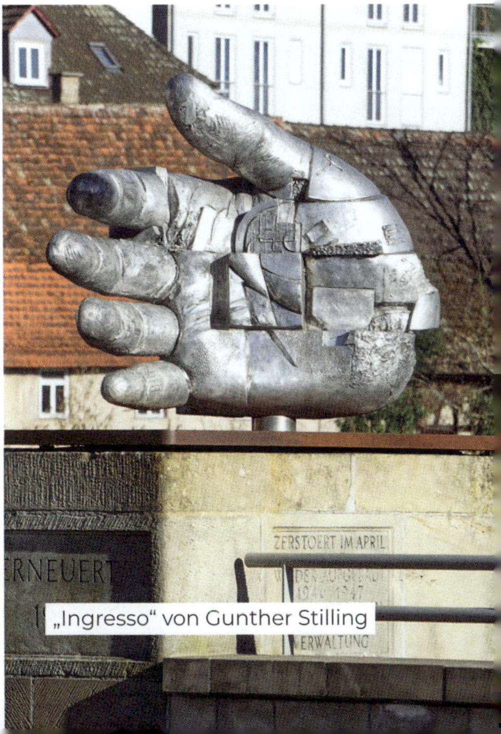

„Ingresso“ von Gunther Stilling

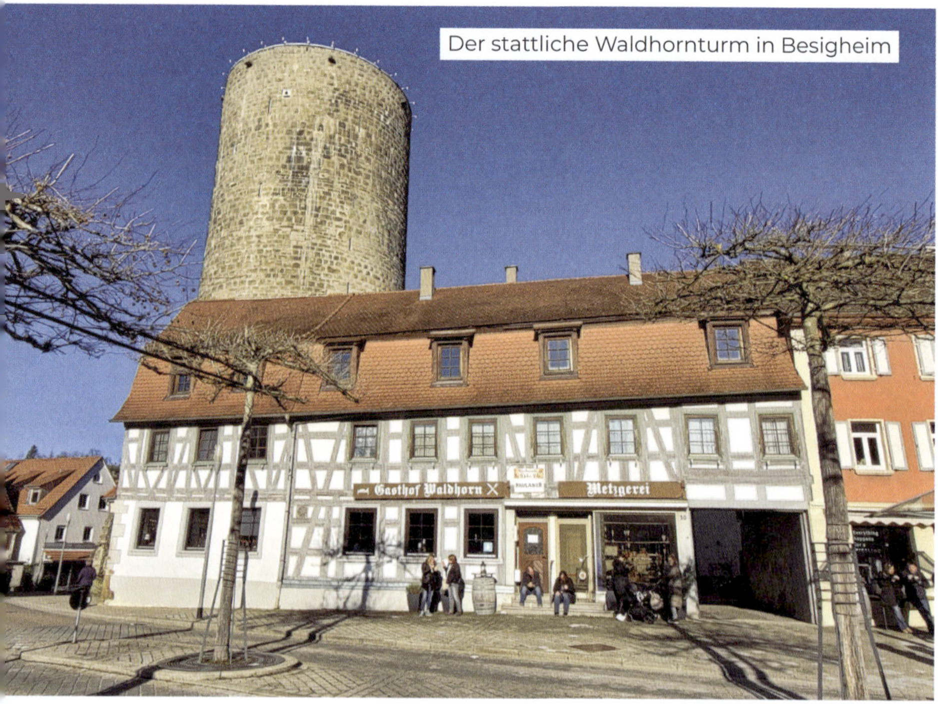

Der stattliche Waldhornturm in Besigheim

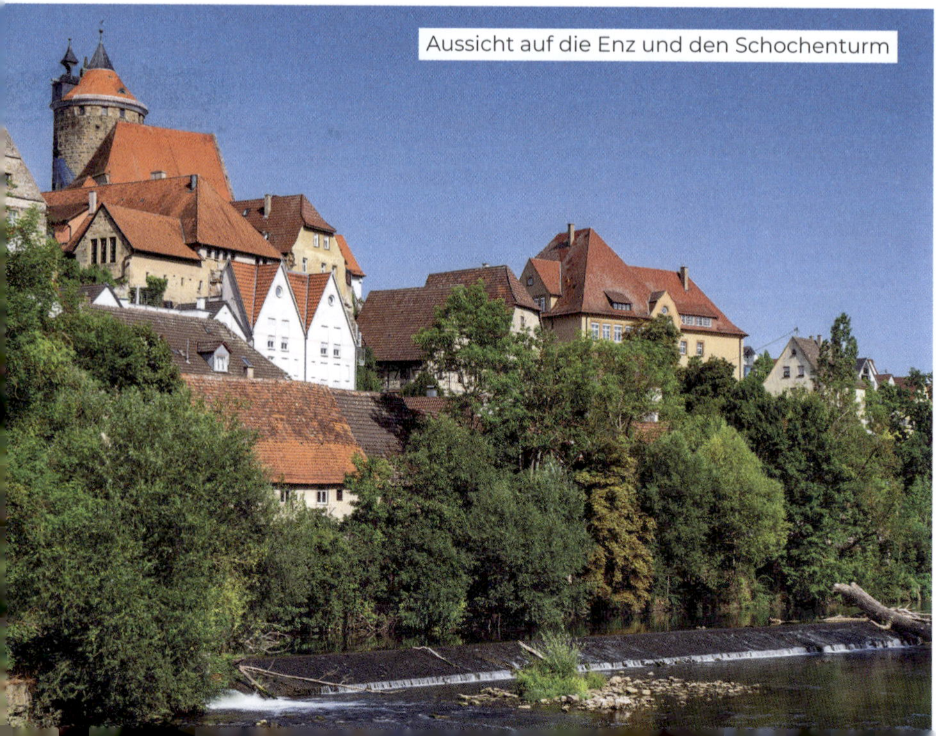
Aussicht auf die Enz und den Schochenturm

EIN HAUCH VON ELSASS ZWISCHEN ENZ UND NECKAR

Staunend schlendern wir nun durch die kleine, aber feine **Besigheimer Altstadt:** Befinden wir uns wirklich in einem kleinen Weinort in Baden-Württemberg oder sind wir nicht doch irgendwo im **Elsass** gelandet? Schmucke Fachwerkhäuser, eins schöner herausgeputzt als das nächste, schaffen eine stimmungsvolle Kulisse. Bei gutem Wetter nutzen die Lokale jeden freien Platz, um Besucher auf ihren Freisitzen mit regionalen Leckereien zu verwöhnen.

Schön anzuschauen ist auch das Besigheimer **Rathaus** aus dem Jahr 1459 in – wie sollte es anders sein! – Fachwerkbauweise. Umgeben ist es von jahrhundertealten Gebäuden mit teils prächtigen Fassaden.

Am anderen Ende der Altstadt lockt mit dem 31 m hohen **Schochenturm,** auch bekannt als **Oberer Turm,** der zweite Stauferturm Besigheims. Hier endet unsere heutige Tour – Zeit für eine kulinarische Stärkung im passenden Rahmen (s. unten)!

Extra-Tipp

Ein Platz zum Verweilen

Einer der romantischsten Orte zum Verweilen ist der kleine, lauschige Platz vor **Berne's Altstadthotel** (Kirchstr. 15, www.altstadthotel-besigheim.de). **Berne's Bier & Weinbar** serviert zudem leckere Getränke und Speisen. Und was bietet sich an einem solch bezaubernden Ort mit Elsass-Flair mehr an als ein köstlicher **Flammkuchen?** Gut, dass Bernes Speisekarte diese Spezialität des französischen Nachbarn auf der Karte hat. Einziges Problem: Die wenigen Außensitzplätze sind ruckzuck belegt. Da hilft nur eines: rechtzeitig vor Ort sein oder vorab reservieren.

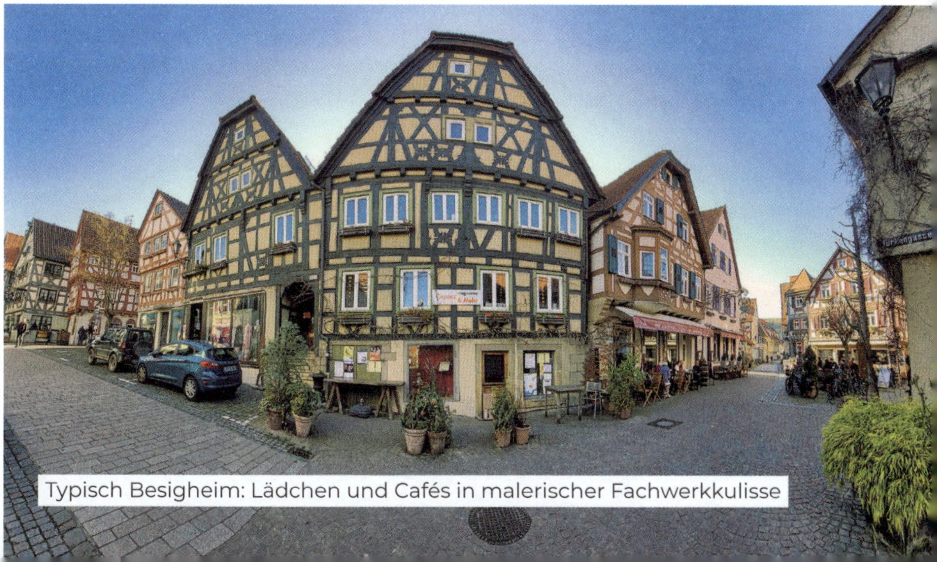

Typisch Besigheim: Lädchen und Cafés in malerischer Fachwerkkulisse

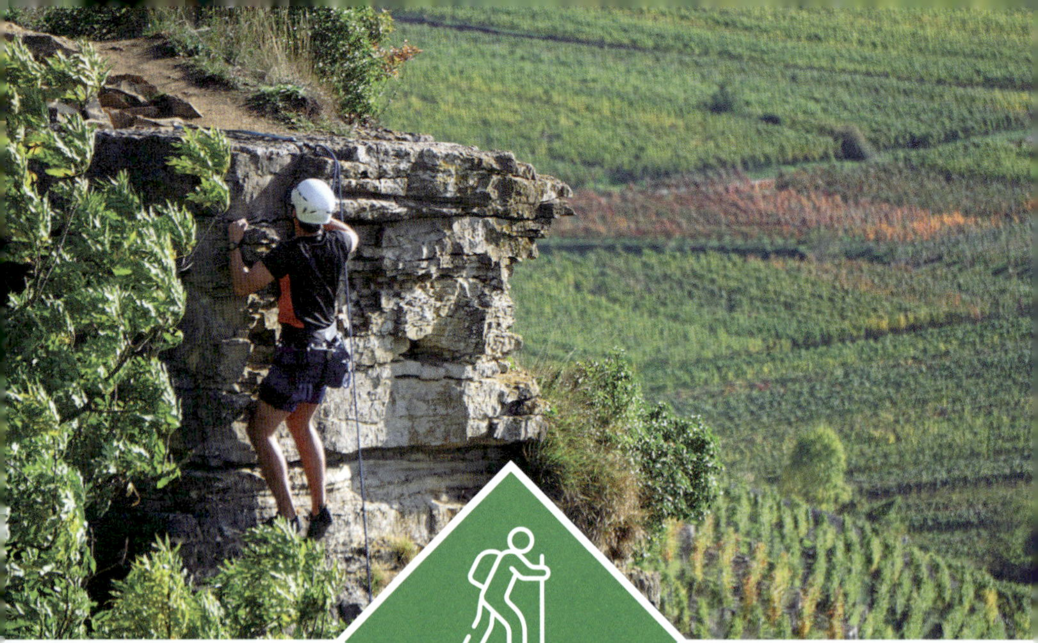

2

SCHWÄBISCHE DOLOMITEN: WANDERN UND KLETTERN IN DEN HESSIGHEIMER FELSENGÄRTEN

Dauer
ca. 3 Std.

Entfernung
ca. 15 km | 200 HM

Weitere Infos:
www.hessigheim.de/felsengaerten

Vom Fachwerkidyll #BESIGHEIM wandern wir zu den Hessigheimer Felsengärten, einem #NATURSCHUTZGEBIET mit Wow-Faktor. Umgeben von Weinbergen führt der Weg durch ein Meer von Felsen. Unterhalb schlängelt sich der #NECKAR durch die liebliche Landschaft. Im Spätsommer laden #BESENWIRTSCHAFTEN zur Einkehr ein – dann leuchten die Weinhänge in den Farben des beginnenden Herbstes.

Für wen ist die Tour geeignet?

Diese aussichtsreiche Wanderung ist auch für weniger Sportliche geeignet. Nicht nur **Kinder** werden von den imposanten Felsen mitsamt Panoramablick begeistert sein, auch **Sportkletterer** fühlen sich hier gut aufgehoben. Die Wanderung bietet außerdem eine traumhafte Kulisse für **(Hobby-)Fotografen.**

Eckdaten

Charakteristik: moderate Rundwanderung, auch für ungeübte Wanderer. In leicht abgewandelter Form ist die Tour sogar mit dem Kinderwagen möglich (s. Infos S. 20). Wer sich abseits des Weges auf die Felsen wagt, sollte sich der Gefahren bewusst sein. Kinder keinesfalls unbeaufsichtigt klettern lassen, die Felsen sind nicht gesichert!

Stärkung zwischendurch: Nach etwa einem Drittel der Tour kann man in der Felsengartenkellerei Besigheim eine Pause einlegen, ansonsten gibt es in und um Hessigheim einige Besenwirtschaften. Oder man kehrt am Ende der Tour in Besigheim ein.

Anreise

Vom Stuttgarter Hbf. fahren **Regionalbahnen** teilweise mehrmals pro Stunde in lediglich 20 Min. zum **Bahnhof Besigheim.** Von hier spaziert man in die Altstadt Besigheims, wo die eigentliche Tour beginnt.

Autofahrer können z. B. das **Parkhaus Alte Kelter** in Besigheim oder den **Wanderparkplatz an der Felsengartenkellerei Besigheim** ansteuern.

AUFTAKT IM BESCHAULICHEN BESIGHEIM

Wir beginnen unsere Wanderung im **Ortskern von Besigheim.** Den Besuch der idyllischen Altstadt heben wir uns für den Schluss auf. Als Orientierung für den Start dient der markante

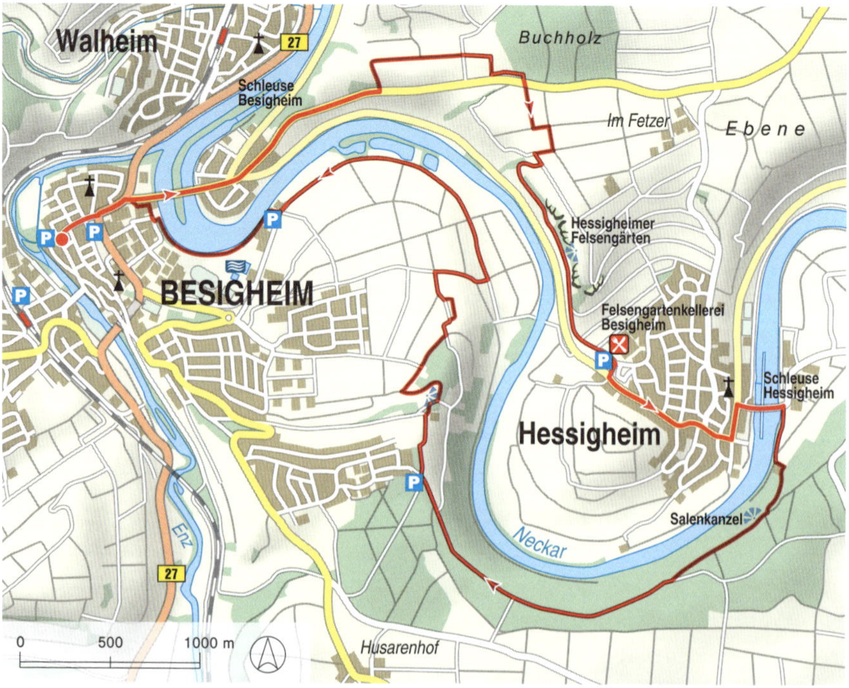

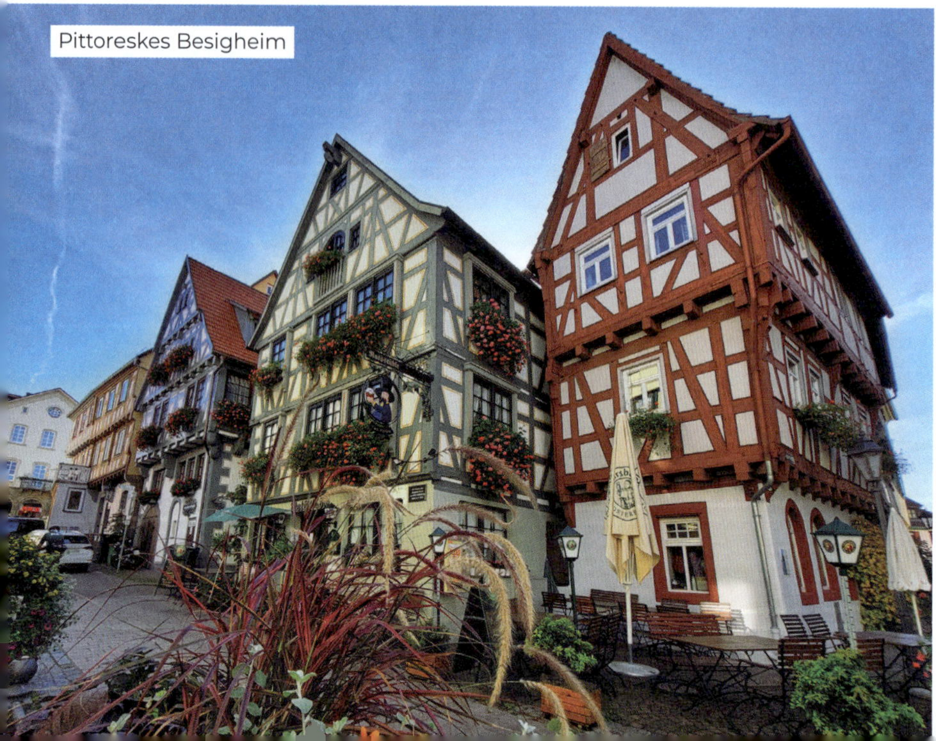
Pittoreskes Besigheim

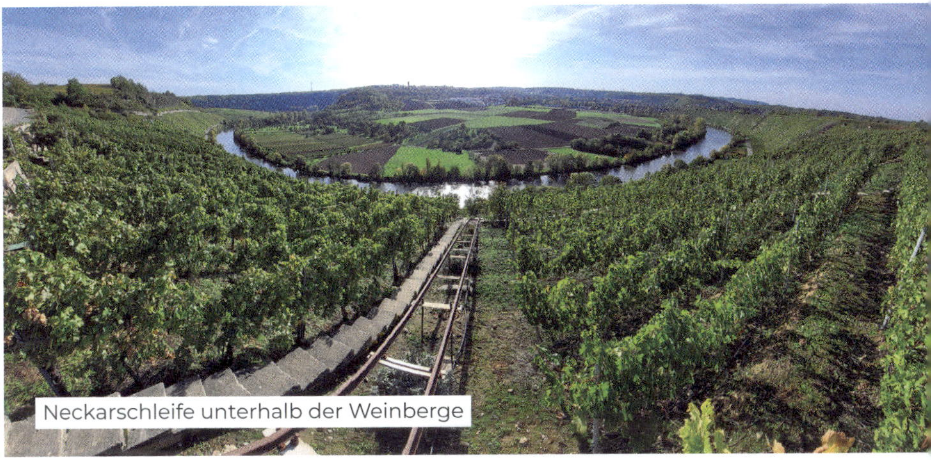

Neckarschleife unterhalb der Weinberge

Waldhornturm gegenüber der Stadthalle Alte Kelter.

Wir bewegen uns in westliche Richtung, überqueren den **Neckar** und folgen zunächst der Straße. Ein bisschen nüchtern und unromantisch ist dieser Abschnitt, aber dafür werden wir im weiteren Verlauf mehr als entschädigt. Nach 2 km verlassen wir den Weg an der viel befahrenen Straße, biegen links und gleich wieder rechts ab und folgen so dem abseits der Straße verlaufenden Pfad einen knappen Kilometer. Dann nähern wir uns wieder der L115, überqueren diese und gehen über die **Felder** in südliche Richtung.

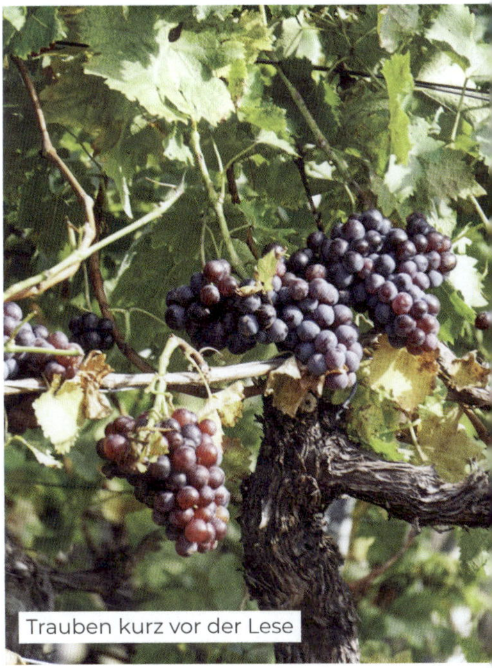

Trauben kurz vor der Lese

DIE WEINBERGE: NICHT NUR IM HERBST EINE AUGENWEIDE

Die ersten markanten **gelben Wegweiser** fallen auf. Nach wenigen Schritten befinden wir uns inmitten der **Weinberge.** Wenn die Blätter im Spätsommer langsam ihre typischen Herbstfarben annehmen, ist dieser Tourenabschnitt besonders schön: Das Laub leuchtet rotgolden und dazwischen hängen die saftigen Trauben in Rot oder Weiß. Daneben erstrecken sich bunte Streuobstwiesen. Etliche Winzer haben auf ihren Weinbergen kleine **Informationstafeln** installiert, die Auskunft darüber geben, welche Rebsorten angebaut werden und um welches Weingut es sich jeweils handelt. Andere Hinweisschilder informieren über die Umgebung, insbesondere die Hessigheimer Felsengärten.

Vor uns eröffnet sich eine **spektakuläre Aussicht** über die Weinberge vor der Kulisse der eindrucksvollen Felsengärten. Der **Neckar** liegt vor uns und gelegentlich sehen wir **Ausflugsschiffe** in Richtung Besigheim und Lauffen auf dem Wasser.

Übrigens: Mit der **Etappe 6 des Neckartal-Radweges,** der ebenfalls in Besigheim startet, stellen wir auf Seite 218 dieses Buches eine lohnenswerte Radroute in diesem reizvollen Weinanbaugebiet vor.

SCHROFFE FELSEN VORAUS!

Kinderwagentauglich ist weiterhin der asphaltierte **Wurmbergweg,** über den man die nächsten ca. 2,5 km bis nach Hessigheim auch gut mit Kleinkindern bewältigen kann. Zur linken Seite fällt der Blick auf Reben und Felsen, zur rechten Seite auf Weinberge und den Neckar.

Wanderern ohne Kinderwagen empfehlen wir den kurzen Aufstieg über eine nicht zu übersehende **Treppe.** Hier geht es parallel zum Wurmbergweg auf einem stark verwurzelten und daher nicht kinderwagentauglichen Pfad weiter. Der nun folgende, gut 1 km lange Abschnitt hat es in sich! Denn wir durchqueren nun die **Schwäbischen Dolomiten,** wie die **Hessigheimer Felsengärten** im Volksmund auch genannt werden. Zu Recht! Denn wer in dieses Felsen-

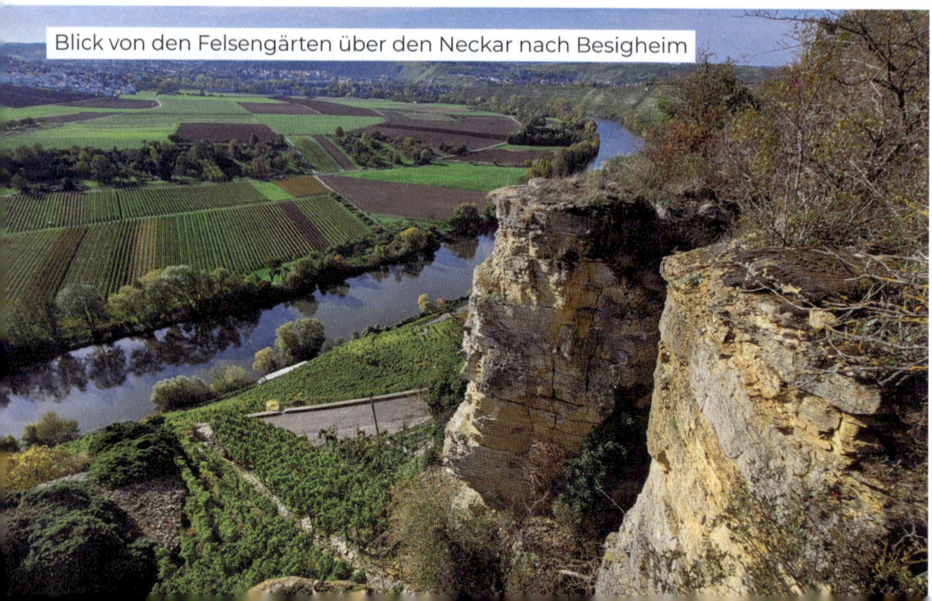

Blick von den Felsengärten über den Neckar nach Besigheim

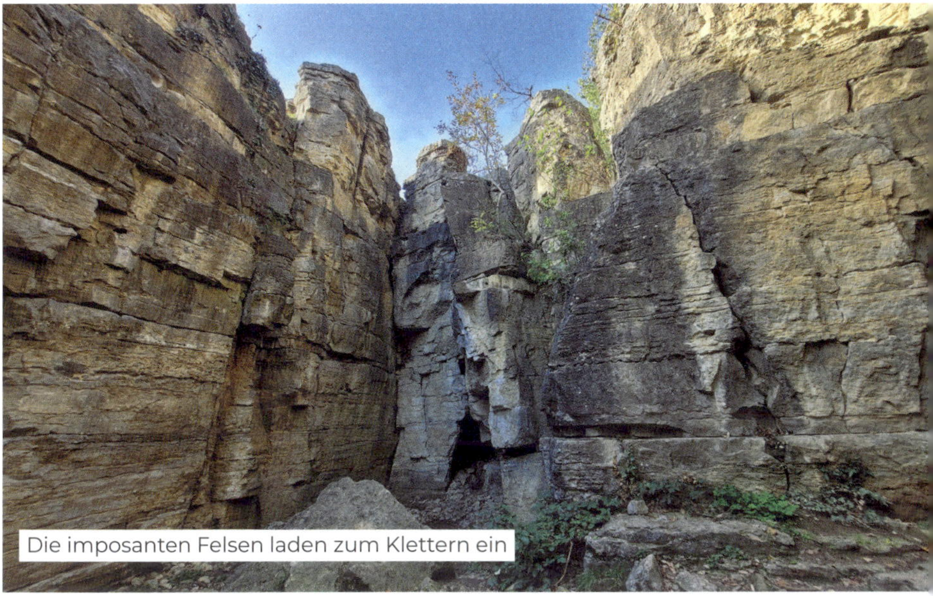

Die imposanten Felsen laden zum Klettern ein

meer eintaucht, glaubt ohne Weiteres, in den Südtiroler Dolomiten oder im sächsischen Elbsandsteingebirge gelandet zu sein. Das aus Muschelkalk bestehende, rund 250 Mio. Jahre alte Gestein bildet eine eindrucksvolle Kulisse. Wenn man zwischen den teils skurril anmutenden Felsen steht, stellt sich eine fast schon mystische Stimmung ein. Ein besonderes Vergnügen ist es, auf einen der Felsvorsprünge zu steigen und die **grandiose Aussicht über das Neckartal** zu genießen. **Schwindelfrei** sollte man hierfür unbedingt sein!

Glücklicherweise wurde den Hessigheimer Felsengärten der Status eines **Naturschutzgebietes** zuerkannt, denn es gilt, diese ganz besondere Perle am Neckar zu schützen. Auf den warmen Felsen fühlen sich **Mauer- und Zauneidechsen** besonders wohl. Die umliegenden, blütenreichen Wiesen, die zuvor als Weideland für Ziegen und Schafe dienten, nennt man Magerrasen. Sie sind der Lebensraum vieler verschiedener Arten, etwa von unzähligen Schmetterlingen und anderen Insekten.

DIE FELSENGÄRTEN ALS KLETTERPARADIES

Das Klettern, das zuvor schon einmal aus Naturschutzgründen verboten war, ist mittlerweile unter Einhaltung verschiedener Regeln und **nur auf festgelegten Routen** wieder erlaubt (www.hessigheim.de/klettern/klettern-id_65). Die schroffen, zerklüfteten, bis zu 18 m hohen Felsen bieten optimale Bedingungen zum Klettern

Extra-Info
Fluch und Segen der Popularität

Es ist kein Geheimnis, dass die Felsengärten gut besucht sind. Dank ihrer **Fotogenität** litten sie jedoch in den letzten Jahren unter einem **Besucheransturm** nie gekannten Ausmaßes, insbesondere in Zeiten der Pandemie. Dass sich Menschen auf den Felsen fotografieren ließen, war natürlich nichts Neues. Doch je mehr Leute kamen, desto weniger wurde darauf Rücksicht genommen, dass es sich um ein Naturschutzgebiet handelt. Seltene Pflanzen wurden niedergetreten. Müll blieb liegen. Und einige Besucher wurden beim Besteigen der Felsen zunehmend unvorsichtig, brachten sich in Gefahr. Daher stellte man **Warnschilder und Holzzäune** auf. Die Schilder weisen auf unter Naturschutz stehende Pflanzen hin und die Holzzäune sollen dafür sorgen, dass besonders schützenswerte Stellen erst gar nicht betreten werden. Wenn sich alle daran halten, bleibt uns dieses einzigartige Naturjuwel noch lange erhalten.

und Bouldern – sowohl für Anfänger als auch für Fortgeschrittene. Oft lassen sich Felsbezwinger bei ihrer Tätigkeit beobachten. In der Umgebung gibt es kein Klettergebiet, das mit diesem mithalten kann. Das hat sich natürlich herumgesprochen und führt dazu, dass die Felsengärten bei guten Wetterverhältnissen ein echter **Kletter-Hotspot** sind.

RAST AN DER FELSENGARTENKELLEREI UND RÜCKWEGVARIANTEN

Unser Weg durch die Felsengärten führt nun wenige Meter bergab und trifft erneut auf den Wurmbergweg. Von hier ist es nur noch ein Katzensprung bis zur **Felsengartenkellerei Besigheim** (Am Felsengarten 1, https://felsengartenkellerei.de, Mo.–Fr. 8.30–18, Sa. 9–16, So. 12–17 Uhr). Vom Frühjahr bis in den Herbst können an Wochenenden und Feierta-

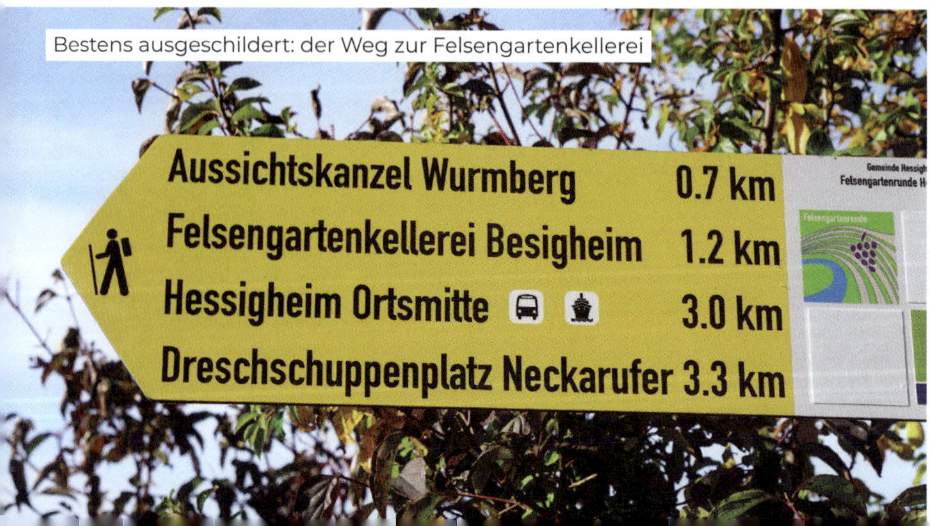

Bestens ausgeschildert: der Weg zur Felsengartenkellerei

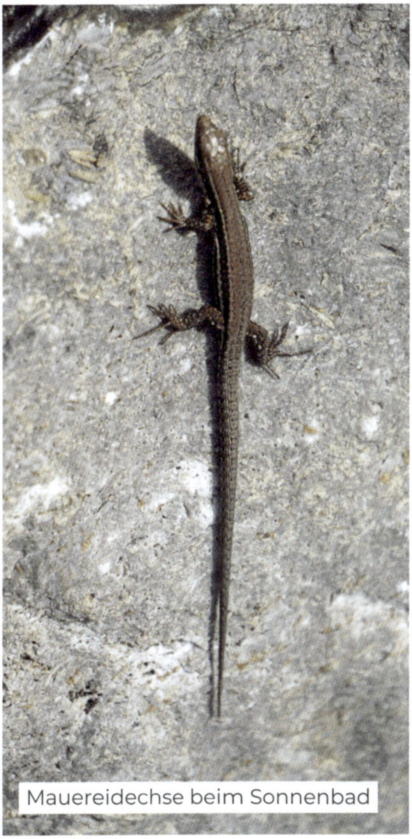

Mauereidechse beim Sonnenbad

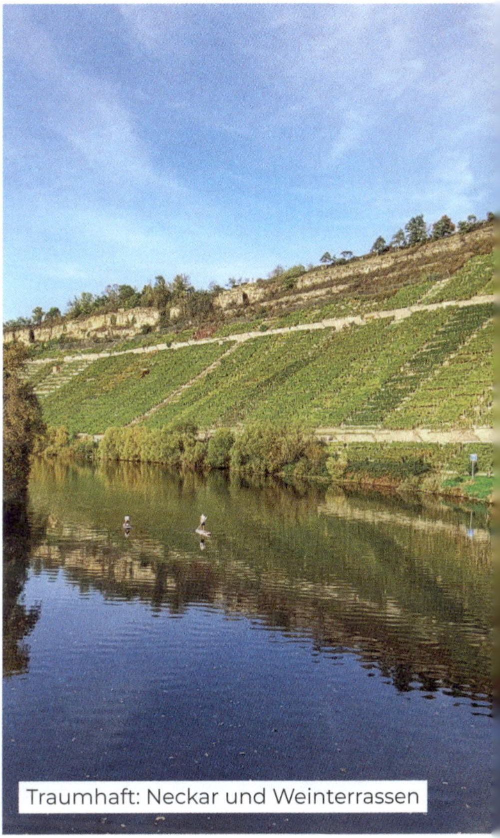

Traumhaft: Neckar und Weinterrassen

gen auf dem Kellereihof lokale Weine verköstigt werden. Dazu werden **schwäbische Spezialitäten** serviert. Bei gutem Wetter ist die Kellerei auch im Winter geöffnet. Wer sich beraten lassen oder Weine für zu Hause kaufen möchte, der wird in der **Vinothek** fündig.

Insgesamt haben wir jetzt eine Strecke von etwa 5 km zurückgelegt. Für den weiteren Verlauf stehen **verschiedene Optionen** zur Wahl: Wir können auf demselben Weg zurückgehen, auf dem wir gekommen sind – entweder über den Wurmbergweg oder den verwurzelten Pfad mit Treppe. Eine weitere Variante für Kinderwagen: den Neckar über die nicht zu übersehende **Fahrradbrücke** überqueren und dann gemütlich über asphaltierte Straßen zurück nach Besigheim spazieren. Dieser Weg verläuft parallel zum Neckar, Verlaufen ist also unmöglich.

Unser Tipp: Rund 700 m weiter in südöstliche Richtung bis in die Weingemeinde **Hessigheim** wandern – diese Route ist auch eingezeichnet.

Aussicht auf die Neckarschleife bei Besigheim

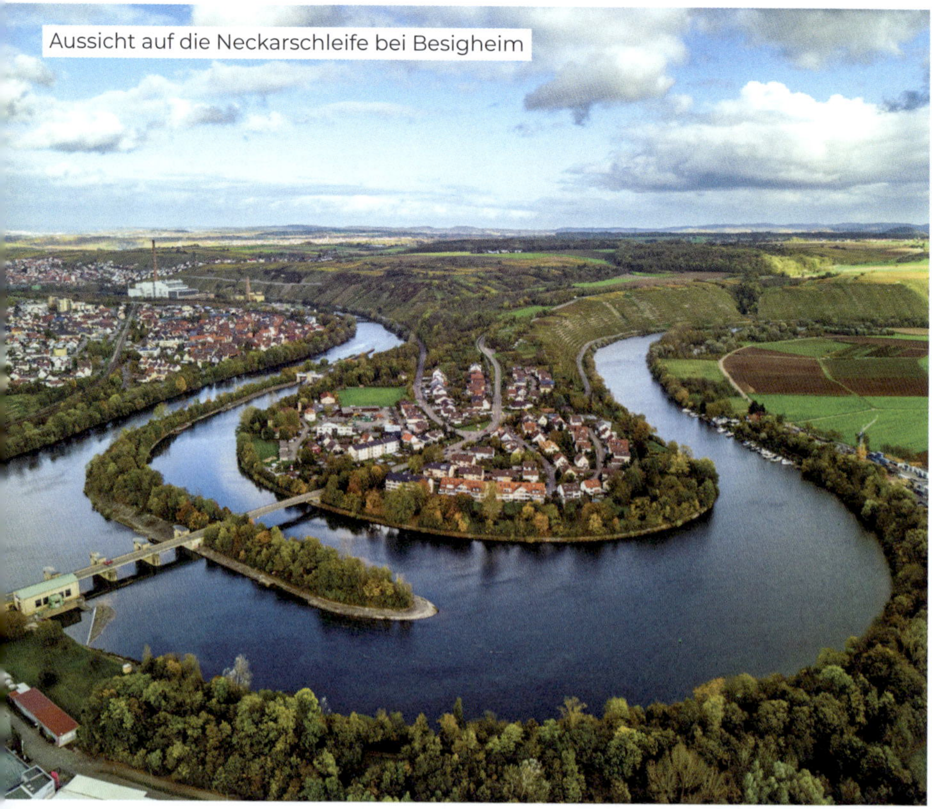

REBENSAFT UND NECKARBLICK: HESSIGHEIM

Besonders schön anzuschauen ist das Hessigheimer **Rathaus.** Das schmucke Fachwerkhaus wurde im 15. Jh. erbaut und diente einst einem Winzer (wem sonst!) als Residenz.

An der **Hessigheimer Schleuse** überqueren wir den Neckar, halten uns rechts und wandern ca. 70 m steil bergauf. Der nun folgende Abschnitt der Wanderung ist deutlich naturnaher. Wir befinden uns im **Naturschutzgebiet Neckarhalde** und der Weg verläuft parallel zum Neckar. An der 270 m hohen **Salenkanzel** genießen wir die reizvolle Aussicht auf den Neckar, die roten Dächer von Hessigheim und die Felsengärten in der Ferne. Auf angenehm zu wandernden **Waldwegen** marschieren wir ca. 3 km und nähern uns dem höchstgelegenen Punkt unserer Wanderung. Danach geht es wieder bergab, und zwar auf einer asphaltierten Straße in einem weiten, nach links verlaufenden Bogen durch Felder und Weinhänge. Rechter Hand genießen wir den Blick auf die Felsengärten.

SCHLUSSAKKORD IN DER BESIGHEIMER ALTSTADT

Wir steuern jetzt den pittoresken **Ortskern von Besigheim** an, wo unsere Tour nicht nur begonnen hat, sondern auch endet. Bekanntlich kommt das Beste ja immer zum Schluss. Ob nun aber der Fachwerk-Charme Besigheims oder die beeindruckenden Felsengärten der Höhepunkt dieser Wanderung sind, mag jeder selbst entscheiden. Weiterführende Infos zu den Attraktionen der Besigheimer Altstadt liefert der Tourenvorschlag **„Fachwerktour mit Elsass-Flair: Von Bietigheim-Bissingen nach Besigheim“** (s. S. 6).

Extra-Tipp

Weinprobe in Hessigheim

Von klein und urig bis zu groß und modern: In und rund um den kleinen Weinort Hessigheim laden etliche **Besenwirtschaften** zur Einkehr ein. In diesen Weinausschankbetrieben und Vinotheken bieten lokale Winzer für einen kurzen Zeitraum ihre eigenen Weine zur Verkostung an. Die **Öffnungszeiten** variieren und werden vor Ort durch Plakate und Schilder oder aber online angekündigt.

Weitere Infos: www.hessigheim.de (unter „Weinbau & Tourismus“/„Weinbau“/„Weinstuben, Vinotheken, Besen“)

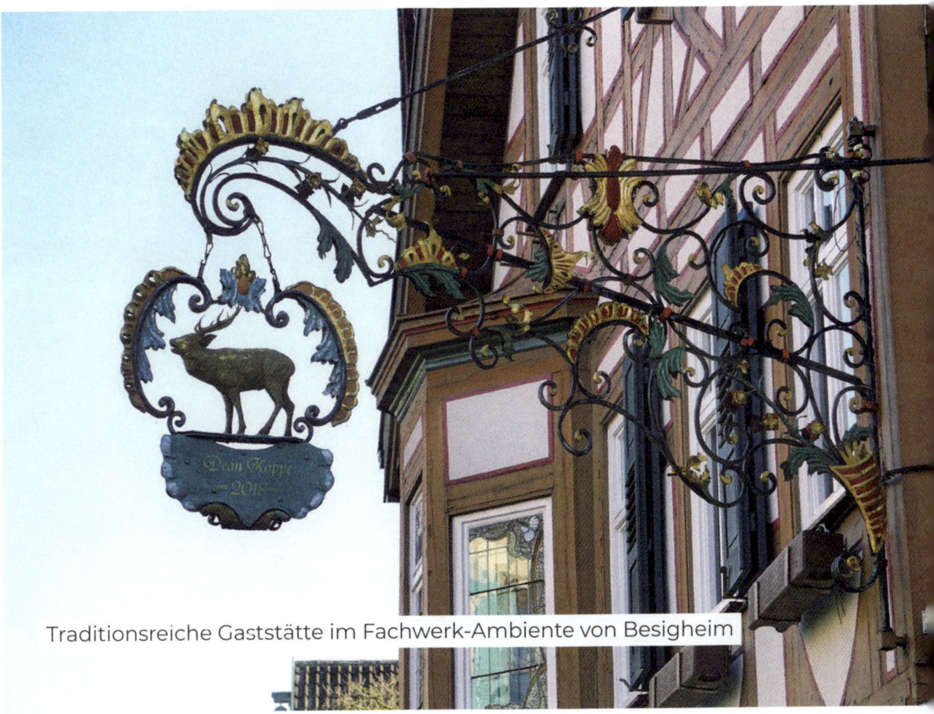

Traditionsreiche Gaststätte im Fachwerk-Ambiente von Besigheim

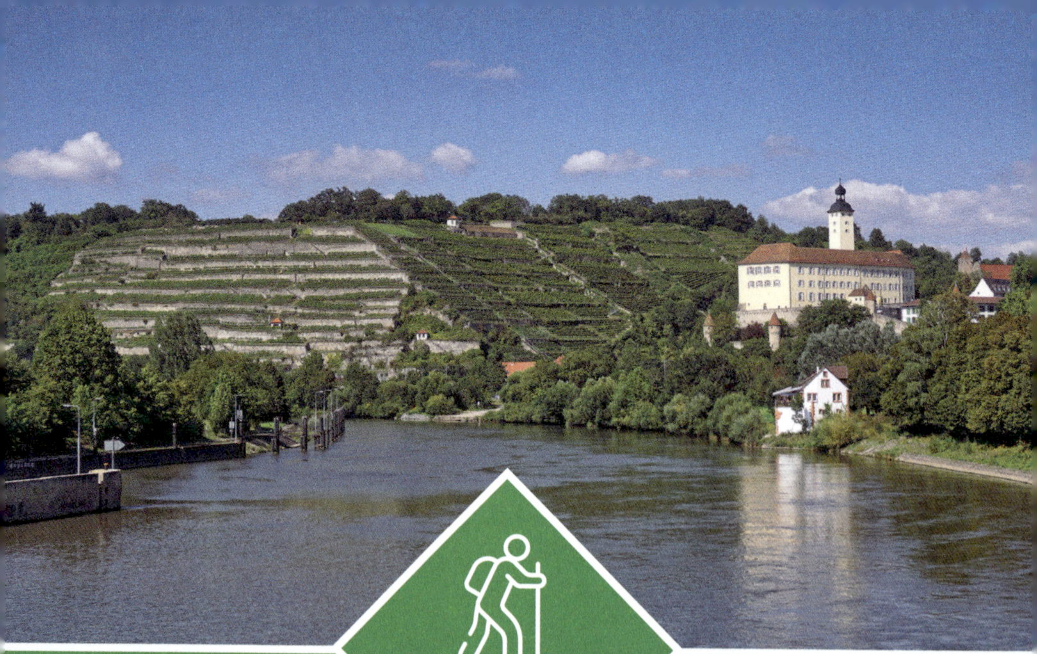

3

ERLEBNIS NECKARSTEIG: VON GUNDELSHEIM ÜBER BURG GUTTENBERG NACH BAD WIMPFEN

Dauer
4 Std.

Entfernung
14 km | 210 HM

Weitere Infos:
https://neckarsteig.de

Die neunte Etappe des Neckarsteigs gleicht einer erlebnisreichen #ZEITREISE: Die Wanderung wartet mit einer geschichtsträchtigen Burg, einer #GREIFVOGELWARTE mit spektakulären Flugschauen und einem der größten jüdischen Friedhöfe der Region auf. Zum Abschluss lockt die denkmalgeschützte Altstadt von #BAD WIMPFEN mit ihren markanten Türmen.

Für wen ist die Tour geeignet?

Da nur wenige Höhenmeter überwunden werden, ist dies eine Wanderung für alle Generationen. **Historisch Interessierte** werden entlang des Weges einige spannende Orte entdecken, die **Greifvogelschauen** sind für **Familien mit Kindern** ein Erlebnis. Die einfach zu bewältigende, letzte Etappe des Neckarsteigs dient dem einen oder anderen vielleicht als **Appetizer,** um in die Welt der Mehrtageswanderwege hineinzuschnuppern.

Eckdaten

Charakteristik: gut ausgeschilderte, einfach zu bewältigende, auch mit Kindern machbare Streckenwanderung. Da ein Großteil des Weges über Wiesen- und Feldwege mit wenig Schatten führt, sollte man im Sommer Sonnenbrille und -creme nicht vergessen.

Stärkung zwischendurch: Nach einem Viertel der Strecke kann man in der Burgschenke oder im Kiosk von Burg Guttenberg einkehren, nach der Hälfte des Weges in Heinsheim oder ganz am Ende in einem der zahllosen Lokale in Bad Wimpfen.

Anreise

Wir empfehlen die An- und Abreise mit der Bahn, da dies kein Rundwanderweg ist. Fast stündlich fahren **Regionalbahnen** ab Stuttgart Hbf. nach **Gundelsheim,** meist mit einmaligem Umstieg in Bad Friedrichshall oder in Heilbronn, wenn man die **S41** (Fahrtrichtung Mosbach) nutzt.

Für die **Rückfahrt** von Bad Wimpfen nach Stuttgart muss ebenfalls ein Umstieg eingeplant werden, es gibt verschiedene Varianten. Hin- und Rückfahrt dauern jeweils rund 70–90 Min.

Wer sein **Auto** am Startpunkt in Gundelsheim am Bahnhof parkt, kann ebenfalls fast stündlich mit der Bahn dorthin zurückfahren. Auch hier gibt es verschiedene Verbindungen mit teilweise lediglich 24 Min. Fahrtzeit.

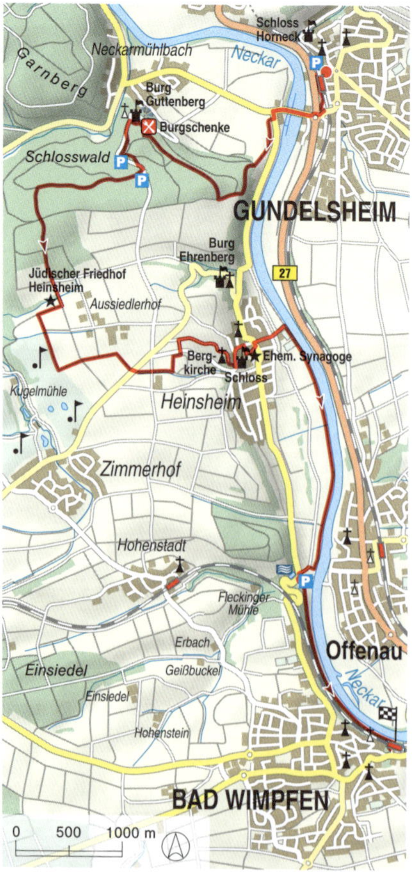

START IN GUNDELSHEIM MIT SCHLOSS HORNECK

Wir starten die neunte Etappe des Neckarsteigs am **Bahnhof Gundelsheim.** Vorab lohnt sich eine kurze Stippvisite im kleinen **Ortskern** der einstigen Deutschordensstadt. Dieser ist geprägt von historischer Bausubstanz, reichlich Fachwerk und kleinen, auf den Deutschorden verweisenden Hausmalereien sowie Infotafeln, die Aufschlussreiches zur Stadtgeschichte verraten.

Das über Gundelsheim thronende **Schloss Horneck** (www.schloss-horneck.de) wurde vor einigen Jahrhunderten von den Rittern des Deutschen Ordens als Burg genutzt. Heute dient es u. a. als Kultur- und Begegnungszentrum mit dem Schwerpunkt Siebenbürgen (Rumänien) samt Hotel, Bibliothek und Museum. Wie auf der gesamten Etappe fühlt es sich

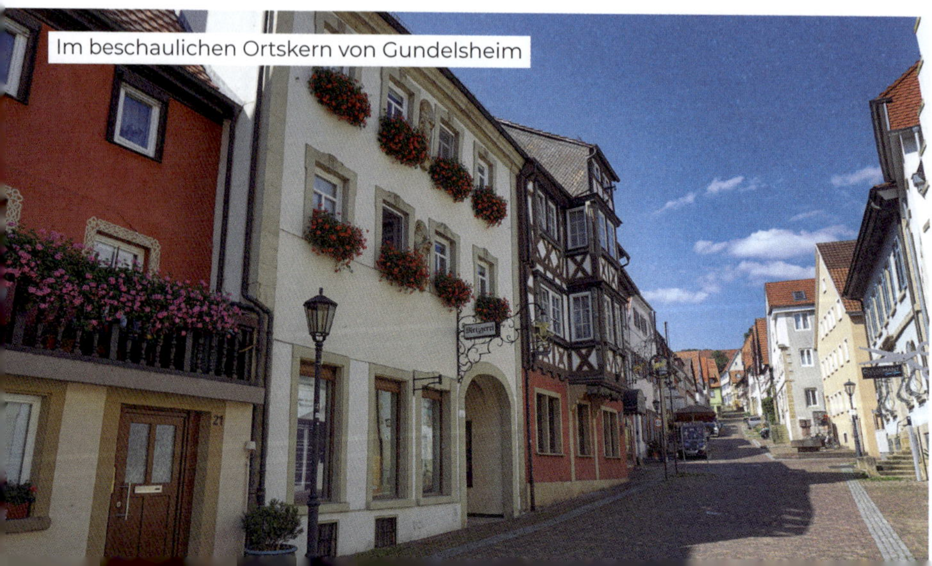
Im beschaulichen Ortskern von Gundelsheim

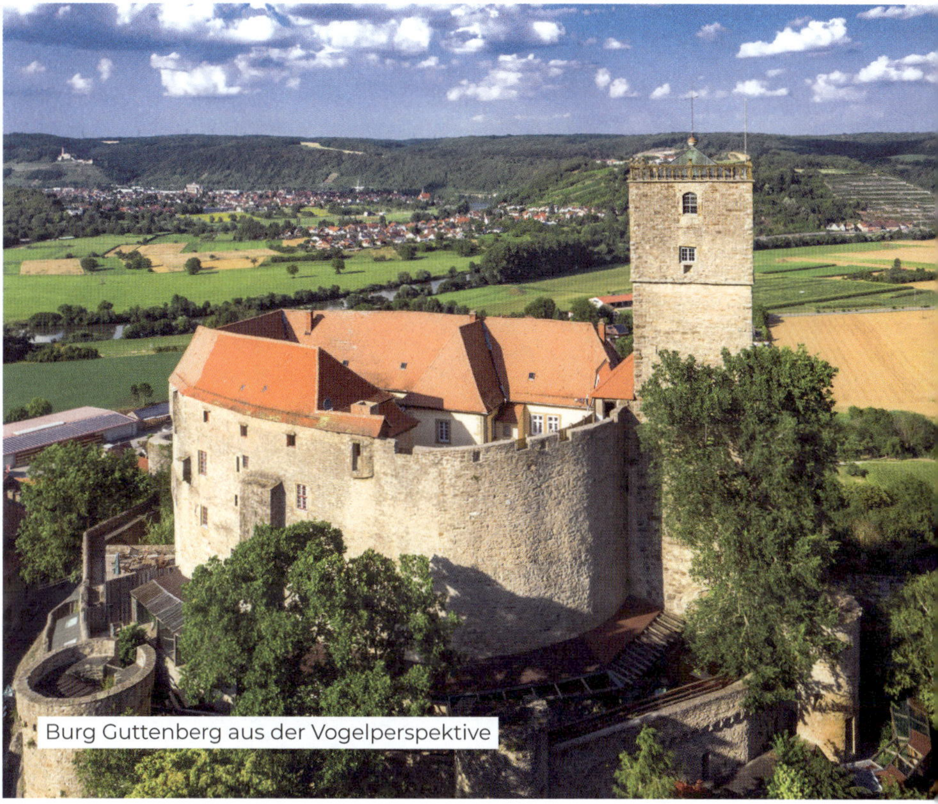

Burg Guttenberg aus der Vogelperspektive

an, als würden wir uns auf eine Zeitreise in längst vergangene Jahrhunderte begeben.

Wir überqueren zunächst den **Neckar** und wandern dann in südliche Richtung etwa 100 Höhenmeter auf den **Hohberg** hinauf. Ein Blick zurück lohnt sich: Das Schloss Horneck, umgeben von Weinbergen, scheint über Gundelsheim zu wachen. Ein toller Anblick! Oben angekommen, macht der Neckarsteig einen Knick nach rechts und wir wandern nun etwas mehr als 2 km in nordwestliche Richtung bis zur Burg Guttenberg.

BURG GUTTENBERG: WO DIE GEIER KREISEN

Schon einige Meter vor der **Burg Guttenberg** (Burgstr. 1, Haßmersheim, https://burg-guttenberg.de) sehen wir die Geier über uns kreisen. Aber keine Angst: Sie sind die Protagonisten einer öffentlichen Flugshow der **Deutschen Greifenwarte** (April–Anf. Nov. tägl. 9–18 Uhr), die auf dem Gelände der Festung ihr Domizil hat. Adler, Geier, Uhu und Co. drehen also regelmäßig über Burg und Neckartal ihre Runden. Besucher können

Extra-Info
Was ist überhaupt der Neckarsteig?

Der insgesamt 128 km lange **Mehrtageswanderweg** folgt dem Flusslauf des **Neckars,** startet in **Heidelberg** und endet in **Bad Wimpfen.** Dabei werden über 3100 Höhenmeter zurückgelegt. Die in **neun Etappen** aufgeteilte Tour führt hauptsächlich durch den malerischen **Odenwald.** Fast alle Etappen starten und enden an Orten mit **Bahnverbindung** am Neckar. Somit lässt sich der gesamte Weg klimafreundlich und im Rahmen einzelner Tagestouren abwandern. Neben dem stets beeindruckenden Ausblick auf den Neckar stellen vor allem die zahlreichen Burgen und die kleinen, mit Fachwerk-Charme ausgestatteten Orte die **Höhepunkte** des Neckarsteigs dar.
Auffällig ist, dass der Neckarsteig ausgesprochen **gut ausgeschildert** ist – sicherlich einer der Gründe, warum er 2018 zu „Deutschlands schönstem Wanderweg" gekürt wurde. Die **Wegmarkierung** zeigt ein blaues, geschwungenes „N" auf weißem Untergrund – eine Kombination des Anfangsbuchstabens und des sich schlängelnden Neckars.
Weitere Infos: https://neckarsteig.de

an **Flugvorführungen** (tägl. 11 und 15 Uhr, Erw. 14 €, Kinder 5–16 Jahre 12 €) und **Falknerstunden** teilnehmen. Oder man spaziert einfach zwischen den Volieren entlang.

Die **Geschichte** der Festung lässt sich bis ins Jahr 1225 zurückverfolgen. Unzählige Besitzerwechsel hat es im Laufe der Zeit gegeben, aber die Anlage selbst blieb von Zerstörung oder gar Abriss verschont – eine echte Besonderheit! Heute wird sie vor allem für touristische Zwecke genutzt, es gibt auch Übernachtungsmöglichkeiten. Die Burg ist von außen schon

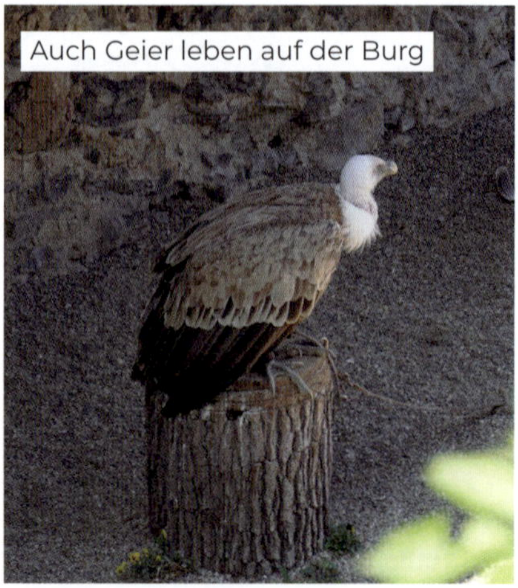
Auch Geier leben auf der Burg

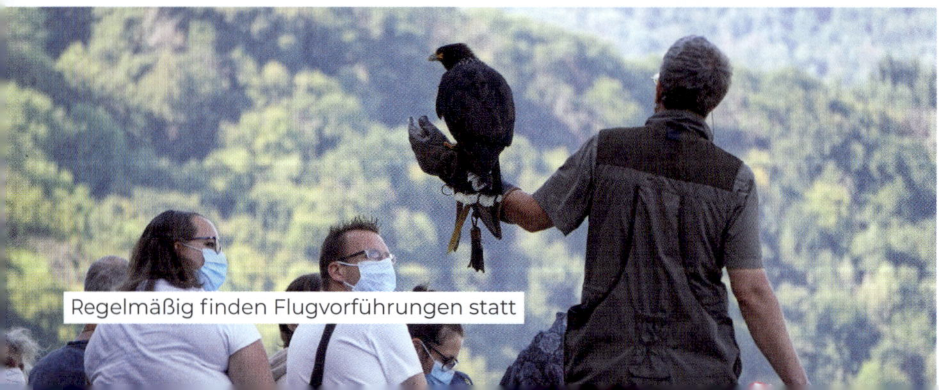
Regelmäßig finden Flugvorführungen statt

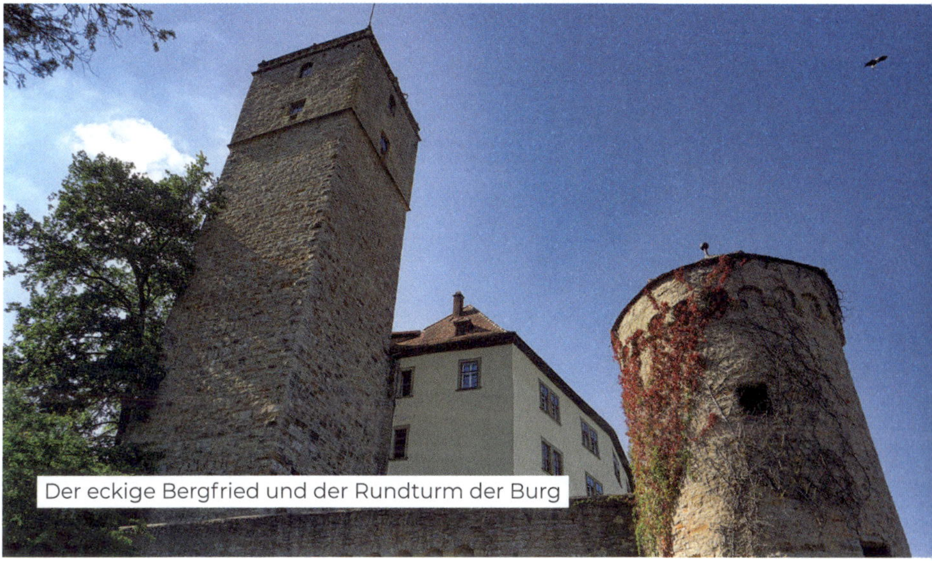

Der eckige Bergfried und der Rundturm der Burg

imposant und schön anzusehen, ihr Inneres darf man gegen Entrichtung eines geringen Obolus betreten. In der preisgekrönten Ausstellung des **Burgmuseums** (April–Anf. Nov. tägl. 10–18 Uhr, Erw. 6 €, Kinder 4 €, Kombiticket mit Flugvorführung 16/12 €) werden Fragen rund um das Leben der Ritter beantwortet. Als Schatzkammer der Burg gilt die **Bibliothek:** Sie umfasst rund 3000 Bände und etwa 30 Inkunabeln (Wiegedrucke). Von März bis September laden die **Burgschenke** samt **Aussichtsterrasse** und ein **Kiosk** zu Speis und Trank ein (beide März–Okt. Mi.–So. 12–17 Uhr).

Wir setzen unsere Tour über dem **Parkplatz** der Burg fort. Der Weg führt uns nun auf einer Länge von gut 3 km in südliche Richtung bis zum Jüdischen Friedhof. Die markanten **weiß-blauen Wegmarkierungen** des Neckarsteigs begleiten uns dabei stets, der Weg verläuft fußfreundlich über schattige **Waldwege.**

Extra-Tipp

Rittermahl auf der Burg Guttenberg

Ihr wolltet schon immer mal **zum Ritter geschlagen** werden? Die Burg Guttenberg macht es möglich! Allerdings wird pro zweistündigem Rittermahl nur einer der Anwesenden zum „Ritter von Burg Guttenberg" geschlagen. Es gehört also ein wenig Glück dazu. Wem selbiges nicht hold ist, der kann sich zumindest an den Köstlichkeiten der Burgküche erfreuen und sich ritterlich bewirten lassen. Getränke fließen in Hülle und Fülle … na dann: Die Krüge hoch!

Infos und Buchung: https://burg-guttenberg.de/burgschenke/veranstaltungen, ab 67 €

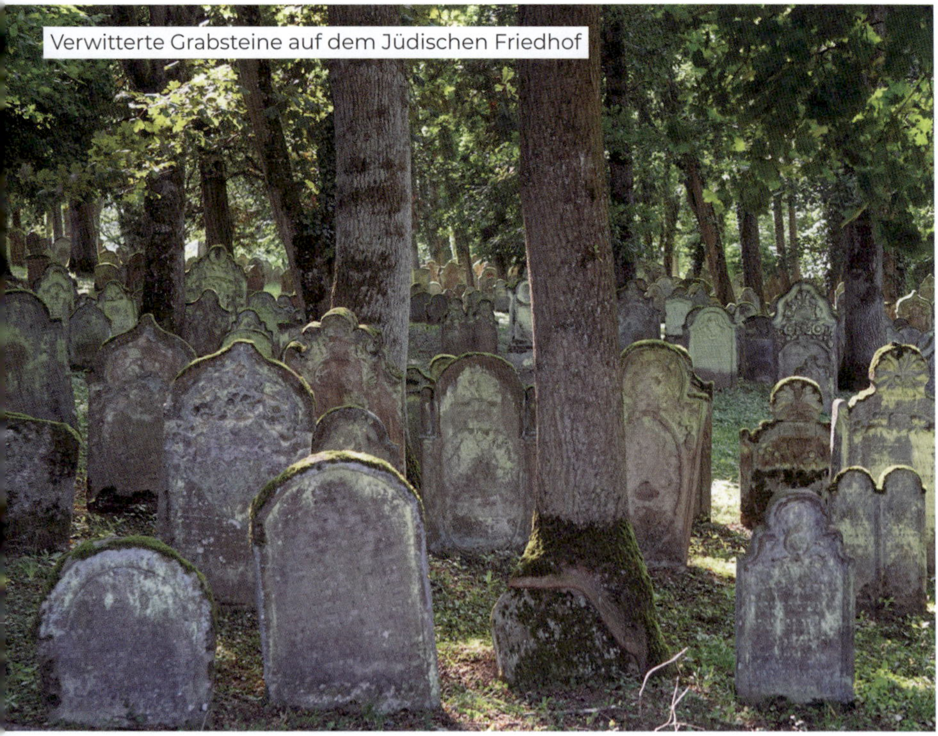
Verwitterte Grabsteine auf dem Jüdischen Friedhof

JÜDISCHES ERBE UND EINE KIRCHE IN HEINSHEIM

Wir erreichen den hiesigen **Jüdischen Friedhof im Ortsteil Heinsheim** (www.badrappenau-tourismus.de/entdecken-erleben/sehenswertes/juedischer-friedhof.html), der als einer der größten im Südwesten Deutschlands gilt und erstaunlich gut erhalten ist. Da früher zeitweise 25 jüdische Gemeinden ihre Verstorbenen hier bestatteten, handelt es sich um einen Verbandsfriedhof. Die mehr als 1100 Grabsteine sind kunstvoll verziert und gelten als historisch wertvoll. Der ummauerte Friedhof kann nur mit einem vorab organisierten Schlüssel betreten werden, allerdings kann man auch problemlos einen Blick über die **niedrige Mauer** werfen. In Anbetracht der deutschen Geschichte ist dies ein ganz besonderer Ort, den man vermutlich an einem Wanderweg so schnell kein zweites Mal finden wird.

Der Neckarsteig zweigt am Friedhof nach rechts und knapp dahinter links ab. Der Pfad führt zunächst in südliche, dann in östliche Richtung für ca. 2,8 km über **Wiesen- und Feldwege** bis in den Ortskern von Heinsheim. Linker Hand können wir den einen oder anderen Golfball fliegen

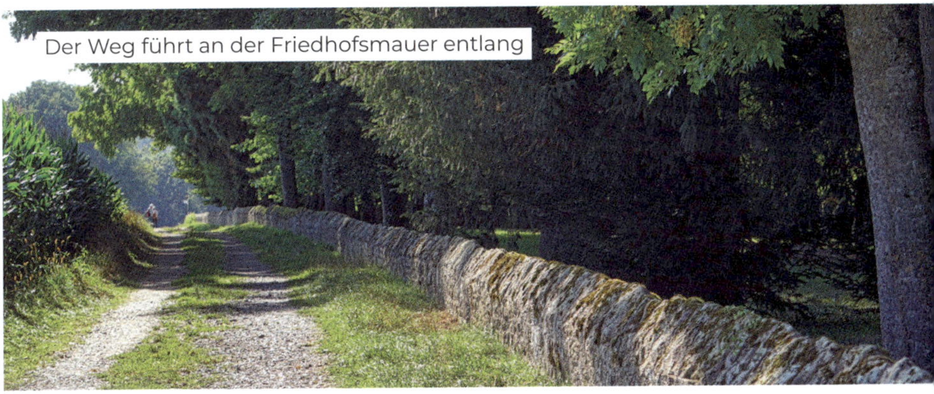

Der Weg führt an der Friedhofsmauer entlang

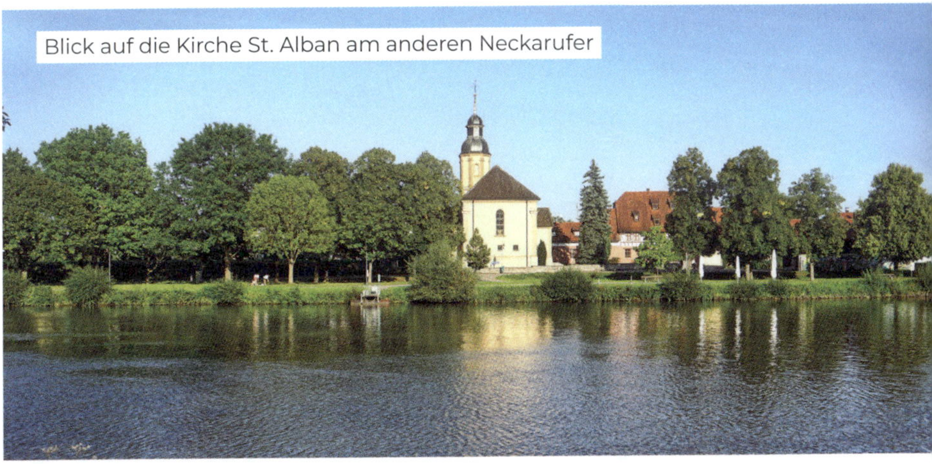

Blick auf die Kirche St. Alban am anderen Neckarufer

sehen, führt uns doch die Strecke direkt am **Golfplatz von Bad Rappenau** vorbei. In Richtung Neckar blickend, kann man bei gutem Wetter noch ganz andere Flugobjekte beobachten: **Drachen- und Gleitschirmflieger** finden hier beste Voraussetzungen für die Ausübung ihres Hobbys.

Leicht bergab führt uns der Weg nun in das kleine, überschaubare **Heinsheim.** Der Turm der **Bergkirche** (www.kirchen-im-dorf.de) ist schon von Weitem erkennbar. Das wuchtige Gotteshaus kann auf eine über 1000-jährige Geschichte zurückblicken und überrascht im Inneren mit mittelalterlichen Fresken.

Hinter der Kirche steigen wir über eine längere **Treppe** in den Ortskern hinab. Wir erreichen die kleine, unscheinbar wirkende **Ehemalige Synagoge** (Schlossgasse 3, www.synagoge-heinsheim.de). Sie wurde Ende des 18. Jh. errichtet und 1938 nach der Aufgabe durch die jüdische Gemeinde an einen Heinsheimer

Landwirt verkauft, sodass sie den Zerstörungen der Novemberpogrome im selben Jahr entging. Im Jahr 2021 wurden umfangreiche Sanierungsarbeiten abgeschlossen. Das Haus dient heute als Ort des kulturellen Austauschs, es finden Veranstaltungen und Ausstellungen statt.

AM NECKAR ENTLANG INS TURMREICHE BAD WIMPFEN

In Heinsheim steuern wir direkt das **Neckarufer** an, sehen die kleine **Schiffsanlegestelle** und wenden uns nach rechts. In der Ferne können wir bereits die markanten Türme – Wahr-

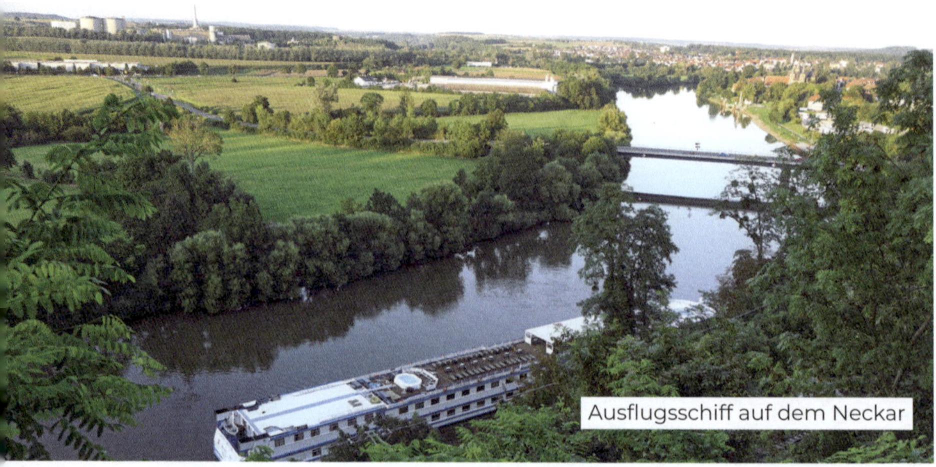

Ausflugsschiff auf dem Neckar

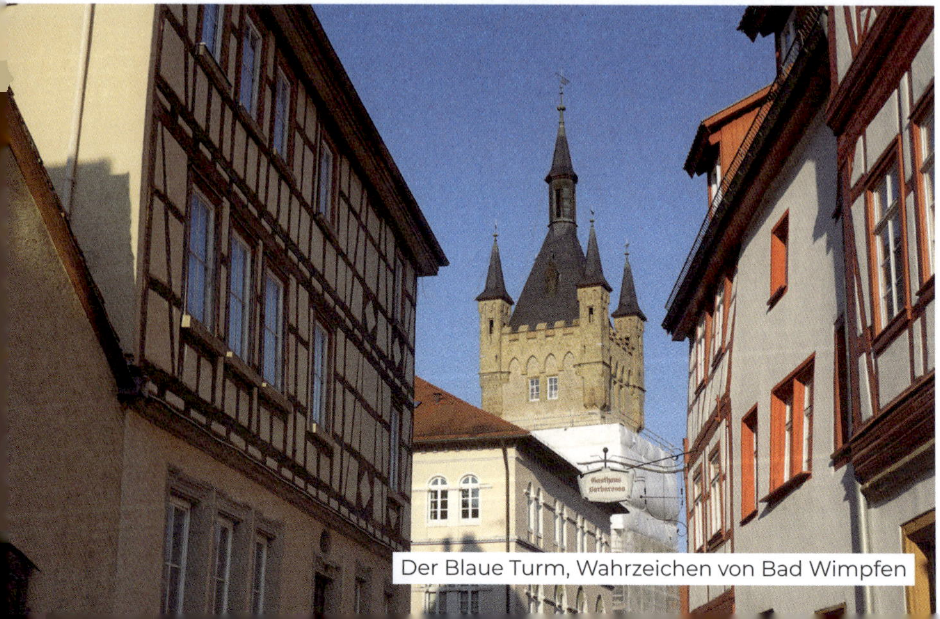

Der Blaue Turm, Wahrzeichen von Bad Wimpfen

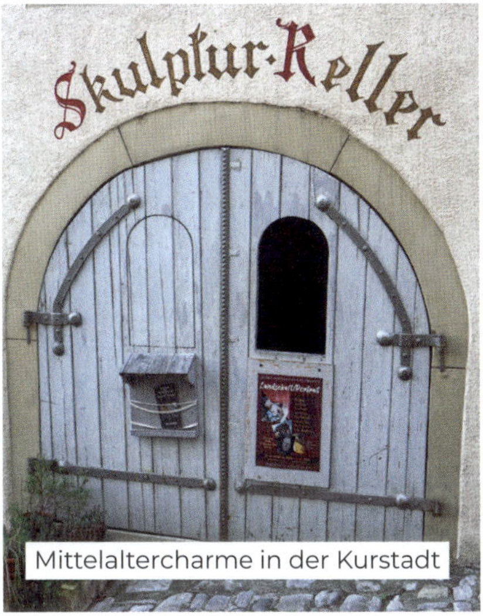

Mittelaltercharme in der Kurstadt

zeichen von Bad Wimpfen – erspähen. Wir haben allerdings noch einige Meter vor uns. Wir folgen dem Flusslauf ca. 4,3 km in südliche Richtung, zeitweise nur knapp drei Meter vom Wasser entfernt. Auffällig ist, wie ruhig der Neckar mitunter in Richtung Heidelberg fließt. Kaum eine Welle, kaum ein Plätschern – nur wenn ein Schiff den Fluss als Wasserstraße nutzt, ist etwas zu hören. In beinahe meditativer Stimmung nähern wir uns der Kurstadt. Am jenseitigen Ufer erblicken wir die kleine **Kirche St. Alban.**

Schließlich erreichen wir den **Bahnhof Bad Wimpfen,** der nicht nur das Ende dieser Etappe markiert, sondern auch des gesamten Neckarsteigs. Wer bereits die ersten acht Etappen des Neckarsteigs gewandert ist, findet mit der Altstadtkulisse Bad Wimpfens einen würdigen Abschluss seiner Mehrtagestour.

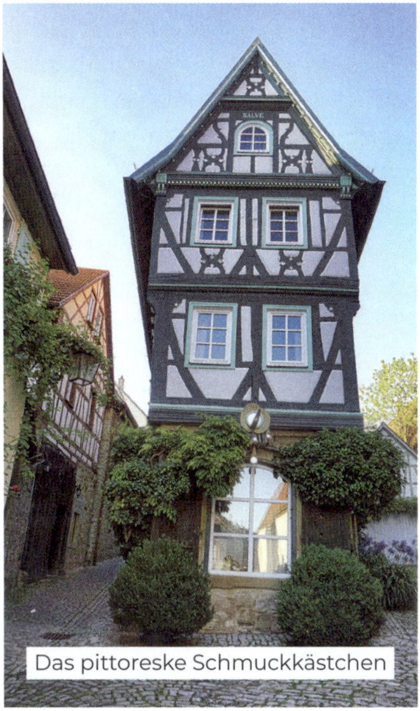
Das pittoreske Schmuckkästchen

BAD WIMPFEN: EIN HAUCH VON PRAG

Unbedingt sollte man noch die letzten Meter bergauf in den pittoresken, denkmalgeschützten **Ortskern** steigen – es lohnt sich! Mit ihren Türmen – dem **Blauen** und dem **Roten Turm** – erinnert die Stadtsilhouette von Bad Wimpfen ein wenig an die „Goldene Stadt" Prag. Deshalb sollte man es sich nicht entgehen lassen, zum Abschluss noch ein wenig durch die historische Altstadt zu schlendern. Nähere Infos über Bad Wimpfen liefert das Kapitel **„Unterwegs auf dem Neckartal-Radweg: Von Besigheim nach Bad Wimpfen"** (s. S. 218).

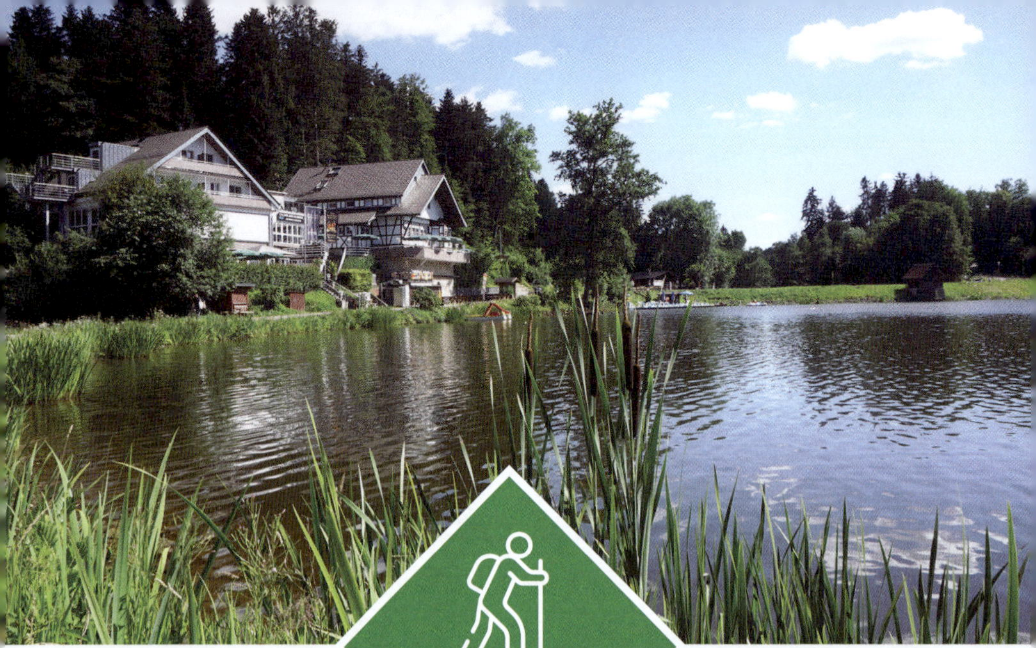

4

PACK DIE BADEHOSE EIN: STRÜMPFELBACHER WASSER-FÄLLE UND EBNISEE

Dauer
2½ Std.
reine Gehzeit

Entfernung
9 km | 180 HM

Weitere Infos:
www.schwaebischerwald.com, www.ebniseeverein.de

Diese kurze, angenehme Tour ist perfekt für Alt und Jung, vor allem – aber nicht nur – im Sommer! Erst wandern wir entlang schmaler Bäche und kleiner #WASSERFÄLLE im bezaubernden Strümpfelbachtal. Dann umrunden wir den größten #BADESEE des #SCHWÄBISCHEN WALDES, der an heißen Tagen eine willkommene Abkühlung verspricht, sich aber auch für eine erlebnisreiche SUP- oder #BOOTSTOUR eignet.

Für wen ist die Tour geeignet?
Diese leicht zu gehende Rundwanderung mit kontrastreichem Programm ist für **jedermann** geeignet. **Kinder** können am Bach über Steine klettern und sich am Ebnisee austoben, Wasserratten schwimmen einmal über den See, **Wassersportfans** können sich ein SUP leihen. Wer es gemütlicher mag, dreht eine Runde mit dem Tret- oder Ruderboot. Die ideale Tour für einen **Sonntagsausflug,** nicht nur im Hochsommer.

Eckdaten
Charakteristik: kurze, sehr einfache Rundwanderung auf naturnahen Wegen mit geringen Steigungen teilweise am Seeufer entlang. Der Weg ist auch für Kinder gut geeignet, allerdings nicht für Kinderwagen.

Stärkung zwischendurch: Auf dieser Tour sollte man genügend zu trinken und zu essen mitnehmen, denn eine Einkehr ist nur zu Beginn im Voggenhof und am Ende in den Gastrobetrieben am Ebnisee möglich.

Anreise
Die kürzesten Anreisevarianten ab Stuttgart Hbf. sind entweder eine Fahrt mit der **Regionalbahn** nach **Schorndorf** oder mit der **S-Bahn** nach **Winnenden.** Hier steigt man in den **Bus** (mehrere Linien) um, der Ausstieg erfolgt an der **Haltestelle Ebni, Kaiserbach.**

Mit dem **Auto** empfiehlt sich die Anreise zum **Ebnisee.** Im Sommer sollte man beachten, dass das Gewässer sehr beliebt und dementsprechend stark frequentiert ist.

START IN EBNI UND WEITER ZUM VOGGENHOF

Wir beginnen unsere Wanderung an der **Bushaltestelle Ebni, Kaiserbach** und wandern zunächst in westliche

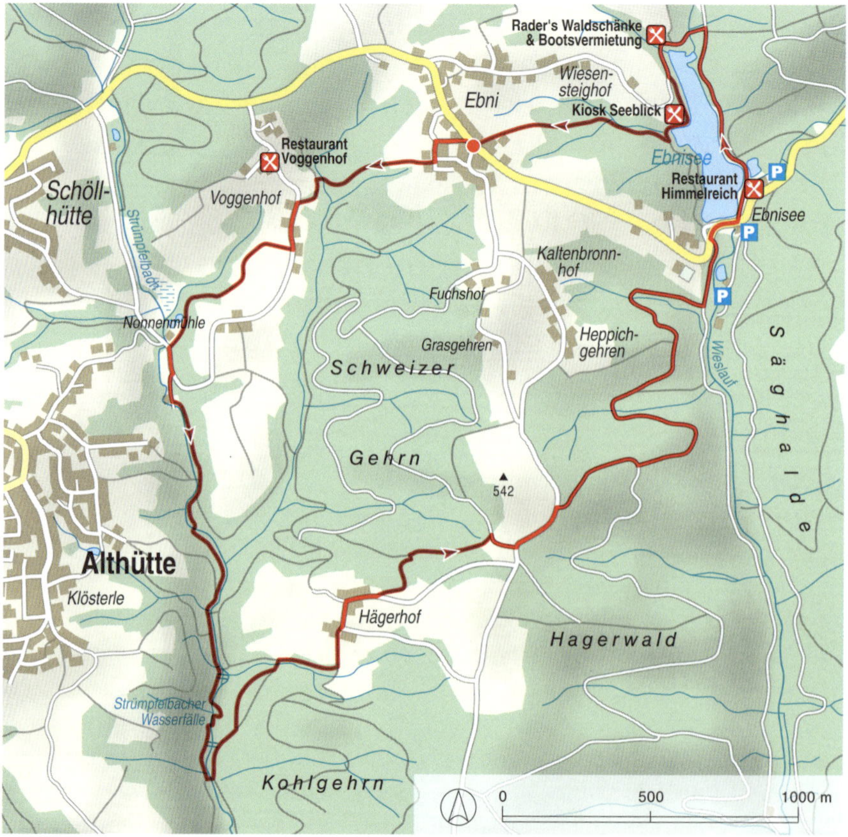
Rader's Waldschänke & Bootsvermietung
Wiesensteighof
Ebni
Kiosk Seeblick
Restaurant Voggenhof
Ebnisee
Restaurant Himmelreich
Ebnisee
Schöllhütte
Voggenhof
Strümpfelbach
Kaltenbronnhof
Fuchshof
Nonnenmühle
Heppichgehren
Grasgehren
Schweizer
Sägehalde
Wieslauf
Gehrn
542
Althütte
Klösterle
Hägerhof
Hagerwald
Strümpfelbacher Wasserfälle
Kohlgehrn
0
500
1000 m

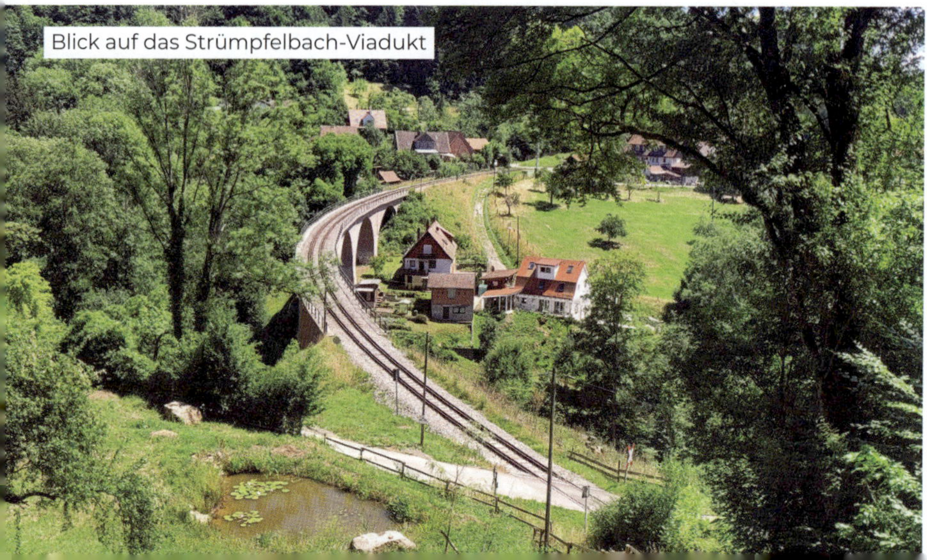
Blick auf das Strümpfelbach-Viadukt

Richtung. Der direkte Weg zum Ebnisee verläuft einen guten Kilometer in Richtung Osten. Wir heben uns das traumhafte Gewässer jedoch als Highlight für den Schluss der Wanderung auf und wandern zunächst zum ausgeschilderten Voggenhof.

Gut zu wissen: Die hier vorgeschlagene Route ist dank des Schwäbischen Albvereins mit markanten **gelben Markierungen** bestens ausgeschildert. Auf den ersten 3 km führt der Weg leicht bergab, bis wir mit den Strümpfelbacher Wasserfällen die tiefstgelegene Stelle der Wanderung erreichen.

Als erster Orientierungspunkt dient der **Voggenhof** ein paar Schritte nördlich der Route, der ein Restaurant beherbergt (Voggenhof 5/1, https://strohbecks.de, Restaurant Mi.–So. durchgehend geöffnet). Wer sich noch für die Tour stärken möchte, der ist hier richtig.

Wir folgen dem Routenverlauf weiter bis zur privat bewohnten **Nonnenmühle.** Angesichts des leisen Bachrauschens wird schnell klar: Wir haben das Strümpfelbachtal erreicht!

WANDERN IM VERTRÄUMTEN STRÜMPFELBACHTAL

Das Strümpfelbachtal verdankt seinen Namen dem **gleichnamigen Bach** und wird durch zahlreiche kleine, teils namenlose Zuläufe und Quellen mit Wasser gespeist. Über mehrere massive **Holzbrücken und Treppen** wird der schmale Bach, der sich durch das Waldtal schlängelt, immer wieder gekreuzt. Falls es das Wort „wildromantisch" noch nicht gäbe, so müsste man es für dieses Tal erfinden!

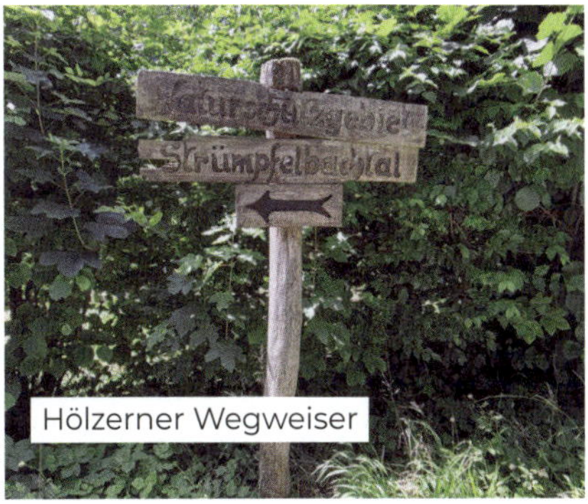

Hölzerner Wegweiser

Unsere Tour setzen wir in südliche Richtung fort. Das leise Plätschern des Bächleins wirkt beruhigend, mitunter begegnen wir anderen Ausflüglern.

Extra-Info
Was ist eigentlich der Schwäbische Wald?

Vom Schwäbischen Wald soll so manch Zugezogener oder Stuttgarter noch nie gehört haben. Es handelt sich um ein fast 1200 m^2 großes Waldgebiet im Nordosten Baden-Württembergs, kaum 20 km vor den Toren der Landeshauptstadt. Grob reicht das Areal von **Heilbronn** im Norden bis nach **Lorch** im Ostalbkreis im Süden. Der Schwäbische Wald hat jede Menge **Highlights** zu bieten: tiefe Klingen, das Weltkulturerbe Limes (s. Tour „Schelmenklinge und Kloster Lorch" auf S. 56), bunte Streuobstwiesen, verträumte Seen und romantische Mühlen (s. Route „Abenteuer Feenspuren" auf S. 46).

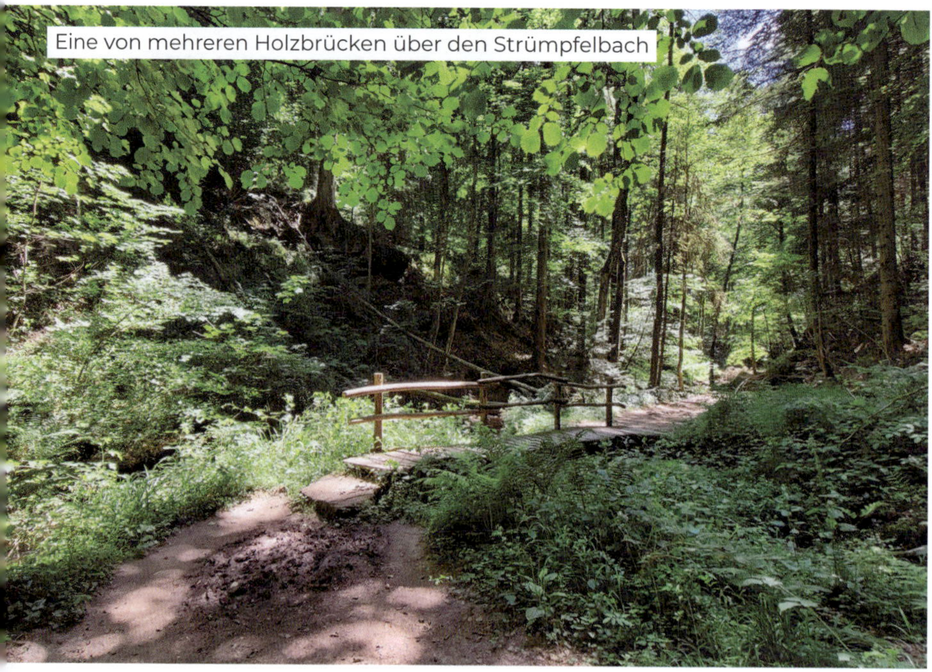

Eine von mehreren Holzbrücken über den Strümpfelbach

Natürlich haben Kinder hier ihren Spaß, wenn sie über die unzähligen Felsen im Bachlauf balancieren oder über die Steine hin- und herspringen.

Wir lassen die **Alte Pumpstation** des Ortes **Althütte** rechts liegen und folgen weiter dem teilweise recht matschigen Weg. Immer wieder kreuzen wir den Bach über hölzerne Brücken. Und dann erreichen wir sie schon, die eindrucksvollen Strümpfelbacher Wasserfälle.

MALERISCHE WASSERFÄLLE ALS ERSTER HÖHEPUNKT

Eingebettet in den Schwäbischen Wald, schinden die kleinen, aber feinen **Sandsteinwasserfälle** ordentlich Eindruck. Spätestens hier zückt wohl jeder sein Handy oder seine Kamera. Wir befinden uns inmitten eines **Naturschutzgebiets.** Somit bleiben die Wasserfälle mehr oder weniger sich selbst überlassen – herabgefallene Äste oder umgestürzte Baumstämme bleiben einfach liegen, sofern sie nicht den Wanderweg versperren. So ergeben sich andererseits interessante Fotomotive.

Da es sich um ein Naturschutzgebiet handelt, gilt aber auch: **Baden** ist hier ausdrücklich **verboten!** Wer eine Abkühlung braucht, muss sich noch etwas gedulden. Mit dem Ebnisee am Ende unserer Wanderung wird es jedoch bald eine perfekte Bademöglichkeit geben.

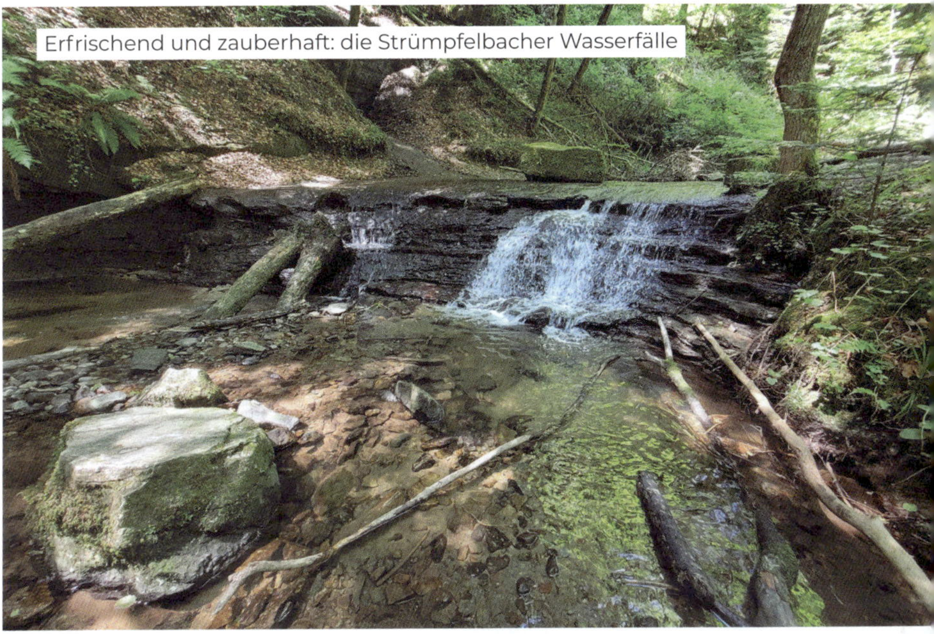

Erfrischend und zauberhaft: die Strümpfelbacher Wasserfälle

An dieser Stelle unserer Tour grenzt das Strümpfelbachtal an das **Wieslauftal.** Wer Lust auf mehr Wasserfälle und etliche Mühlen hat, dem empfehlen wir unsere **Tour „Abenteuer Feenspuren“** auf Seite 46, denn die Wanderwege überschneiden sich hier.

Wir setzen unsere Wanderung in Richtung Ebnisee fort. Der Weg verläuft nun fortwährend in nordöstliche Richtung. Auf den nächsten ca. 1,2 km legen wir mit etwa 120 Höhenmetern den größten Anstieg der gesamten Route zurück. Während des Aufstiegs können wir südlich einen Blick auf das beeindruckende **Strümpfelbach-Viadukt** werfen. Mit ein wenig Glück rauscht dort eine der historischen Dampf- und Dieselloks der **Schwäbischen Waldbahn** (s. S. 49) vorbei.

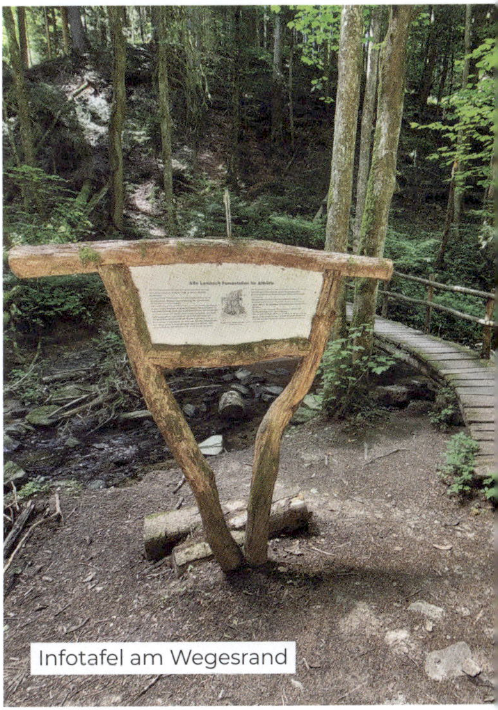

Infotafel am Wegesrand

DER EBNISEE: PERLE DES SCHWÄBISCHEN WALDES

Nach den abwechslungsreichen ersten Kilometern wird es nun ein wenig geruhsamer und meditativer. Nach etwa 700 m Wegstrecke erreichen wir den kleinen Ort **Hägerhof.** Ein **Snackautomat** bietet Getränke und Süßigkeiten zum Verzehr an. Wir wandern weiter – zuerst über **Waldwege,** dann über eine **asphaltierte Straße** durch den Wald. Nach gut 7 km und ca. 2 Std. Gehzeit erreichen wir den südlichen Zipfel des Ebnisees.

Nachdem wir einen gut besuchten **Kiosk** (ein Motorradfahrer-Hotspot!) passiert haben, liegt uns die Perle des Schwäbischen Waldes zu Füßen. Hier, am südlichen Ende des Sees, warten schon **Tret- und Ruderboote** darauf, ausgeliehen zu werden. Und so manche Seerose blüht in voller Pracht.

Tatsächlich ist der Ebnisee mit seiner 6 ha großen Wasseroberfläche ein künstlicher Stausee, der 1745 für die **Holzflößerei** angelegt worden war. Gut 100 Jahre später wurde der Holztransport dann über die neu gebauten Bahnlinien der Remstal- und

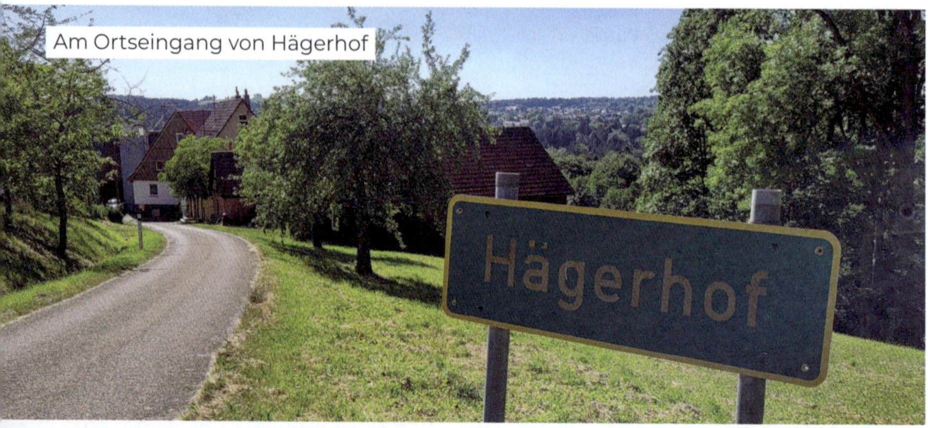

Am Ortseingang von Hägerhof

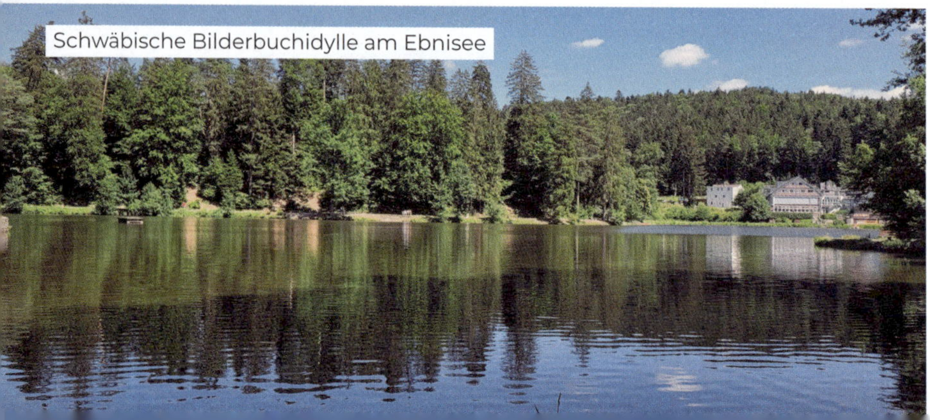
Schwäbische Bilderbuchidylle am Ebnisee

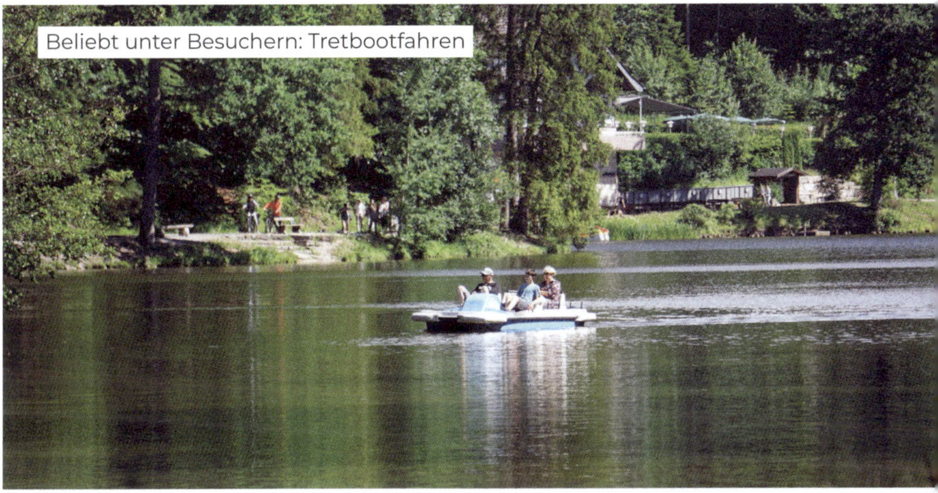

Beliebt unter Besuchern: Tretbootfahren

Wieslauftalbahn abgewickelt und der Ebnisee hatte als Transportweg ausgedient. In den letzten Jahrzehnten entwickelte er sich mehr und mehr zum Touristenmagnet. Kein Wunder, bei der Lage und den sportlichen Betätigungsmöglichkeiten!

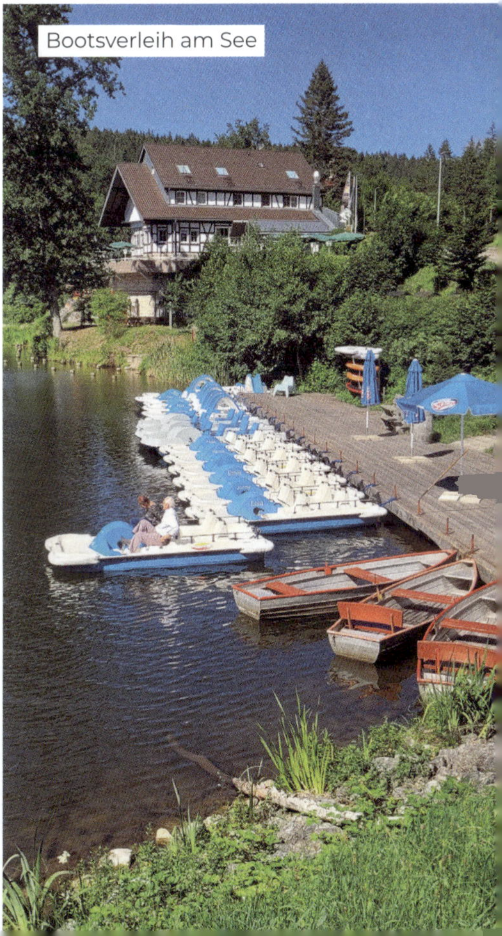

Bootsverleih am See

SONNENBADEN, SCHWIMMEN, BOOT FAHREN UND SCHWÄBISCH SPEISEN

Wenngleich es keinen Sandstrand gibt, ist der Ebnisee heute als **Badesee** ausgewiesen: Es gibt mehrere Badestellen und Liegewiesen, die Wasserqualität wird regelmäßig überprüft. Aber nicht nur das: Der Ebnisee ist ein echter **Wassersport-Hotspot!** Schwimmen, Stand-up-Paddling, Kanu- oder Tretbootfahren – all dies ist hier möglich.

Wer Hunger oder Durst verspürt, der hat am See reichlich Auswahl. Unsere Route setzen wir, vom Südufer kommend, an der rechten Seite des Sees fort – wir umrunden den See also entgegen dem Uhrzeigersinn. Dabei kommen wir an allen Einkehrmöglichkeiten vorbei.

Im **Restaurant Himmelreich** des Hotels Reich am westlichen Seeufer (Ebnisee 2, www.hotel-reich-ebnisee.de, Mi.–Fr. ab 17.30, Sa./So./feiertags ab 12 Uhr) geht es rustikal-modern zu: Es ist im Stil einer Almhütte eingerichtet und tischt gutbürgerliche Küche, aber auch Burger, Steaks, Salate und Fisch auf.

Am nördlichen Ende des Sees bietet der urgemütliche Biergarten von **Rader's Waldschänke & Bootsvermietung** mit über 250 Sitzplätzen bodenständige schwäbische Köstlichkeiten an, serviert jedoch auch Kaffee und Kuchen. Der direkte Seezugang am Biergarten wird rege genutzt. Weiterhin besteht hier die Möglichkeit, sich Ruder- und Tretboote so-

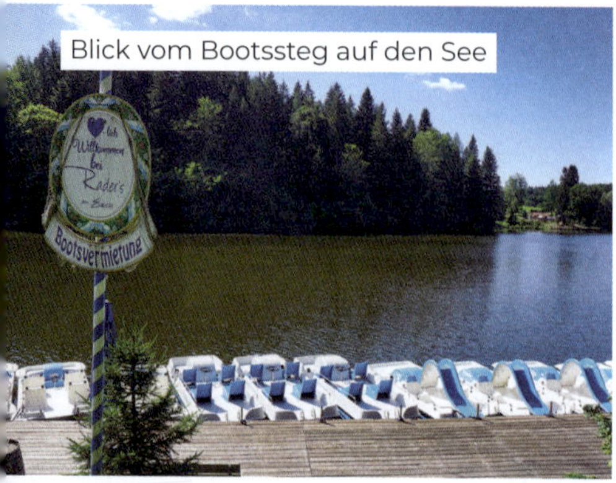

Blick vom Bootssteg auf den See

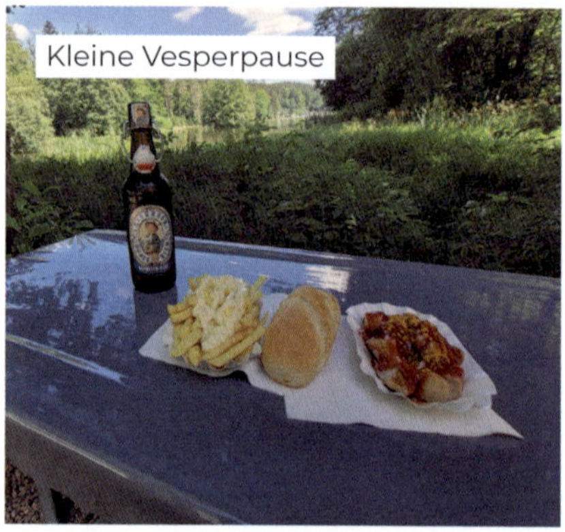
Kleine Vesperpause

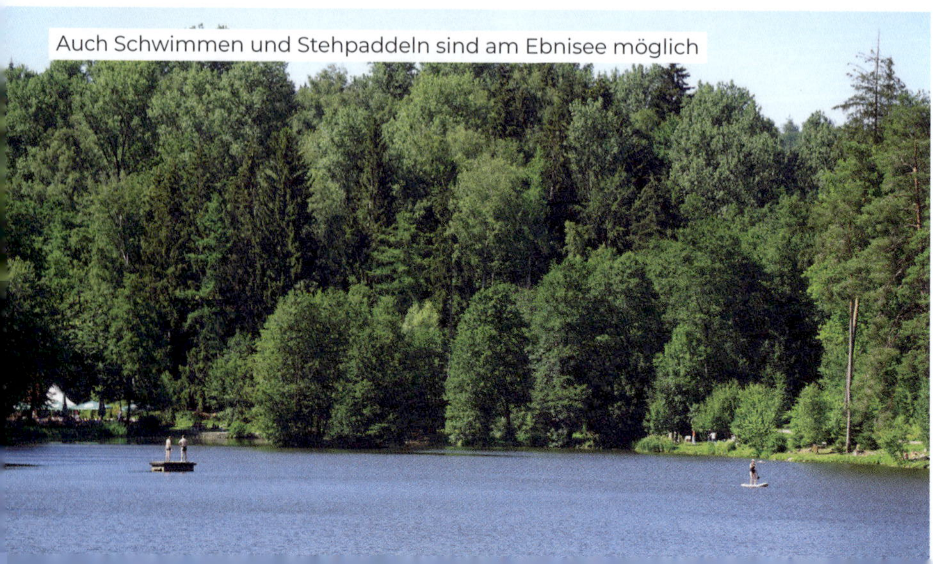
Auch Schwimmen und Stehpaddeln sind am Ebnisee möglich

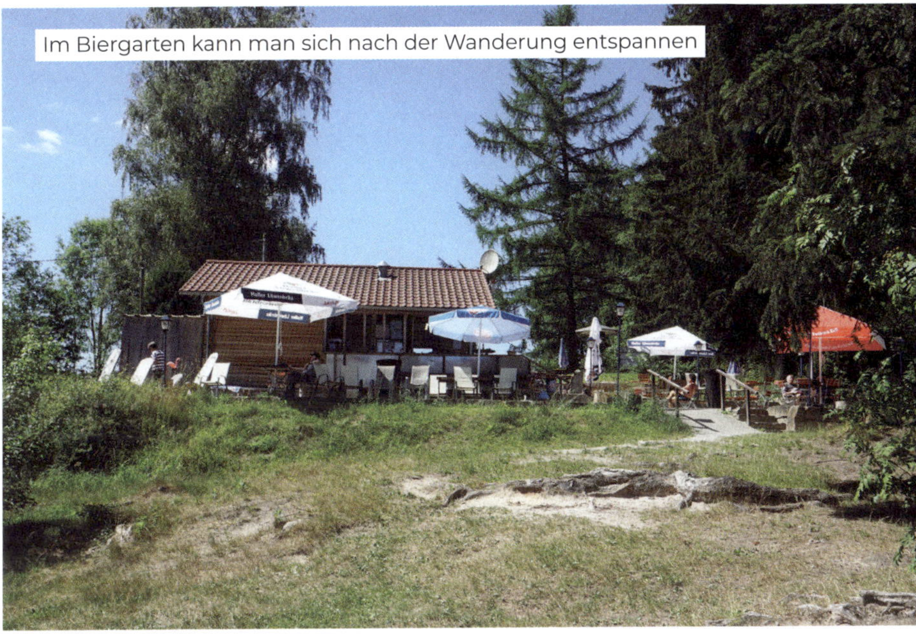

Im Biergarten kann man sich nach der Wanderung entspannen

wie SUPs auszuleihen (Klösterle 100, https://biergarten-ebnisee.de, Öffnungszeiten s. Website, SUP-Verleih 60 Min. 15 €, Ruder-/Tretboot 30 Min. ab 6/9 €). Vom Nordufer des Gewässers sind es nur noch knappe 1,5 km bis zum Ziel dieser Wanderung.

Mit dem **Kiosk Seeblick,** nur einen Steinwurf entfernt am westlichen Seeufer gelegen, bietet sich eine dritte Einkehrmöglichkeit mit traumhafter Aussicht auf den Ebnisee an.

Am Kiosk wenden wir uns vom Seeufer ab und wandern jetzt in westliche Richtung. Die letzten Gehminuten zur **Bushaltestelle** vergehen wie im Fluge. Von dort treten wir nach dieser erlebnisreichen Wanderung die Rückfahrt an.

Extra-Tipp

Auf zur Gallengrotte!

Etwa einen Kilometer vom **Nordufer des Ebnisees** entfernt befindet sich mit der Gallengrotte noch ein weiteres, kleines Ausflugsziel. Der **Name** „Gallengrotte" ist übrigens darauf zurückzuführen, dass vor Jahrhunderten bei der Produktion von Glas in der Region eine grünliche Schlacke zurückblieb, die dann in der Höhle entsorgt wurde. Während im Sommer der eine oder andere **Feuersalamander** über die Steine huscht, sind im Winter gelegentlich herunterhängende **Eiszapfen** ein reizvoller Anblick. Der Weg bis zur Grotte ist **ausgeschildert.**

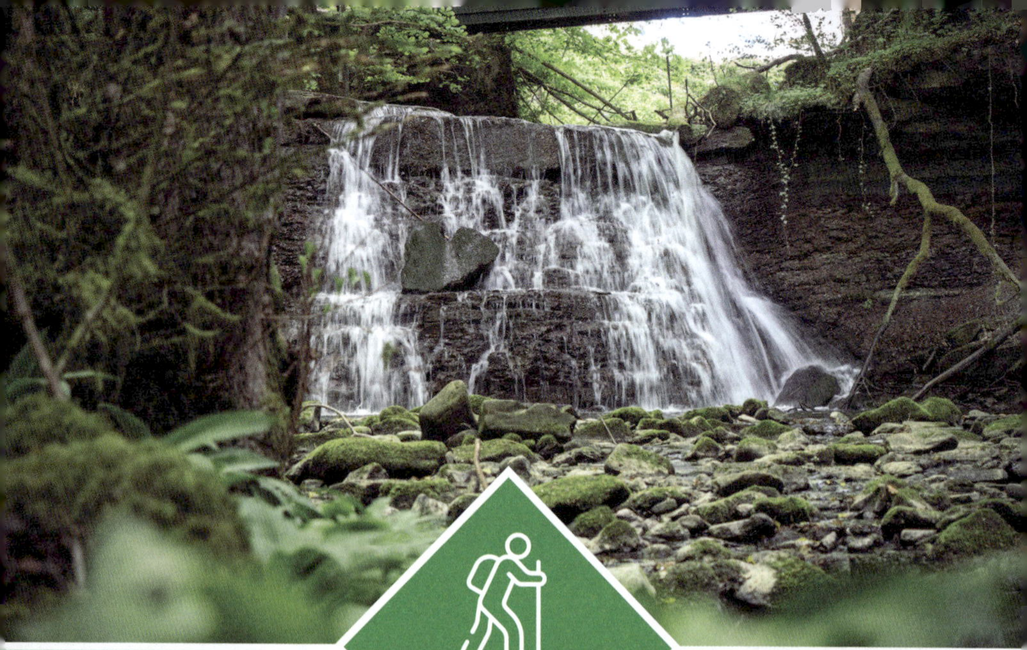

5

ABENTEUER FEENSPUREN: SCHLUCHTENWANDERN IM SCHWÄBISCHEN WALD

Dauer
5 ½ Std. reine Gehzeit

Entfernung
13 km | 400 HM

Weitere Infos:
www.feenspuren.de/drei-schluchten, www.schwaebischerwald.com

Eine Schluchtenwanderung in Großstadtnähe? Im Schwäbischen Wald bei #WELZHEIM ist das möglich. Edenbach-, Wieslauf- und Strümpfelbachschlucht laden dank ihrer #WASSERFÄLLE, #VIADUKTE und historischen #MÜHLEN zu einer spektakulären Wanderung auf teilweise anspruchsvoller Strecke ein. Eine durchaus abenteuerliche Tour, gespickt mit zahlreichen Highlights!

Für wen ist die Tour geeignet?

Wer auf der Suche nach einem echten **Outdoor-Erlebnis** ist, der wird hier fündig. Das teilweise rutschige Terrain sorgt für Abenteuerfeeling. Für **Kinder** eine durchaus anspruchsvolle, aber machbare Tour, von der sie anschließend erzählen werden.

Eckdaten

Charakteristik: Die abwechslungsreiche Rundwanderung führt auf naturnahen Wegen durch drei Schluchten. Etwas Kondition und vor allem passendes Schuhwerk sind hier gefragt. Matschig und glatt kann es auf einem gut 1000 m langen Teilstück werden, hier sind Wanderschuhe mit hohem Schaft oder Gummistiefel nützlich. Im Winter und nach starken Regenfällen ist es dort gelegentlich so rutschig und gefährlich, dass vom Wandern dieses Teilstücks abgeraten wird.

Stärkung zwischendurch: Einkehrmöglichkeiten gibt es u. a. in der Gastronomie des Erlebnisparks „EINS + ALLES“, im spanischen Restaurant der Laufenmühle oder im Künstlercafé der historischen Klingenmühle.

Anreise

Mit der **Regionalbahn** geht es von Stuttgart Hbf. nach **Schorndorf,** wo man in den **Bus der Linie 263** umsteigt. Von der Haltestelle **Welzheim Busbahnhof** wandern wir einen knappen Kilometer zum **Wanderparkplatz Bockseiche,** dem Startpunkt der Wanderung „Feenspuren – Drei Schluchten“. Wer mit dem Auto anreist, kann hier parken.

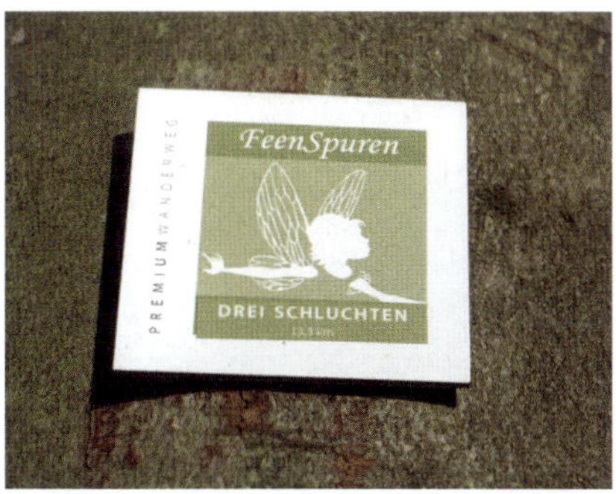

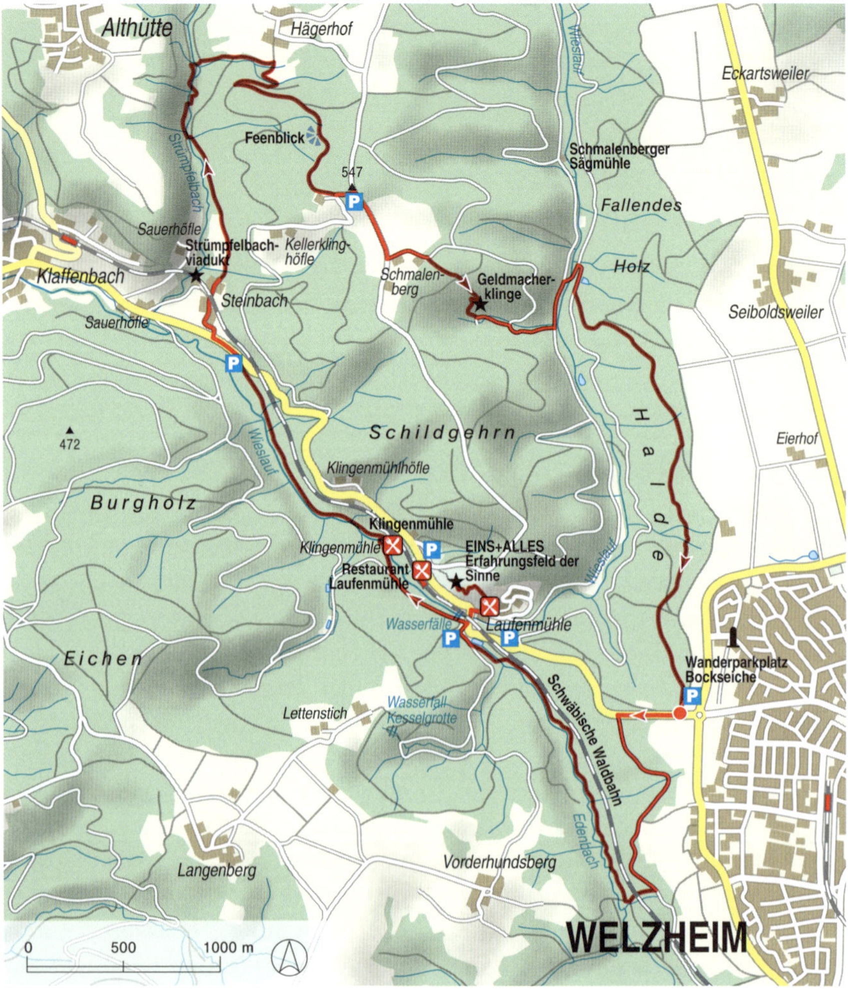

DURCH DEN URSPRÜNGLICHEN WELZHEIMER WALD

Auf dieser Tour können wir in die ganze Vielfalt des Welzheimer Waldes eintauchen. Er ist eine von fünf Waldregionen des **Naturparks Schwäbisch-Fränkischer Wald.** Start und Ziel der Rundwanderung ist der **Wanderparkplatz Bockseiche.** Hier gibt eine **Infotafel** Einblick in die Höhepunkte der Tour. In ihrer Eigenschaft als **Premium-Wanderweg** ist diese Route **hervorragend ausgeschildert.** Die in dezentem Grün gehaltenen „Feenspuren"-Markierungen werden uns auf den kommenden Kilometern stets begleiten.

Rund 400 m geht es dann in westliche Richtung entlang der viel befahrenen **Rudersberger Straße,** bevor der Weg linker Hand in den Welzheimer Wald führt. Gut 1,5 km wandern wir auf einer asphaltierten Straße in Richtung Süden, dann folgen wir der Beschilderung nach rechts auf den Forstweg. Von hier führt uns die Route ca. 5,5 km in nordwestliche Richtung, zunächst durch das **Edenbachtal**, dann durch die **Wieslaufschlucht** und zum Schluss zum **Strümpfelbachtal.**

Zuerst jedoch überqueren wir eine Bahntrasse und wundern uns, welcher Zug denn hier durch das Tal fahren könnte: Es ist die **Schwäbische Waldbahn** (siehe rechts), die mit ihren Diesel- und Dampfloks zu touristischen Zwecken durch den Wald zuckelt und dabei teilweise ordentlich Dampf ablässt.

Extra-Tipp

Bahnnostalgiker aufgepasst: die Schwäbische Waldbahn

Eine Fahrt mit der Schwäbischen Waldbahn gleich einem Ausflug in die Vergangenheit: **Historische Dampf- und Dieselloks** verkehren vorrangig in den **Sommermonaten** auf der Strecke **zwischen Schorndorf und Welzheim.** Auch Zwischenstopps stehen auf dem Programm, denn entlang der Route locken verschiedene Sehenswürdigkeiten. Ferner sind **Eventfahrten** mit mehrgängigem Dinner oder Whisky-Tastings im Angebot.
Infos: www.schwaebische-waldbahn.de, Fahrten Mai–Okt. an verschiedenen Wochentagen, teilweise ab Stuttgart Hbf. Die Preise variieren u. a. nach Streckenlänge, ob Dampf- oder Dieselfahrt. Kinder bis 4 Jahre frei, bis 16 Jahre halber Preis. Tickets für die Waldbahn beinhalten Hin- und Rückfahrt im Stadtgebiet Stuttgart bzw. im Bereich des VVS.

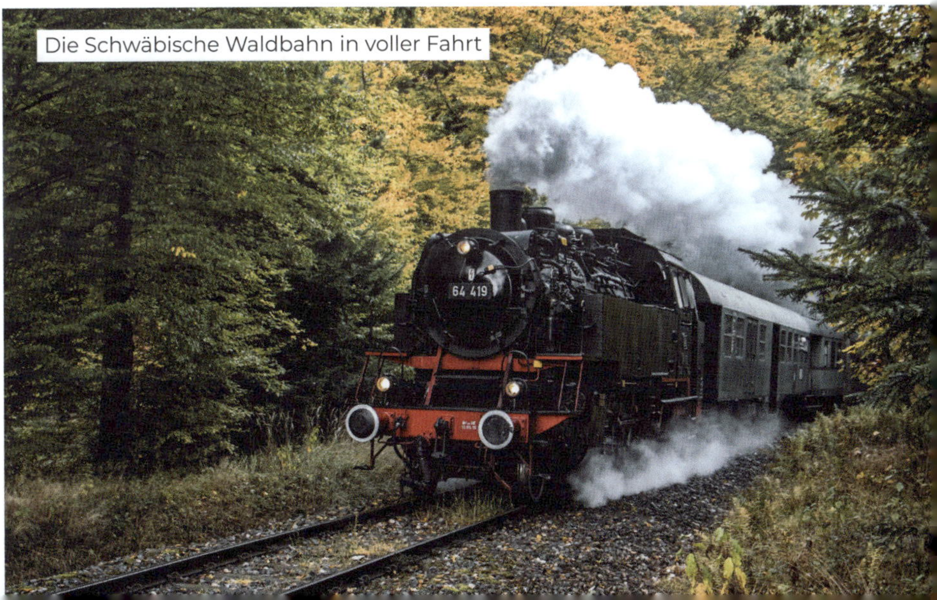

Die Schwäbische Waldbahn in voller Fahrt

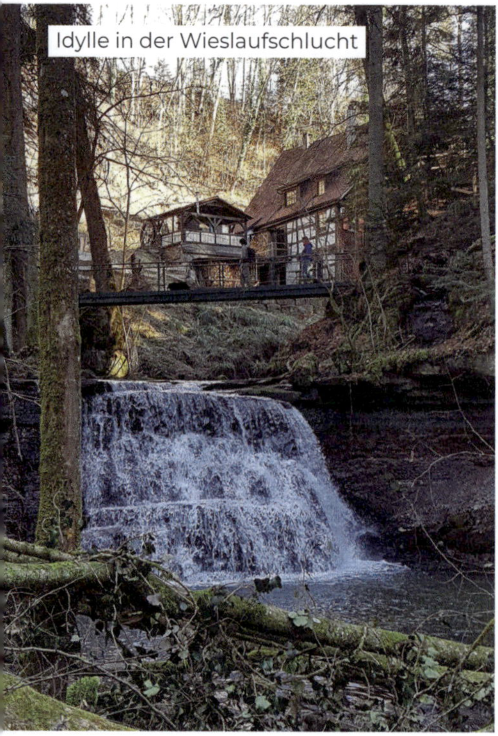

Idylle in der Wieslaufschlucht

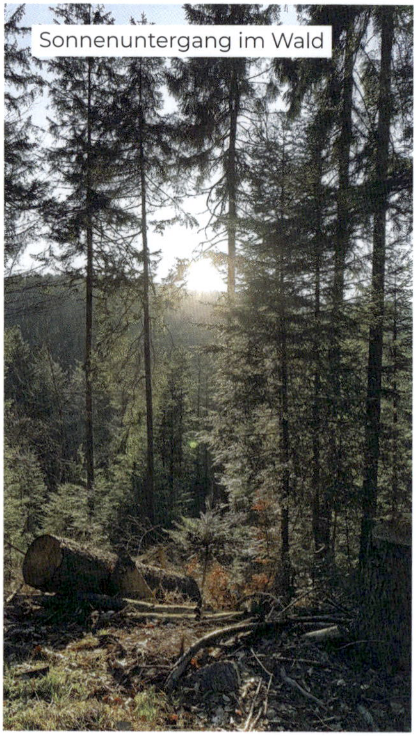

Sonnenuntergang im Wald

DIE RAUSCHENDE EDENBACHSCHLUCHT

Sanft und stetig bergab führt uns der Weg nun zum ersten Wasserfall der Tour. Der **Edenbach** ist dabei ein fortwährender Begleiter: Mal links, mal rechts des Baches folgen wir dem Routenverlauf. Sein Geplätscher erfreut uns in allen drei Schluchten und somit über die Hälfte der Tour. Mehrere hölzerne **Brücken** werden überquert und etliche **Wasserkaskaden** sorgen für lohnende **Fotomotive.** Schon hier wird klar: Die Kamera sollte auf dem „Feenspuren"-Weg immer griffbereit sein.

Eine **Infotafel** lässt uns wissen, dass wir uns nun in der **Edenbachschlucht** befinden. Nur wenige Meter weiter blicken wir von oben auf einen kleinen Weiher herab und stellen fest: Nach gut einer Stunde Wanderung und zurückgelegten 3,5 km haben wir die **Ruine der Laufenmühle** erreicht.

DIE LAUFENMÜHLE MIT WASSERFALL UND VIADUKT

Die Geschichte der **Laufenmühle** reicht über 400 Jahre zurück und ist reich an Anekdoten. Im Jahr 1929 brannte sie aufgrund von Brandstiftung bis auf die **Grundmauern** nie-

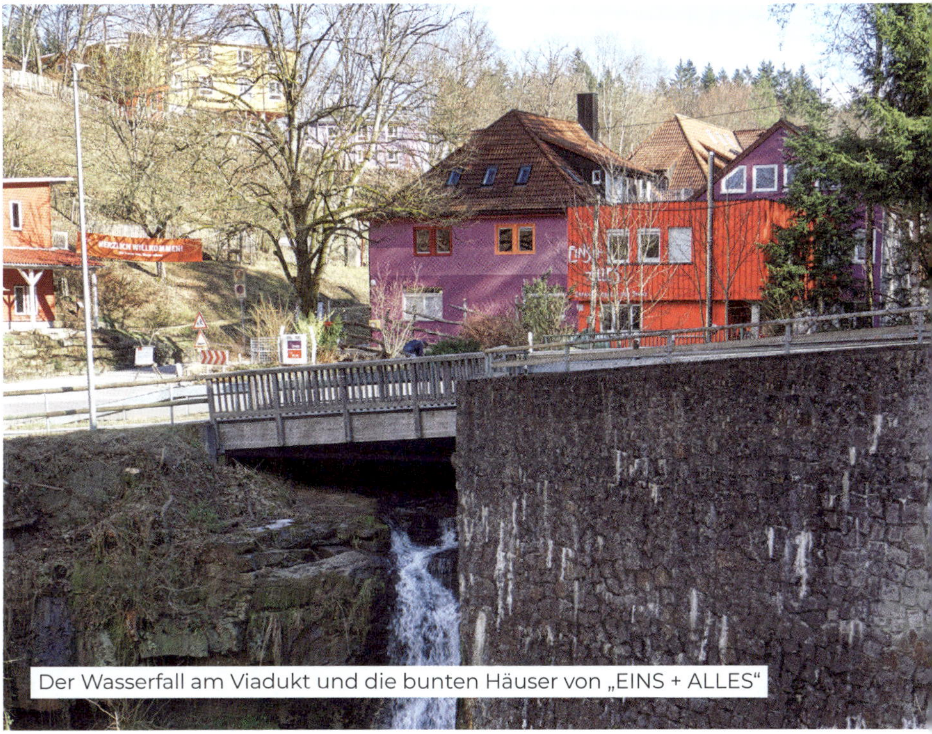

Der Wasserfall am Viadukt und die bunten Häuser von „EINS + ALLES“

der. Diese sind noch heute zu sehen. Mittlerweile dient die Laufenmühle als Namensgeberin eines Welzheimer Ortsteils.

Dank der in grellen Farben gestrichenen Fassade unübersehbar ist nur einen Steinwurf entfernt eine erwähnenswerte soziale Einrichtung ansässig. Die **Christopherus Lebens- und Arbeitsgemeinschaft** existiert schon seit den 1950er-Jahren. Hier werden rund 130 behinderte Menschen begleitet und gefördert. Auf dem Gelände lässt sich der anthroposophisch orientierte Erlebnispark **„EINS + ALLES“ Erfahrungsfeld der Sinne** besuchen (Laufenmühle 8, www.eins-und-alles.de, April–Okt. tägl. 10–18, März u. Nov.– Mitte Dez. bis 17 Uhr, Eintritt: Tageskarte Erw. Mo.–Sa. 15 €, So. 17 €, Kinder 5–17 Jahre 12/13 €, Kinder bis 4 Jahre, Rollstuhlfahrer und Geburtstagskinder frei). Über diesen besonderen Ort soll nicht allzu viel verraten werden, nur so viel: Es darf gerochen, gehört, getastet, balanciert, experimentiert und vor allem gestaunt werden, wozu die Sinne des Menschen in der Lage sind! Seit 2022 ist eine inklusive **Kaffeerösterei** in der Einrichtung beheimatet. Man kann Biokaffee u. a. aus Sumatra, Papua-Neuguinea und mehreren südamerikanischen Ländern erwerben. Der **Foodtrailer Mollibox** (www.eins-und-alles.de/geniessen/foodtrailer-mollibox, Di.–So. 10–18 Uhr) bietet mit seinen kulinarischen Köstlichkeiten von Bowls bis Spätzle eine gute Möglichkeit zur Stärkung, auch die Getränkeauswahl ist groß.

Nach der kleinen Pause können wir uns zum **zweiten Wasserfall** am **Viadukt** der Laufenmühle aufmachen. Ein Anblick, den man nicht alle Tage hat!

Dem Straßenverlauf folgend, kämen wir nach wenigen Metern zum **Restaurant Laufenmühle** mitsamt Biergarten (Laufenmühle 2, www.restaurant-laufenmuehle.de), in dem spanische und schwäbische Spezialitäten aufgetischt werden. Der Wanderweg führt jedoch ab dem Wanderparkplatz Laufenmühle parallel zur Straße weiter, bis nach 500 m die nächste Mühle in Sicht kommt.

FACHWERK-CHARME UND KUNST AN DER KLINGENMÜHLE

Jetzt haben wir die **Klingenmühle** erreicht, ein schönes Fleckchen Erde. Uns erwartet eine fast schon klischeehafte Szenerie aus dem Schwarzwald: ein idyllisches **Fachwerkhaus** mit einem Wasserfall, der sich ganz aus der Nähe betrachten lässt. Die Klingenmühle diente im 19. Jahrhundert dem Arzt, Schriftsteller und Dichter **Justinus Kerner** als Ort der Inspiration. Angesichts dieser Geschichte verwundert es nicht, dass die Mühle heute ein **Künstlercafé** (Klingenmühle 1, https://klingenmuehle.com, Café März–Okt. an Wochenenden und Feiertagen) beherbergt. Hier wird internationale Kunst präsentiert und an Wochenenden Brunch sowie Kaffee und Kuchen serviert.

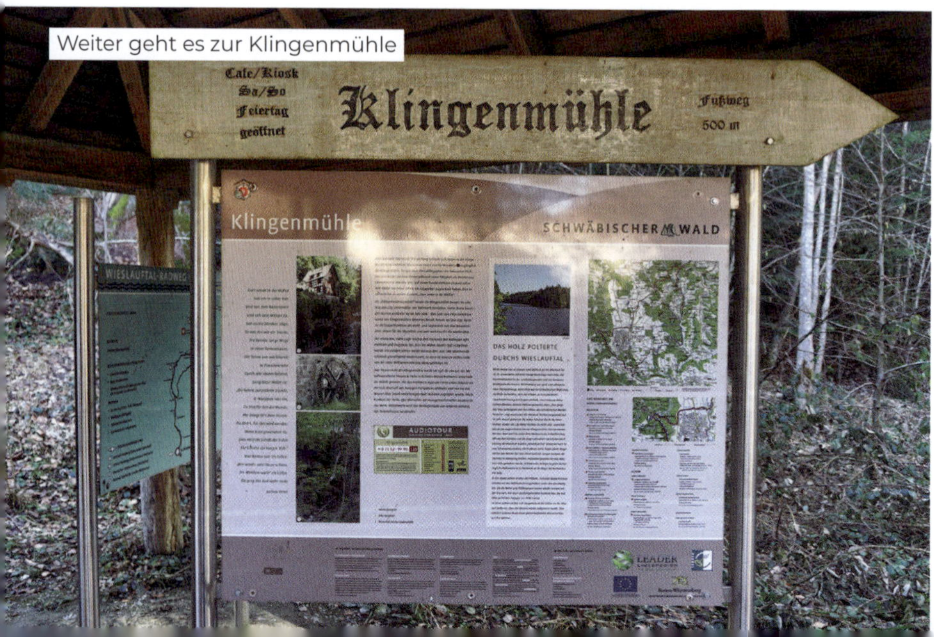

Weiter geht es zur Klingenmühle

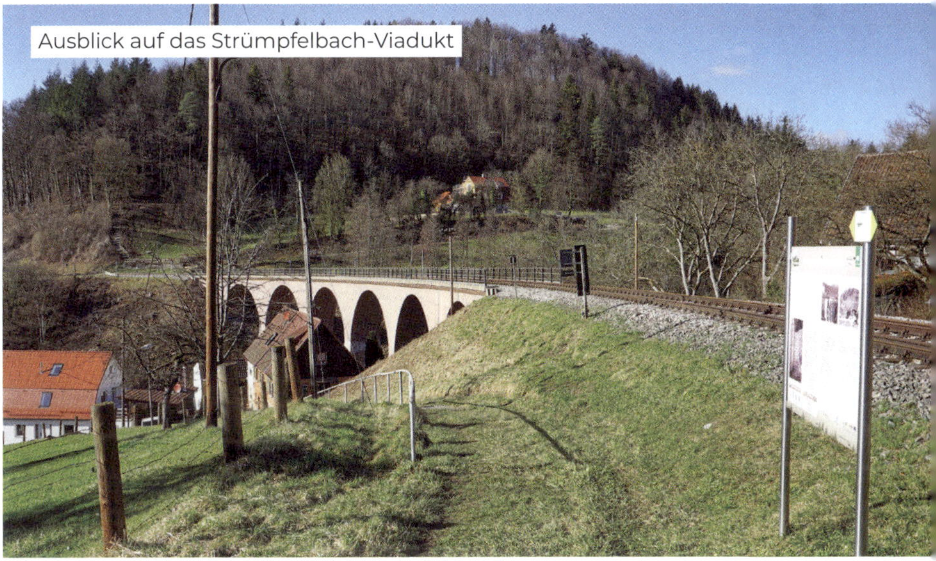

Ausblick auf das Strümpfelbach-Viadukt

Der **Wasserfall** an der Mühle ist spektakulär anzuschauen – ein Moment zum Innehalten und Gelegenheit, dem Rauschen der herabfließenden **Wieslauf** zu lauschen.

Schon wenige Meter weiter lockt allerdings ein weiteres attraktives Fotomotiv, denn hier wartet schon der nächste kleine Wasserfall auf uns.

DURCH DAS WIESLAUFTAL ZUM STRÜMPFELBACH-VIADUKT

Das zuvor durchquerte Edenbachtal geht im Anschluss nahtlos in das **Wieslauftal** über. Der Weg verläuft parallel zur Wieslauf. Wir überqueren Holzbrücken, passieren umgefallene Baumstämme und blicken auf bemooste Felsen sowie zahllose Farne, die sich in der feuchten Schlucht wohlfühlen und hier bestens gedeihen. Kurz vor dem Örtchen Steinbach erreichen wir auf 343 m Höhe den niedrigsten Punkt der Wieslaufschlucht und der heutigen Tour.

Mit dem **Strümpfelbach-Viadukt** und den **Strümpfelbach-Wasserfällen** warten nun die nächsten Höhepunkte auf der „Feenspuren"-Route. Ein **Wegweiser** lässt uns wissen, dass es bis zum Ende des Premium-Wanderweges noch gut 8 km sind. Im Umkehrschluss stellen wir fest, dass wir schon ziemlich ereignisreiche 5,5 km zurückgelegt haben.

Wir kommen nun durch den kleinen Ort **Steinbach** und genießen die fantastische Aussicht auf das **Viadukt.** Jetzt ein Foto von der dampfablassenden Lok der **Schwäbischen Waldbahn** (s. S. 49) auf der Eisenbahnbrücke schießen, das wäre ein perfekter Schnappschuss!

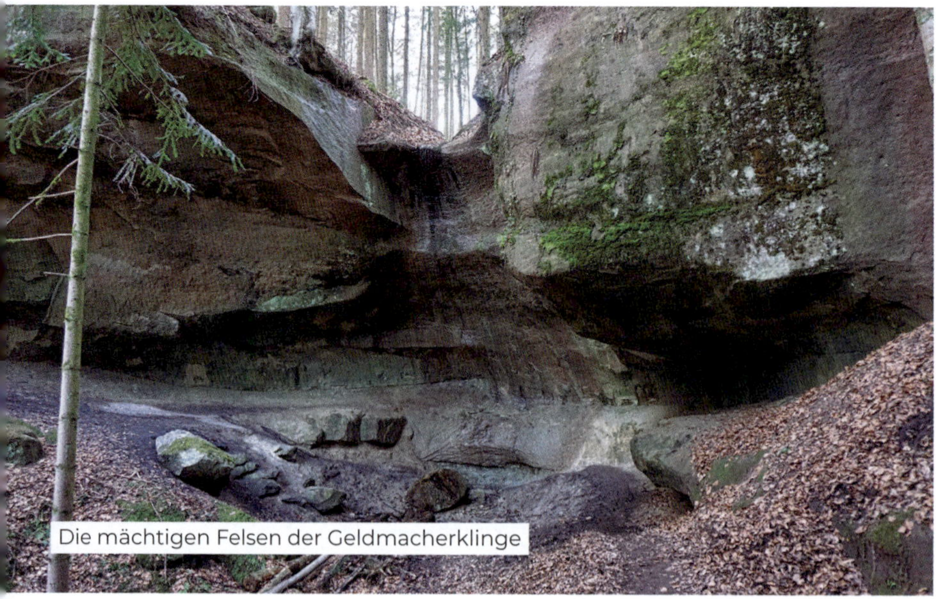

Die mächtigen Felsen der Geldmacherklinge

ACHTUNG, RUTSCHPARTIE!

In der **Strümpfelbachschlucht,** der dritten Schlucht der heutigen Tour, geht der Weg nun leicht bergauf. Abermals drängt das leise Plätschern eines kleinen Baches an unsere Ohren – diesmal ist es der namensgebende **Strümpfelbach.** Der Bachlauf führt uns zu den nächsten Wasserfällen. Doch bevor wir diese erreichen, erwartet uns ein eher ungewöhnlicher Hinweis am Weg: „Achtung! Gefährlicher Wanderweg auf gut 1000 Metern Länge!" steht in großen Lettern auf einem Schild. Diese **Warnung** sollte man nicht auf die leichte Schulter nehmen. Bei feuchter Witterung, im Winter und nach Regenschauern wird es auf diesem Teilstück ausgesprochen rutschig und es kann durchaus passieren, dass Wanderer knöcheltief im Matsch versinken. Hintergrund ist die starke **Erosion** im hiesigen Naturschutzgebiet. Wer dieses Teilstück begehen möchte, sollte unbedingt passendes Schuhwerk tragen. Oder anders gesagt: Wer es sich mit seinen neuen, weißen Sneakern verscherzen möchte, der ist hier genau richtig! Mit der richtigen Ausrüstung ist es jedoch kein Problem, das Teilstück auch bei widrigen Witterungsverhältnissen erfolgreich zu bewältigen.

Nicht unüblich sind **umgefallene Bäume** oder Baumstämme, die den Weg versperren und die man kletternd überwinden muss. Denn es handelt sich um ein **Naturschutzgebiet** – hier wird der Natur freien Lauf gelassen. Mit großen Hindernissen ist jedoch in der Regel nicht zu rechnen, werden diese doch meistens zeitnah aus dem Weg geräumt.

Der Strümpfelbach schlängelt sich durch das gesamte Tal und bildet gleich mehrere eindrucksvolle **Kaskaden,** die zum Pausieren, Staunen und Fotografieren einladen.

Tipp: An dieser Stelle kreuzen wir die ebenfalls in diesem Buch vorgestellte **Tour zu den Strümpfelbacher Wasserfällen und zum Ebnisee** (s. S. 36).

AUSSICHT BIS ZUM NÖRDLICHEN SCHWARZWALD

Nach derart vielen Schluchten, Mühlen und Wasserfällen geht es im weiteren Verlauf wesentlich unspektakulärer und geruhsamer zu. Der Weg macht einen Schwenk in südöstliche Richtung. Fast 150 Höhenmeter kraxeln wir nun auf einer Strecke von rund 2 km bergauf.

Am Ende erreichen wir den mit 543 m **höchstgelegenen Punkt** unserer Wanderung: das **Freizeitheim Hofgut Schmalenberg,** einen ehemaligen Bauernhof, der heute als Gruppenunterkunft dient. Eine Einkehrmöglichkeit gibt es hier nicht. Wenige Meter vor dem Freizeitheim können wir jedoch eine Rast einlegen, denn hierfür kommt die gemütliche, **hölzerne Wellnessliege** mit fantastischer Aussicht wie gerufen! Der Blick reicht bei gutem Wetter in westliche Richtung sogar bis zum nördlichen Schwarzwald.

EINE FELSENGROTTE ALS FINALES HIGHLIGHT

Die „Feenspuren"-Wanderung glänzt auf den nächsten Kilometern mit einem letzten Höhepunkt. Einige steile, mit Seilen gesicherte Stufen führen bergab zur **Geldmacherklinge** mit seiner **Felsengrotte.** Um den Namen dieser Attraktion rankt sich eine **Legende:** Es wird vermutet, dass es sich um das einstige Versteck von Falschmünzern handeln könnte. Die Grotte kommt auf eine beachtliche Breite von 14 m, ist 7 m hoch und 5 m tief. Hat es tags zuvor geregnet, plätschert ein kleiner Bachlauf von oben herab und sorgt für Abkühlung. Ein magischer Ort!

An der Geldmacherklinge haben wir bereits ca. 10 km der Gesamtstrecke zurückgelegt. Die letzten 3,3 km des Premium-Wanderweges verlaufen über angenehm zu begehende **Waldwege** zurück zum **Ausgangspunkt** unserer Tour, dem Wanderparkplatz Bockseiche.

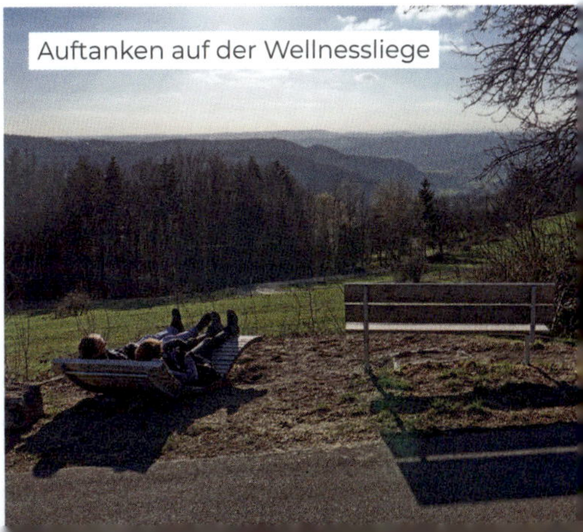

Auftanken auf der Wellnessliege

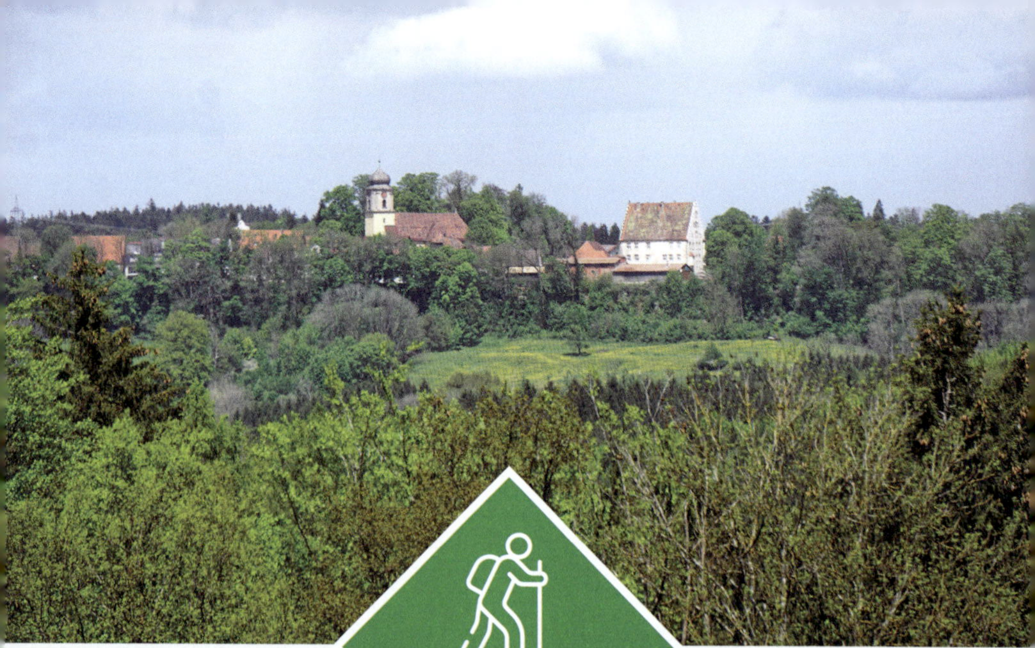

6

SCHELMENKLINGE UND KLOSTER LORCH: GROTTEN, WASSERSPIELE UND RÖMERSPUREN

Dauer
6 Std. reine Gehzeit

Entfernung
17 km | 400 HM

Weitere Infos:
www.stadt-lorch.de

Diese vielseitige Wandertour mit viel Auf und Ab bietet jede Menge Überraschungen: Wir durchqueren eine imposante #SANDSTEINSCHLUCHT mit Bächlein und unterhaltsamen Wasserspielen, erforschen eine geheimnisvolle Grotte, stoßen auf einen rekonstruierten #LIMESTURM und besichtigen das historische #KLOSTER LORCH mitsamt seiner #STAUFERFALKNEREI.

Für wen ist die Tour geeignet?

Die Schelmenklinge mit ihren Wasserspielgeräten zu Beginn der Tour ist vor allem für den Nachwuchs ein Heidenspaß. Zwei Aufstiege und die Streckenlänge setzen jedoch etwas Kondition voraus, daher sollte man die Gesamtroute nur mit **älteren Kindern** unternehmen. Das Begehen der Klingen ist für Kinder und Erwachsene ebenso spannend wie der Besuch der Stauferfalknerei Lorch. **Kulturell Interessierte** kommen am Ende der Tour mit dem Limesturm und dem Kloster Lorch auf ihre Kosten.

Tipp für Familien: Wer nur die Schelmenklinge besuchen und seinem Nachwuchs nicht zu viel Anstrengung zumuten möchte, der legt oberhalb der Klinge eine kleine Rastpause ein und wandert den Weg dann wieder zurück. So sind nur knappe 6 km zu bewältigen.

Stärkung zwischendurch: Das Waldrestaurant Mecki nach der Hälfte der Strecke ist die einzige Einkehrmöglichkeit unterwegs, ehe man die Tour in Lorch beendet, wo mehrere Lokale zu finden sind.

Eckdaten

Charakteristik: erlebnisreiche, mittelschwere Rundwanderung auf Waldwegen und Asphalt mit etlichen Auf- und Abstiegen, für die ein gewisses Fitnesslevel nötig ist. Nach Regenschauern ist es an den Klingen teilweise recht matschig, daher sollte man unbedingt festes Schuhwerk tragen.

Anreise

Bahnfahrer nehmen die **Regionalbahn** ab Stuttgart Hbf. und steigen nach gut 40 Min. Fahrzeit am **Bahnhof Lorch** aus. Die Bahnen verkehren in der Regel stündlich. Auf dieselbe Weise lässt sich auch die Rückfahrt organisieren.

Autofahrer können den **Parkplatz am Lorcher Bahnhof** nutzen.

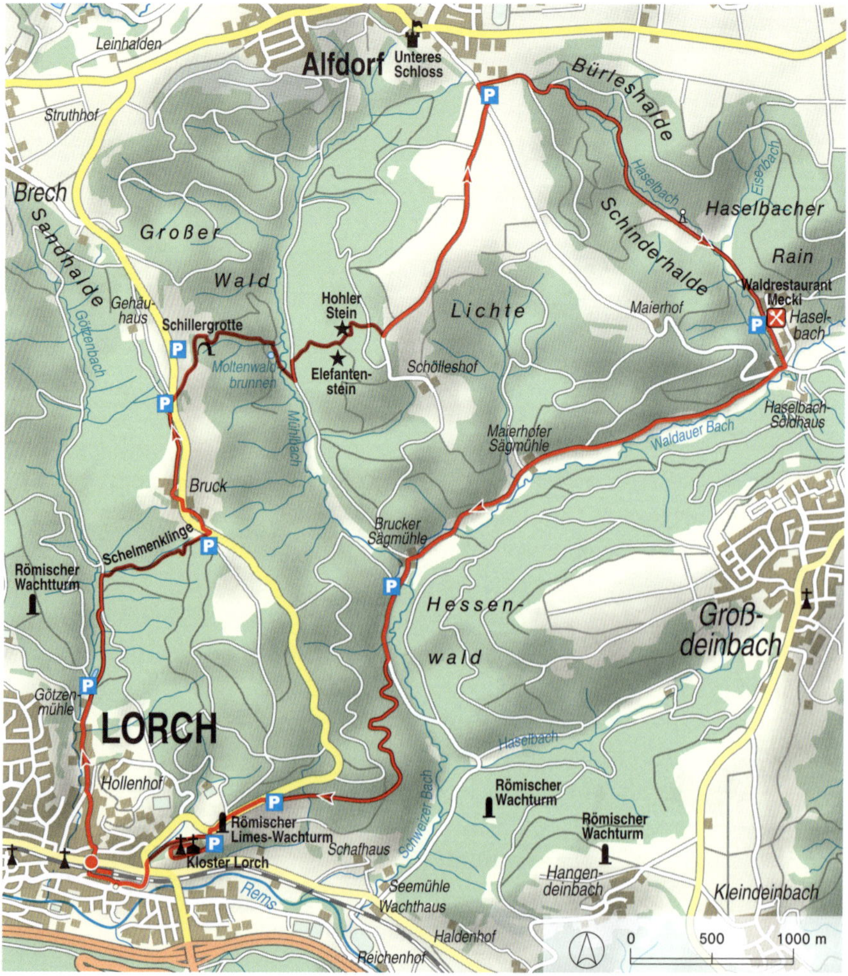

AUFTAKT IN LORCH

Los geht es am Bahnhof im hübschen Städtchen Lorch. Lorch liegt im **oberen Remstal** im **Ostalbkreis.** Unser erstes Etappenziel, die Schelmenklinge, ist direkt nach Überqueren der Straße am Bahnhof ausgeschildert.

In nördliche Richtung führt uns der Weg über die ersten 2 km zunächst durch ein Wohngebiet, bevor wir die **Götzenmühle** und den kleinen **Mühlenteich** erreichen. An dieser Stelle machen wir erstmals Bekanntschaft mit dem **Limes-Wanderweg** (s. S. 59). Im späteren Verlauf unserer Tour werden wir abermals auf den berühmten Wanderweg stoßen. Jetzt biegen wir erst einmal rechts ab, denn wir betreten die Schelmenklinge.

Schelmenklinge: Bunte Häuschen und Wassermühlen erfreuen Jung und Alt

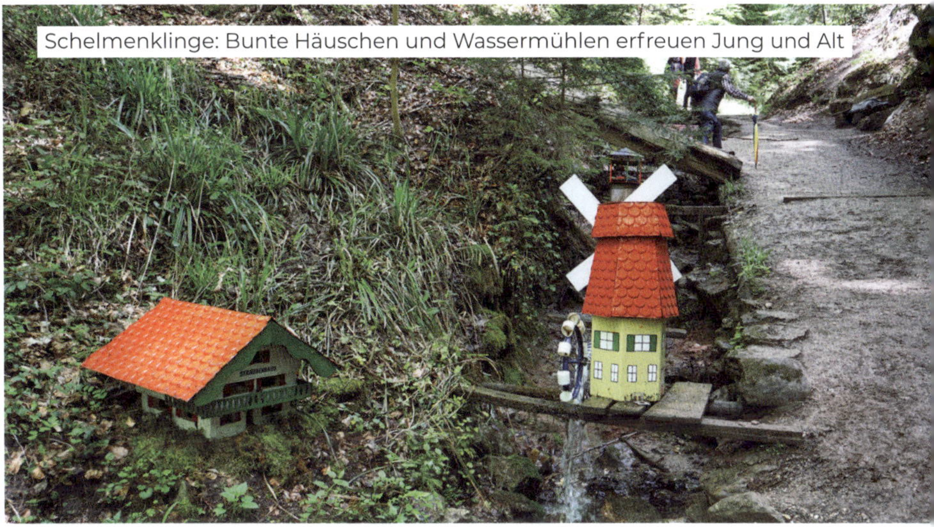

WASSERSPIELE SCHELMENKLINGE: EIN PARADIES FÜR KINDER

Die in östliche Richtung verlaufende, knapp 700 m lange **Schelmenklinge** (www.schelmenklinge.de) ist eine schmale Waldschlucht, durch die der gleichnamige Bach fließt, der in der Regel auch im Sommer ausreichend Wasser führt. Seit fast 30 Jahren lädt die Ortsgruppe Lorch des Schwäbischen Albvereins hier von Mai bis Oktober zu ihren **Wasserspielen** ein. Die selbst gebauten, wasserbetriebenen **Modelle** – darunter Häuser und Wassermühlen – erfreuen sich nicht nur bei Kindern großer Beliebtheit. Hier darf man alles anfassen und ausprobieren und nach Herzenslust im Matsch spielen! Im Spätherbst werden die Modelle zum Frostschutz abgebaut und repariert, um im nächsten Frühjahr wieder aufgebaut zu werden.

Extra-Info

Limes-Wanderweg

Der Limes-Wanderweg ist sowohl anhand seiner **rot-weißen Markierung** als auch durch das Wegkürzel **„HW6“** erkennbar. Auf 187 km führt der „Hauptwanderweg 6“ als Teilstück des insgesamt fast 750 km langen Limes-Wanderweges von der Römerstadt Osterburken im Neckar-Odenwald-Kreis bis ins mittelfränkische Wilburgstetten.
Dort, wo die fast 1800 Jahre alte **römische Grenzbefestigungslinie Limes** einst verlief und die Grenze zu Germanien schützen sollte, sind noch heute Relikte der Römer zu entdecken: Wälle und Gräben, Türme, Thermen und Kastelle sowie weitere Bauten. Limes ist übrigens der lateinische Begriff für „Grenze“, die Anlagen zählen heute zum **UNESCO-Weltkulturerbe.**
Weitere Infos: www.limesstrasse.de/deutsche-limes-strasse/wanderweg

Sommeridylle: Aussicht auf die Schwäbische Alb

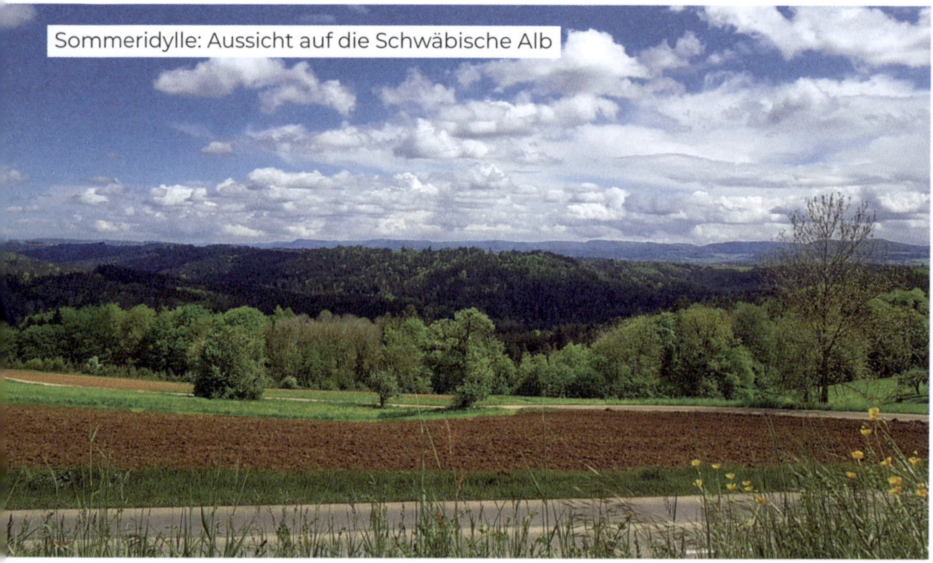

Am Ende der Schelmenklinge ist ein kleiner **Wasserfall** ein weiterer Hingucker. Steil bergauf führt dann eine stabile **Stahltreppe.** Nach gut 100 m Aufstieg in der Klinge folgen wir dem Routenverlauf nach links in nördliche Richtung auf einem schmalen Fußpfad entlang der L1154. Bei gutem Wetter genießt man an diesem Punkt eine **fantastische Aussicht auf die Ostalb.**

Nicht verwirren lassen sollte man sich durch die zahlreichen ausgeschilderten Wanderwege in diesem Gebiet. Limes-Wanderweg, HW6, HW3 oder Main-Neckar-Rhein-Weg, Remstalweg, Naturerlebnisweg – was hier alles für Wanderwege verlaufen! Nach einigen hundert Metern überqueren wir die Straße und orientieren uns an den **gelben Wegweisern** zur Schillergrotte.

WIE IM DSCHUNGEL: SCHILLERGROTTE UND HOHLER STEIN

In östliche Richtung folgen wir dem Weg und erreichen nach gut 400 m die imposante **Schillergrotte,** ein lohnendes Naturdenkmal. Der Weg führt einige Meter steil bergab. An regnerischen Tagen kann es hier sehr matschig und glatt werden! Die Grotte wurde nach einem der Söhne Friedrich Schillers benannt, der einst als Leiter des Forstamts Lorch fungierte. Die hufeisenförmige **Untere Grotte** weist eine Besonderheit auf: Von oben fällt gelegentlich ein kleiner, feiner Wasserstrahl hinab. Auch die wesentlich kleinere **Obere Grotte** lässt sich besichtigen.

Dem Routenverlauf und den Schildern folgend, geht es nun einen knappen Kilometer weiter über **Forst- und Waldwege.** Zuerst wandern wir einige Meter bergab, biegen dann links ab, folgen der Ausschilderung „Hohler Stein“ und erreichen diesen nach ca. 400 m Wegstrecke. Der **Hohle Stein** wirkt ein wenig wie die kleinere Kopie der Schillergrotte. Auch hier fällt häufig ein kleiner Wasserlauf von der harten Sandsteinkante herab. Besonders toll: Wer sich im Hohlen Stein hinter den Wasserfall stellt, genießt einen reizvollen Blick in die kleine Schlucht.

Etwa 500 m weiter verlassen wir das Waldstück nach links und folgen für ca. 1,7 km einer asphaltierten Straße in Richtung **Alfdorf** (s. rechts). Kurz vor Alfdorf biegen wir rechts ab und betreten nach wenigen Metern abermals den Wald.

Extra-Tipp

Abstecher nach Alfdorf

Wer noch ein wenig Zeit hat, kann einen Abstecher in nördliche Richtung in die 7000-Seelen-Gemeinde Alfdorf einplanen. Hier gibt es mit dem **Unteren** und dem **Oberen Schloss** gleich zwei interessante Sehenswürdigkeiten. Während sich das Untere Schloss seit Jahrhunderten im Privatbesitz befindet, ist im Oberen mittlerweile das Rathaus untergebracht.

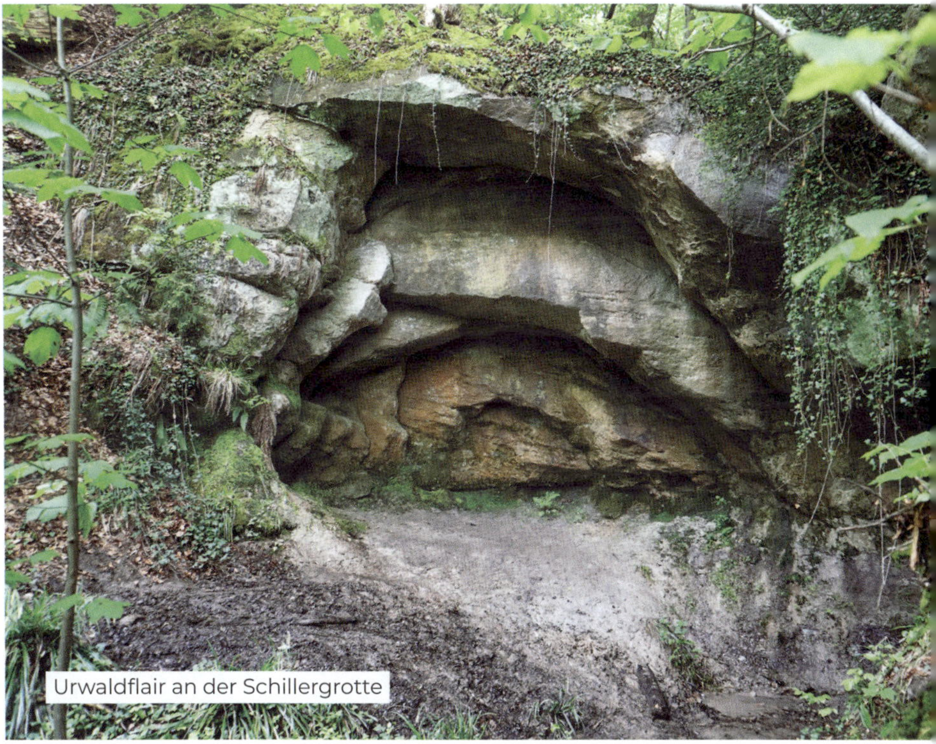

Urwaldflair an der Schillergrotte

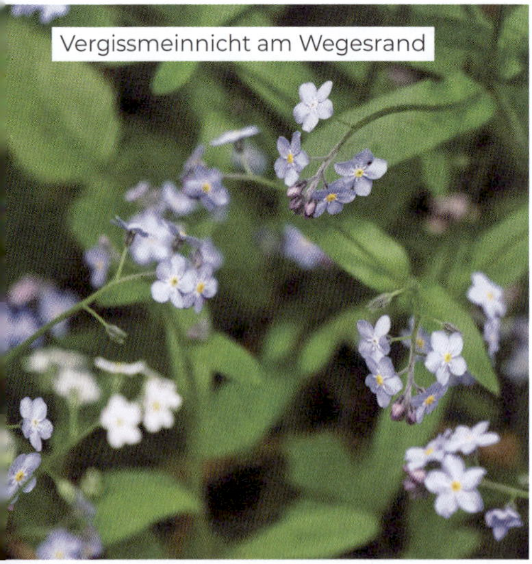

Vergissmeinnicht am Wegesrand

EIN FINDLING UND DAS WALDRESTAURANT MECKI

Von nun an führt die Route ca. 3 km auf asphaltierter Straße in südöstliche Richtung bergab. Auf diesem Abschnitt geht es ruhig zu und es gibt keine nennenswerten Attraktionen, die der meditativen Stimmung einen Abbruch tun könnten. Am Wegrand steht ein großer **Findling**, dessen Inschrift uns darüber informiert, dass an dieser Stelle 400 Jahre lang der **Haselhof** gestanden hat.

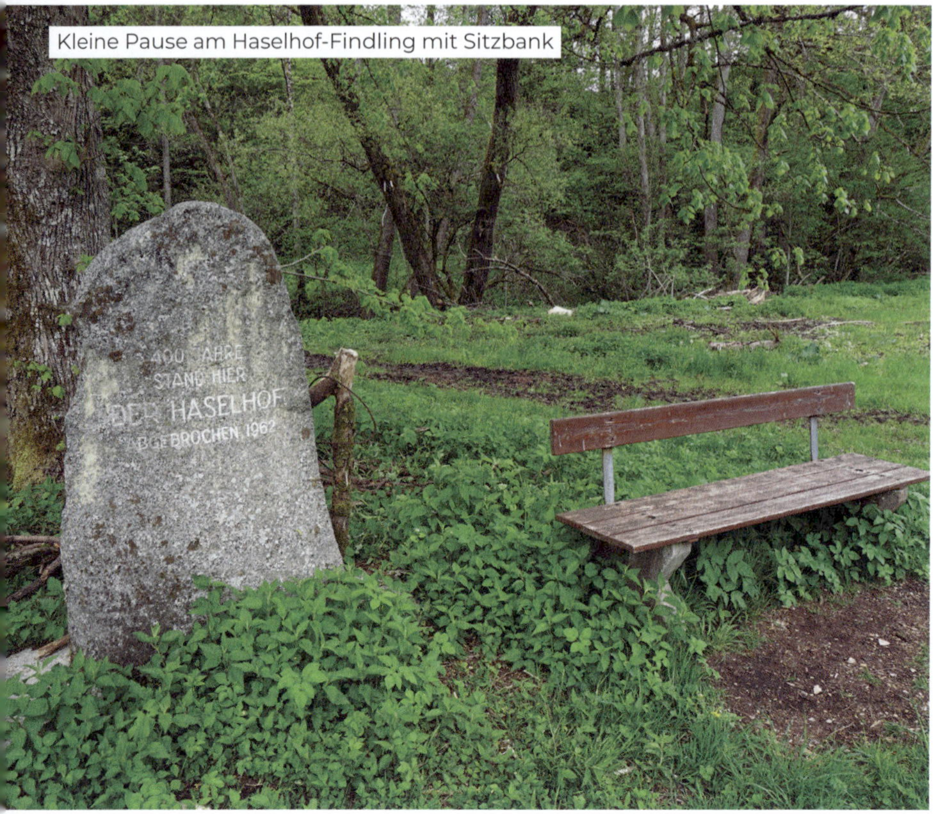

Kleine Pause am Haselhof-Findling mit Sitzbank

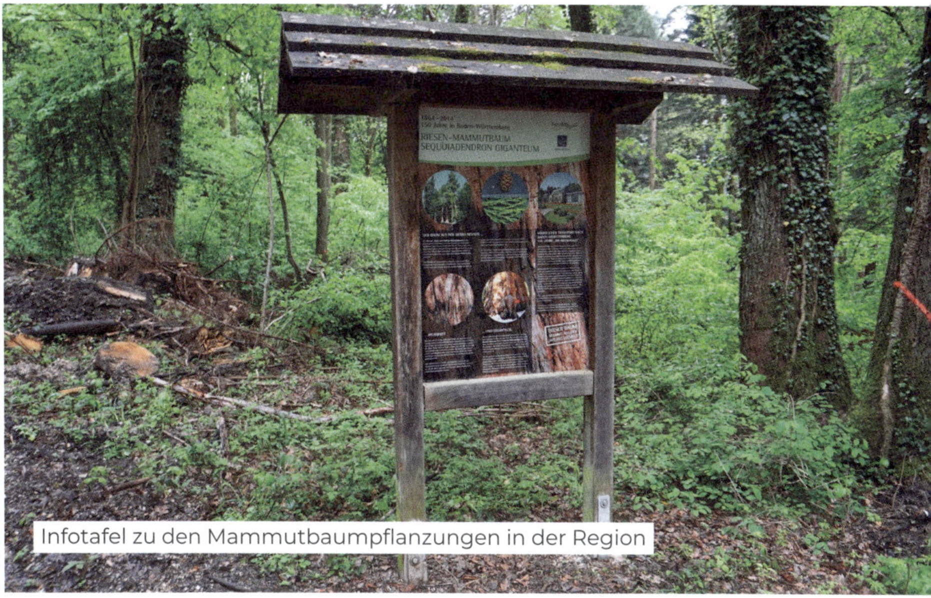

Infotafel zu den Mammutbaumpflanzungen in der Region

Bald erreichen wir das urige **Waldrestaurant Mecki** (Tel. 07171 75950). Das Lokal ist die einzige Einkehrmöglichkeit auf der gesamten Strecke (Lorch ausgenommen). Hier wird bodenständige Küche in rustikalem Ambiente serviert. Kurz hinter dem Restaurant knickt die Route nach rechts ab.

MÜHLENROMANTIK AUF DEM WEG ZUM LIMES-WACHTURM

Etwas mehr als 3 km wandern wir jetzt zunächst in westliche, dann in südliche Richtung auf einer asphaltierten Straße. Auf dem Weg passieren wir zwei hübsch anzusehende, allerdings nicht mehr betriebene Mühlen: die **Maierhofer Sägmühle** und die **Brucker Sägmühle.** Hier hal-

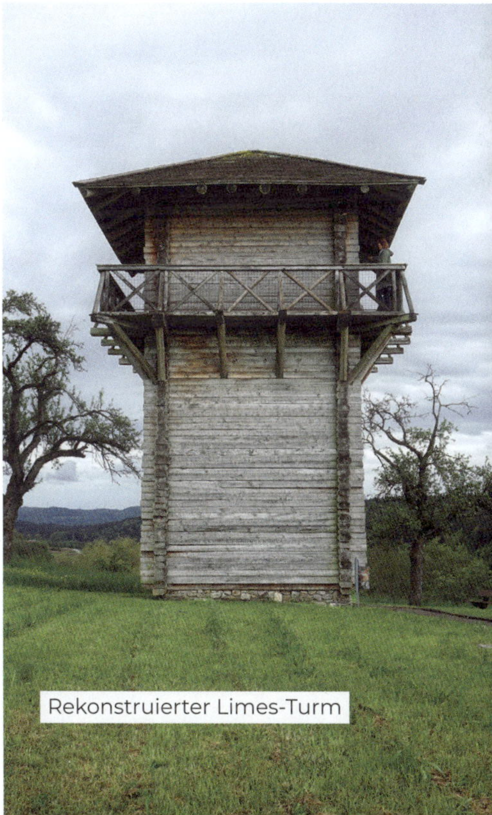
Rekonstruierter Limes-Turm

ten wir uns rechts und wandern weitere 2 km über Wald- und Forstwege. Wir befinden uns erneut auf dem eingangs erwähnten **Limes-Wanderweg** (s. S. 59). Dieser führt uns direkt zum rekonstruierten **Limes-Wachturm** (Klosterstr. 1) mitsamt **Limes-Palisade.** An dieser Stelle, nördlich des Klosters Lorch, befand sich einst der **Obergermanisch-Raetische Limes,** ein insgesamt 550 km langer Abschnitt der ehemaligen Außengrenze des Römischen Reichs zwischen Rhein und Donau. Genau genommen machte der Limes bei Lorch einen Knick, daher nennt man diesen Bereich auch **Limes-Knie.** Der Holzwachturm kann jederzeit ohne Eintritt bestiegen werden.

STAUFERSTELE UND STAUFERFALKNEREI

Wenige Schritte weiter weist die sogenannte **Stauferstele** auf die geschichtliche Bedeutung dieses Ortes hin. Die Staufer waren ein Adelsgeschlecht, das vom 11. bis zum 13. Jh. mehrere schwäbische Herzöge und römisch-deutsche Könige sowie Kaiser hervorbrachte.

Nur einen Katzensprung entfernt lockt die **Stauferfalknerei Lorch,** wo in der Sommersaison **Greifvogelflugschauen** auf dem Programm stehen (Klosterstr. 2, www.stauferfalknerei.de, Flugschauen April–Okt. Sa./So./feiertags, Eintritt: Erw. 8 €, Kinder 4 €, Familien 20 €). Wer selbst ein-

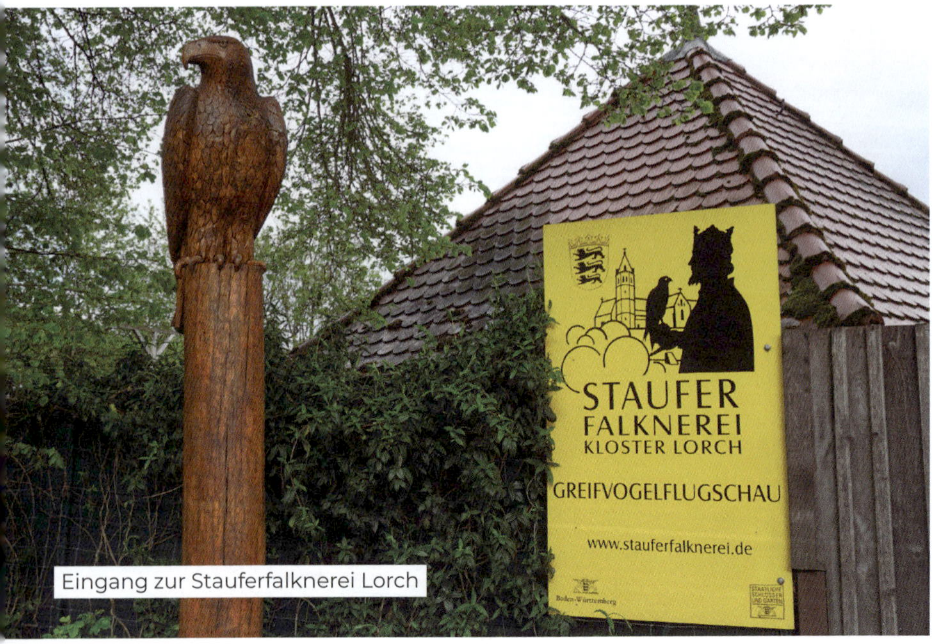

Eingang zur Stauferfalknerei Lorch

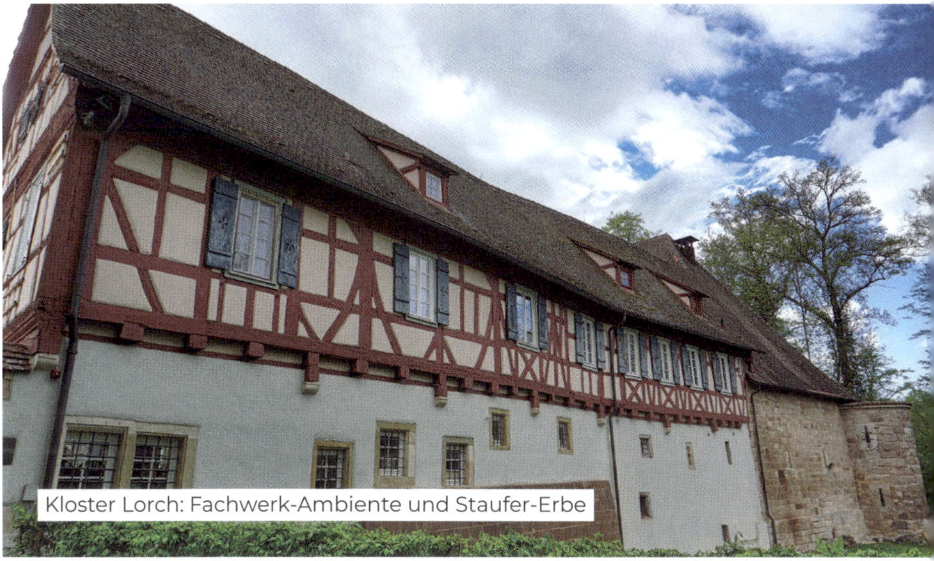
Kloster Lorch: Fachwerk-Ambiente und Staufer-Erbe

mal in die Falknerei hineinschnuppern möchte, der kann zudem spezielle Kurse besuchen.

KLOSTER LORCH: GRABLEGE DER STAUFERDYNASTIE

Gleich gegenüber der Stauferfalknerei befindet sich die frühere **Benediktinerabtei Lorch** (www.kloster-lorch.com, März–Okt. Mi.–So. und an Feiertagen 11–18, Nov.–Feb bis 17 Uhr, Eintritt: Erw. 6 €, Kinder 3 €, Familien 15 €). Im Jahr 1102 wurde das Kloster vom ersten Staufer Friedrich I. und seiner Frau Agnes von Waiblingen gegründet. Als eine der berühmtesten Vertreterinnen der Staufer-Dynastie gilt **Irene von Byzanz,** eine der Schwiegertöchter Kaiser Barbarossas, die 1208 hier bestattet wurde – allerdings ist ihr Grab nicht erhalten.

In der barrierefreien Klosteranlage gibt es allerhand zu entdecken und zu erleben: Es werden z. B. **Führungen** angeboten, auch speziell für Kinder, im **Klostercafé** mitsamt lauschigem **Garten** kann man sich Kaffee und Kuchen schmecken lassen. Die **Speisemeisterei** lädt zum Tafeln und Feiern wie im Mittelalter ein, ein farbenprächtiges **Staufer-Rundbild** des Künstlers **Hans Kloss** (www.hans-kloss.de) versetzt Besucher in Staunen und eine Nachbildung des Rings der Irene von Byzanz lässt sich im Shop erwerben. Ganzjährig lockt ein buntes Kulturprogramm z. B. mit klassischen Konzerten.

Nachdem wir das Kloster Lorch ausgiebig besichtigt und uns vor Ort gestärkt haben, begeben wir uns zurück zum **Bahnhof Lorch,** von wo wir die Heimfahrt antreten können.

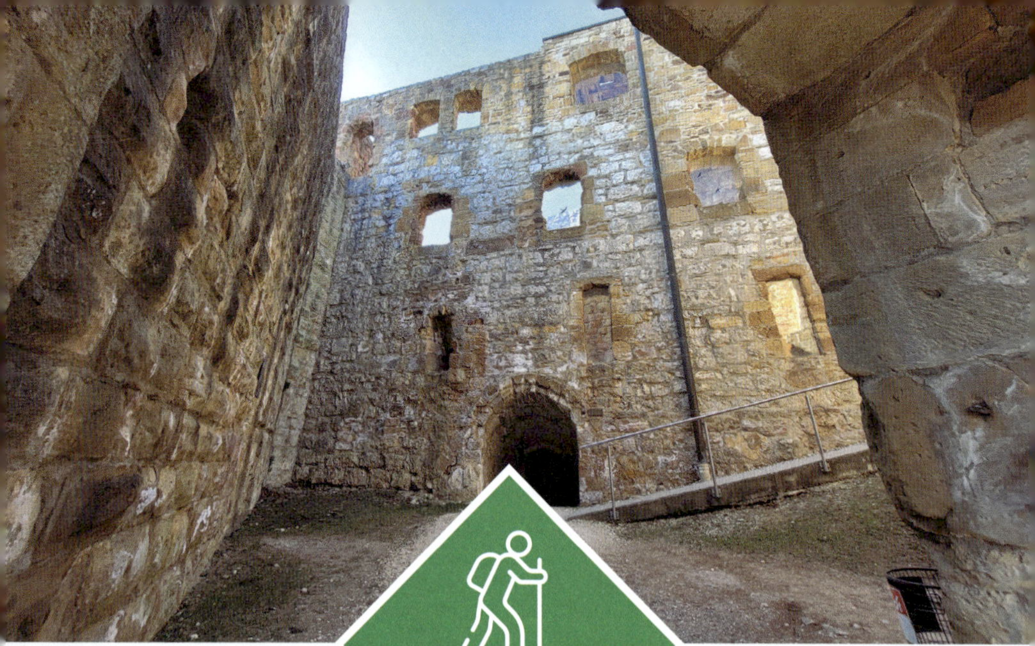

7

AUSSICHTSREICHE WANDERUNG VON SCHWÄBISCH GMÜND ZUR BURG HOHENRECHBERG

Dauer
5 Std.

Entfernung
15 km | 450 HM

Weitere Infos:
www.schwaebisch-gmuend.de, https://remstal.de

Ein buntes Kontrastprogramm bietet dieser Rundwanderweg – von städtisch-modern bis ländlich-idyllisch ist alles dabei. Der #GEOLOGISCHE PFAD gewährt Einblick in die Gesteinsschichten der Region. Von der #BURGRUINE HOHENRECHBERG genießen wir einen fantastischen Panoramablick auf das Remstal und im traditionsreichen Städtchen #SCHWÄBISCH GMÜND erwartet uns Fachwerk und reichlich Kultur.

Für wen ist die Tour geeignet?

Diese Wanderung ist das Richtige für Menschen, die abwechslungsreiche Touren zu schätzen wissen, denn uns begegnen Sehenswürdigkeiten ganz unterschiedlicher Art. **Naturliebhaber** kommen ebenso auf ihre Kosten wie **historisch Interessierte** und **Kultur- sowie Museumsfans.** Die Tour eignet sich auch als **Familienausflug,** wenngleich die Streckenlänge und der Aufstieg zur Burg für Kinder durchaus anstrengend sein können.

Eckdaten

Charakteristik: Rundwanderung, die zwar technisch nicht besonders anspruchsvoll ist, aufgrund der Kombination von Länge und Höhenmetern sollte aber ein gewisses Fitnesslevel vorhanden sein. Von den insgesamt ca. 450 Höhenmetern werden ca. 300 Höhenmeter beim Aufstieg von Metlangen zur Burg zurückgelegt. Der Weg verläuft zu zwei Dritteln auf asphaltierten Wegen, daher ist kein besonderes Schuhwerk nötig. Der Weg zur Burg ist barrierefrei.

Stärkung zwischendurch: Eine Einkehr ist im Gasthaus Stern und nach etwa der Hälfte der Strecke auf der Burg Hohenrechberg möglich, dort wahlweise in der Burgschänke oder im polnischen Lokal Pierogarnie (s. Extra-Tipp S. 73).

Anreise

Die Anfahrt erfolgt ab Stuttgart Hbf. mit der **Regionalbahn** bis zum **Bhf. Schwäbisch Gmünd,** ein Umstieg ist nicht nötig. Gleiches gilt für die Rückfahrt.

Autofahrer können z. B. das **Parkhaus am Bahnhof** ansteuern (Fehrle-Parkhaus). An der Burg Hohenrechberg gibt es keine Parkplätze. An der **Gemeindehalle Rechberg** steht ein kostenloser Parkplatz mit öffentlichen Toiletten zur Verfügung.

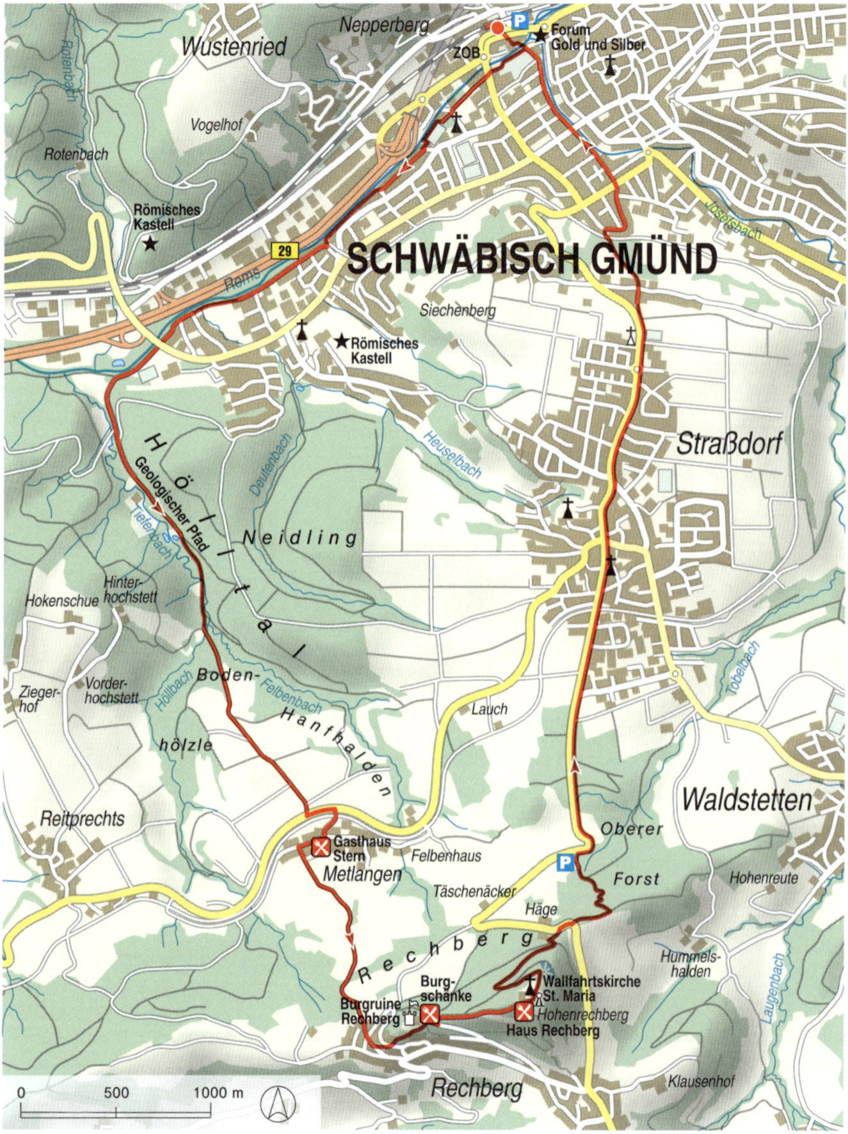

START IN DER REMSTAL-STADT SCHWÄBISCH GMÜND

Dieser Rundwanderweg führt uns nach Schwäbisch Gmünd, die größte Stadt des Remstals. Über 60.000 Menschen leben in der früheren **Reichsstadt des Heiligen Römischen Reiches,** deswegen sie durchaus ein gewisses großstädtisches Flair ausstrahlt.

Geselliges Treiben auf dem Marktplatz von Schwäbisch Gmünd

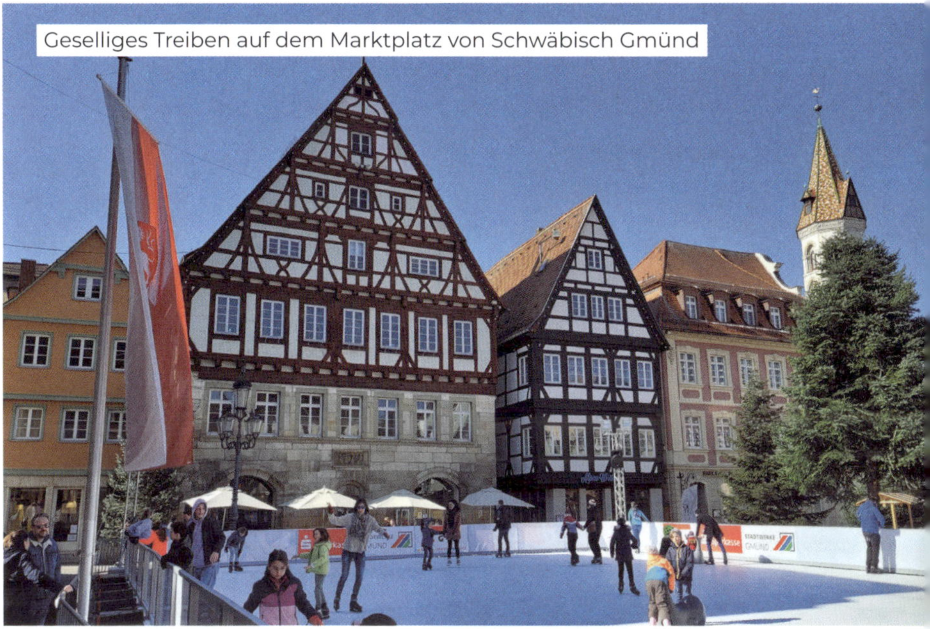

Los geht es am **Bahnhof.** Wir verlassen ihn in Richtung Innenstadt und überqueren die **Rems,** einen 78 km langen Fluss, der in Remseck in den Neckar mündet. Diesen Ort im Kreis Ludwigsburg stellen wir übrigens im Kapitel **„Unterwegs auf dem Neckartal-Radweg: Von Besigheim nach Bad Wimpfen“** (s. S. 218) näher vor.

Vor uns erstrecken sich der malerische **Remspark** und der angrenzende **Stadtgarten.** Zwischen Park und Garten plätschert die Rems leise vor sich hin. Zur Landesgartenschau im Jahr 2014 wurde die Stadt fein herausgeputzt und hat sich diesen Glanz bis heute bewahrt. Ein Blickfang ist das linker Hand stehende **Forum Gold und Silber** (Ledergasse 54, www.forum-gd.de), dessen moderne Archi-

Skulptur vor dem Forum Gold und Silber

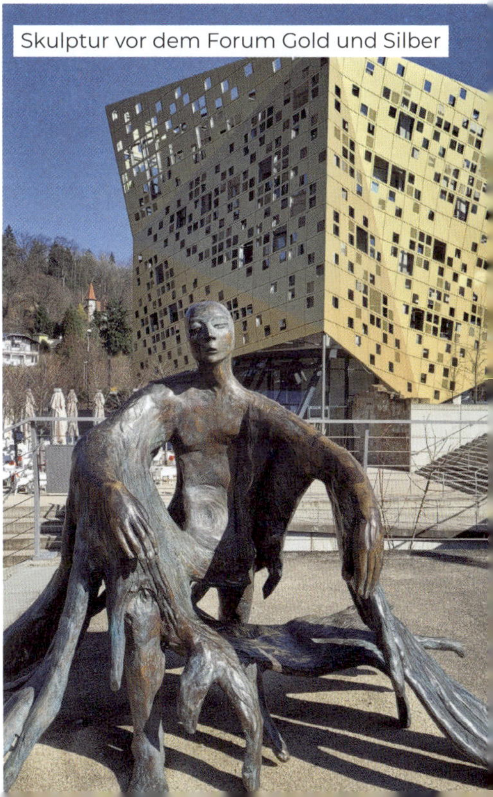

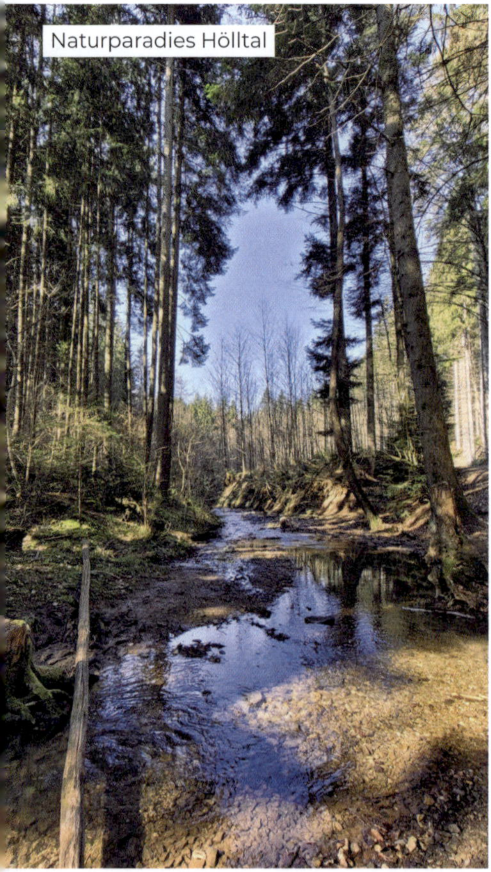

tektur seinem Namen alle Ehre macht. Es birgt ein schickes Restaurant und fungiert als Veranstaltungsort.

Im Stadtgarten wenden wir uns nach rechts und folgen dem Verlauf der Rems für ca. 2,5 km in südwestliche Richtung. Der Weg führt an einem **Kneippbecken** und einer Einstiegsstelle für Kanus vorbei. Am Beginn des **Hölltals** biegen wir links ab. Mehrere Wegmarkierungen und Tafeln kündigen den Beginn des Geologischen Pfads an.

AUF DEM GEOLOGISCHEN PFAD HINAUF ZUM RECHBERG

Auf dem **Geologischen Pfad** (https://naturkundeverein-gd.de/geologischer-pfad) klären 24 **Hinweistafeln** über die in der Region vorkommenden Gesteinsschichten und Fossilien, über Landschaften, Vegetation und Bodennutzung auf. Kleine **Schaukästen,** in denen etwa Gesteinsbrocken ausgestellt sind, begleiten uns auf dem ca. 5 km langen Weg, der in Richtung Süden hinauf auf den Rechberg führt.

Zuerst geht es auf dem **Hölltalweg** durch das idyllische Hölltal. Der **Tiefenbach** fließt anfangs parallel zum Weg. Auf der gegenüberliegenden Seite können wir z. B. Felsen aus **Stubensandstein** in Augenschein nehmen. Der Pfad führt über eine Brücke, dank der man den **Höllbach** überqueren kann, der in den Tiefenbach mündet. Mit entsprechendem Schuhwerk lässt sich der Bach auch durchwaten, denn er ist relativ flach und nur vereinzelt etwas tiefer. Verlaufen kann man sich hier jedenfalls nicht – es geht stets in südliche Richtung geradeaus.

Bald verlassen wir das Hölltal und haben freie Sicht in die Ferne. Gut zu erkennen ist jetzt schon die Wallfahrtskapelle auf dem Rechberg. Ca. 5,5 km nach dem Start unserer Tour stoßen wir kurz vor **Metlangen** auf eine Querstraße, laufen an dieser wenige Meter nach links, um dann gleich wieder rechts in Richtung **Gasthaus Stern** (Reitprechtser Str. 15, https://mackchristian.de, Mi.–Fr. 11.30–14 u. 17–21, So. 11.30–15 u. 17–21 Uhr) abzubiegen. Das Lokal tischt im Herbst und Winter leckere Wildspezialitäten auf. Im Sommer lockt zudem der **Biergarten** mit kühlen Getränken, vor allem bei hohen Temperaturen.

Wir folgen der gut ausgeschilderten Route in südliche Richtung auf ca. 3 km Länge. Stets bergauf gehend, nähern wir uns dem **Rechberg** mit seiner Wallfahrtskapelle und der Burg. Es lohnt sich, einen Blick zurückzuwerfen: Je mehr wir an Höhe gewinnen, umso grandioser wird die Aussicht. Verschiedene Wanderwege verlaufen in dieselbe Richtung, u. a. eine Etappe des **Jakobsweges** im Rems-Murr-Kreis. Langsam tut sich nun die Burg auf 644 m Höhe vor uns auf. Besonders steil sind die letzten Meter des Aufstiegs, bevor wir durch einen **Viadukt** zur Brücke an der Burg gelangen.

GENIALE AUSSICHT AUF SCHWÄBISCHE ALB UND REMSTAL

Was für einen imposanten Anblick die **Burg Hohenrechberg** (Schlossberg 1, www.burg-rechberg.de, Burgruine tägl. 10–18 Uhr, bei schlechtem Wetter geschlossen, Eintritt Erw. 2 €, Kinder 1 €) bietet! Linker Hand laden die Innenräume der **Burgschänke** (Fr./Sa. 11.30–21, So./feiertags 11.30–20 Uhr) zu Speis und Trank ein. Über eine **Holzbrücke** erreichen wir die innere Burganlage. Gegen einen geringen „Wegzoll" in Form einer Münze betreten wir das Gelände durch ein enges **Drehkreuz.** Die hohen, gut erhaltenen Mauern schinden ordentlich Eindruck – eine Kulisse wie gemacht wie für einen Mantel-und-Degen-Film! Die Burg, die auf das 13. Jh. zurückgeht, blieb auch während zahl-

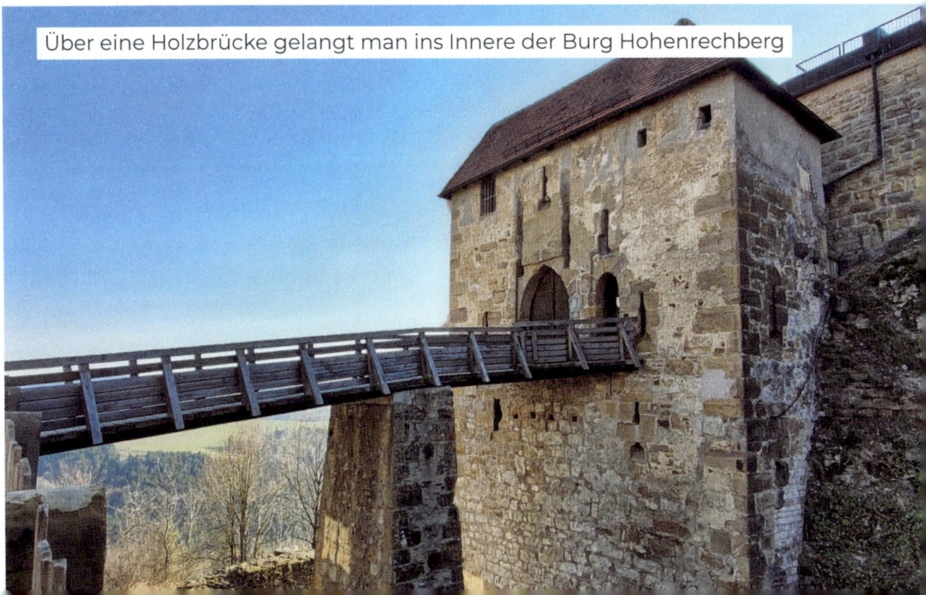

Über eine Holzbrücke gelangt man ins Innere der Burg Hohenrechberg

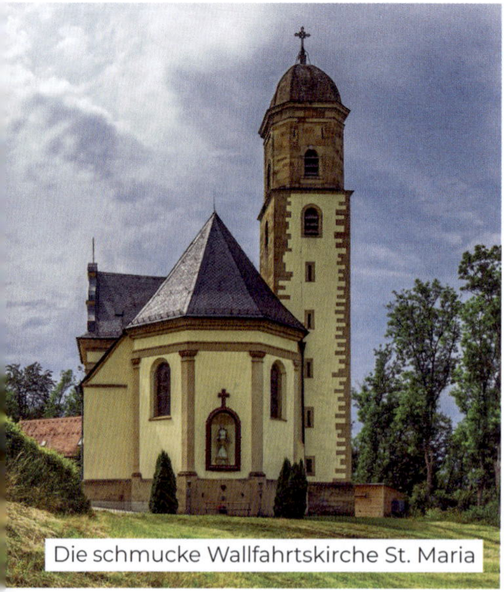
Die schmucke Wallfahrtskirche St. Maria

reicher Konflikte – vom Bauernkrieg bis zu den Koalitionskriegen Frankreichs – unangetastet. 1865 schlug allerdings das Schicksal zu: Infolge eines Blitzschlags brannte die Burg vollständig aus und wurde so zur Ruine. Dennoch sind viele Teile der Anlage erstaunlich gut erhalten.

An wolkenfreien Tagen genießt man von hier oben einen **sagenhaften Ausblick** über das Fils- und das Remstal, die Schwäbische Alb und den Naturpark Schwäbisch-Fränkischer Wald. Wir schauen außerdem auf den 684 m hohen **Hohenstaufen.** Zusammen mit dem Stuifen gehören Rechberg und Hohenstaufen zu den sogenannten **Drei Kaiserbergen,** einer markanten, landschaftsprägenden Dreiergruppe von Gipfeln.

Östlich der Burg können wir eine weitere Erhebung erkennen. Tatsächlich befindet sich die Burg nämlich gar nicht an der höchsten Stelle des Rechbergs. Die auf 708 m Höhe liegende **Bergkuppe** müssen wir erst noch erklimmen!

Ein Geheimtipp ist die Burg Hohenrechberg sicherlich nicht. Allerdings wird sie vor allem unter der Woche im Gegensatz zu anderen „Burgen-Hotspots“ der Schwäbischen Alb wie der Burg Teck oder der Burg Hohen Neuffen weniger stark besucht. Daher geht es hier deutlich ruhiger zu. Sie ist jedoch nicht minder schön und aussichtsreich.

AB AUF DEN GIPFEL: WALLFAHRTSKIRCHE ST. MARIA

Wir verlassen das Burggelände wieder und wandern für wenige Hundert Meter in östliche Richtung bergauf. Dabei bewegen wir uns auf dem **Kreuzweg** zur barocken **Wallfahrtskirche St. Maria.** Erbaut wurde sie im Jahr 1686, wenngleich schon seit dem 15. Jh. auf dem Berg eine Wallfahrtsstätte nachgewiesen ist. Diese dient auch heute noch als beliebtes **Wallfahrtsziel.** Es lohnt sich, einen Blick in den kunstvoll gestalteten Kirchenraum zu werfen!

Ein markantes **Kreuz** auf der Bergkuppe mag im ersten Moment als Gipfelkreuz interpretiert werden. Tatsächlich handelt es sich jedoch um ein Kriegerdenkmal. Spektakulär ist die **Fernsicht** auf das Fils- und das Remstal – die verdiente Belohnung für den

Aufstieg auf den Gipfel des Rechbergs! Auf einer Bank sitzend, kann man den Blick endlos über die Umgebung schweifen lassen – beinahe läuft man Gefahr, die Zeit zu vergessen.

Wer jetzt Hunger verspürt: Das **Haus Rechberg** (Hohenrechberg 3, www.ausflugslokal-hohenrechberg.de, ganzjährig Mo.–Do./Sa. 12–17, So./feiertags 11–17 Uhr) bietet neben Kaffee und Kuchen auch warme Speisen an. Der **Biergarten** auf der Sonnenterrasse lädt im Sommer zum Verweilen und zum Genießen des Ausblicks ein. Wer sich satt gegessen bzw. satt gesehen hat, für den beginnt nun der **Abstieg** vom Rechberg.

VOM RECHBERG ZURÜCK NACH SCHWÄBISCH GMÜND

Zwei Wege zurück nach Schwäbisch Gmünd stehen zur Wahl. Entweder man nutzt den Hinweg als Rückweg, was die landschaftlich schönere Variante ist. Wer hingegen einen Rundweg bevorzugt: Die zweite Variante – diese wählen wir hier – führt uns über den ausgeschilderten **Rittersteig** bergab. Der von Baumwurzeln gesäumte Fußweg wartet letztmalig mit einer reizvollen Aussicht auf die Bergsilhouette der Schwäbischen Alb auf.

Wenig später wird es zunehmend städtisch. Wir marschieren auf einem Weg neben der oft viel befahrenen

Extra-Tipp

Polnische Piroggen auf schwäbischem Gipfel

Neben Burgschänke und Haus Rechberg gibt es einen weiteren Gastronomiebetrieb auf dem Rechberg. Das Lokal **Pierogarnie – Kuchnia Polska z Sercem** („Polnische Küche mit Herz“, Hohenrechberg 3, https://pierogarnia-kuchnia-polska-z-sercem.business.site, Mo.–Sa. 13–18, So. 11–15 Uhr) überrascht hungrige Ausflügler mit polnischen Spezialitäten: Verschieden gefüllte Piroggen, herzhafte Rouladen oder Salate kann man sich hier schmecken lassen.

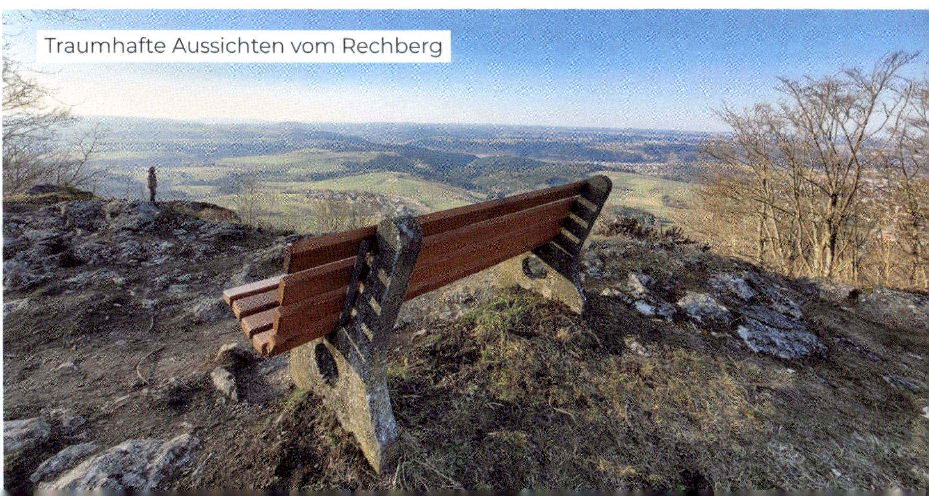

Traumhafte Aussichten vom Rechberg

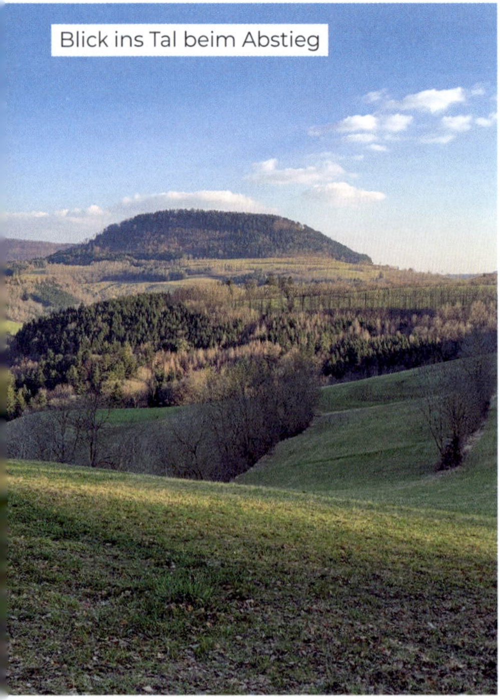

Blick ins Tal beim Abstieg

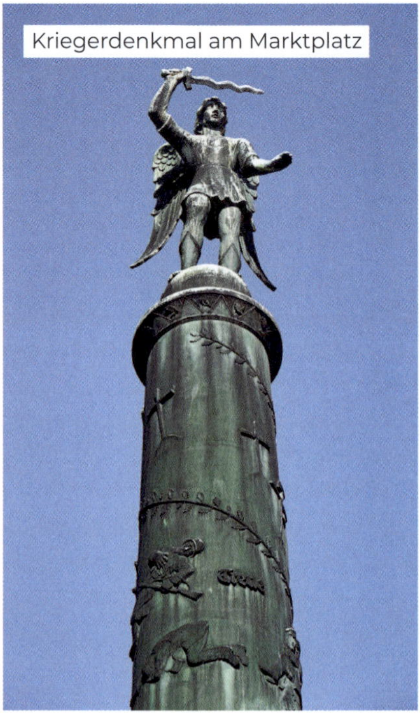

Kriegerdenkmal am Marktplatz

Extra-Info

Das geheimnisvolle Einhorn im Wappen

Interessanter Funfact: Niemand weiß, warum ein Einhorn das **Stadtwappen Schwäbisch Gmünds** ziert. Zahlreiche **Theorien** kursieren dazu: Mal wird angenommen, das Einhorn gehe auf die Staufer zurück, mal wird es als christliches Symbol, als Auerochse oder gar als Hirsch gedeutet. Sicher ist nur, dass es schon seit dem **Mittelalter** im Wappen auftaucht – genau genommen ist es erstmals auf einer Urkunde im Jahr 1277 nachgewiesen. Wer mit aufmerksamem Auge durch Schwäbisch Gmünd geht, wird das Einhorn häufig an **Fassaden** oder in Form von **Skulpturen** entdecken.

Straße L1159 in nördliche Richtung bis nach **Straßdorf.** Von der Bergkuppe legen wir dabei gut 3,5 km zurück, von Straßdorf bis nach Schwäbisch Gmünd sind es weitere ca. 2,5 km. Kurz vor dem Ortsbeginn biegen wir rechts auf eine kleine Nebenroute, die Straßdorfer Straße, ab und gelangen so in den **Stadtkern von Schwäbisch Gmünd.** Das letzte Stück führt parallel zum kleinen **Josefsbach.**

Egal, welche der beiden Routen man wählt: Auf jeden Fall lohnt sich der Besuch Schwäbisch Gmünds am Ende der Tour, denn das Städtchen hat eine erstaunlich vielfältige Kulturszene und eine schmucke Innenstadt zu bieten.

KULTURELLER AUSKLANG IN DER GMÜNDER ALTSTADT

In der Altstadt von Schwäbisch Gmünd gibt es viele **architektonische Highlights** zu entdecken: Patrizierhäuser, mehrere Stadttürme, das gotische Heilig-Kreuz-Münster oder der von Fachwerkhäusern gesäumte **Marktplatz** mit der schmucken Brunnensäule des Marienbrunnens und dem nicht minder beeindruckenden **Kriegerdenkmal.**

Das Gebiet rund um die **Imhofstraße** im südöstlichen Teil Gmünds wurde 1936 von den Nationalsozialisten von „Judenhof" in „Imhof" umbenannt. Informationstafeln klären über die Gebäude und die Geschichte des ehemaligen Judenviertels auf.

Die **Galerie- und Museumslandschaft** der Stadt hat einiges in petto und präsentiert sich vielseitig. So locken u.a. das **Silberwarenmuseum Ott-Pausersche Fabrik** (Milchgäßle 10), das **Museum im Prediger** (Johannisplatz 3), die Galerie des **Gmünder Kunstvereins** (Kornhausstr. 14, www.gmuender-kunstverein.de), das **Panorama-Museum Hans Kloss** (Marktplatz 7) und das **Museum Villa Seiz** (Nepperberg 4, www.villa-seiz.de). Will man alle Einrichtungen besichtigen, reicht ein Tag nicht aus. Einen Überblick liefert die Website www.schwaebisch-gmuend.de/museen-galerien-kunst.html.

Nach dem Stadtbummel begeben wir uns zum **Bahnhof**, um die Heimfahrt anzutreten.

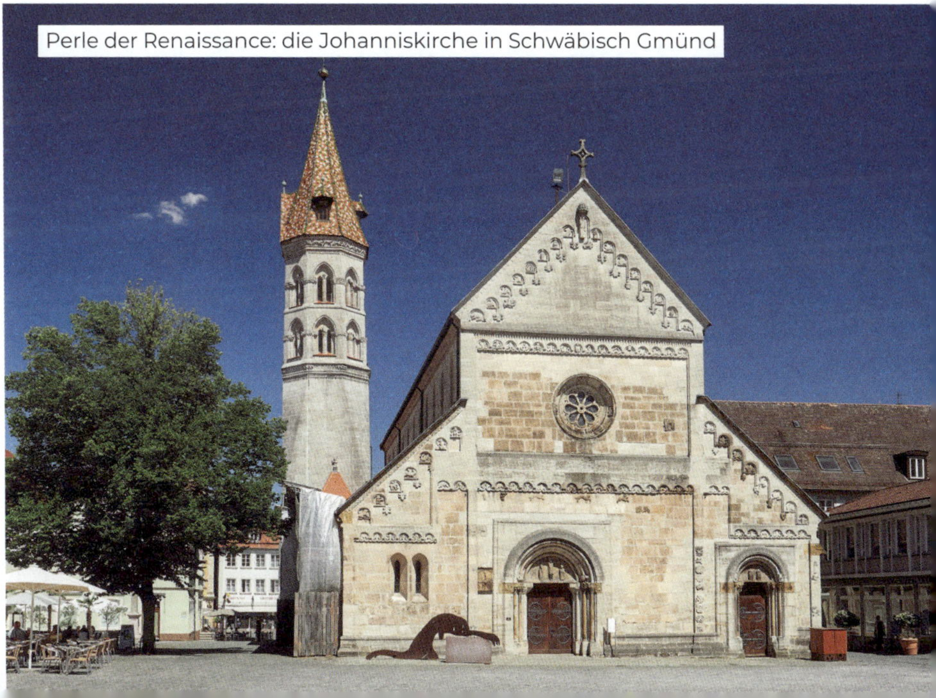

Perle der Renaissance: die Johanniskirche in Schwäbisch Gmünd

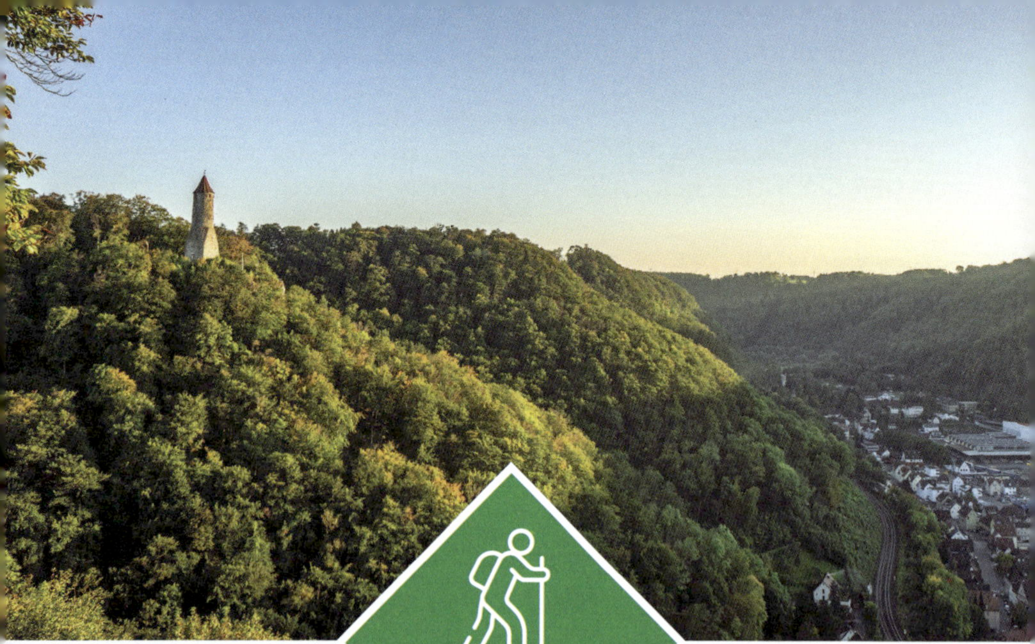

8

TRAINSPOTTING AN DER GEISLINGER STEIGE: WANDERN AUF DEM LÖWENPFAD

Dauer
5½ Std.

Entfernung
17 km | 425 HM

Weitere Infos:
www.geislingen.de

Immer an der Felskante des #ALBTRAUFS entlang: Wir wandern an der Geislinger Steige, einem uralten Handels- und Verkehrsweg, bestaunen die Züge, die sich hier durch das Tal schlängeln, und genießen die Aussicht, etwa vom runden #ÖDENTURM aus. Am Ende der Tour fasziniert das markante #OSTLANDKREUZ, das schon aus kilometerweiter Entfernung ein Hingucker ist.

Für wen ist die Tour geeignet?
Diese Wandertour mit vielen An- und Abstiegen lockt mit ganz unterschiedlichen Reizen und ist das Richtige für **ausdauernde Wanderer**, die vielfältige Erlebnisse suchen und gern aussichtsreich wandern. **Eisenbahnfans** kommen beim Trainspotting an der Geislinger Steige auf ihre Kosten.

Eckdaten
Charakteristik: anspruchsvolle, naturnahe Rundwanderung, deren Route größtenteils über angenehm zu wandernde Waldwege verläuft, stets mit toller Aussicht auf und über die Steige. Aufgrund der Länge der Tour sollte eine gewisse Grundkondition vorhanden sein. Festes Schuhwerk ist bei feuchten Bodenverhältnissen vorteilhaft.

Stärkung zwischendurch: Diese Wanderung ist so angelegt, dass gleich mehrere Einkehroptionen auf der Strecke liegen. Nach dem ersten Anstieg kann man sich auf der Burg Helfenstein stärken, nach der Hälfte der Strecke im Gasthaus Ziegelhütte und auf dem Rückweg wahlweise im Mühlencafé, im Geiselsteinhaus oder im Biergarten in Geislingen.

Anreise
Teilweise mehrfach in der Stunde fahren **Regionalbahnen** vom Stuttgarter Hbf. bis zum Startpunkt dieser Tour, dem **Bhf. Geislingen (Steige).** Je nach Verbindung nimmt die Fahrt ohne Umstieg 40 Min. in Anspruch. Bereits am Bahnhof ist der Löwenpfad „Steigen-Tour" ausgeschildert.

Autofahrer nutzen beispielsweise den Parkplatz direkt am Bahnhof.

AUFTAKT IN DER FÜNFTÄLERSTADT GEISLINGEN

Am **Geislinger Bahnhof** startet und endet einer der längsten **Löwenpfade** (s. S. 79), die **„Steigen-Tour"**. Schon beim Start werden wir mit etlichen

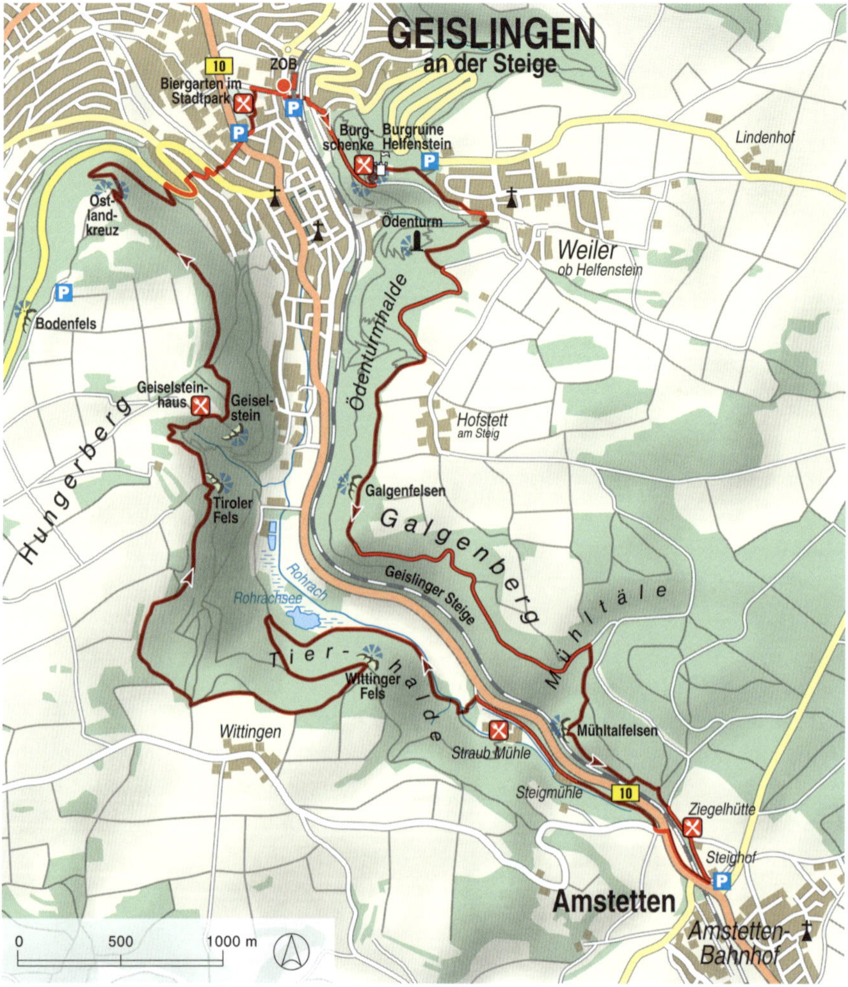

Wanderweg-Markierungen konfrontiert, denn Geislingen entpuppt sich als echtes Wanderparadies. Wir folgen dem **Löwenkopf-Logo** in südöstliche Richtung für einen guten Kilometer zur Burgruine Helfenstein. Dabei bewältigen wir auch schon die ersten 150 von insgesamt 425 Höhenmetern.

AUFSTIEG ZUR BURGRUINE HELFENSTEIN

Der Weg verläuft im Zickzack gen Osten nach oben und schon stehen wir in 610 m Höhe im **Innenhof der Burgruine** mit ihrem begehbaren **Aussichtsturm.** Der **Panoramablick** auf das Geislinger Tal und die be-

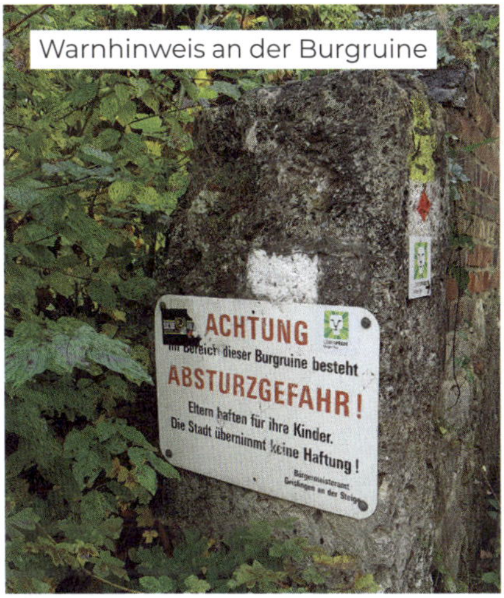

Warnhinweis an der Burgruine

nachbarten Hügel der Schwäbischen Alb begeistert. Von April bis Oktober lädt die kleine, aber feine **Burgschenke** (Weilerstr., Sa. 12–18, So./feiertags 10–18 Uhr) zu Kaffee und Kuchen sowie gekühlten Getränken ein. Vor allem in den Abendstunden lässt es sich hier hervorragend aushalten. Die Burg wurde um 1100 von Eberhard von Helfenstein erbaut und war Stammsitz der gleichnamigen Grafen.

In wenigen Hundert Metern Entfernung ragt schon der runde, 33 m hohe **Ödenturm** (Ostmarktstr. 1) aus den Baumkronen empor, den wir gleich im Anschluss ansteuern und der eines der Wahrzeichen Geislingens ist. Er wurde um 1420 erbaut und sollte die Burg Helfenstein vor Kanonenbeschuss schützen. Im Laufe der Zeit hat er so einiges mitgemacht: So brannte er ganze fünfmal infolge von Blitzschlägen aus, zuletzt im Jahr 1921. Der begehbare Turm ist in den Sommermonaten an Sonntagen für Besucher geöffnet (10–17 Uhr). Interessanter Fakt: Der ursprüngliche Eingang der Burg befand sind in neun Metern Höhe und war nur über eine

Extra-Info
Löwenpfade und Löwenmensch

„Löwenpfade“ (www.loewenpfade.de) heißen 16 zertifizierte Rundwanderungen im Landkreis Göppingen. Es sind besonders attraktive Routen, die sich durch einen abwechslungsreichen Verlauf auszeichnen und perfekt ausgeschildert sind. Neben den ausformulierten Wegweisern sticht vor allem das **Löwen-Logo** ins Auge.

Der Name des Wanderwegnetzes möchte nicht nur die positiven Eigenschaften aufgreifen, die man mit dem Löwen verbindet: Stärke, Ausdauer und Schönheit. Er ist auch eine Anspielung auf den berühmten **Löwenmenschen** (www.loewenmensch.de), der als Symbol der Schwäbischen Alb gilt. Im Jahr 1939 wurde im Lonetal der Alb eine mindestens 35.000 Jahre alte **Skulptur aus Mammut-Elfenbein** entdeckt. Die 31 cm hohe Schnitzfigur stellt einen Löwenmenschen dar, also ein Mischwesen in Menschengestalt mit dem Kopf und den Gliedmaßen eines Höhlenlöwen. Letztere zählten in der Eiszeit, der Entstehungszeit der Figur, zu den gefürchteten Raubtieren. Ausgestellt ist der Löwenmensch heute im Museum Ulm. Darüber hinaus ist der Löwe im Wappen des Stauferkreises Göppingen und des Landes Baden-Württemberg dargestellt.

Leiter zugänglich. Heutzutage gelingt der Aufstieg dagegen um einiges bequemer über eine Treppe.

Durch den Schluchtwald wandern wir anschließend fast ebenerdig für ca. 1,6 km in südliche Richtung zum **Aussichtspunkt am Galgenbergfelsen** in 638 m Höhe. Von dort genießen wir abermals eine fantastische Sicht über das Tal und auf die gegenüberliegenden Höhenzüge, die wir später noch bewandern werden.

Weiter geht es für knappe 2 km auf angenehm zu gehenden **Wald- und Schotterwegen** in südöstliche Richtung, bis wir mit dem Mühltalfelsen einen geschichtsträchtigen Ort der Schwäbischen Alb erreichen.

TRAINSPOTTING AM MÜHLTALFELSEN

Eisenbahnfans lieben es, Züge und Bahnstrecken zu beobachten und zu fotografieren. Einen wahren **Trainspotting-Hotspot** haben wir nun am **Mühltalfelsen** erreicht. Mehrfach in der Stunde fahren Züge über die **Geislinger Steige** und sorgen für reizvolle Fotomotive. Dieser Ort hat zudem historische Bedeutung: Im Jahr 1850 wurde die erste Bahnstrecke zwischen Geislingen und Ulm eingeweiht. Nötig war eine breite Fahrtstrecke, die hier an der Steige anfangs nicht gegeben war. Deshalb wurden u. a. Sprengungen am Mühl-

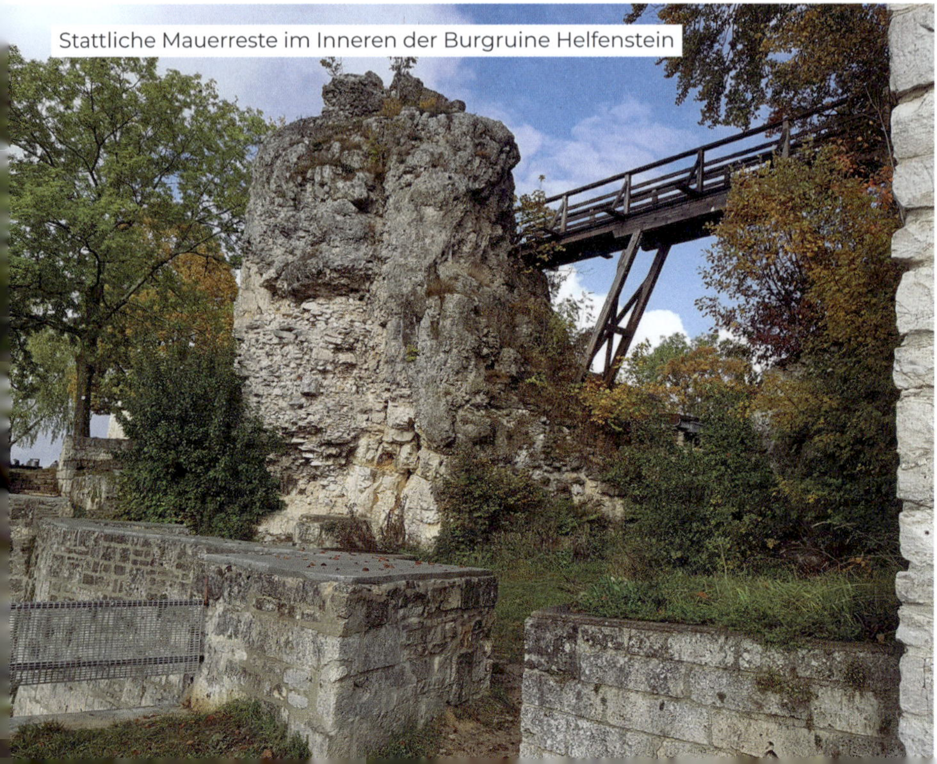

Stattliche Mauerreste im Inneren der Burgruine Helfenstein

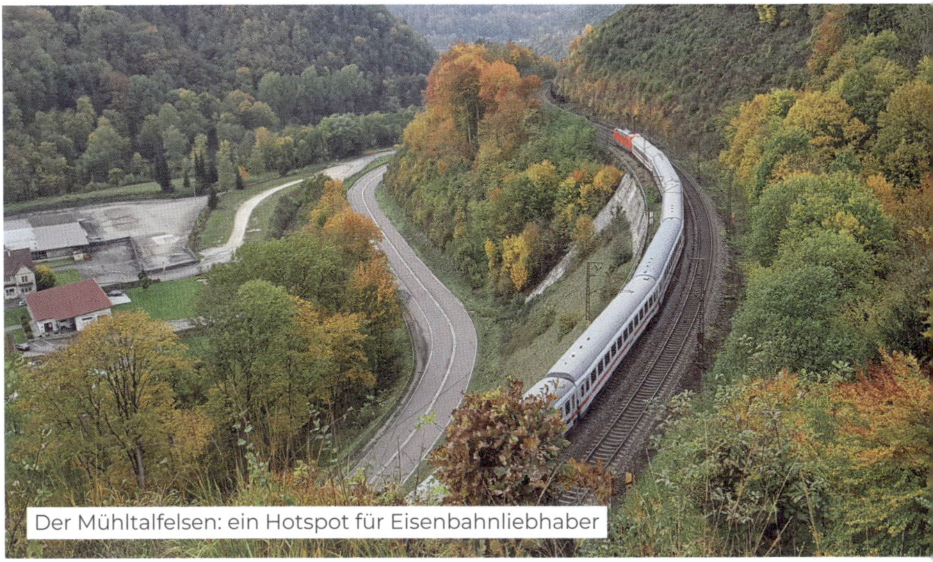

Der Mühltalfelsen: ein Hotspot für Eisenbahnliebhaber

talfelsen vorgenommen. Die Geislinger Steige ist nach wie vor eine der steilsten Eisenbahnstrecken Europas, denn im Nadelöhr des hiesigen **Rohrachtals** überwinden die Züge rund 112 Höhenmeter. Die Schienenführung der Geislinger Steige diente sogar als Vorbild für Bahnprojekte in den Schweizer und Österreicher Bergen. Sie gilt zudem als eine der ältesten Bergüberquerungen per Schiene in Europa.

Der Mühltalfelsen ist ideal für eine kleine Verschnaufpause. So schaffen wir auch den nächsten knappen Kilometer bis zum **Gasthaus Ziegelhütte** (auf Facebook, Fr./Sa. 16–20, So. 11–20, feiertags bis 22 Uhr), eine Schankwirtschaft, die auch selbst gebackenes Steinofenbrot und hausgemachten Kuchen serviert. Wenige Meter hinter dem Ziegelhof macht der Löwenpfad „Steigen-Tour" eine **Kehrtwende.** Wir überqueren die Hauptstraße und wandern ab sofort in nordwestliche Richtung.

DAS LIEBLICHE ROHRACHTAL MIT DER STRAUB MÜHLE

Parallel zur Hauptstraße geht es nun einen guten Kilometer auf asphaltiertem Weg zur **Straub Mühle** (Schimmelmühle 1, http://straub-muehle.de). Linker Hand fließt die gerade einmal 6 km lange **Rohrach,** deren leises Plätschern zu hören ist. Der kurze Fluss ist Namensgeber des hinter der Mühle beginnenden **Rohrachtals,** das heute ein Naturschutzgebiet ist. Zur Mühle gehört das **Mühlencafé** (Mai–Okt. Di.–Do. u. So. 9–20, Fr./Sa. 9–21 Uhr, Nov.–April Di.–So. 9–18 Uhr), eine weitere Einkehrmöglichkeit. Im

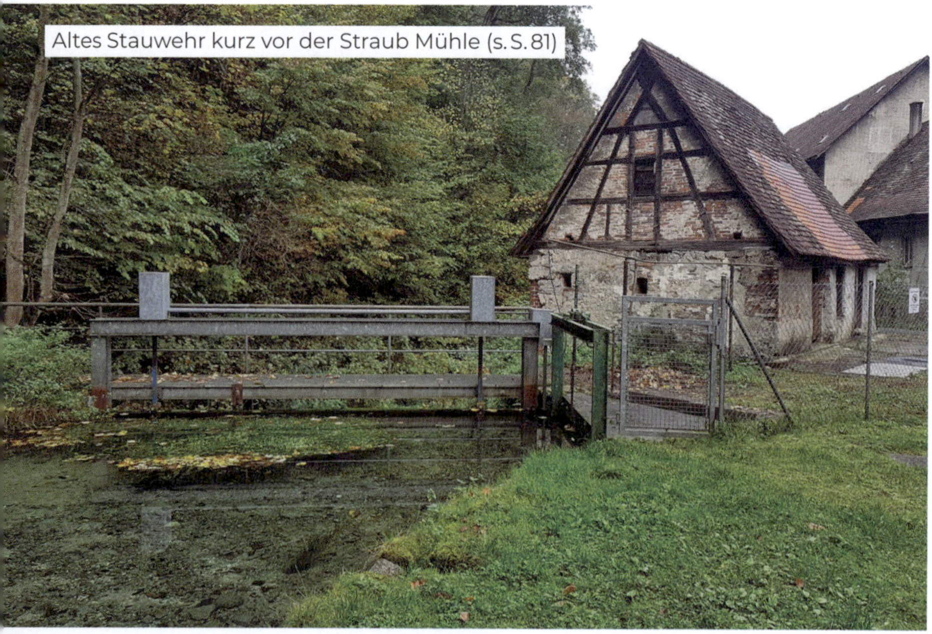

Altes Stauwehr kurz vor der Straub Mühle (s. S. 81)

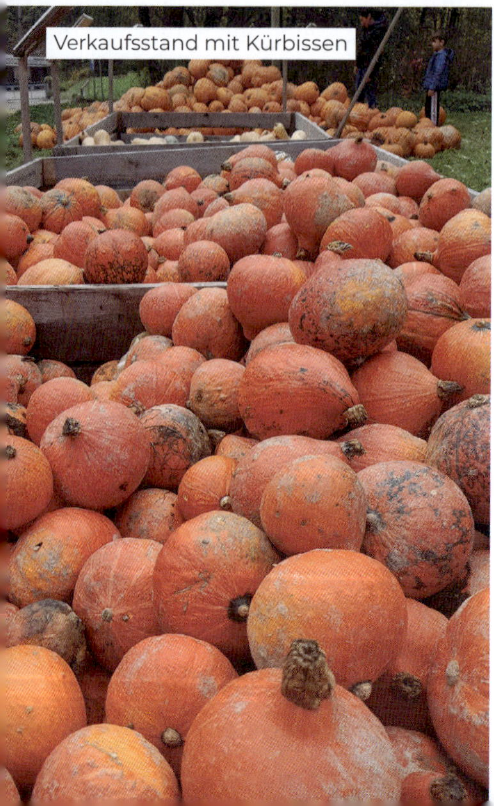

Verkaufsstand mit Kürbissen

Mühlenladen (Mo.–Fr. 8.30–17.30, Sa. 8.30–12.30 Uhr) werden vor Ort hergestellte Produkte angeboten. Früher nutzten bis zu zwölf Mühlen die Wasserkraft der Rohrach, heute ist die Straub Mühle eine der letzten.

Direkt hinter der Mühle beginnt das **Naturschutzgebiet Rohrachtal.** Nachdem wir einen kleinen Wasserfall hinter uns gelassen haben, erreichen wir am **Rohrachsee** eine kleine **Aussichtsplattform.** Sehr beliebt ist das Tal bei Ornithologen: Mit ein wenig Glück lässt sich hier der eine oder andere **Eisvogel** erspähen, der zwar relativ selten, aber dank seines farbenfrohen, orange-blauen Gefieders gut erkennbar ist. Durch das Rohrachtal führt ein rollstuhlgerechter, ca. 2 km langer **Naturlehrpfad,** auf dem uns

Informationstafeln mit der hiesigen Flora und Fauna vertraut machen.

Am Ende des Rohrachsees geht es wieder bergauf. Der zweite größere Anstieg mit ca. 150 Höhenmetern steht uns bevor – wir wandern im Zickzack-Kurs hinauf. Am **Wittinger Fels** kann ein kleiner Zwischenstopp eingelegt werden. Auf gut 650 Höhenmetern endet unser Aufstieg und wir folgen dem Routenverlauf jetzt in nördliche Richtung.

AUSSICHTSPUNKTE TIROLER FELS UND GEISELSTEIN

Auf einer Länge von 2,2 km führt uns der Löwenpfad „Steigen-Tour" über breite Waldwirtschaftswege bis zum **Aussichtspunkt Tiroler Fels** auf ca. 630 m Höhe. Auch wenn wir fern der Alpen sind, macht der Aussichtspunkt seinem Namen alle Ehre: Wir überblicken das gesamte Rohrachtal und schauen auf die gegenüberliegenden, vor gut 2 Std. bewanderten Höhenzüge.

Einen spektakulären Anblick bieten die Felswände von Geiselstein, unser nächstes Ziel in etwa 500 m Entfernung. Der Felsvorsprung läuft spitz zu und endet am **Aussichtspunkt Geiselstein** in 619 m Höhe. Der Selfie-Hotspot ist allerdings ausgesprochen beliebt, sodass man hier nur selten allein ist.

Nur einen Steinwurf entfernt befindet sich mit dem **Geiselsteinhaus**

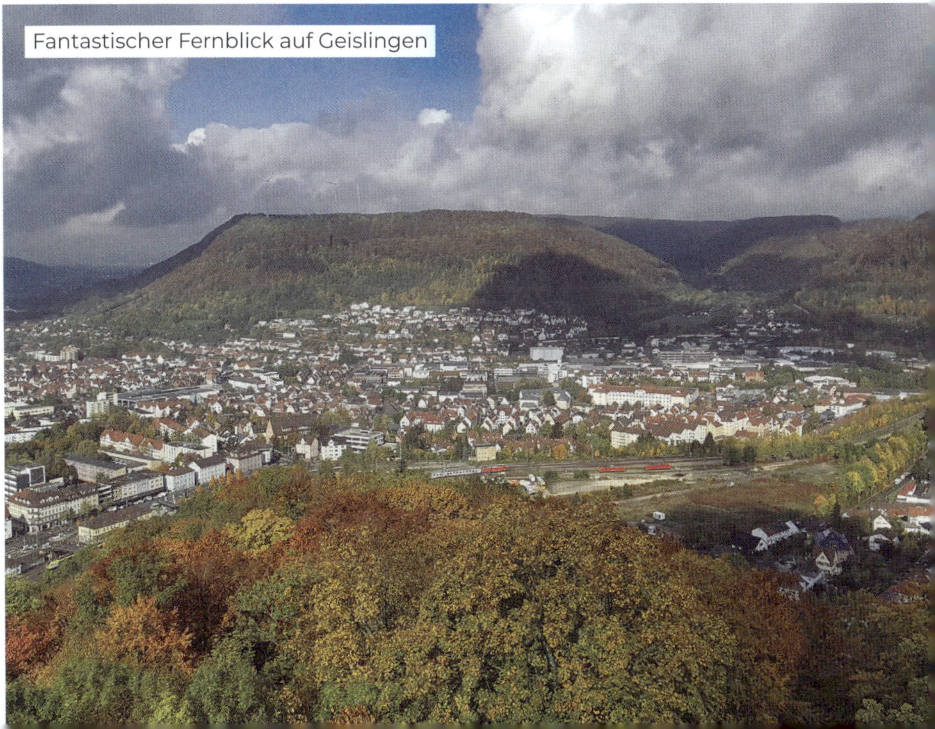

Fantastischer Fernblick auf Geislingen

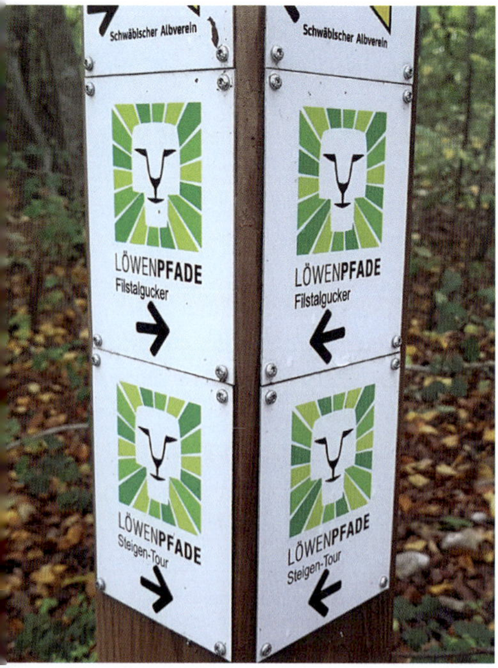

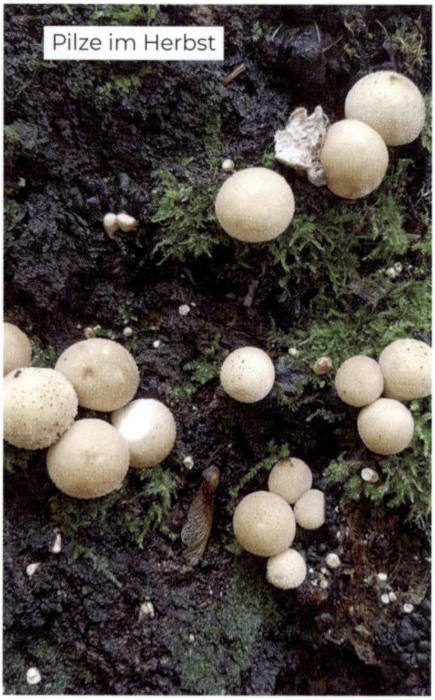
Pilze im Herbst

(www.tg-geislingen.de/oeffnungszeiten-geiselsteinhaus, April–Okt. So. 10.30–18 Uhr) eine weitere Einkehrmöglichkeit. Ein riesiger **Spielplatz** bietet Familien mit Kindern Abwechslung. Das in der Regel an Sonntagen geöffnete Lokal bewirtschaftet hungrige Ausflügler mit einfachen Speisen und leckeren Getränken. Der größte Teil der Wanderung ist geschafft, jetzt liegen nur noch 4 km Wegstrecke vor uns.

AM IMPOSANTEN OSTLANDKREUZ GEHT ES BERGAB

Wer nicht am Geiselsteinhaus „versackt" ist und sich noch einmal aufgerafft hat, der kann sich auf das eindrucksvolle, fast 23 m hohe **Ostlandkreuz** als letzten Höhepunkt freuen. Wir wandern ca. 1,5 km auf breiten Waldwegen gen Norden dorthin. Auch das Kreuz ist ein beliebter, gut besuchter Ort: Zum einen genießen wir hier, von dem 665 m hohen Gipfel **Schildwacht**, eine **fantastische Aussicht** auf Geislingen und den **Albtrauf**, zum anderen wird der öffentliche **Grillplatz** in der Nähe bei gutem Wetter äußerst gerne genutzt. Das schon aus weiter Ferne erkennbare Ostlandkreuz wurde 1950 aufgestellt und ist das größte seiner Art in ganz Deutschland. Ostlandkreuze, auch bekannt als „Kreuze des Deutschen Ordens", sind Vertriebenendenkmale, von denen es in Deutschland mehrere

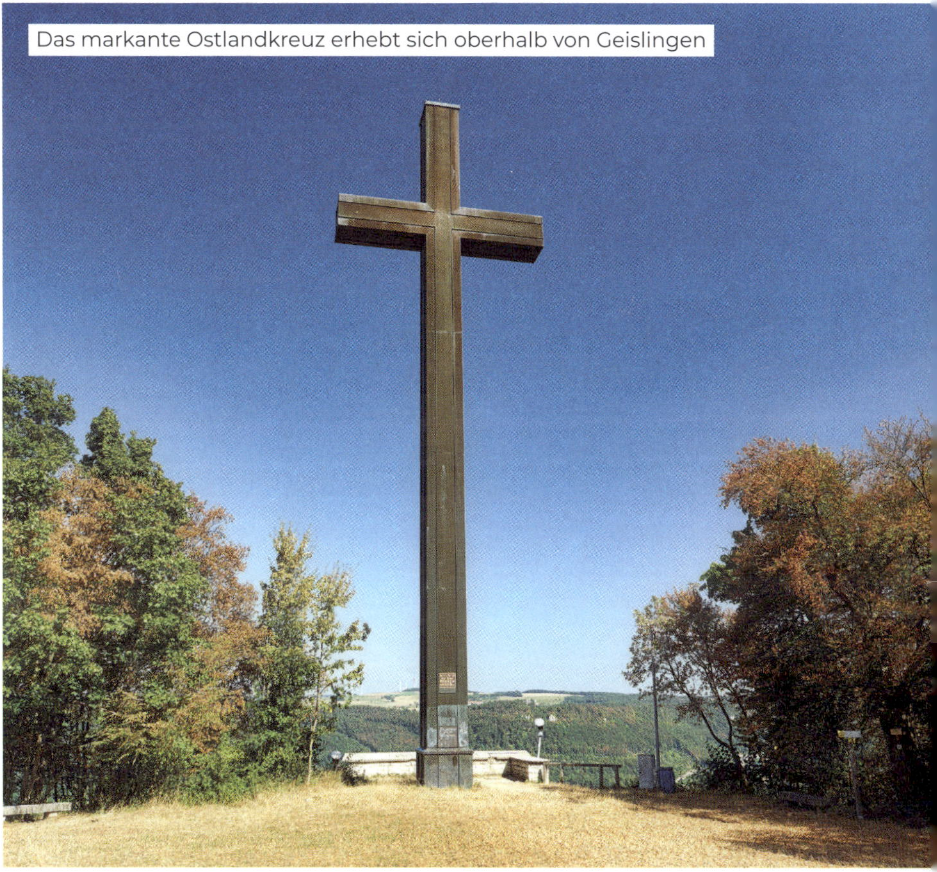
Das markante Ostlandkreuz erhebt sich oberhalb von Geislingen

hundert gibt. Finanziert werden sie auf Spendenbasis. Das Ostlandkreuz erinnert an die Vertriebenen aus Südmähren, die sich nach dem Zweiten Weltkrieg in der Region Geislingen niederließen.

Am Ostlandkreuz treffen erneut diverse Wanderwege aufeinander. Wir folgen dem Löwen-Logo in östliche Richtung, es geht in Serpentinen fast 200 Höhenmeter abwärts. Dabei führt der Weg zunächst durch den Wald, bevor mehrere Straßen überquert werden müssen. Schließlich gelangen wir über die Knollstraße in das **Stadtzentrum von Geislingen.** Einige Hundert Meter vor der Ankunft am Bahnhof lädt in den Sommermonaten der gemütliche **Biergarten im Stadtpark** (Steingrubestr. 20, www.geislinger-biergarten.de, im Sommer tägl. 11–23 Uhr) zu einer abschließenden Stärkung ein. Im Anschluss geht es – mit vielen schönen Eindrücken im Gepäck – zurück in die Landeshauptstadt.

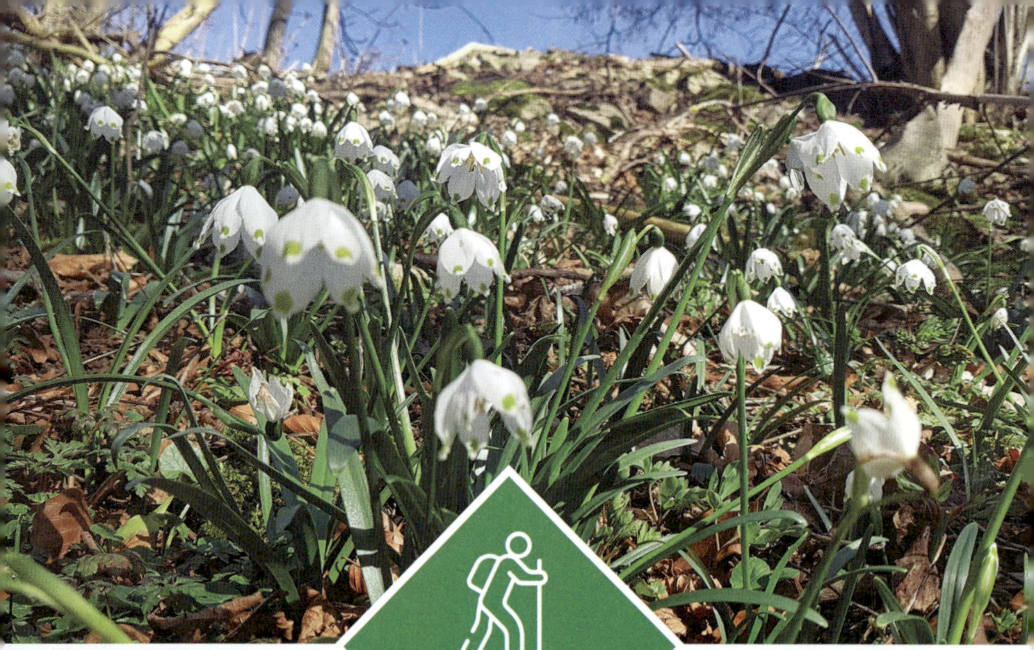

9

BLÜTENZAUBER IM FILSTAL: DIE MÄRZENBECHERBLÜTE BEI BAD ÜBERKINGEN

Dauer
4 Std.

Entfernung
13 km | 150 HM

Weitere Infos:
www.loewenpfade.de/start/loewenpfade/filstalgucker.html

Tipp:
Eine ideale Tour für den Frühlingsbeginn, aber auch zu anderen Jahreszeiten lohnenswert – dann sieht man Wiesenblumen, Farne, Pilze und mehr.

Eine Wanderung wie geschaffen für den Start in den #FRÜHLING: Wenn sich im März die ersten Knospen öffnen, dann bricht auch die Zeit der Märzenbecherblüte an. In #BAD ÜBERKINGEN lockt dieses Naturschauspiel etliche Beobachter an. Auf unserem Tourenvorschlag meiden wir größere Besuchergruppen im Ortskern und erleben das Spektakel vom #LÖWENPFAD FILSTALGUCKER aus.

Für wen ist die Tour geeignet?

Der zertifizierte Rundwanderweg namens „Löwenpfad Filstalgucker“ bietet reichlich Abwechslung und ist sowohl für **Ungeübte** geeignet als auch für Touren mit **Kindern.** Zur **Märzenbecherblüte im Frühjahr**, die etwa von Ende März bis Mitte April dauert, beeindrucken die großen Blütenteppiche **Naturliebhaber** immer wieder aufs Neue.

Eckdaten

Charakteristik: einfache, aussichtsreiche Rundwanderung auf bestens ausgeschilderten Pfaden mit geringen Steigungen. Einige Teilstücke sind von Steinen und kleineren Felsen gesäumt, daher sind feste Schuhe vorteilhaft.

Stärkung zwischendurch: Unterwegs kann man etwa im Geiselsteinhaus einkehren. Dort steht zudem, ebenso wie am Ostlandkreuz, ein öffentlicher Grillplatz zur Verfügung (Grillgut mitnehmen). Am Ende bietet sich Hörners Landgasthof für eine Einkehr ein.

Anreise

Ab Stuttgart Hbf. geht es mit der **Regionalbahn** nach **Geislingen (Steige).** Hier steigt man in die **Buslinie 350** um, die Tour startet an der **Haltestelle Türkheim.** Die Rückfahrt erfolgt auf demselben Wege.

Autofahrer steuern den **Wanderparkplatz** an der **St.-Vitus-Kirche in Türkheim** an.

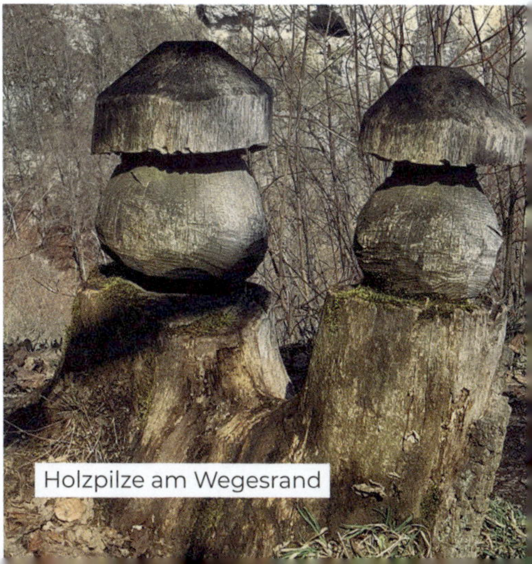

Holzpilze am Wegesrand

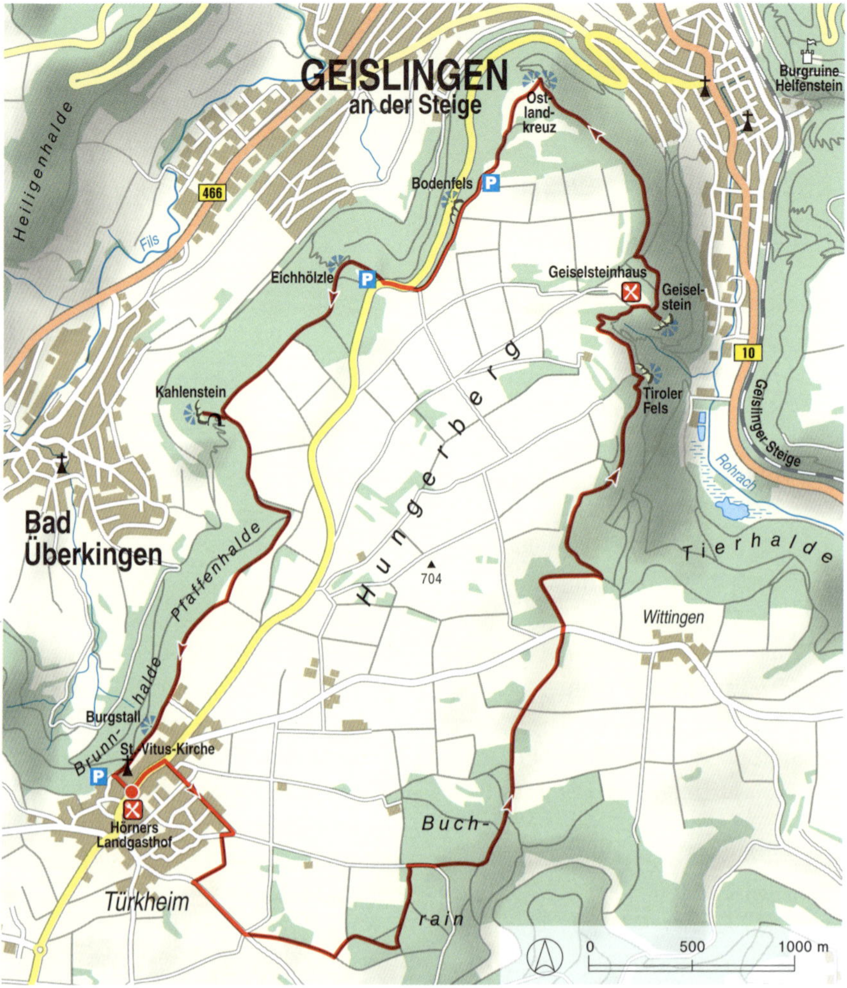

AUFBRUCH IM BESCHAULICHEN TÜRKHEIM

Wir starten an **Hörners Landgasthof** (s. S. 93) in Türkheim – ein ruhiger und gemütlicher Ort direkt am Albtrauf. Wir folgen den **Wegweisern,** erkennbar am markanten **Löwenkopf,** in südöstliche Richtung durch ein kleines Wohngebiet. Bald geht es vorbei an Wiesen und Feldern in einen **Buchenwald,** wo der Weg nach wenigen Metern rechts abzweigt. Der Pfad führt nun in nördliche Richtung entlang größerer **Feld- und Wiesenflächen,** bevor wir uns ca. 5 km nach Beginn der Tour abermals einem **Waldstück** nähern.

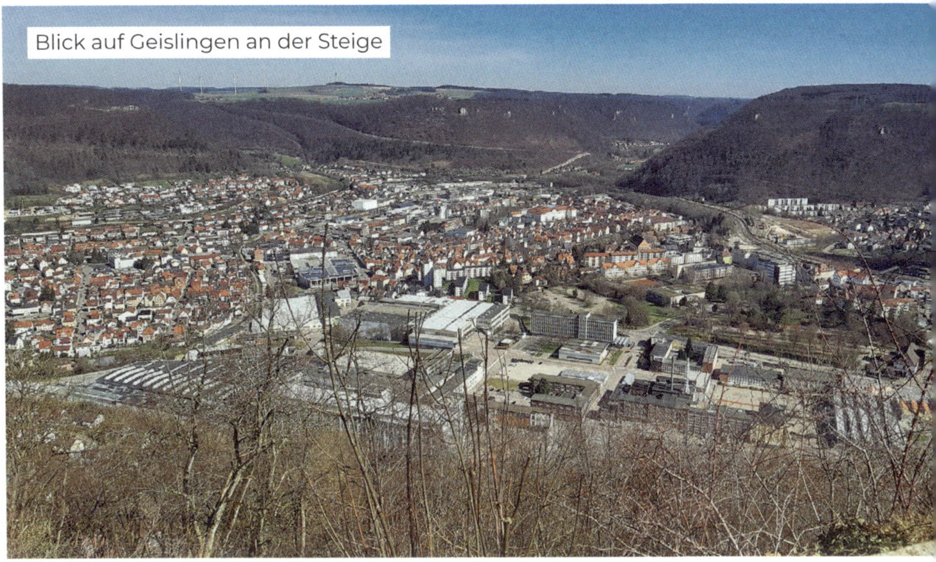

Blick auf Geislingen an der Steige

OBERHALB VOM ROHRACH- UND FILSTAL: AUSSICHTSPUNKTE ZUHAUF

Hier biegen wir links ab und folgen dem Waldweg in Richtung Geiselsteinhaus. Nach etwa 1,2 km erreichen wir den **Aussichtspunkt Tiroler Fels** mit reizvollem Ausblick auf das unter uns liegende **Rohrachtal** und den Geiselstein, den wir gleich noch näher in Augenschein nehmen werden. Wir bewegen uns hier auf schmalen Pfaden entlang des **Albtraufs,** dem nordwestlich ausgerichteten Steilabfall der Schwäbischen Alb. Im Volksmund wird dieses Teilstück mit Aussicht auch **„Geislinger Grand Canyon"** genannt. Mehr Infos hierzu finden sich im Tourenvorschlag **„Trainspotting an der Geislinger Steige: Wandern auf dem Löwenpfad"** (s. S. 76).

Mit dem **Geiselsteinhaus** (www.tg-geislingen.de/oeffnungszeiten-geiselsteinhaus, April–Okt. So. 10.30–18 Uhr) erreichen wir nach weiteren ca. 800 m die erste Einkehrmöglichkeit auf dem Rundwanderweg. Neben Getränken werden meist auch kleinere Speisen angeboten. Ein riesiger **Spielplatz** lädt Kinder zum Toben ein. Auch ein öffentlicher **Grillplatz** ist vorhanden.

Nur einen Steinwurf entfernt lockt der **Aussichtspunkt Geiselstein,** ein vorstehendes Felsmassiv. Auch hier genießen Besucher eine schöne Panoramasicht auf das Rohrachtal. Häufig wird an dieser Stelle für Selfies posiert.

Vom Aussichtspunkt wandern wir ca. 2,4 km in nördliche Richtung bis zum 23 m hohen **Ostlandkreuz** (s. S. 84), das mit 50 m höchste Denkmal der Vertriebenen in

Deutschland. Den sanften Aufstieg von wenigen Höhenmetern nimmt man kaum wahr. Am Kreuz eröffnet sich eine fantastische Aussicht auf Geislingen. Die große **Wiese** ist bei sonnigem Wetter gut besucht: Der öffentliche **Grillplatz** wird durchgehend in Anspruch genommen, es wird gepicknickt und Fußball gespielt.

Wir setzen unsere Wanderung nun in südliche Richtung fort. Nach einigen Hundert Metern passieren wir den **Wanderparkplatz Ostlandkreuz**, wenige Schritte weiter geraten wir am **Aussichtspunkt Bodenfels** ins Staunen. Von den Felsvorsprüngen der Alb können wir auf der nun folgenden Strecke immer wieder den Blick über das **Filstal** schweifen lassen. Dessen Namensgeberin ist übrigens die 63 km lange Fils, ein Nebenfluss des Neckars.

HÖHLEN IM FELSIGEN TERRAIN

Vom Bodenfels sind es rund 800 m bis zum **Aussichtspunkt Eichhölzle.** Einen Kilometer weiter erreichen wir mit der **Kahlensteinhöhle** die größte von etwa 50 Kleinhöhlen am Kahlenberg. Angesichts der Vielzahl an Grotten wurde hier sogar ein Höhlenverein gegründet. Die 150 m lange Kahlensteinhöhle wurde 1898 als Schauhöhle eröffnet. Leider wurde sie immer mehr zerstört, sodass seit 1972 ein Gitter den Zugang versperrt. Dies soll vor allem dem Schutz der hiesigen **Fledermauspopulationen** dienen. Auf dem Vorplatz der Grotte stehen Sitzgelegenheiten bereit – ein willkommenes schattiges Plätzchen bei sonnigem Wetter.

Wenige Meter unterhalb der Höhle befindet sich das **Kahlenloch,** mit

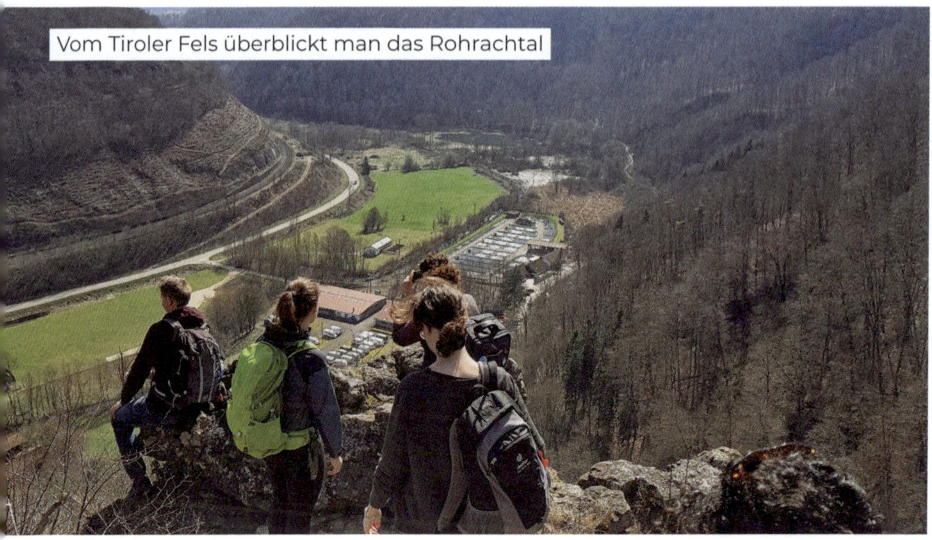

Vom Tiroler Fels überblickt man das Rohrachtal

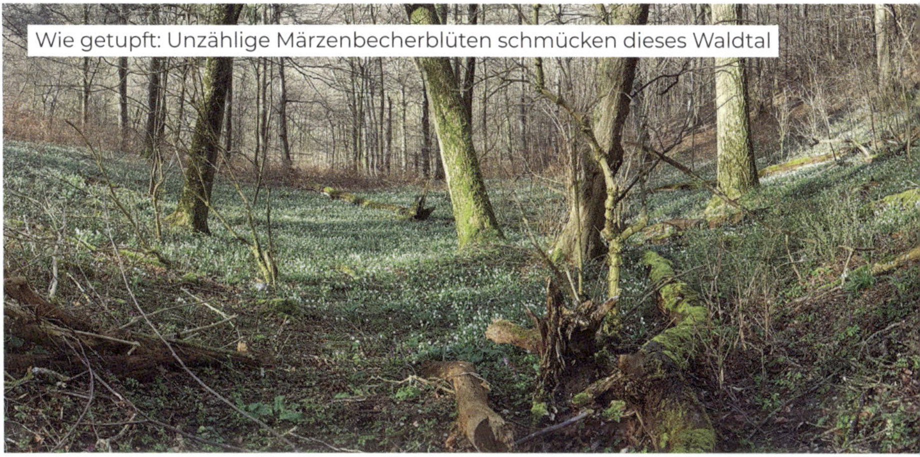

Wie getupft: Unzählige Märzenbecherblüten schmücken dieses Waldtal

17 m Länge eine wesentlich kleinere Grotte, die sogar begehbar ist.

Der 25 m hohe **Kahlenstein** ist Anziehungspunkt für **Kletterer**, die man mit ein wenig Glück bei ihrem Hobby beobachten kann.

ZARTE BLÜTENTEPPICHE IN WEISS

Weiter geht es in südwestliche Richtung. Auf dem Weg zum ca. 2 km entfernten Aussichtspunkt Burgstall befinden wir uns nun inmitten des Gebietes der **Märzenbecherblüte.** Die hübschen Blüten lassen sich alljährlich im Frühjahr links und rechts des Weges bewundern und bilden an einigen Stellen ganze Blütenteppiche. Der Märzenbecher ist manchen auch als **Frühlings-Knotenblume, Großes Schneeglöckchen** oder **Märzglöckchen** bekannt und besitzt weiße, glockenförmige Blüten mit gelben Tupfen am Ende. Es handelt sich um

Extra-Tipp

Geheimnisvolle Höhlengänge

Einem alten Bericht nach soll die **Kahlensteinhöhle** durch einen Gang mit dem **Silberstollen am Geiselstein** verbunden sein. Zwar konnten im Laufe der Jahre einige neue Gänge entdeckt und freigeräumt werden, der direkte Durchmarsch von der Kahlensteinhöhle zum Geiselstein lässt allerdings noch auf sich warten. Aktuell sind ca. 150 m der Höhlengänge bekannt.
In der Höhle wurden u. a. Kupfermünzen aus der Epoche der Römer und Werkzeug aus Hirschgeweih aus der **Jungsteinzeit** (ca. 3000 v. Chr.) gefunden. Auch Knochen zahlreicher Tiere – von Bär und Wolf bis zu Siebenschläfer und Fledermaus – wurden in der Höhle entdeckt. Bis heute sind verschiedene **Fledermausarten** in der Höhle heimisch, etwa das Große Mausohr und die Fransenfledermaus.
Infos: www.kahlenstein.de

eine gesellige Pflanze, die sich gerne in Auen- und Schluchtwäldern ansiedelt. Und genau diese Idealbedingungen findet der Märzenbecher hier, in der Gemeinde Bad Überkingen, vor. Übrigens: Der Märzenbecher ist eine **Giftpflanze** und sollte daher nicht in Kinderhände gelangen.

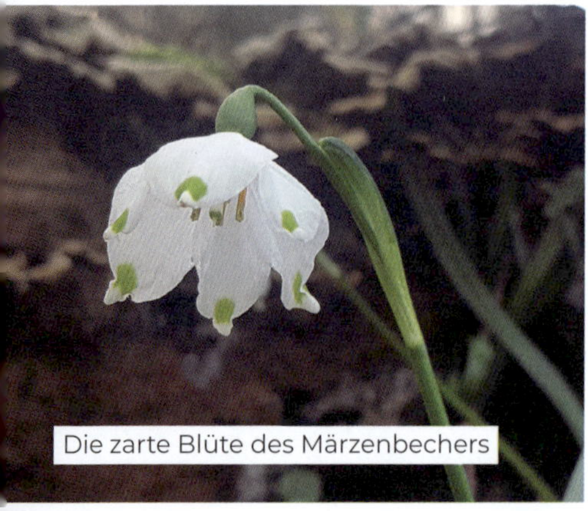

Die zarte Blüte des Märzenbechers

Selbstverständlich lohnt sich eine Wanderung auf der Route ganzjährig und mit dem Aussichtspunkt Burgstall erreichen wir bald ein weiteres Highlight.

FANTASTISCHE AUSSICHT VOM BURGSTALL

Bevor wir den Burgstall erreichen, wundert sich der eine oder andere vielleicht über die **hölzerne Startrampe** am Hang. Das Gelände bietet nämlich beste Voraussetzungen für das Thermikfliegen. Vor allem am Nachmittag gleitet hier so mancher „Herr der Lüfte" mit seinem **Lenkdrachen** über das Tal und genießt die Aussicht.

Am Burgstall treffen wir auf über 800 Jahre alte **Mauerreste** als Zeugen

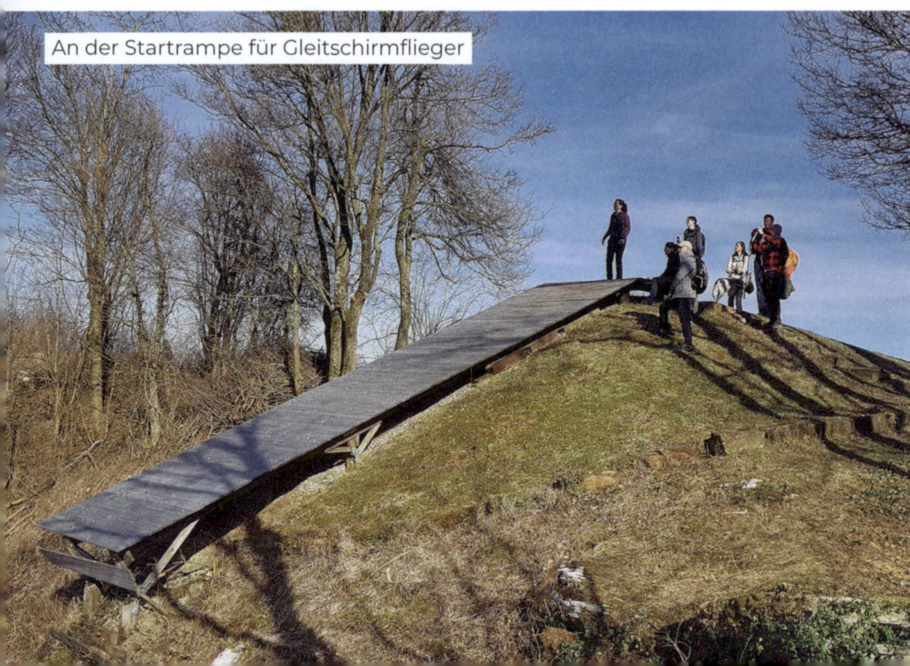

An der Startrampe für Gleitschirmflieger

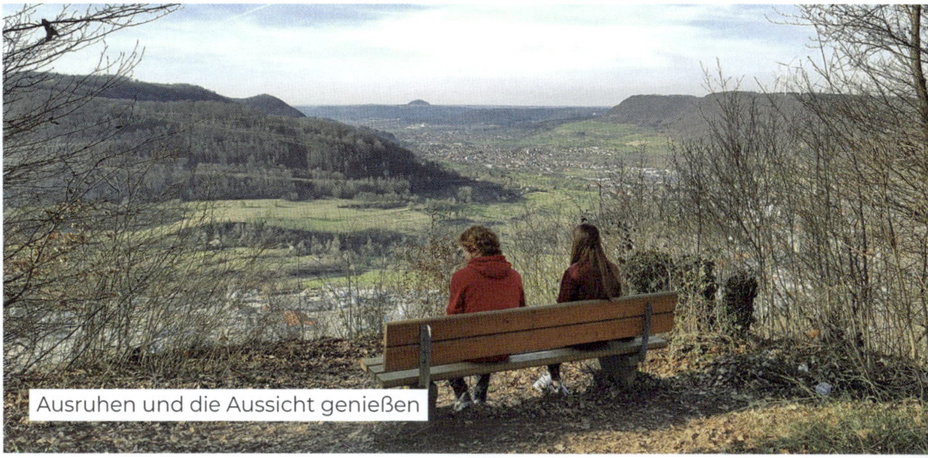

Ausruhen und die Aussicht genießen

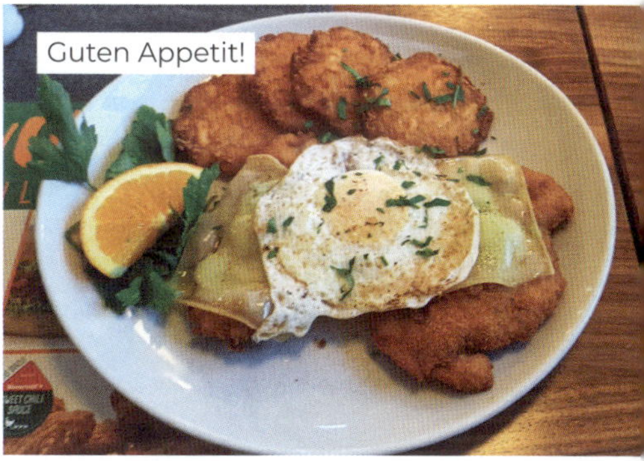

Guten Appetit!

der Vergangenheit. Tatsächlich befand sich an Ort und Stelle vor einigen Jahrhunderten eine Burganlage. Von der einst 28 mal 33 m großen Burg sind noch bis zu 70 cm hohe Wallreste erhalten.

Vom Burgstall bietet sich eine **einmalige Aussicht:** Vor uns überblicken wir das Fils- und das Autal, mittig erhebt sich der 711 m hohe Weigoldsberg und rechts erstreckt sich das **Naturschutzgebiet Hausener Wand. Sonnenuntergänge** lassen sich von hier hervorragend beobachten – gut, dass die aufgestellten **Sitzbänke und Wellnessliegen** auch zum längeren Verweilen einladen.

DIE OBLIGATORISCHE EINKEHR ZUM SCHLUSS

Nach dem Burgstall nähern wir uns dem Ende des Rundwanderweges. Wir wandern die letzten Meter an der **St.-Vitus-Kirche** vorbei zum Ausgangspunkt der Wanderung, **Hörners Landgasthof** (Geislinger Str. 26, https://hoerners-landgasthof.de, Restaurant Mo./Di. 17.30–22, Fr./Sa. 11.30–14 und 17.30–22, So. 11–14 und 17–20.30 Uhr). Das Lokal eignet sich perfekt für eine Einkehr, im Sommer lädt der **Biergarten** zu einer willkommenen Erfrischung ein. Originell: Besitzer von Wohnmobilen, Vans oder Campern finden hier nicht nur einen Stellplatz und Strom, sie dürfen sich auch im Rahmen eines Wohnmobil-Dinners bewirten lassen.

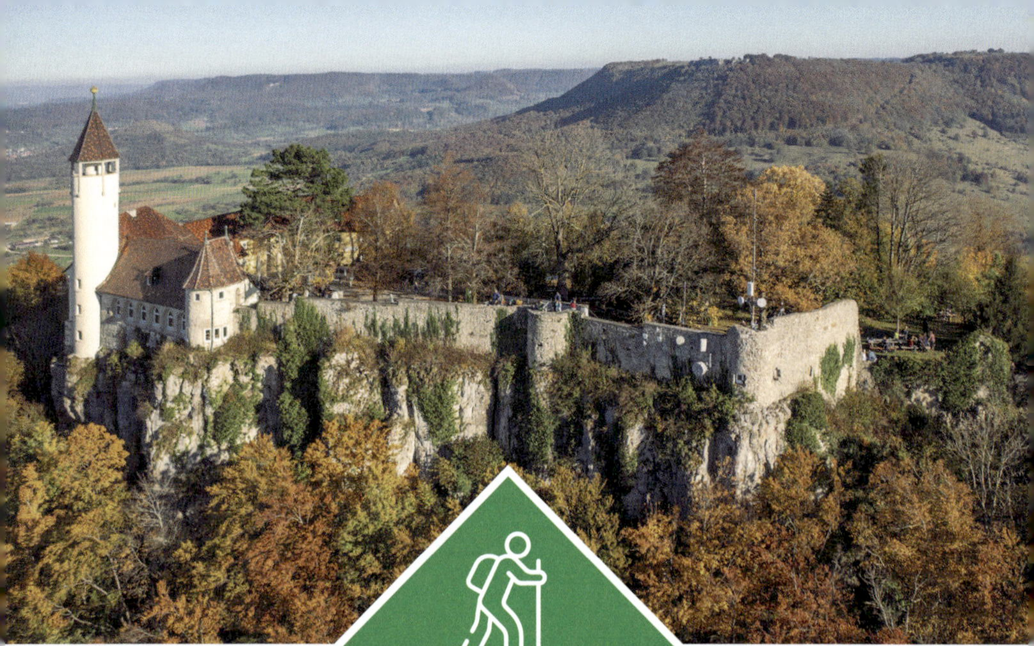

10

ÜBERNACHTUNGSABENTEUER AUF DER BURG TECK

Dauer
4½ Std.

Entfernung
13 km | 580 HM

Weitere Infos:
www.schwaebischealb.de, https://hochgehberge.de

Auf den Spuren der Ritter: Die abwechslungsreiche Rundtour auf dem #PREMIUM-WANDERWEG HOCHGEHADELT führt uns über die Burgruine Rauber zum spektakulären Aussichtspunkt #BREITENSTEIN. Von dort wandern wir durch das pittoreske Bissinger Tal hinauf zur geschichtsträchtigen #BURG TECK und übernachten dort. Frühaufsteher begrüßen die Morgensonne am #HÖRNLE.

Für wen ist die Tour geeignet?

Diese Wanderung im Biosphärengebiet Schwäbische Alb lockt mit einer Burg, einer Burgruine und der Gelegenheit, einen Sonnenaufgang zu erleben. Durch den abwechslungsreichen Verlauf kommt auch bei **Kindern** keine Langeweile auf. Eine gute **Grundkondition** ist angesichts zahlreicher Steigungen vorteilhaft. Zugleich finden sich entlang der Route reichlich Sitzbänke und Grillplätze – für **Gelegenheitswanderer** gibt es also genügend Rastmöglichkeiten. Die Übernachtung im Wanderheim der Burg Teck ist vor allem für **Familien** ein ungewöhnliches und vergleichsweise preiswertes Vergnügen.

Eckdaten

Charakteristik: vielfältige, anspruchsvolle Tour vorwiegend auf Waldwegen mit vielen Anstiegen, bei der ein gewisses Fitnesslevel von Vorteil ist. Wer mit Kindern wandert, sollte genügend Pausen einplanen. Festes Schuhwerk ist ratsam, da der Weg über verwurzelte und gelegentlich felsige Böden verläuft. Die Übernachtung auf der Burg Teck ist optional.

Stärkung zwischendurch: Öffentliche Grillplätze gibt es am Sattelbogen, an der Ruine Rauber, am Breitenstein und am Aussichtspunkt Hörnle (Grillgut mitnehmen). Einkehrmöglichkeiten bestehen auf der Burg Teck und im Landgasthof Krone in Ochsenwang.

Anreise

Da es sich um einen Rundwanderweg handelt, sind verschiedene Startpunkte wählbar. Unsere Empfehlung (ideal bei Übernachtung): von Stuttgart Hbf. mit der **S-Bahn-Linie 1** bis nach **Kirchheim/Teck.** Hier nimmt man entweder die **Buslinie 177** oder die Regionalbahn **RB 64** in Fahrtrichtung Lenningen. Der Ausstieg ist jeweils in **Owen (Teck).**

Die **Abreise** am nächsten Tag erfolgt z. B. mit den **Buslinien 173/176**

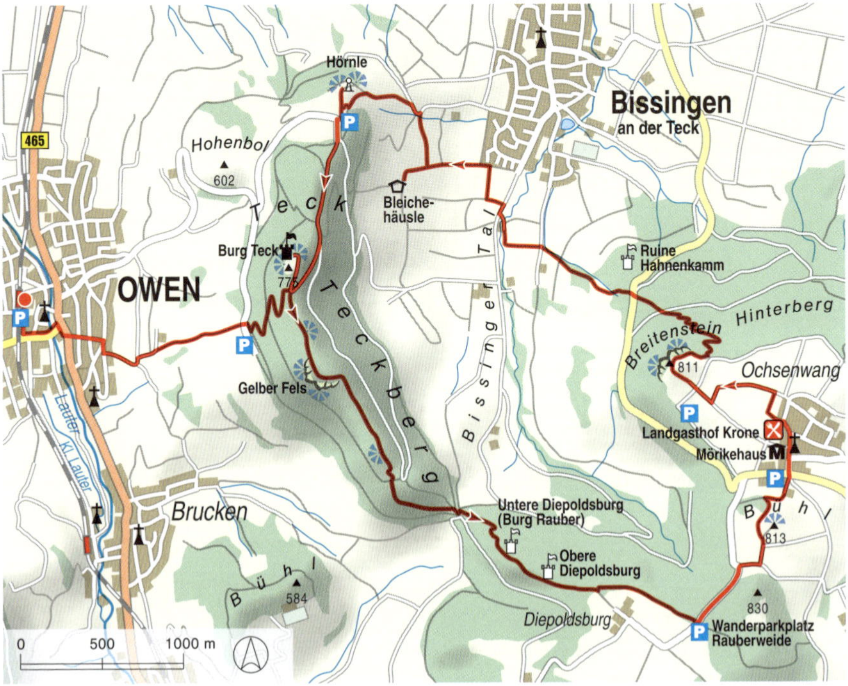

ab der Haltestelle „See/Bissingen an der Teck" zum Bhf. Kirchheim/Teck. Von hier fährt die S-Bahn-Linie 1 wieder zurück nach Stuttgart.

An der **Burg Teck** gibt es **keinen Parkplatz.** Autofahrer können die Wanderparkplätze Hörnle, Rauberweide, Breitenstein (nur wenige Plätze) oder Bissinger See nutzen.

VON OWEN DURCH WALD UND FLUR

Wir starten im kleinen Ort **Owen.** Wie man das wohl ausspricht? Eine kleine Eselsbrücke, um als Ortskundiger zu gelten: „Owen sagen die Doofen. Auen sagen die Schlauen", heißt es hier augenzwinkernd.

Zunächst marschieren wir in östliche Richtung hinauf in **Richtung Burg Teck.** Dank zahlreicher **Wegweiser** und ihrer markanten Lage ist die Burg nicht zu übersehen. Wir folgen für gut 2 km dem Routenverlauf des **HW 1,** wie der **Fernwanderweg Albsteig** auch genannt wird. Auf von Wald gesäumten Zickzack-Wegen legen wir einige Höhenmeter zurück und erreichen schließlich eine asphaltierte Straße. Hier betreten wir nun erstmals den **Premium-Wanderweg „hochgehadelt",** dem wir auf gut 13 km Strecke folgen.

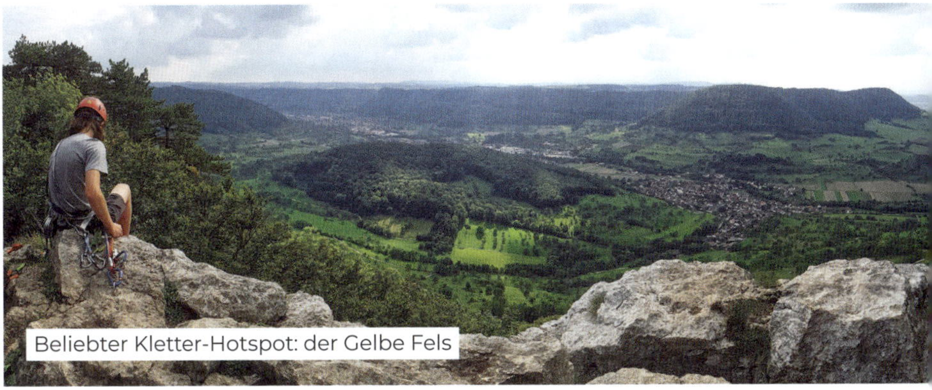

Beliebter Kletter-Hotspot: der Gelbe Fels

Nach dem Aufstieg oben angekommen, orientieren wir uns in südliche Richtung und lassen die Burg Teck erst einmal außen vor. Zum Ende der Tour, wenn die Burgübernachtung ansteht, wird die Gipfelburg noch einmal näher vorgestellt. Auf den nächsten rund 4,2 km wandern wir auf angenehm zu gehenden **Waldwegen** in südöstliche Richtung.

AUSSICHTSBERG GELBER FELS UND GRILLMÖGLICHKEIT

Gut 1,5 km nach dem Start erreichen wir mit dem **Gelben Fels** den ersten reizvollen Aussichtspunkt dieser Wanderung – ausgiebig genießen wir den **Panoramablick** über das **Lenninger Tal.** Der am nördlichen Albrand gelegene Felsen hat aufgrund seines geringen Eisenanteils tatsächlich eine leicht gelbliche Farbe und ist auch vom Tal aus gut erkennbar. Er ist außerdem beliebt bei **Kletterern,** die man hier mit etwas Glück bei ihrer kraftvollen Tätigkeit beobachten kann.

Vom Felsen aus wandern wir ca. 1,5 km weiter zum **Grillplatz am Sattelbogen.** Es ist der erste von insgesamt vier Grillstandorten auf der Strecke. Vom Sattelbogen geht es auf den folgenden 600 m Wegstrecke rund 80 Höhenmeter steil bergauf.

Extra-Info

Was ist eigentlich ein Premium-Wanderweg?

Premium-Wanderwege sind besonders erlebnisreiche Wanderrouten, die vom **Deutschen Wanderinstitut** regelmäßig auf Herz und Nieren überprüft werden. Sie zeichnen sich durch gute Wegmarkierungen, eine abwechslungsreiche Routenführung, naturnahe Wege mit möglichst geringem Asphaltanteil und gepflegte Rastmöglichkeiten aus. Wer sich fragt, was es mit dem eigentümlichen Begriff **„hochgehadelt"** auf sich hat: Dieser Wanderweg ist eine empfohlene Route der **Wanderregion „hochgehberge"** (https://hochgehberge.de), eines Zusammenschlusses mehrerer Kommunen der Schwäbischen Alb.

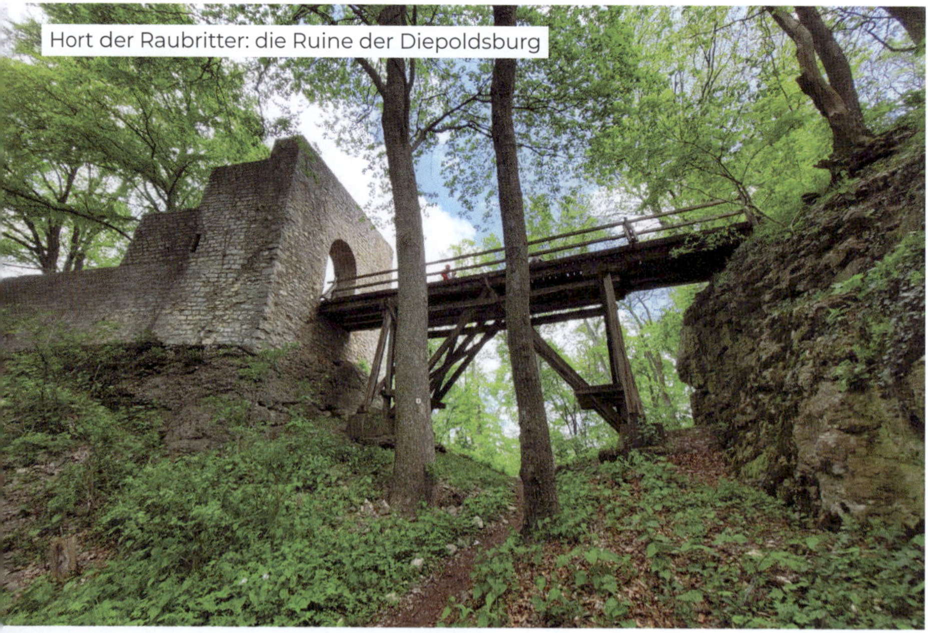
Hort der Raubritter: die Ruine der Diepoldsburg

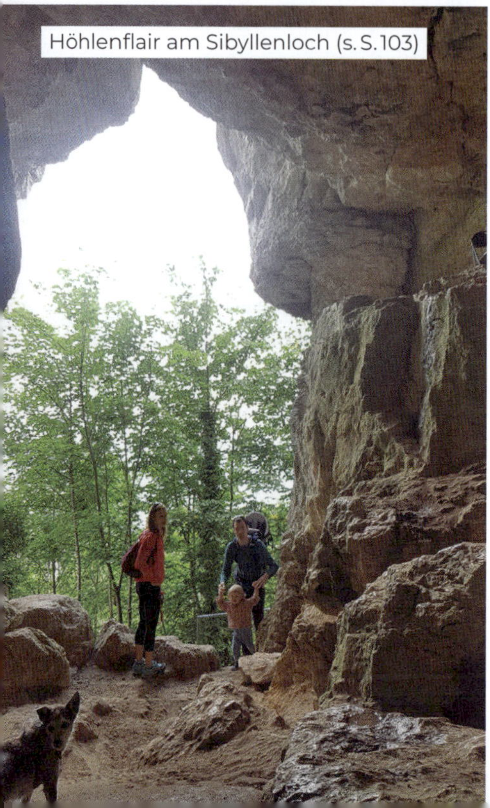
Höhlenflair am Sibyllenloch (s. S. 103)

DIEPOLDSBURG: AUF DEN SPUREN VON RAUBRITTERN

Oben angekommen, überrascht die Diepoldsburg zunächst mit ihrer Größe. Über eine **Holzbrücke** und ein Tor betreten wir die Ruine. Es handelt sich um eine auf das 13. Jh. zurückgehende **Doppelburg,** bestehend aus der oberen und der unteren Diepoldsburg. Die untere Burg wird auch **Burg Rauber** genannt. Wie der Name schon andeutet, diente sie vor vielen Jahrhunderten als Raubritterburg. Noch heute lassen sich die gut erhaltenen Ruinenmauern bestaunen. Nur einige Meter entfernt befindet sich eine weitere **Grillstelle** – der perfekte Platz für eine kleine Snack- und Trinkpause.

Frisch gestärkt folgen wir dem Routenverlauf für weitere 1,2 km bis zum **Wanderparkplatz Rauberweide.** Hier halten wir uns links, folgen dem Straßenverlauf für 400 m und biegen dann rechts ab. Wir wandern von nun an stets in nordöstliche Richtung. Am 813 m hohen **Aussichtspunkt Bühl** lassen wir den Blick in die Ferne schweifen.

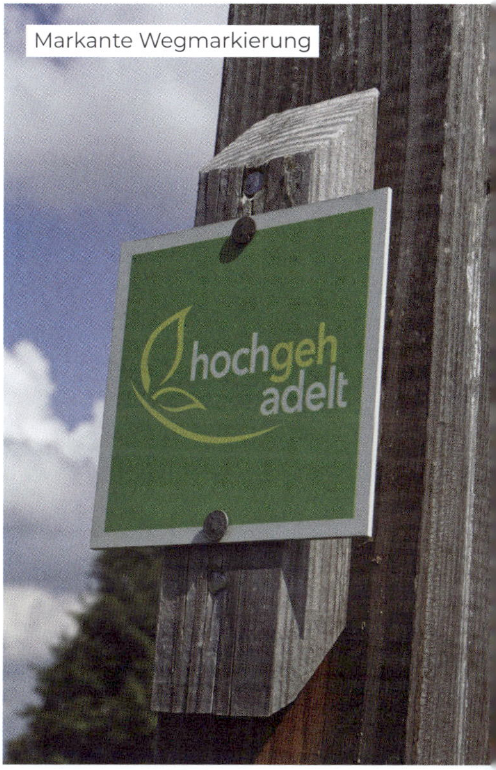

Markante Wegmarkierung

OCHSENWANG: GELEGENHEIT FÜR EINE KULINARISCHE PAUSE

Über den Bühlweg erreichen wir den kleinen Ort **Ochsenwang.** Das nun folgende, kurze Teilstück von Ochsenwang zum Breitenstein ist auch Teil unserer **Romantischen Sonnenuntergangstour zum Breitenstein** (s. S. 104).

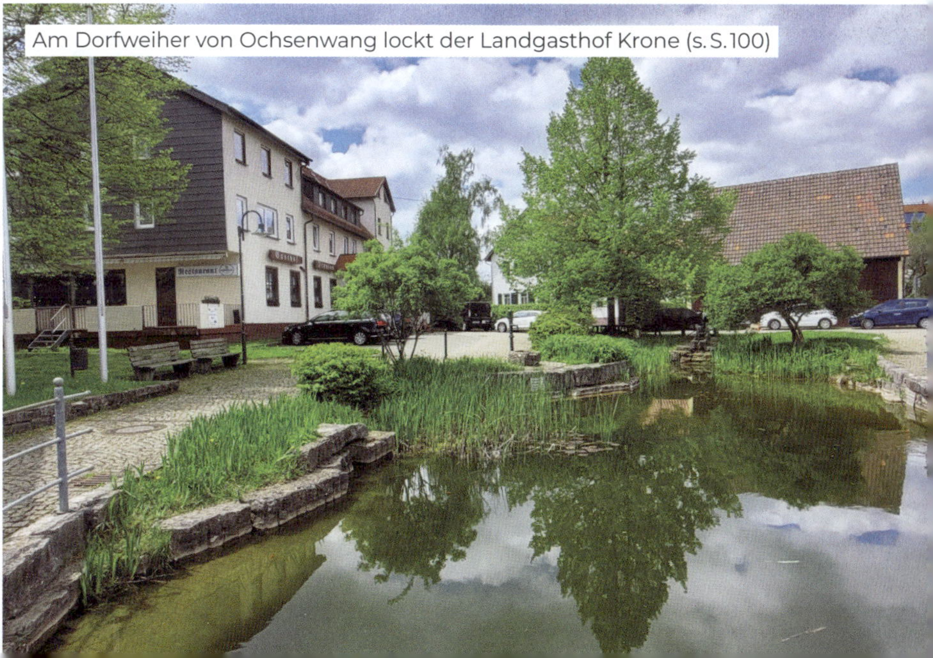
Am Dorfweiher von Ochsenwang lockt der Landgasthof Krone (s. S. 100)

Falls jemandem der Magen knurrt: In Ochsenwang ist der **Landgasthof Krone** (www.krone-ochsenwang.de, Mo. 11.30–14 und 17–19, Mi.–So. 11.30–19 Uhr, Di. Ruhetag) die einzige Einkehrmöglichkeit auf dem weiteren Weg bis zur Burg Teck. Gegenüber bietet das **Mörikehaus** Einblick in das Leben des berühmten Lyrikers **Eduard Mörike,** der im 19. Jh. in Ochsenwang ein Jahr lang als Pfarrverweser gelebt hat. Offiziell geöffnet ist das Haus lediglich am ersten Sonntag im Monat von 11.30 bis 17 Uhr, nach vorheriger Anmeldung öffnet es aber auch zu anderen Zeiten seine Pforten (www.moerikehaus-ochsenwang.de, Tel. 07023 2304 oder 6230, Eintritt: Erw. 2,50 €, Kinder 2 €).

HOTSPOT BREITENSTEIN: EIN ELDORADO FÜR FOTOGRAFEN

An Wochenenden und Feiertagen benötigt man eigentlich keine Beschreibung für den weiteren Weg zum nordwestlich gelegenen **Breitenstein** in 811 m Höhe. Es genügt, einfach den zahlreichen Wanderern zu folgen, ist das Felsplateau doch einer der Hotspots der Schwäbischen Alb.

Der Aussichtspunkt zeigt sich äußerst fotogen. Hier trifft man auf zahllose Fotografen, die die einzigartige Atmosphäre am Rande des **steilen Felsenplateaus** festhalten möchten. Der **Ausblick** über das **Bissinger Tal** ist fantastisch und die Fernsicht in nördliche Richtung scheint nicht en-

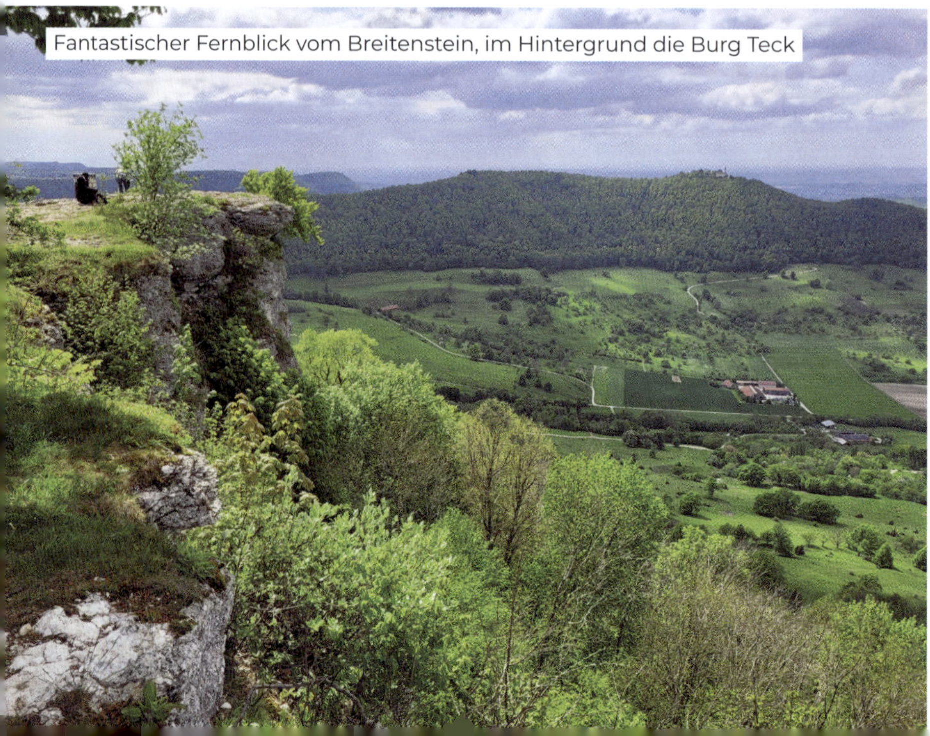
Fantastischer Fernblick vom Breitenstein, im Hintergrund die Burg Teck

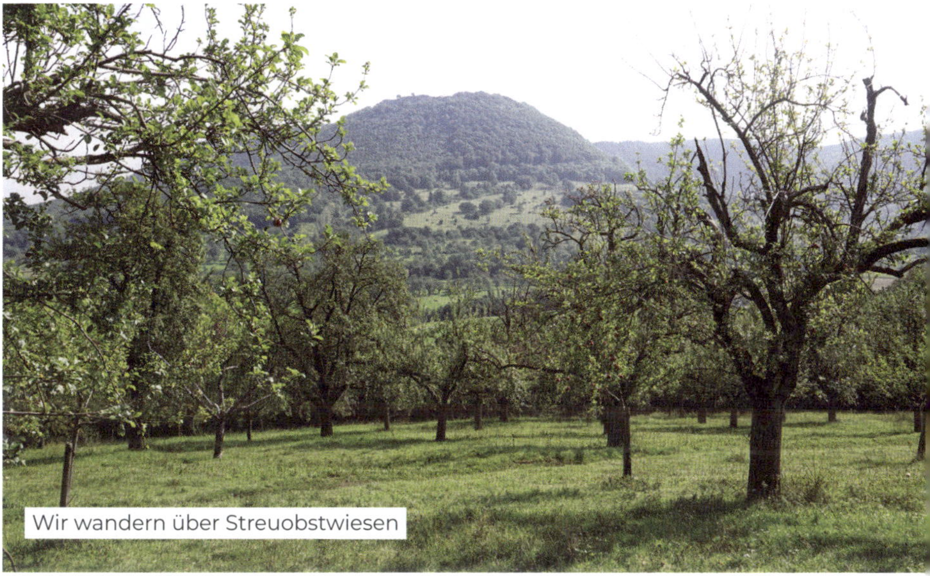

Wir wandern über Streuobstwiesen

den zu wollen. Bestens zu erkennen ist die **Burg Teck** auf dem Nachbarberg, unser nächtliches Refugium für heute – sie thront wie ein Relikt aus Rittertagen auf den schroffen Felsen. Einziger Nachteil: Wir haben noch fast 6 km Wegstrecke vor uns.

ERST ABSTIEG, DANN AUFSTIEG ZUR BURG

Auf fast 3 km geht es nun in nordwestliche Richtung den Hang steil bergab, anfangs über **Serpentinen.** Danach führt der Weg durch weitläufige **Streuobstwiesen** weiter zum **Bleichehäusle.** Das winzige Haus diente früher Grundstücksbesitzern und Feldschützen als Unterstand bei schlechtem Wetter. Am Bleichehäusle beginnt nun der letzte Aufstieg bis zum Ziel, der Burg Teck.

Extra-Tipp

Burgruine mit bewegter Geschichte

Die **Burg Teck** hat eine ereignisreiche Geschichte hinter sich. Die ältesten Aufzeichnungen stammen aus dem Jahr 1152. Hier findet die Burg in einem Vertrag zwischen **Kaiser Friedrich Barbarossa** und dem **Herzog von Zähringen** Erwähnung. Zu Beginn des 14. Jh. wurde die eine Hälfte der Festung aus finanziellen Gründen veräußert: So gehörte sie einerseits den Habsburgern, andererseits dem Haus Württemberg. Im 16. Jh. brannte die Burg im Zuge des **Bauernkriegs** vollständig aus und wurde zur Ruine. Ende des 19. Jh. wurde ein **Aussichtsturm** samt Schutzhütte erbaut. Der Schwäbische Albverein begann in den 1940er-Jahren damit, das Wanderheim mit Gaststätte und Schlafräumen zu errichten.

Einen guten Kilometer wandern wir nun bergauf bis zum **Aussichtspunkt Hörnle** auf gut 600 m Höhe, einem der schönsten Sonnenaufgangsorte der Alb. Der Blick richtet sich auf die **Drei Kaiserberge** namens Hohenstaufen, Stuifen und Rechberg, die aus der Ferne einen majestätischen Eindruck vermitteln. Für uns geht die Sonne aber jetzt nicht auf, sie geht – je nach Zeitpunkt der Wanderung – vermutlich langsam unter. Deswegen lassen wir den Grillplatz mitsamt Wanderparkplatz am Hörnle links liegen und legen nun die letzten Meter bis zur Burg in südliche Richtung zurück.

ABENTEUER PUR: NACHTQUARTIER AUF DER BURG TECK

Die Burg Teck am **Albtrauf** bei Bissingen ist eine gut erhaltene Höhenburg, die heute u. a. ein **Restaurant** und ein **Wanderheim** birgt. Der **Biergarten** ist im Sommer bestens besucht. Im Winter laden die Kirchheimer und die Teckstube zur Einkehr ein. Die Betreiber lassen sich immer wieder originelle Veranstaltungen einfallen: So wird etwa zum „Schmausen wie im Mittelalter" oder zur „Teckburger Tafeley" eingeladen.

Etwas bescheidener kommt die Beherbergung im **Wanderheim** der Burg daher. Bis zu 50 Personen kann das Wanderheim aufnehmen und verköstigen. Zu preisgünstigen Konditionen trägt das abenteuerliche Burgambiente dazu bei, dass Kinder wie Erwachsene ein **außergewöhnliches Übernachtungserlebnis** erfahren können (Teckstr. 100, www.burg-teck-alb.de, Öffnungszeiten Restaurant variieren ganzjährig, Mo./Di. geschlossen, Übernachtungen Mi.–Sa., DZ bis 6-Bett-Zimmer, ab 40 €/ Nacht inkl. Frühstück, Mitglieder des Schwäbischen Albvereins ab

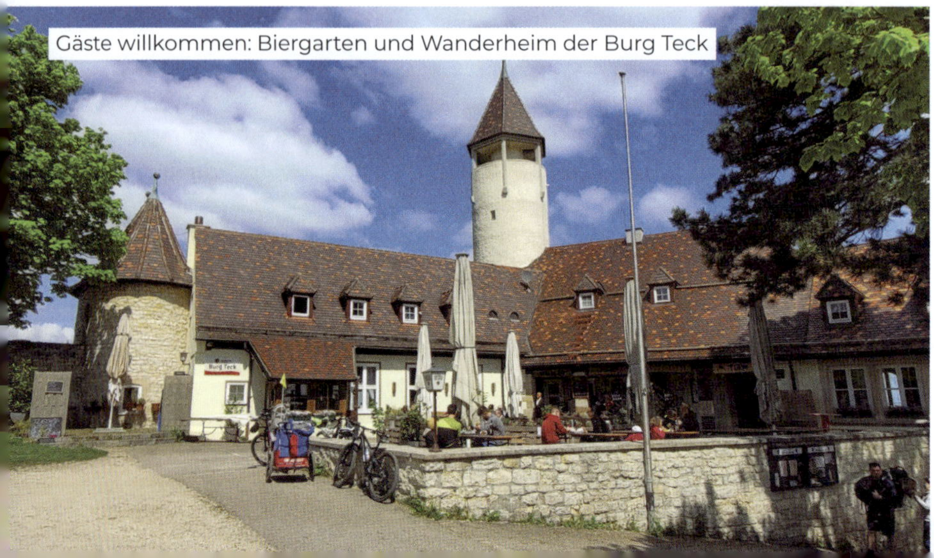

Gäste willkommen: Biergarten und Wanderheim der Burg Teck

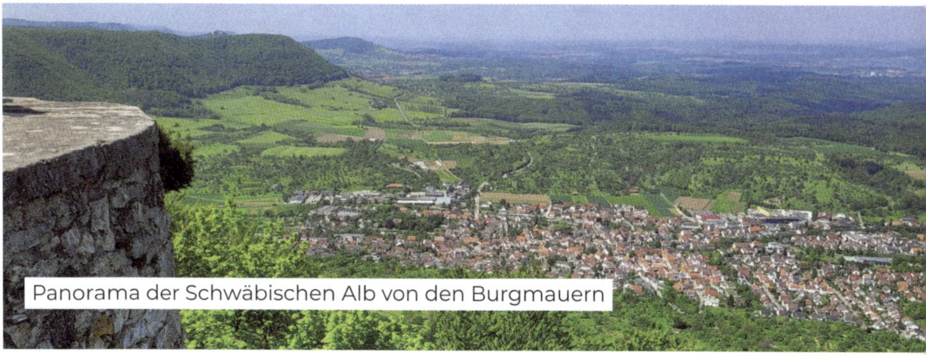

Panorama der Schwäbischen Alb von den Burgmauern

35 €/Nacht, Kinder 4–12 Jahre ab 31 €/Nacht). Das **Frühstück** wird von 8 bis 10 Uhr serviert.

Der **Ausblick** von der in 773 m Höhe thronenden Burg ist fantastisch – besonders vom Aussichtsturm aus. Sie reicht über die Streuobstwiesen des Biosphärengebiets auf die Schwäbische Alb. Bei guten Wetterverhältnissen ist u. a. die Burg Hohen Neuffen zu sehen.

TIPP FÜR FRÜHAUFSTEHER: DEN SONNENAUFGANG AM HÖRNLE ERLEBEN

Wer sich schon früh am Morgen, also noch vor dem Frühstück, aus seinem Schlafgemach wagt, hat vielleicht Gelegenheit, einige Meter unterhalb der Burg vom **Aussichtspunkt Hörnle** den **Sonnenaufgang** zu bewundern – natürlich nur, wenn das Wetter mitspielt! Von der Burg Teck aus sind es ca. 1,2 km bis zum Hörnle mit einem recht steilen Abstieg von rund 150 Höhenmetern – aber er lohnt sich auf jeden Fall!

Extra-Tipp

Sibylle und ihr Feuerwagen

Das **Sibyllenloch** im Teckberg, unterhalb der Burg Teck, ist eine kleine Höhle, die sich besichtigen lässt und der oft nur wenig Aufmerksamkeit geschenkt wird – zu Unrecht! Denn sie ist ein echtes Highlight, vor allem für Kinder. Mit einer **Taschenlampe** ausgerüstet, lässt sich das Sibyllenloch am besten erkunden. Um die Höhle rankt sich eine **Sage,** und zwar die **Geschichte der weisen Sibylle,** die angeblich hier hauste. Im Unterschied zur gutmütigen Sibylle waren ihre drei Söhne aus einem anderen Holz geschnitzt. Sie bauten sich die Burgen Rauber, Diepoldsburg und Wielandstein und plünderten von dort die Bauern und Kaufleute der Umgebung aus. Dafür schämte sich Sibylle so sehr, dass sie eines Abends „auf einem feurigen Wagen, von Wildkatzen gezogen, von ihrer Höhle aus durch die Lüfte“ verschwand. Ihr Verbleib ist bis heute ungeklärt. An jenen Stellen, an denen ihr Wagen am Boden Spuren hinterließ, soll das Korn noch heute üppiger wachsen als anderswo.

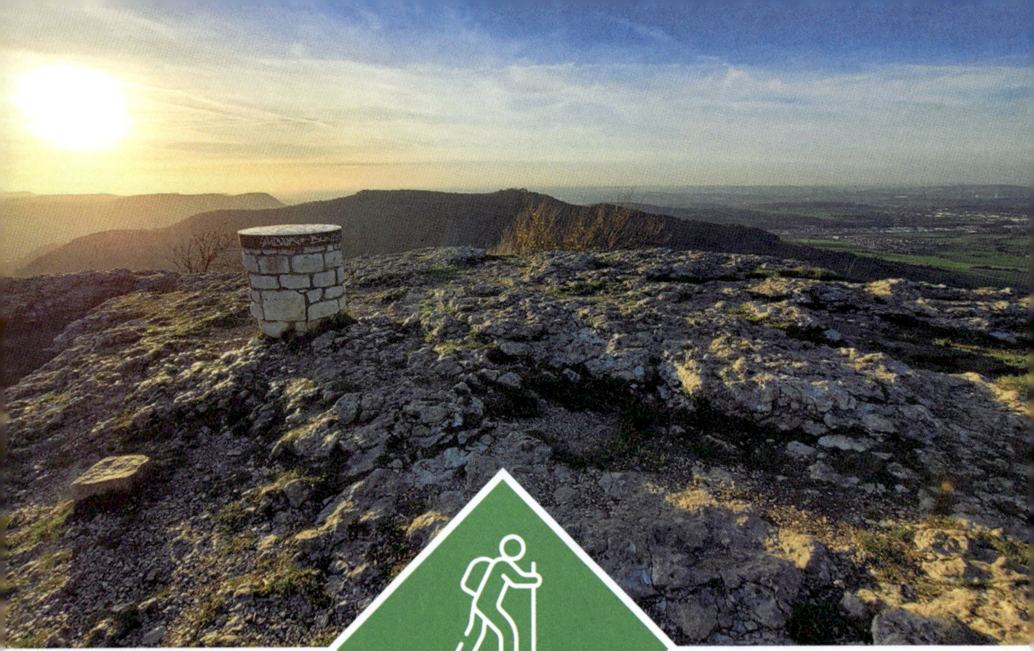

11

ROMANTISCHE SONNENUNTERGANGSTOUR ZUM BREITENSTEIN

Dauer
3 Std.

Entfernung
10 km | 155 HM

Weitere Infos:
www.biosphaerengebiet-alb.de

Tipp:
vorab den tagesaktuellen Zeitpunkt des Sonnenuntergangs checken

Eine Rundwanderung für Naturfreunde und Romantiker: Über einen Holzbohlenweg erkunden wir das #SCHOPFLOCHER MOOR, das einzige größere Hochmoor der Schwäbischen Alb. Danach geht es zum ehemaligen Vulkanschlot #RANDECKER MAAR. Als Höhepunkt lockt das Felsplateau des #BREITENSTEINS. Zum Sonnenuntergang erlebt man hier eine ganz besonders bezaubernde Atmosphäre. #PICKNICKDECKE und Sekt nicht vergessen!

Für wen ist die Tour geeignet?

Der einfache Rundwanderweg bietet sich als **Familienausflug** an und ist für **Natur-, Geologie- und Geschichtsinteressierte** informativ. Der Sonnenuntergang am Felsplateau Breitenstein gehört zu den spektakulärsten der Schwäbischen Alb. Perfekt für **Hobbyfotografen, Romantiker und Verliebte** – die ideale Kulisse für das nächste Date!

Eckdaten

Charakteristik: Rundwanderweg mit nur wenigen Steigungen, auch für Kinder gut machbar. Für Kinderwagen ist der Abstecher zum Mörikefels weniger geeignet. Möglich ist jedoch der direkte Weg zum Aussichtspunkt Auchtert. Von dort geht es problemlos auch mit dem Kinderwagen bis zum Aussichtspunkt Breitenstein.

Stärkung zwischendurch: Das Felsplateau des Breitensteins bietet sich für ein Picknick an (Proviant und Getränke mitnehmen!). Mit dem Gasthaus Rössle und der Gaststätte Krone gibt es gleich zwei Einkehrmöglichkeiten im Ausgangs- und Zielort Ochsenwang. Unterwegs kann man außerdem noch im Otto-Hoffmeister-Haus oder im Hof Ziegenhütte pausieren.

Anreise

Je nach Wochentag bieten sich ab Stuttgart Hbf. mehrere Anfahrtsmöglichkeiten an. Die kürzeste Verbindung führt mit der **S-Bahn-Linie 1** zum Bhf. Kirchheim/Teck. Dort nimmt man die **Buslinie 176** in Richtung Oberlenningen und steigt an der Station „Ochsenwang Rathaus“ aus.

Autofahrer können beispielsweise die **Wanderparkplätze** Ochsenwang, Breitenstein und am Otto-Hoffmeister-Haus nutzen. Bitte bedenken: Bei gutem Wetter im Sommer sind diese stark frequentiert!

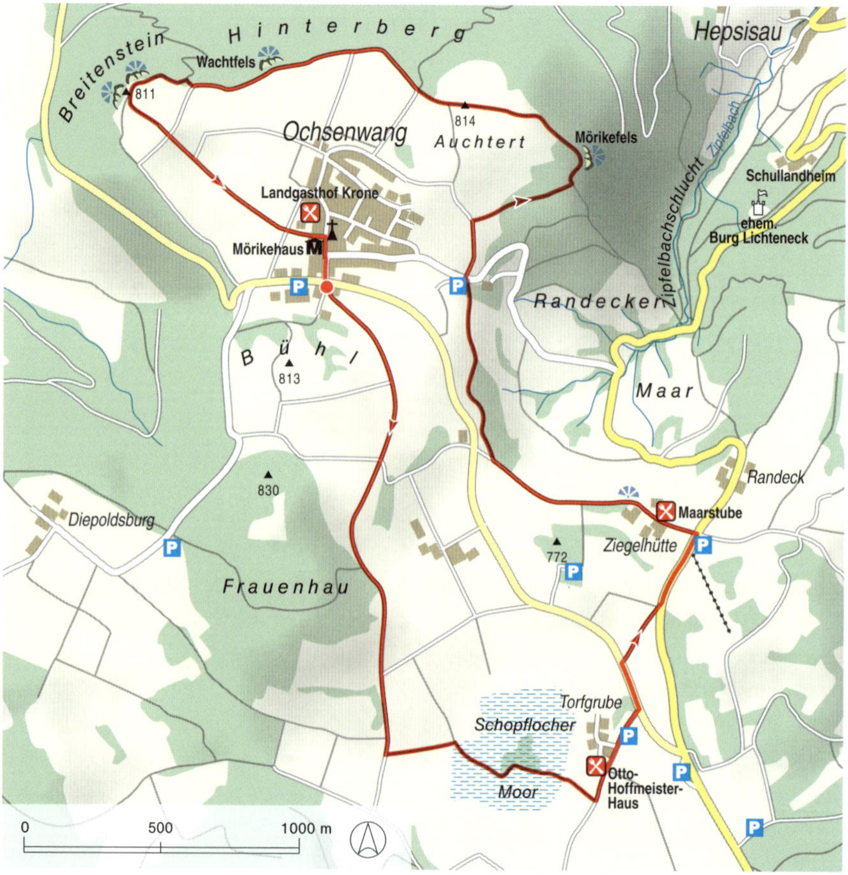

OCHSENWANG UND DIE DREI KAISERBERGE

Wir starten diese Wanderung im kleinen Örtchen **Ochsenwang.** Kaum aus dem Bus gestiegen, überqueren wir am Gasthaus Rössle die Straße und bewegen uns in südliche Richtung auf asphaltierten Wegen zum **Schopflocher Moor.**

Die Straße führt zunächst an einem kleinen **Waldstück** vorbei. Gegenüber erblicken wir in einigen Kilometern Entfernung die Gipfel der **Drei Kaiserberge: Hohenstaufen** (684 m), **Rechberg** (708 m) und **Stuifen** (757 m) bilden ein imposantes Trio. Sie erinnern übrigens an das Kaisergeschlecht der **Staufer** – daher der Name.

Vor uns ist nach ca. 2,5 km auch schon das Schopflocher Moor zu sehen. Wir folgen der Route nach links und wandern direkt auf das Feuchtgebiet zu.

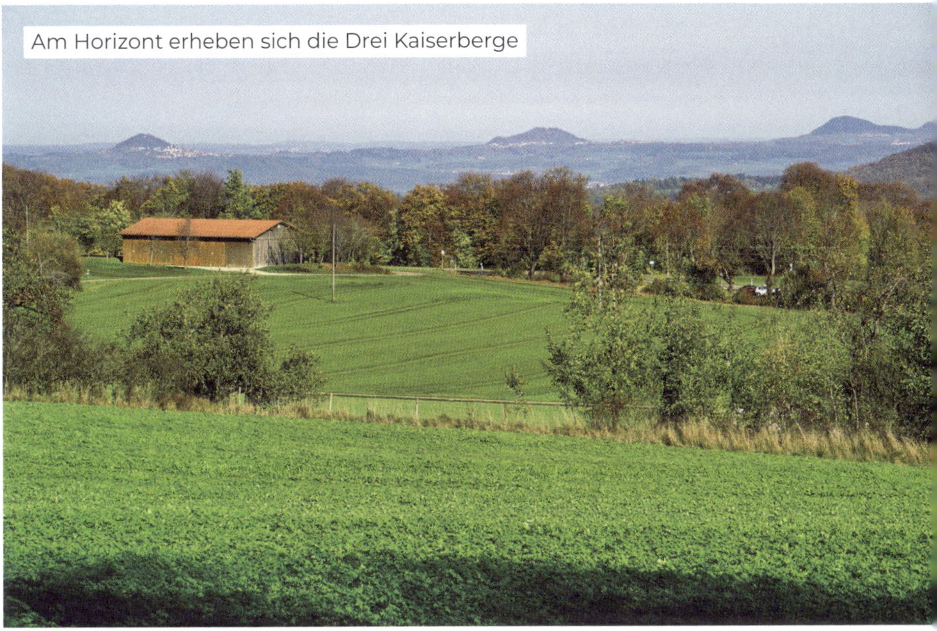

Am Horizont erheben sich die Drei Kaiserberge

AUF DEM BOHLENWEG DURCH DAS HOCHMOOR

Das **Schopflocher Moor** ist das einzige größere Hochmoor auf der Alb. Es entfaltet zu jeder Jahreszeit seinen ganz besonderen Charme. Das Feuchtgebiet und das sich in unmittelbarer Nähe befindliche **Randecker Maar** sind Teil des **Naturschutzzentrums Schopflocher Alb** (www.naturschutzzentrum-schopfloch.de/schopflocher-moor).

Hochmoore sind wirklich einzigartige Landschaften. Sie werden im Gegensatz zu Niedermooren ausschließlich durch **Regenwasser** feucht gehalten. Torfmoose saugen Feuchtigkeit wie ein Schwamm auf und können sehr viel Wasser speichern. Eine Belüftung der Bodenoberfläche wird verhindert, Pflanzenreste werden kaum zersetzt. So wächst die Torfschicht im Jahr um ca. 1 mm.

Der Maarsee, der sich einst auf diesem Gebiet befand, ist im Laufe der Jahre verlandet. So bildete sich **Torf,** der nach und nach abgebaut wurde. Das Moor wurde entwässert und war akut bedroht. 1931 wurde das Gebiet vom Schwäbischen Albverein aufgekauft, bevor es 1942 zum Naturschutzgebiet ernannt wurde. Seitdem dürfen sich hier für die Schwäbische Alb sehr untypische Arten weiterentwickeln. **Schützenswerte Pflanzen** wie Wiesenlabkraut, Wiesenschaumkraut oder Wiesenknöterich sprießen aus dem Boden. In tiefer liegenden, feuchten Senken gedeihen noch heute typische Moorpflanzen wie Torfmoos und Wollgras. Seit dem Jahr 2000 wird versucht, das Moor stärker zu vernässen. Neben Bergeidechsen fühlen sich hier Molche, Kröten und Frösche so wohl, dass sie das Schopflocher Moor als ihr ideales **Laichgebiet** auserkoren haben.

Ausgesprochen markant ist der **Holzbohlenweg,** der sich durch das Moor schlängelt - auch wenn er nur wenige Hundert Meter lang ist. **Infotafeln** liefern weiterführende Informationen zur Geschichte, Flora und Fauna des Feuchtgebiets.

Am Ende des Bohlenweges biegen wir links ab und wandern in nordöstliche Richtung zum **Otto-Hoffmeister-Haus.** Der angeschlossene große, gemütliche **Biergarten** ist vor allem im Sommer bei Radfahrern, Bikern und Wanderern beliebt. Neben gekühlten Getränken lädt der Landgasthof auch zu leckerer Schwäbische Küche ein (www.albengel-otto-hoffmeister-haus.de, Mo./Di. geschlossen, Mi.–So. 11.30–21 Uhr).

Nach gerade einmal 3 km Wegstrecke ist es manchem vielleicht noch zu früh für eine Einkehr. Also folgen wir dem Straßenverlauf und erreichen den **Wanderparkplatz Torfgrube.** Wenige Meter weiter biegen wir links ab und folgen der Straße ca. 100 m.

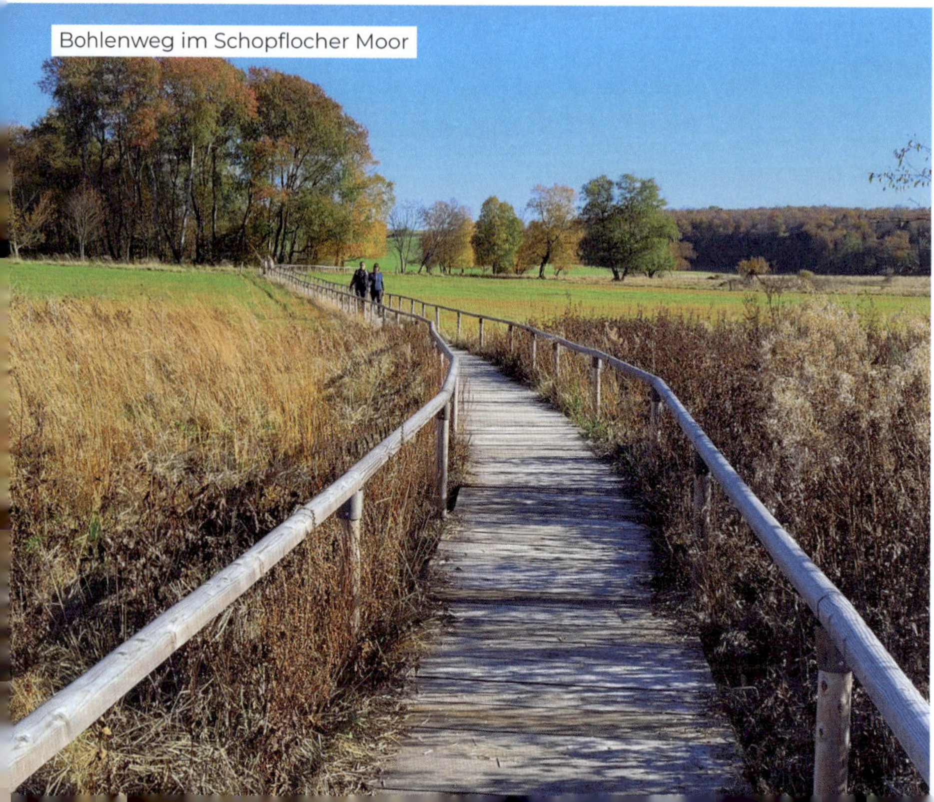

Bohlenweg im Schopflocher Moor

Dann überqueren wir diese und erreichen den nächsten **Wanderparkplatz** namens **Gänskragen.** Der Weg führt anschließend in nördliche Richtung leicht bergauf. Nach rund 500 m geht es linker Hand zum **Hof Ziegelhütte.** Die Ziegelhütte dient Jugendlichen als Schule und Werkstatt. Sie fungiert als landwirtschaftlicher Betrieb und besitzt mit der **Maarstube** eine kleine, aber feine Einkehrmöglichkeit. Hier werden hofeigene und von regionalen Herstellern produzierte Leckereien angeboten. Im **Hofladen** können Besucher Käse aus ökologischem Anbau erwerben (www.hof-ziegelhütte.de, variierende Öffnungszeiten).

AUF DEM ALBSTEIG ENTLANG DES RANDECKER MAARS

An dem Abzweig zur Ziegelhütte fallen erstmals die **gelben Wanderweg-Markierungen** auf. Denn hier stößt unsere Route auf den **HW1,** besser bekannt als **Albsteig.** Der wohl bekannteste **Fernwanderweg** der Schwäbischen Alb beginnt im bayerischen Donauwörth und endet im südlichen Teil Baden-Württembergs, in Tuttlingen. Wer diese abwechslungsreiche Mehrtageswanderung nach 16 Etappen hinter sich gebracht hat, hat stolze 358 km Wegstrecke zurückgelegt. Wir belassen es heute aber beim Weg

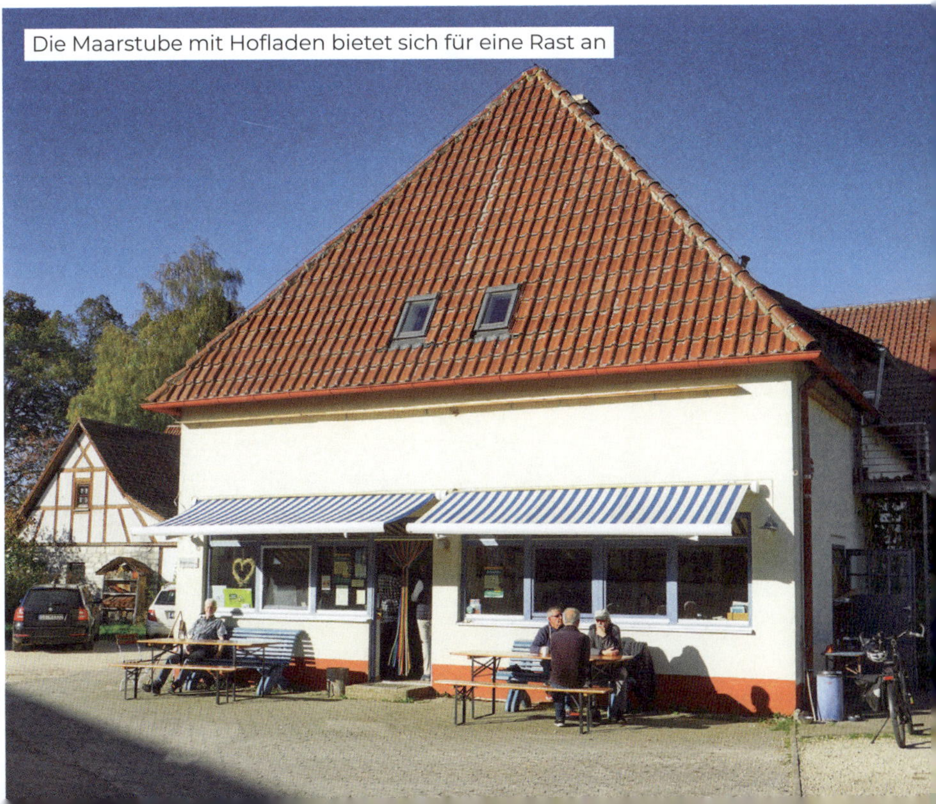

Die Maarstube mit Hofladen bietet sich für eine Rast an

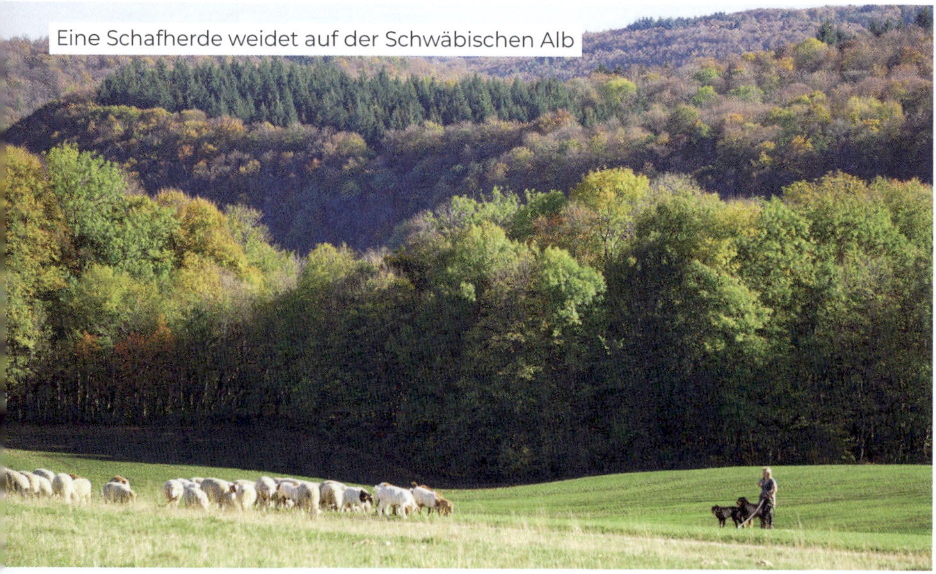
Eine Schafherde weidet auf der Schwäbischen Alb

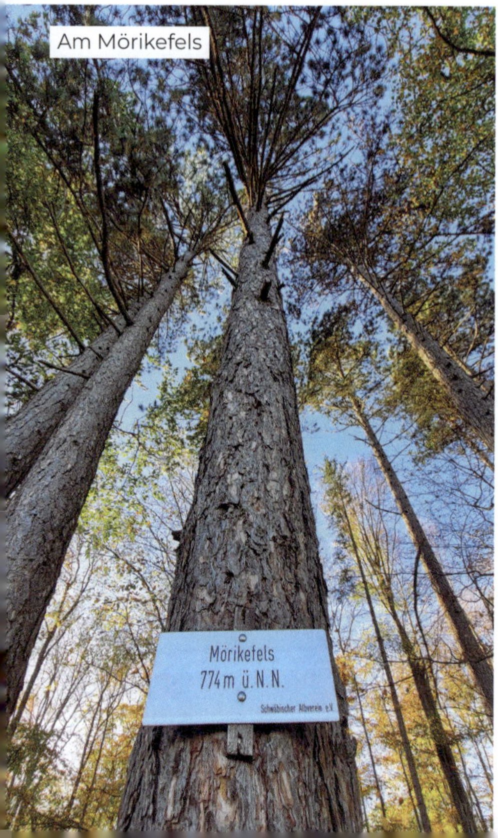

Am Mörikefels

zum Breitenstein und kommen so in den Genuss eines zwar sehr kurzen, dafür umso eindrucksvolleren Appetizers der beliebten Wanderroute.

Direkt hinter dem Hof Ziegelhütte können wir bereits einen Blick über das **Randecker Maar** werfen. Wir befinden uns hier in einem früheren **Schlot des Schwäbischen Vulkans.** Wilde Fels- und Gesteinsformationen sowie urtümliche Weidenbäume prägen den Krater am Albtrauf. Uralt ist er in der Tat, denn er wird auf ein Alter von gut 17 Mio. Jahren geschätzt. Das imposante Maar hat einen Durchmesser von ca. 1,2 km. **Zugvögeln** dient der talartige Einschnitt als bevorzugte Route auf ihrem Weg in den Süden. Im Oktober präsentiert sich das Randecker Maar deshalb als kleines **Ornithologen-Mekka.**

Zwar brodelt der ehemalige Vulkanschlot nicht mehr, aber in uns brodelt es langsam: Denn der Zeitpunkt des Sonnenuntergangs nähert sich und damit der Höhepunkt dieses tollen Rundwanderweges!

Wir folgen dem HW1 in nördliche Richtung für einen knappen Kilometer und überqueren die Straße. Es geht einige Meter bergauf, an der nächsten Abzweigung biegen wir rechts ab und passieren bald den Aussichtspunkt am **Mörikefels**. Mit dem **Auchtert** auf 814 m Höhe erreichen wir danach den **höchstgelegenen Punkt** dieser Tour. Wer den Weg über den Mörikefels nicht gehen möchte, wandert am Abzweig einfach geradeaus weiter

Extra-Tipp

Tatort Breitenstein

Eher unromantisch ging es an einem späten Sonntagabend im September 2019 auf dem Breitenstein zu. Die **Leiche eines männlichen Studenten** wurde gefunden. Bei den Ermittlungen kamen Vermutungen auf, dass es sich um einen Ritualmord handeln könnte. Gott sei Dank war der Fall schon nach rekordverdächtigen 88 Minuten gelöst: Der Student hatte sich im Zuge eines Rituals in Trance versetzt und selbst getötet. Die **Tatort-Kommissare Lannert und Bootz** wussten im 1104. Fall der ARD-Krimireihe zu glänzen. Und so hat der Breitenstein nun auch deutschlandweit an Bekanntheit gewonnen.

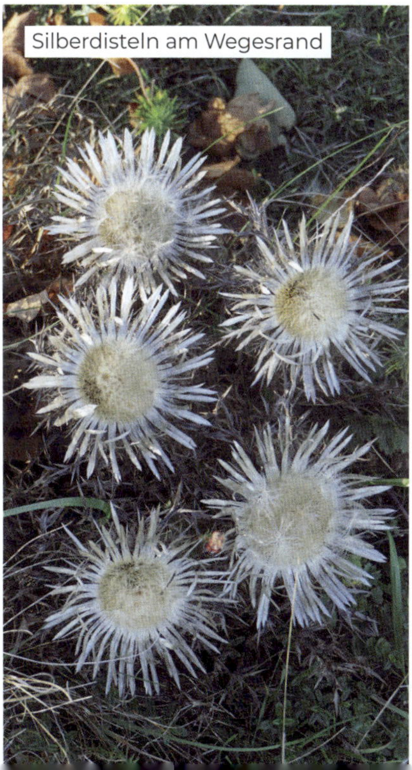
Silberdisteln am Wegesrand

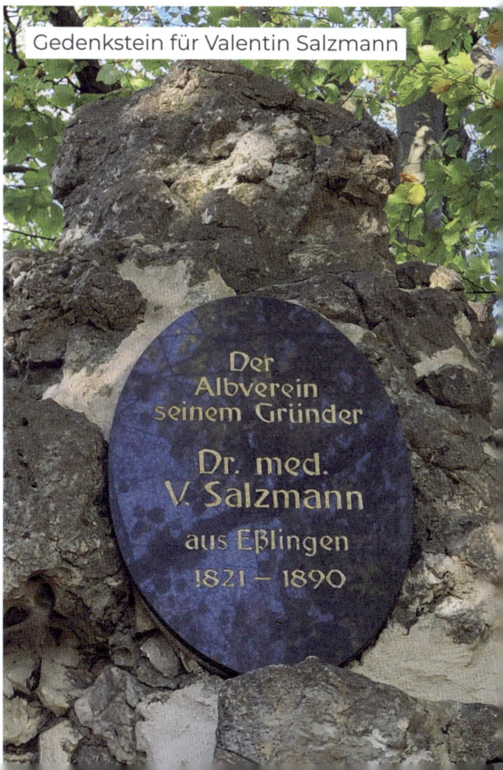

Gedenkstein für Valentin Salzmann

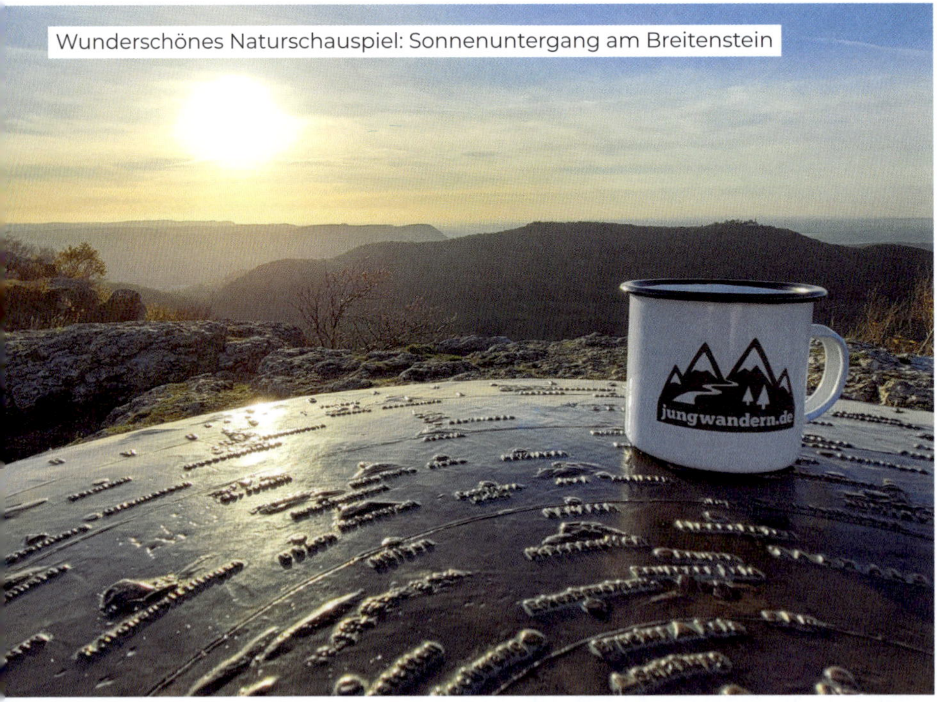

Wunderschönes Naturschauspiel: Sonnenuntergang am Breitenstein

und gelangt so direkt zum Auchtert. Von dort wandern wir für weitere ca. 1,2 km in westliche Richtung unmittelbar entlang des **Albtraufs.** So wird der nordwestlich ausgerichtete Steilabfall der Schwäbischen Alb bezeichnet. Der anfangs noch reichliche Baumbestand am Trauf lichtet sich mehr und mehr und die Aussicht wird immer grandioser.

KRÖNENDES FINALE: SONNENUNTERGANG AM BREITENSTEIN

Wir steuern nun direkt auf das 811 m hohe **Felsplateau des Breitensteins** zu. Das ist auch gar nicht zu verfehlen, denn hier sind etliche Wanderer mit gleichem Ziel unterwegs. Vor allem an **lauen Sommerabenden,** wenn keine Wolke am Himmel zu sehen ist, wird der Ort zu einem echten Hotspot. Fotografen packen ihre Kameras aus, Ausflügler trinken auf Picknickdecken ein Glas Wein oder Sekt, nicht selten sitzen verliebte Paare zusammengekuschelt und genießen die romantische Stimmung. Der Blick gleitet über das **Bissinger Tal** in Richtung **Burg Teck.** Im Kapitel **„Übernachtungsabenteuer auf der Burg Teck“** (s. S. 94) stellen wir die Festung im Rahmen eines Ganztagesausflugs mit Übernachtung genauer vor. Bei perfekten Wetterverhältnissen ist sogar die **Burg Hohen Neuffen** in der Ferne erkennbar. In nördliche Richtung schweift der Blick über **Weilheim an der Teck** kilometerweit – eine einmalige Panoramasicht, die Besucher in den Bann zieht.

Auf einer **Bronzetafel** sind umliegende Orte und Entfernungen notiert. Oft lassen sich hier Segelflugzeuge, Drachen- und Gleitschirmflieger beobachten, die in den Lüften ihre Runden ziehen.

RÜCKWEG UND AUSKLANG IN OCHSENWANG

Berauscht von den Eindrücken des Sonnenuntergangs (oder einem Gläschen Sekt zu viel?) geht es im Anschluss in südöstliche Richtung zurück nach Ochsenwang. Schnurstracks führt eine **asphaltierte Straße** in den Ortskern. Alternativ kann man auch dem Verlauf des **HW1** am **Waldrand** folgen, der ebenfalls zurück in den Ort führt.

Wer zum Ausklang des Abends noch Lust auf eine kulinarische Stärkung hat, der wird im **Landgasthof Krone** (www.krone-ochsenwang.de, geöffnet: 11.30–21 Uhr, Mo./Di. nachmittags geschlossen) fündig.

Extra-Tipp
Dorfpastor und Biedermeierdichter

Im 400-Seelen-Örtchen Ochsenwang lädt das **Mörikehaus** zu einem Besuch ein – hier kann man sich über den Schriftsteller **Eduard Mörike** (1804–1875) informieren, dessen **Frühlingsgedicht „Er ist's“** so manchem bekannt sein dürfte. Offiziell geöffnet ist das Haus lediglich am ersten Sonntag im Monat von 11.30 bis 17 Uhr, nach vorheriger Anmeldung öffnet es aber auch zu anderen Zeiten seine Pforten (www.moerikehaus-ochsenwang.de, Tel. 07023 2304 oder 6230, Eintritt: Erw. 2,50 €, Kinder 2 €).

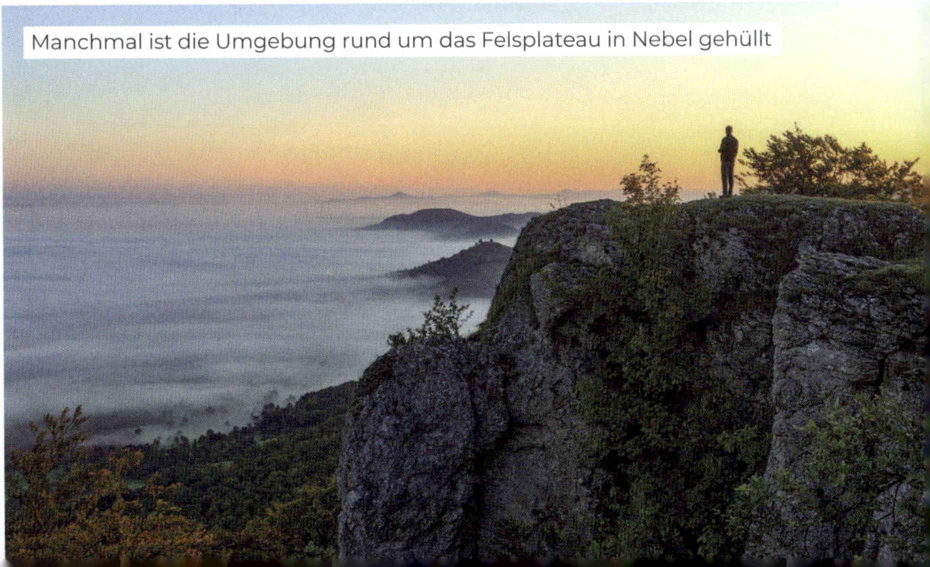

Manchmal ist die Umgebung rund um das Felsplateau in Nebel gehüllt

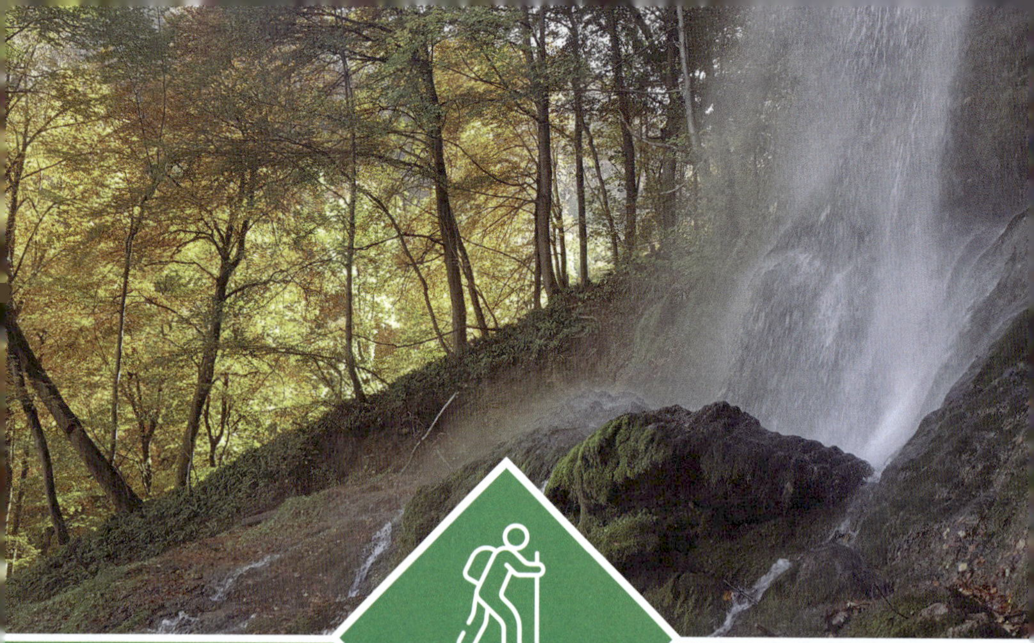

12

SPRITZIGES VERGNÜGEN AM WASSERFALLSTEIG BAD URACH

Dauer
3 Std. ohne Pausen

Entfernung
10 km | 510 HM

Weitere Infos:
www.badurach-grafensteige.de

Mit 37 m Fallhöhe ist der #URACHER WASSERFALL der höchste der Schwäbischen Alb. Der Wasserfallsteig verbindet den Hotspot im Maisental mit weiteren Highlights. Denn auch die Aussicht auf das Albpanorama vom #RUTSCHENFELSEN und der „kleine Bruder" der Kaskade, der #GÜTERSTEINER WASSERFALL, sind lohnenswert. Erlebnisreich ist ferner ein Abstecher zur #BURGRUINE HOHENURACH.

Für wen ist die Tour geeignet?

Die imposanten Wasserfälle ziehen **Jung und Alt** in ihren Bann, **Kinder** können schon auf dem Weg dorthin am Bachlauf spielen. Beim Fohlenhof St. Johann beobachten **Pferdenarren** ihre liebsten Huftiere auf der Weide. Die Tour mit traumhafter Aussicht ist die perfekte Route für einen gelungenen Tagesausflug mit der ganzen **Familie.**

Eckdaten

Charakteristik: abwechslungs- und aussichtsreiche Wanderung mit steilem Aufstieg seitlich des Wasserfalls, der auch für Kinder problemlos möglich ist. Entlang der Traufkante genießt man die Aussicht auf die Burgruine Hohenurach und das Maisental. Der Gütersteiner Wasserfall ist zwar wesentlicher kleiner als der Bad Uracher, dafür wirkt er umso nahbarer.

Stärkung zwischendurch: Am Uracher Wasserfall gibt es einen Kiosk und eine öffentliche Grillstelle. Unterwegs bieten sich Einkehrmöglichkeiten in der Wasserfall- und der Rohrauer Hütte, am Ende der Tour kann man sich abschließend im Maisentalstüble stärken.

Anreise

Bahnfahrer haben es leicht: Ab Stuttgart Hbf. kann man mit der **Regionalbahn** beispielsweise nach **Metzingen** fahren. Hier erfolgt der Umstieg in die **Ermstalbahn** bis zum Halt „Bad Urach Wasserfall". Die Verbindungen sind je nach Jahreszeit und Wochentag unterschiedlich.

Autofahrer können auf dem **Wanderparkplatz am Uracher Wasserfall** parken. An stark frequentierten Tagen (etwa an Wochenenden, im Sommer, in der Ferienzeit) ist es nicht ungewöhnlich, bei der Abfahrt mehr als eine Stunde lang im „Parkplatzstau" zu stehen. Daher empfiehlt sich in jedem Fall die An- und Rückfahrt mit der Bahn.

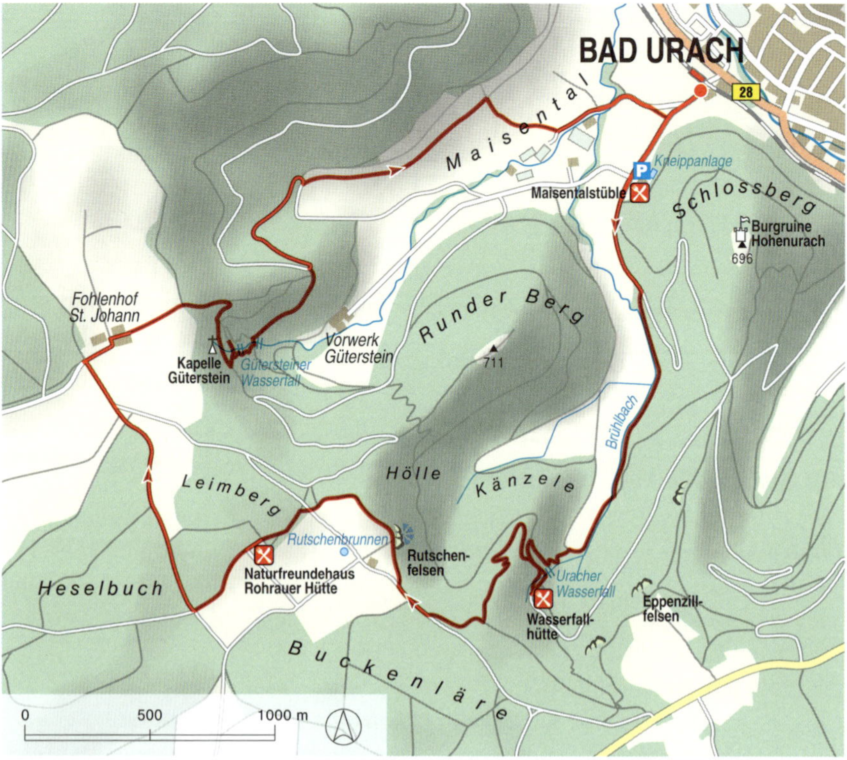

VON BAD URACH AM KÜHLEN BRÜHLBACH ENTLANG

Wir befinden uns im Heilbad und Luftkurort Bad Urach am Fuße der Schwäbischen Alb. Startpunkt der Wanderung ist die **Haltestelle „Bad Urach Wasserfall"**. Der vor einigen Jahren angelegte, als Premium-Wanderweg ausgeschilderte **Wasserfallsteig** zählt zu den populärsten Wanderwegen der Region. Wir folgen den markanten **gelben Wegmarkierungen** in südliche Richtung und lassen den großen **Wanderparkplatz** ebenso links liegen wie das urgemütliche **Maisentalstüble** (s. S. 123), eine schöne Einkehrmöglichkeit mit bodenständiger Küche und weitläufigem Biergarten. Da wir uns auf einem Rundwanderweg befinden, bietet sich das Stüble am Ende der Tour als willkommener Abschluss an.

2,4 km beträgt die Streckenlänge von der Bahnhaltestelle bis zum Wasserfall. Der **Brühlbach** begleitet uns bis dorthin. Das kleine, schmale Bächlein ist ein wahres Spielparadies – vor allem in den heißen Sommermonaten plantschen **Kinder und Hunde** hier gleichermaßen ausgelassen im kühlen Nass und genießen die Erfrischung.

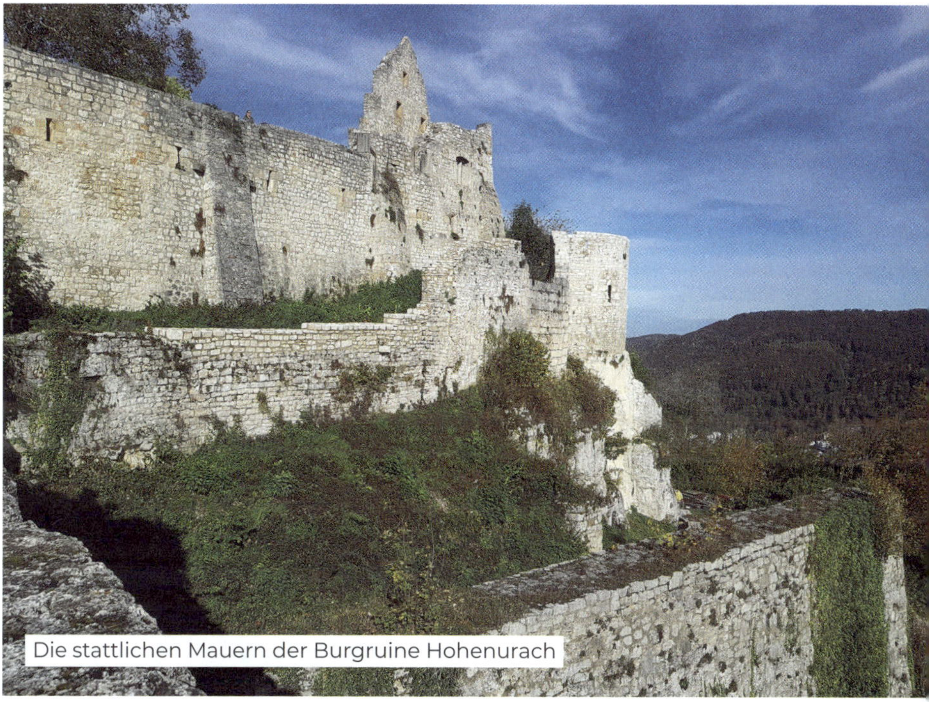

Die stattlichen Mauern der Burgruine Hohenurach

Erstaunlich, welche Kräfte der Bach nach starken Regenschauern entwickeln kann und in welcher Menge und Geschwindigkeit das Wasser dann am Wegrand an einem vorbeirauscht! Apropos Rauschen: Auch der **Bad Uracher Wasserfall** macht sich nun langsam akustisch bemerkbar und bald kann man ihn in seiner ganzen Pracht bewundern.

MAJESTÄTISCHER ANBLICK UND AUFSTIEG

Wir nähern uns dem eindrucksvollen Wasserfall von unten. Was Besuchern erst bewusst wird, sobald sie hier an Ort und Stelle stehen: Nachdem das

Extra-Tipp

Abstecher zur Burgruine Hohenurach

Der **Aufstieg** zur Burgruine erfolgt ca. 1,5 km nach Beginn des **Wasserfallsteigs** und ist bestens **ausgeschildert.** Für einige Meter ist der Pfad recht steil, aber dennoch auch für Kinder machbar. Das auf mehreren Ebenen angelegte, grasbewachsene Gelände der Burgruine lädt zu einem **Picknick** bei bestem Ausblick ein – außerdem kann man hier gut ein Nickerchen machen. Im **Winter** sollte man den Aufstieg nur mit entsprechendem Schuhwerk (Grödel bzw. Schuheisen) wagen. Der Weg ist dann oft vereist und spiegelglatt.

Extra-Info
Oberstes Gebot: Rücksicht auf die Natur

Bei dem einen oder anderen ist die Versuchung groß, den Pfad zu verlassen, sich dem Wasserfall zu nähern oder sogar hinter die Kaskade zu begeben. Doch jetzt kommt das große „Aber“: Da wir uns inmitten eines **Naturschutzgebiets** befinden, ist es grundsätzlich verboten, den ausgewiesenen Wanderweg zu verlassen. Das hier vorkommende **Tuffgestein** ist sehr **empfindlich** und wird durch Betreten zerstört. Deswegen an dieser Stelle der ausdrückliche Hinweis: Halten Sie sich an die Vorgaben und bleiben Sie auf dem offiziellen Weg. Die Natur wird es Ihnen danken!

Wasser 37 m in die Tiefe gestürzt ist, schlägt es auf eine **Kalktuffstufe** auf. Danach fließt es weitere 50 m über ein steil abfallendes, mit reichlich Moos bewachsenes **Kalktuffpolster** ab. Ein spektakulärer Anblick, den man erst einmal auf sich wirken lassen sollte. Die herabfallenden Wassermassen verteilen sich auf verschiedene Arme des Kalktuffpolsters, bevor sie schließlich wieder gesammelt im Brühlbach münden. Einige **Fotografen** sind hier stets anzutreffen, bietet die Szenerie doch viel Potential für spannende und hochwertige Bilder.

Wir steigen nun also hinauf, und zwar über einen gut ausgebauten und teilweise mit **Treppenstufen** versehenen **Naturpfad.** Gelegentlich laufen

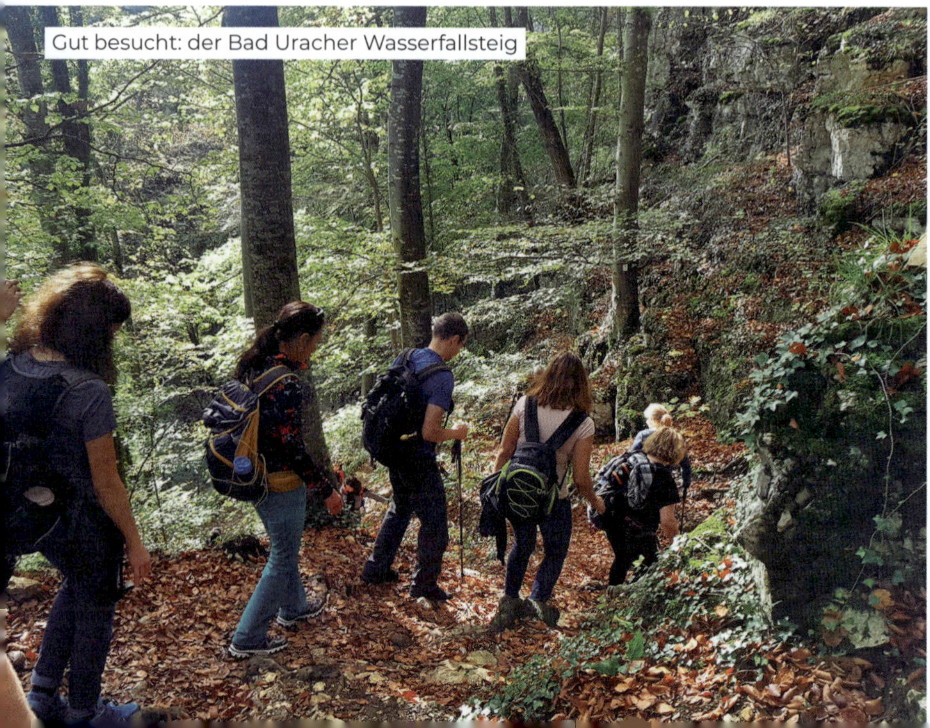
Gut besucht: der Bad Uracher Wasserfallsteig

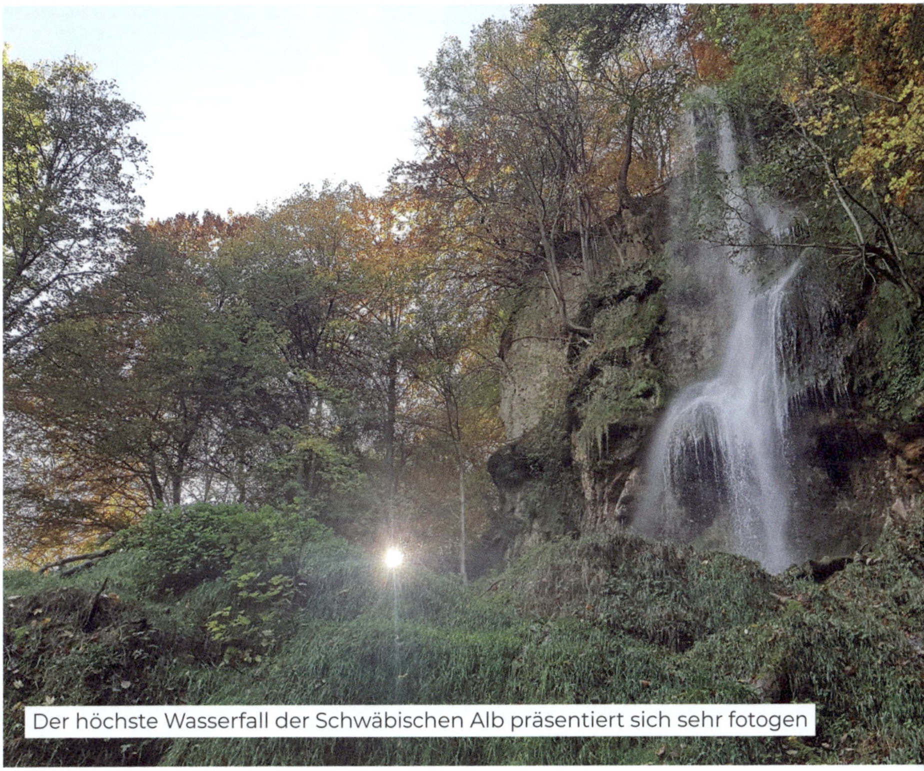

Der höchste Wasserfall der Schwäbischen Alb präsentiert sich sehr fotogen

einem hier selten gewordene **Feuersalamander** über den Weg. Vorsicht, im Winter ist der Weg oft vereist!

RASTEN UND GRILLEN AN DER WASSERFALLHOCHWIESE

Nach etwa 50 m ist der Aufstieg geschafft und wir können den Wasserfall von oben bewundern. An der **Wasserfallhochwiese** gibt es eine öffentliche **Grillstelle.** Unzählige Bierbänke und Tische bieten Gästen der Wasserfallhütte (www.facebook.com/wasserfallkiosk, tägl. 10.30–18 Uhr, bei sehr schlechtem Wetter geschlossen) eine Sitzgelegenheit. Der Kiosk hat einfache Speisen und Erfrischungsgetränke im Angebot, auch **sanitäre Anlagen** sind vorhanden. Bei Regen finden 40 Personen in der Hütte Unterschlupf und können sich hier bewirten lassen.

Nach einer kurzen Pause führt uns der Weg anschließend über eine Länge von etwa 1,2 km weitere rund 170 Höhenmeter hinauf bis zum **Aussichtspunkt Rutschenfelsen.** Den Blick sollte man aber zunächst auf den Boden heften – den Pfad säumen etliche Baumwurzeln mit Stolperpotenzial.

ALBPANORAMA AM RUTSCHENFELSEN

Der steil abfallende **Rutschenfelsen,** kurz und prägnant auch Rutschen genannt, bietet auf 750 m Höhe eine **fantastische Fernsicht** über das Maisenbachtal. Gegenüber thront mit der **Burg Hohenurach** ein weiteres spannendes Ausflugsziel. Wer ein wenig mehr Zeit mitbringt, der kann kurz nach Beginn dieser Wanderung zusätzlich einen lohnenswerten **Abstecher zur Burgruine** einplanen (s. S. 117).

Übrigens können **Kletterer** am Rutschenfelsen an freigegebenen Stellen ihrer Leidenschaft nachgehen (www.alpenverein-schwaben.de/landingpages/klettern-auf-der-alb-hoechste-zeit).

Nachdem wir den Ausblick ausgiebig genossen haben, setzen wir unsere Wanderung in nordwestliche Richtung fort. Nach wenigen Metern erinnert ein **Gedenkstein** an **Ernst Camerer,** einen der Mitbegründer des Schwäbischen Albvereins. Der Weg führt nun immer am **Waldrand** entlang bis zum Naturfreundehaus Rohrauer Hütte.

Vom Rutschenfelsen genießt man einen sensationellen Fernblick

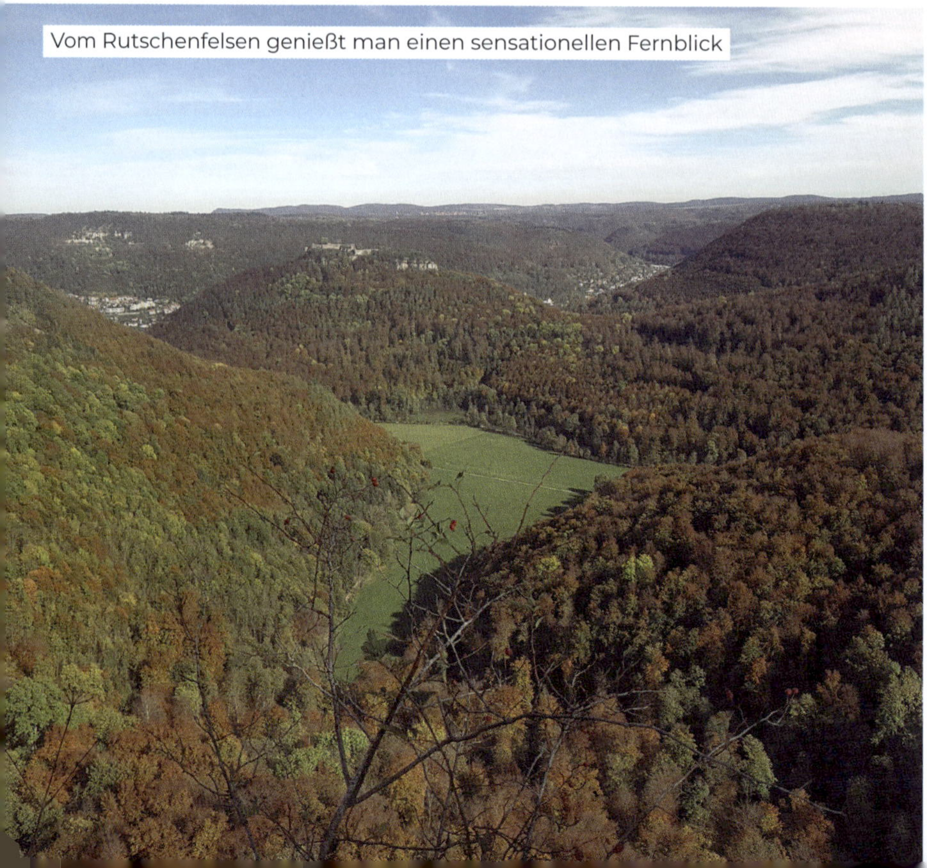

KULINARISCHE PAUSE IN URIGER HÜTTENATMOSPHÄRE

Die **Rohrauer Hütte** (https://rohrauer-huette.de, Mo.–Mi. geschlossen, Do./Fr. 11–18, Sa./So./feiertags 10–18 Uhr) ist die zweite Einkehrmöglichkeit auf dem Wasserfallsteig. Ein bisschen fühlt man sich wie in einer zünftigen Alpenhütte. Hier wird, wie der Pächter es formuliert, „ehrliche Küche" aufgetischt, also bodenständige Kost mit regionalem Einschlag.

Nachdem wir die Hütte hinter uns gelassen haben, gehen wir zunächst ein Stück gen Südwesten, biegen dann rechts ab und folgen dem Routenverlauf ca. 1,5 km in Richtung **Fohlenhof St. Johann.** Auch hier gibt es wieder einen öffentlichen **Grillplatz.** Wir überqueren den Fohlenhof und erreichen einen Wiesenweg und danach den Waldrand.

Im Anschluss führt der Pfad in Serpentinen stetig bergab. An der **Kapelle Güterstein** legen wir einen kurzen Halt ein. Hier können wir beobachten, wie das Wasser des Gütersteiner Wasserfalls über zwei Terrassen aus Kalktuff hinabfließt.

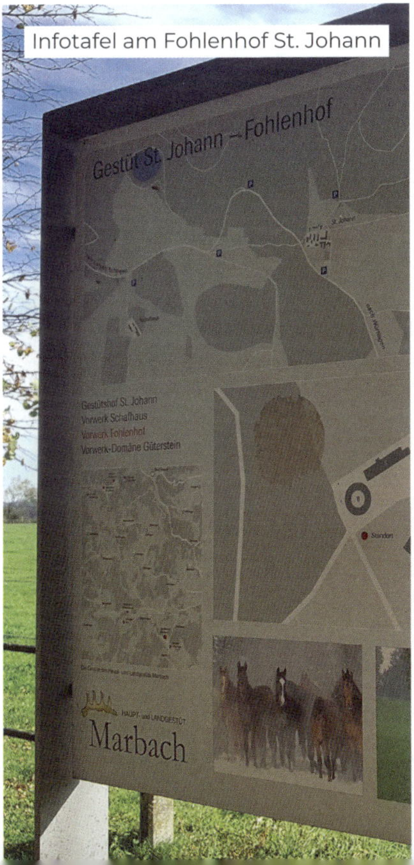

Infotafel am Fohlenhof St. Johann

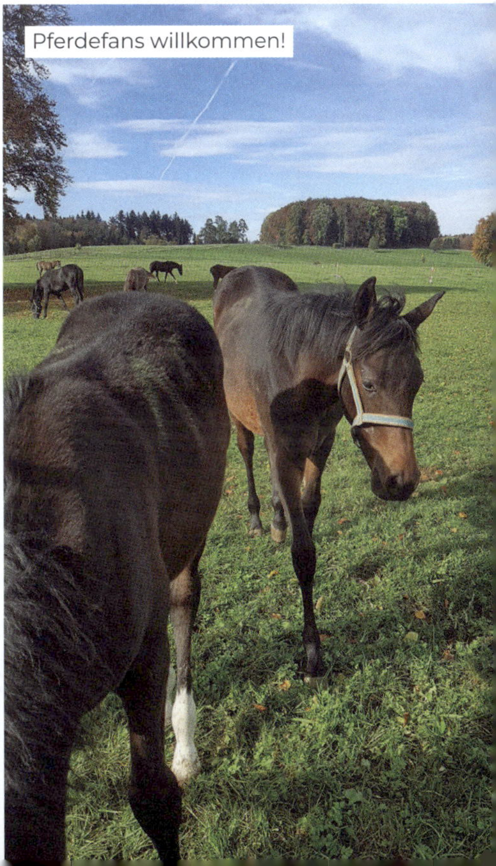
Pferdefans willkommen!

KLEIN, ABER FEIN: DER GÜTERSTEINER WASSERFALL

Zeigte sich der Uracher Wasserfall groß und imposant, so kommt der Gütersteiner Wasserfall eher verwunschen und romantisch daher. Das Wasser sammelt sich in einem **künstlichen Becken.** Wie sein „großer Bruder“ steht jedoch auch dieses Naturschauspiel unter **Naturschutz,** gilt es doch dank seines moosbedeckten Tuffgesteins als fragil und schützenswert. Das **Betreten** ist daher strengstens **untersagt.** Der felsige Boden des Wanderweges ist durchaus etwas rutschig und sollte mit Vorsicht begangen werden.

Im Anschluss wandern wir gut einen Kilometer in nordöstliche Richtung und verlassen den Wald. Der Steig verläuft jetzt einen weiteren Kilometer durch idyllische **Streuobstwiesen.** Im Sommer kann man hier hervorragend zwischen den Bäumen sitzen und sich eine schattige Pause gönnen.

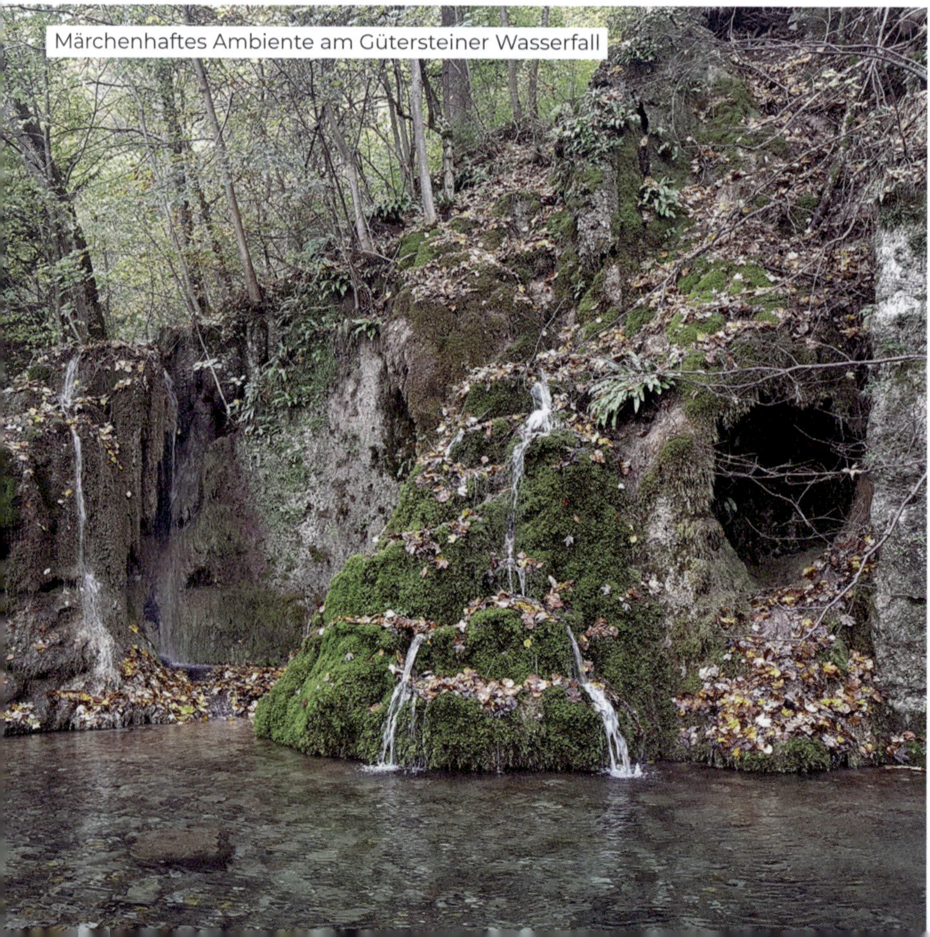

Märchenhaftes Ambiente am Gütersteiner Wasserfall

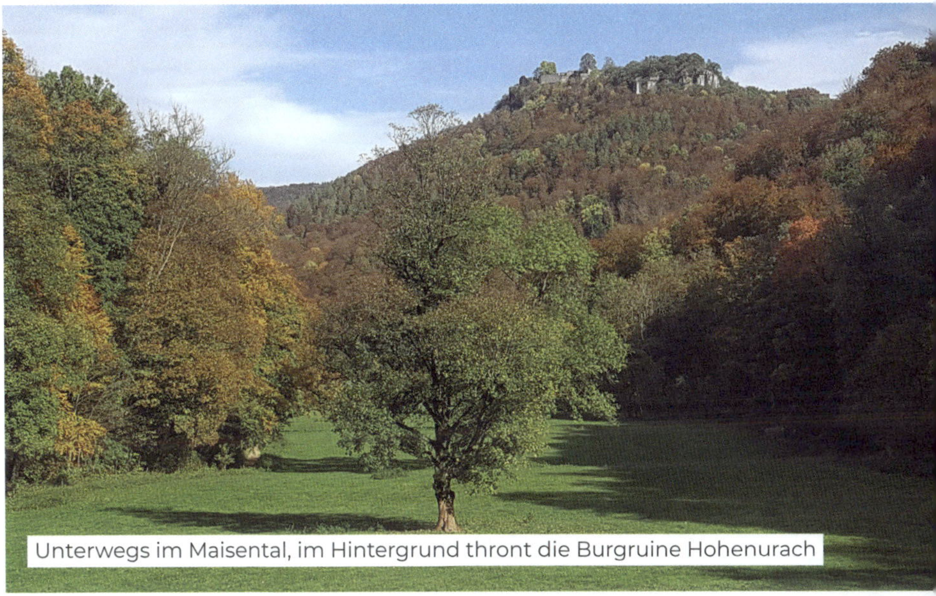

Unterwegs im Maisental, im Hintergrund thront die Burgruine Hohenurach

WOHLVERDIENTE EINKEHR IM MAISENTALSTÜBLE

Wir verlassen die Streuobstflächen nach rechts und wandern entlang einiger Wiesen, dabei passieren wir ein weiteres **Gestüt.** Wenige Meter verläuft der Pfad parallel zu einem kleinen **Bach** und mündet dann in eine asphaltierte Straße. Diese macht einen Bogen nach rechts und führt uns zu jenem **Wanderparkplatz,** den wir bereits am Ausgangspunkt unserer Tour gesehen haben. Hier geht unsere Wanderung zu Ende. Im nahen **Maisentalstüble** (Vorderes Maisental 5, Tel. 07125 4241, Di.–So. 11–22 Uhr) lässt sich die abwechslungsreiche Tour mit einer kulinarischen Stärkung krönen. Ein **Kneippbecken** ermöglicht eine erfrischende Abkühlung.

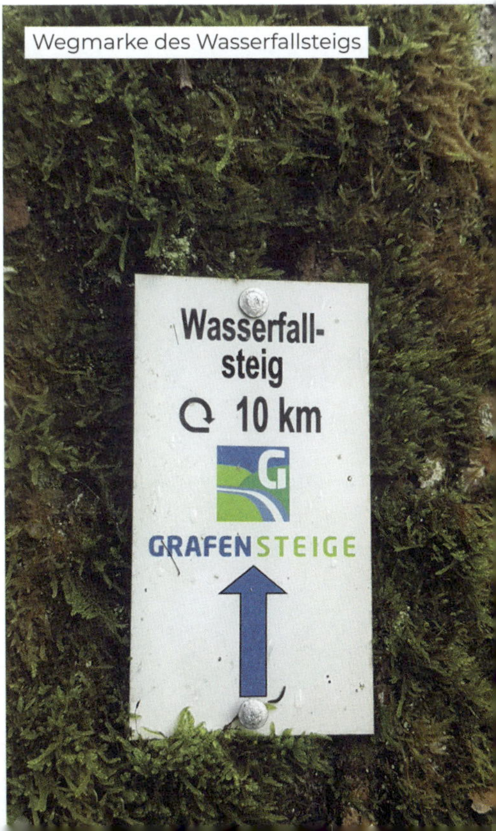

Wegmarke des Wasserfallsteigs

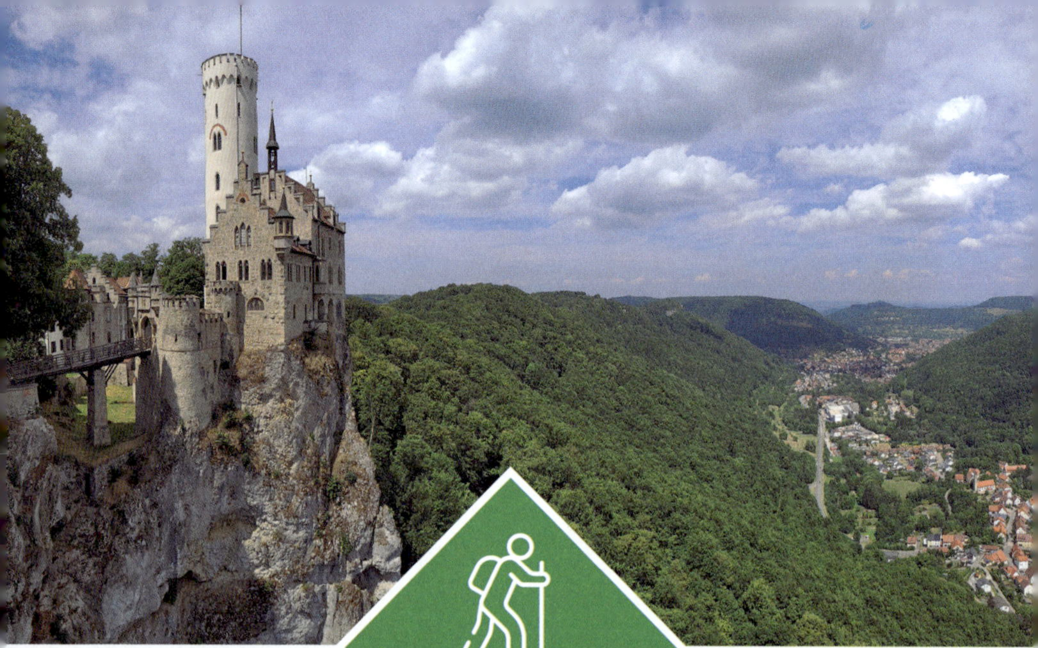

13

MÄRCHENSCHLOSS MEETS TROPFSTEINHÖHLE

Dauer
3½ Std. reine Gehzeit

Entfernung
11 km | 220 HM

Weitere Infos:
https://hochgehberge.de/touren/hochgehtraeumt-premiumwanderweg-in-lichtenstein, www.gemeinde-lichtenstein.de

Tipp:
In der konstant 8–10 °C kühlen Nebelhöhle ist warme Kleidung sinnvoll, man sollte also einen Pullover einpacken.

Abwechslung ist Trumpf: Am #ALBTRAUF zwischen Lichtenstein und Sonnenbühl lassen sich das traumhaft über dem Tal thronende #SCHLOSS LICHTENSTEIN und die beeindruckende #NEBELHÖHLE zu einer spannenden Rundwanderung kombinieren. Eine ereignisreiche Strecke, die als #PREMIUM-WANDERWEG HOCHGEHTRÄUMT ausgezeichnet wurde.

Für wen ist die Tour geeignet?

Diese Tour ist dank ihres abwechslungsreichen Verlaufs für **Erwachsene** und **Kinder** gleichermaßen geeignet und besticht außerdem mit fantastischen Aussichten vom Albtrauf. **Romantiker** und **Hobbyhistoriker** werden am Schloss Lichtenstein Gefallen finden, geologisch Interessierte haben Spaß an der Erforschung der weitläufigen Nebelhöhle. Kinder können am Ende der Tour noch in einem Kletterpark kraxeln.

Eckdaten

Charakteristik: moderate Rundwanderung mit steilem Anstieg zum Schloss gleich zu Beginn, der aber mit einem normalen Fitnesslevel problemlos zu meistern ist. Festes Schuhwerk ist in den durch den Wald verlaufenden Abschnitten angebracht, um die Fußgelenke zu schonen.

Stärkung zwischendurch: Etwa nach der Hälfte der Tour lädt an der Nebelhöhle der Maultaschenwirt zur Einkehr ein, am Ende kann man die Wanderung in einem der Lokale bei Schloss Lichtenstein ausklingen lassen.

Anreise

Von Stuttgart Hbf. aus geht es mit der **Regionalbahn** nach **Reutlingen.** Hier steigt man in die Buslinie 260, 400 oder 7606 ein und an der Haltestelle **Honau, Lichtenstein** aus. Schon beim Ausstieg sehen wir die **Wegweiser** hinauf zum Schloss Lichtenstein. Der als **alpiner Pfad** ausgewiesene Aufstieg ist allerdings weniger alpin als im ersten Moment zu befürchten ist. Es geht dennoch ca. 200 Höhenmeter steil bergauf. Nach ca. 20 Min. erreichen wir das Schlossplateau, wo wir die Tour beginnen.

Wer mit dem **Auto** anreist, kann den **Parkplatz des Schlosses** nutzen (gegen Parkgebühr). Alternativ können Autofahrer auch an der **Nebelhöhle** parken und dort in die Tour einsteigen.

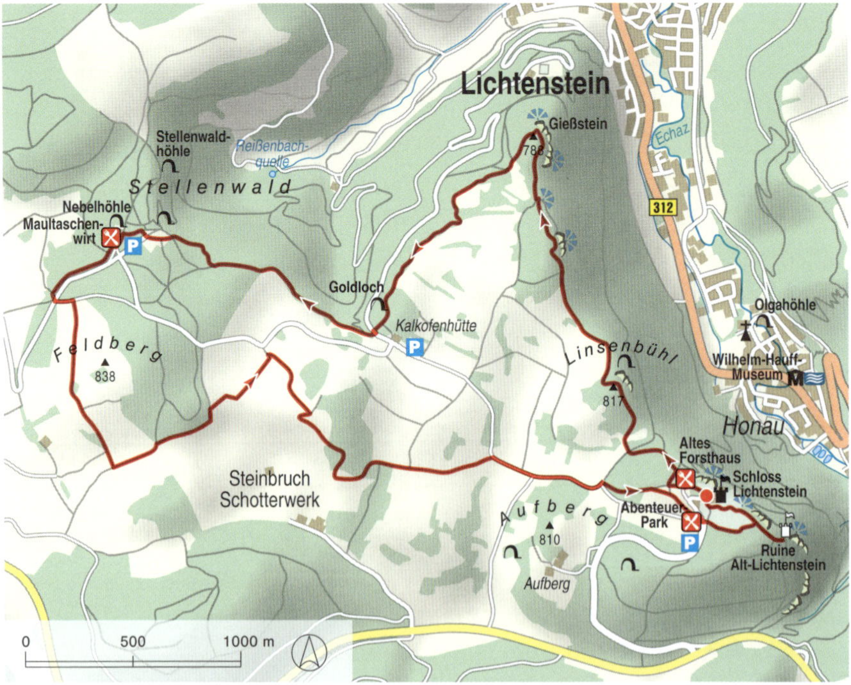

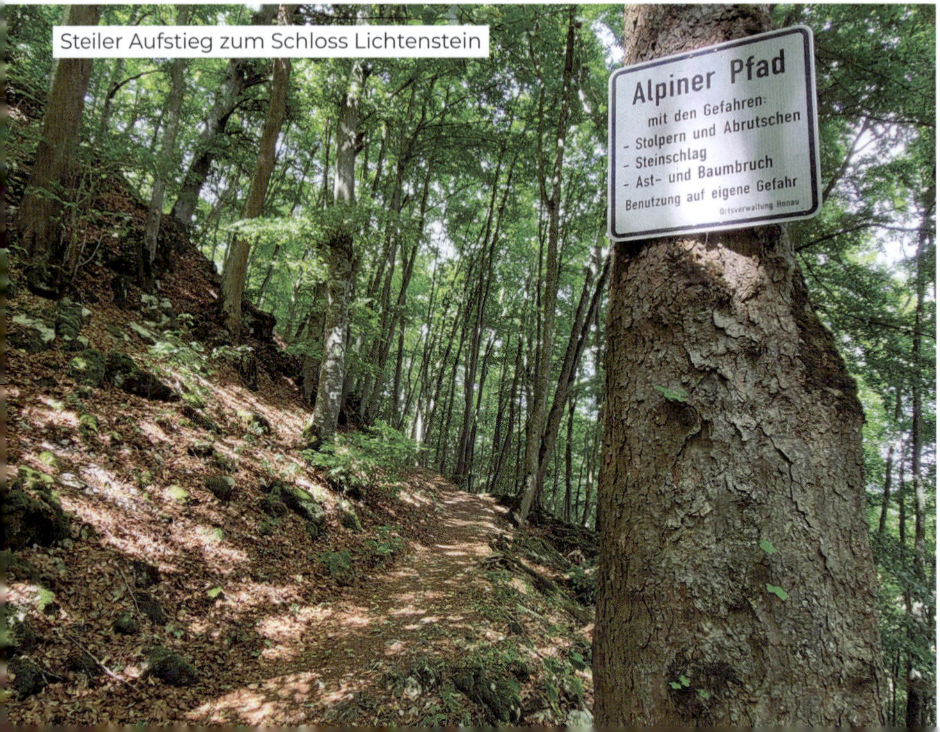

Steiler Aufstieg zum Schloss Lichtenstein

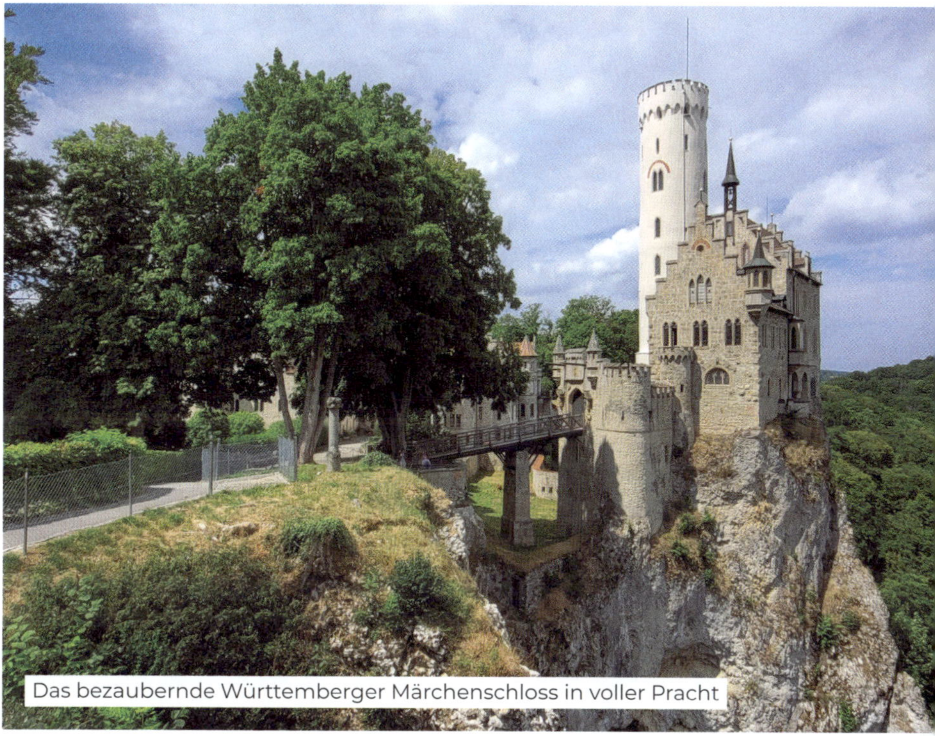

Das bezaubernde Württemberger Märchenschloss in voller Pracht

LICHTENSTEIN: EIN SCHLOSS WIE AUS DEM BUCHE!

Wir starten den Rundwanderweg direkt am **Schloss Lichtenstein** (www.schloss-lichtenstein.de, Sommer tägl. 9–17.30, Winter tägl. 10–16 Uhr, Jan./Feb. geschlossen). Je nachdem, zu welcher Uhrzeit man aufbricht oder wie stark der Andrang am Kassenhäuschen ist, bietet sich ein Besuch des Schlosses zu Beginn oder zum Ende der Wanderung an. Jederzeit möglich ist der Besuch des **Innenhofes** mit imposanter Aussicht. Zudem werden regelmäßig **Führungen** angeboten. Man sollte aber vorab die Öffnungszeiten über die Website checken, um nicht Gefahr zu laufen, am Ende der Wanderung vor verschlossenem Tor zu stehen.

Der repräsentative Bau wurde in den Jahren 1840–1842 errichtet. Als Vorlage für das im Volksmund auch **Württemberger Märchenschloss** genannte Bauwerk diente der Roman „Lichtenstein" (1826) des bekannten Schriftstellers **Wilhelm Hauff** (1802–1827). Das Werk gilt als sein größter literarischer Erfolg. Im Zeitalter der Romantik erbaut, spiegelt die Gestaltung im Sinne des **Historismus** und im Stil der **Neogotik** den damaligen Zeitgeist wider – so stellte man sich

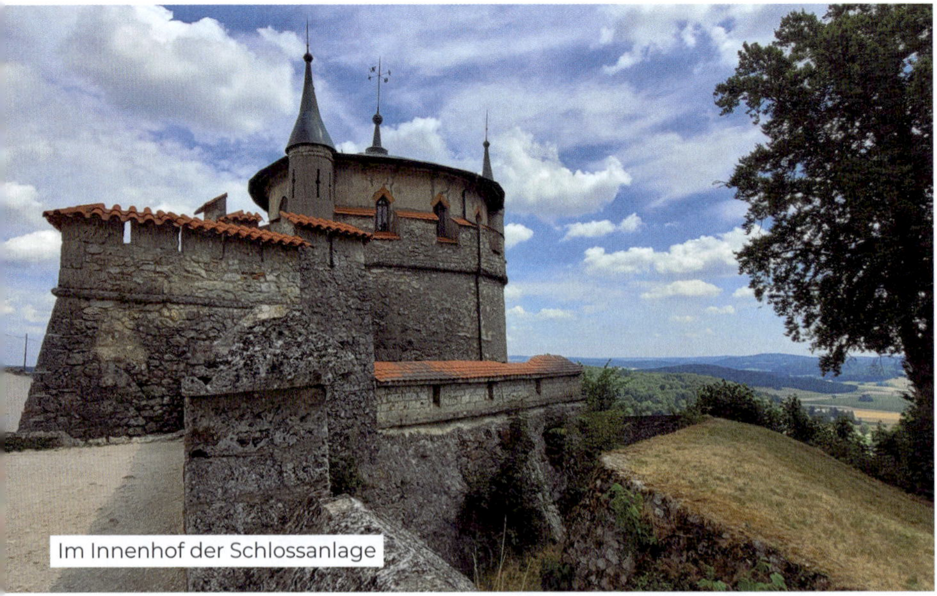

Im Innenhof der Schlossanlage

eine veritable mittelalterliche Ritterburg vor. Schloss Lichtenstein wurde bereits auf Briefmarken verewigt und auch der Märchenfilm „Dornröschen" (2009) wurde hier gedreht.

Das wohl **schönste Fotomotiv** bietet sich vom Innenhof aus: Direkt am steilen Albtrauf gelegen, kommt der schmale, hohe **Turm** von hier erst so richtig zur Geltung.

ENTLANG DES ALBTRAUFS DEN AUSBLICK GENIEẞEN

Der Weg führt uns im Anschluss gut 3 km in nördliche Richtung am Albtrauf entlang. Als **Albtrauf** wird der Steilabfall der Schwäbischen Alb in Richtung Nordwesten bezeichnet, wobei wir uns hier auf einem Teilstück bewegen, der in östliche Richtung abfällt. Teilweise verläuft die Route schattig im Wald, doch immer wieder eröffnet sich hier, auf knapp 800 m Höhe, ein **grandioser Panoramablick** auf die Gipfel Schrofel, Linsenbühl, Brunnenstein und Breitenstein sowie auf das **Tal der Echaz.** Auch die Aussicht auf das Schloss Lichtenstein ist atemberaubend.

Typisch Albtrauf: **Vorsicht** ist geboten, denn es geht an den Aussichtspunkten steil bergab. Daher sind zahlreiche **Markierungen der Bergwacht** am Wegrand angebracht.

Am **Aussichtspunkt Gießstein** auf 749 m Höhe laden mehrere **Bänke** zum Rasten und Genießen des Fernblicks ein. Nach einem kurzen Zwischenstopp folgen wir den Wegweisern gen Südwesten zur jetzt noch ca. 3 km entfernten Nebelhöhle. Der

Weg verläuft größtenteils durch den Wald und ist oft geprägt von Baumwurzeln.

Die Strecke, auf der wir uns befinden, ist als **Premium-Wanderweg „hochgehträumt“** (s. S. 97) ausgeschildert. Immer wieder stoßen wir außerdem auf die Wegmarkierungen HW1 und HW5. **HW1** ist die Abkürzung für den populären Fernwanderweg namens **Albsteig.** Er umfasst 16 Etappen und verbindet die schönsten Aussichtspunkte und Highlights des Albtraufs. **HW5** steht als Abkürzung für den „Schwarzwald-Schwäbische-Alb-Allgäu-Weg“, einen Fernwanderweg mit über 311 km Länge zwischen Pforzheim und Schwarzem Grat im Oberallgäu, dessen vollständigen Namen sich kaum jemand merken kann.

Ca. 4,5 km nach dem Start des Rundwanderweges erreichen wir die **Kalkofenhütte.** Lange Zeit diente sie als Einkehrmöglichkeit für Wanderungen am Albtrauf. Seit einiger Zeit ist sie leider geschlossen, dient aber nach wie vor als guter Orientierungspunkt.

Wir nehmen einen Schluck aus unserer Getränkeflasche und wandern von der Hütte weitere 1,5 km in westliche Richtung bis zur **Nebelhöhle.** Über einen riesigen Parkplatz gelangen wir zum Eingangsbereich mit empfehlenswerter Einkehrmöglichkeit. Der **Maultaschenwirt** (www.maultaschen-wirt.de, April–Okt. tägl. ab 10 Uhr, Nov./März nur Sa./So. ab 11.30 Uhr, Dez.–Feb. geschlossen) verpflegt Touristen, Wanderer und Besucher der Nebelhöhle mit aller-

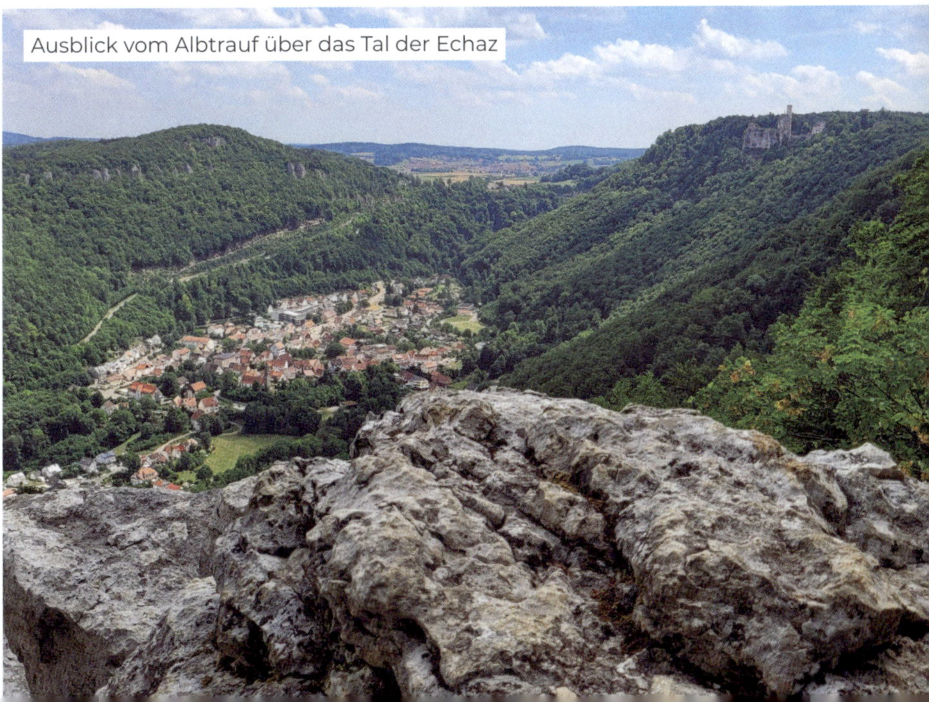
Ausblick vom Albtrauf über das Tal der Echaz

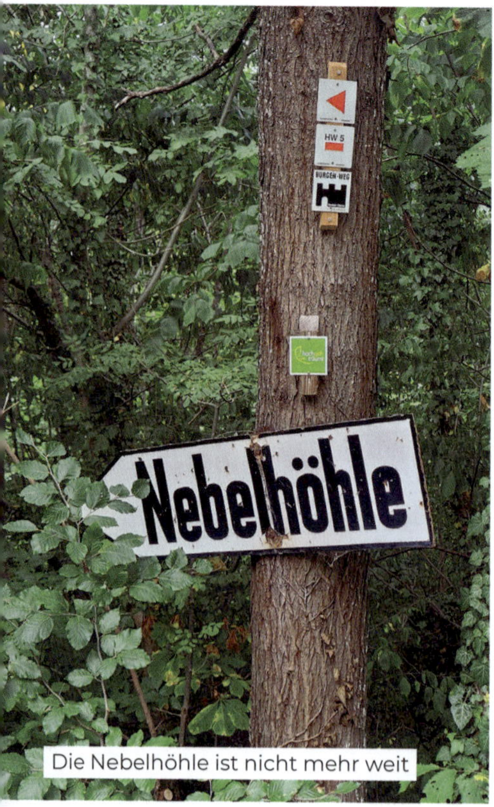

Die Nebelhöhle ist nicht mehr weit

Extra-Tipp
Feierlaune beim Nebelhöhlenfest

Jedes Jahr zu **Pfingsten** zieht das Nebelhöhlenfest etliche Besucher an. Das Volksfest für Groß und Klein erinnert an den **Besuch des Kurfürsten Friedrich Wilhelm Karl von Württemberg** im Jahr 1803, der später als Friedrich I. König von Württemberg war. Es lockt ein buntes Programm: Schausteller und Fahrgeschäfte, musikalische Begleitung und geführte Höhlentouren, dazu reichlich gastronomische Highlights. **Infos:** www.sonnenbuehl.de/18544897.html

lei schwäbischen Leckereien. Der große Außenbereich lässt erahnen, wie stark frequentiert die imposante Tropfsteinhöhle zu Stoßzeiten wie Wochenenden oder Ferien sein mag.

ERLEBNIS TROPFSTEINHÖHLE

So mancher Besucher mag glauben, dass es sich bei der **Nebelhöhle** um eine eher kleine Tropfsteinhöhle handelt. Da ist die Überraschung umso größer, wenn beim Entrichten des Eintrittspreises darauf hingewiesen wird, dass die Höhle im Gestein des weißen Jurakalks eine **Länge von 813 m** aufweist! Zumindest nach aktuellem Stand, denn die Höhle wird weiterhin erforscht. Für den Besuch erschlossen sind davon stolze 450 m – und diese haben es in sich.

Zunächst geht es über eine **Treppe** mit rund 140 Stufen steil bergab. Schon beim Abstieg wird klar: Es wird eine **kühle Angelegenheit!** Ganzjährig herrschen in der Nebelhöhle Temperaturen von ca. 8–10 °C. Da ist das Tragen eines warmen Pullovers durchaus sinnvoll.

Die Höhle an sich ist bestens begehbar und **gut ausgeleuchtet.** Stalagmiten, Stalaktiten und Stalagnaten lassen sich an vielen Stellen bewundern. Teilweise sind sie zum Greifen nah, doch Anfassen ist strengstens verboten! Dennoch wurde Wert darauf gelegt, dem Besucher ein „naturnahes Erlebnis" zu verschaffen, daher sind die Absperrungen teilweise sogar komplett ausgesetzt. Der Weg durch die Höhle scheint kein Ende zu nehmen. Bisweilen erkennt man an der Decke sich bildende Tropfen. Wann diese wohl hinabfallen werden? Solche Fragen können im Rahmen von **Führungen** gestellt werden.

Tourismus in der Höhle hat übrigens schon jahrhundertelange Tradition. Mit der Popularität von Hauffs Roman „Lichtenstein" wurde vor über 100 Jahren das alljährlich an Pfingsten stattfindende **Nebelhöhlenfest** (s. S. 130) eingeführt. Auch kleinere Konzerte werden regelmäßig veranstaltet. Im Winter nutzen übrigens **Fledermäuse** die Höhle als Winterquartier, daher ist sie in dieser Zeit nicht zugänglich.

Der Weg hinaus erfolgt entweder über einen **Ausgang am Ende der Höhle.** In diesem Falle wandern wir durch ein Waldstück wieder zurück zum Maultaschenwirt. Oder wir gehen den gleichen Weg zurück und verlassen die Höhle wiederum über die steilen Treppenstufen hinauf zum Eingangsbereich (https://hoehlen.sonnenbuehl.de/startseite/nebelhoehle.html, April–Nov. tägl. 9–17.30 Uhr, Eintritt: Erw. 6 €, erm. 5 €, Kinder 4 €, Familien 16 €).

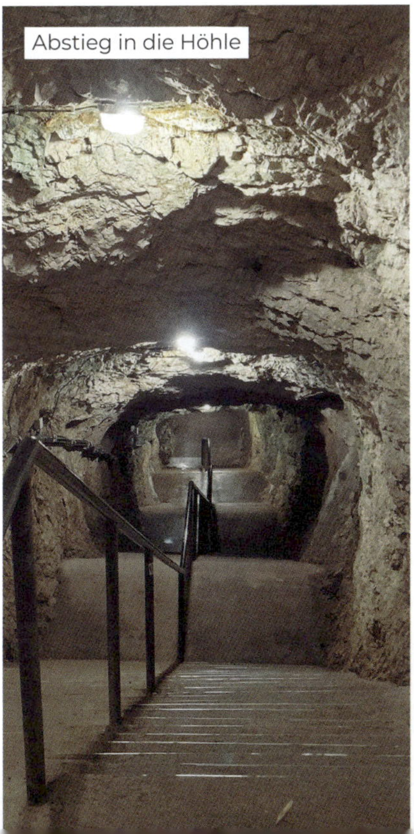
Abstieg in die Höhle

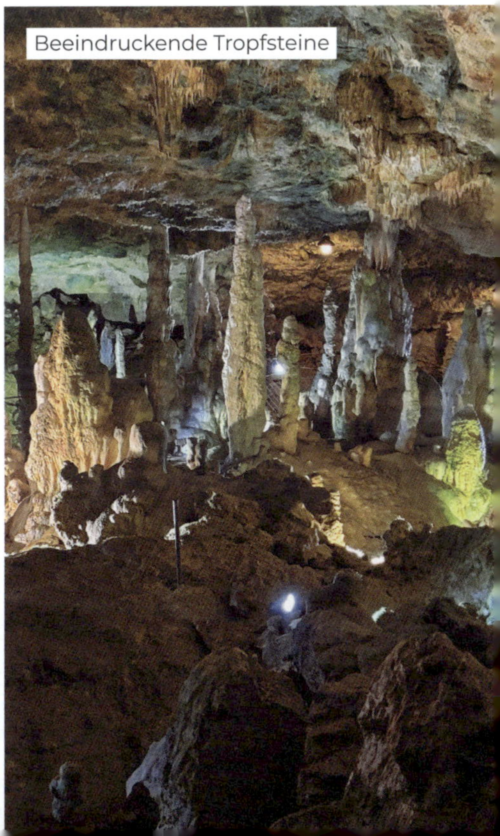
Beeindruckende Tropfsteine

ÜBER WEIDEN, ÄCKER UND EINEN STEINBRUCH ZURÜCK ZUM SCHLOSS

War der Weg zur Höhle eher von schattigen Waldpfaden geprägt, so verläuft der Rückweg zum Schloss nun größtenteils über **Feld- und Wiesenwege.** Einen knappen Kilometer nach der Nebelhöhle erreichen wir mit dem **Feldberg** (838 m) die höchste Erhebung des Rundweges auf 826 m Höhe – wobei dieser Feldberg seinem wesentlich bekannteren Namensvetter aus dem Schwarzwald fast 700 Höhenmeter unterlegen ist.

Der Weg verläuft anschließend in östliche Richtung teilweise an einem riesigen **Steinbruch** entlang. Schilder weisen auf die Gefahren hin, sollte die angedachte Wegführung verlassen werden. Sobald wir den Steinbruch hinter uns gelassen haben, bieten sich im Sommer wunderbare Aussichten über blühende **Sonnenblumenfelder.** Bunte Schmetterlinge begleiten uns auf dem Weg.

Kurz vor Erreichen des Ziels queren wir das Gelände eines **Kletterparks** namens **Abenteuerpark Schloss Lichtenstein** (s. S. 133). Und schon sind wir wieder am Ausgangs- und Zielpunkt unseres Rundwanderweges angekommen, dem Schloss Lichtenstein.

Wenige Meter in Richtung Südosten lassen sich die Ruinenreste der **Burg Alt-Lichtenstein** anschauen.

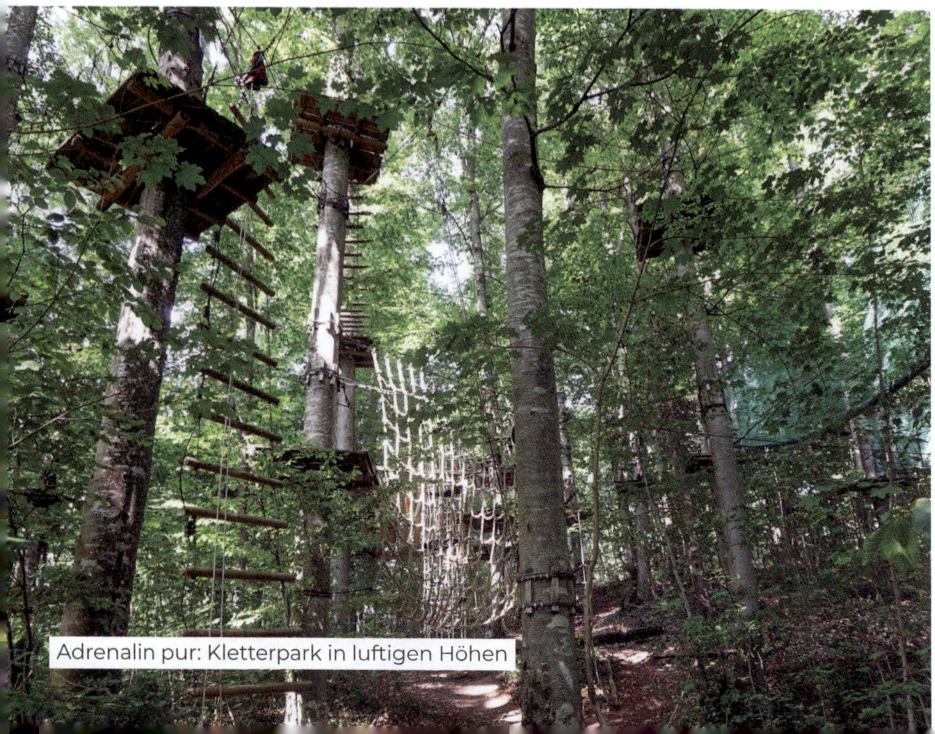

Adrenalin pur: Kletterpark in luftigen Höhen

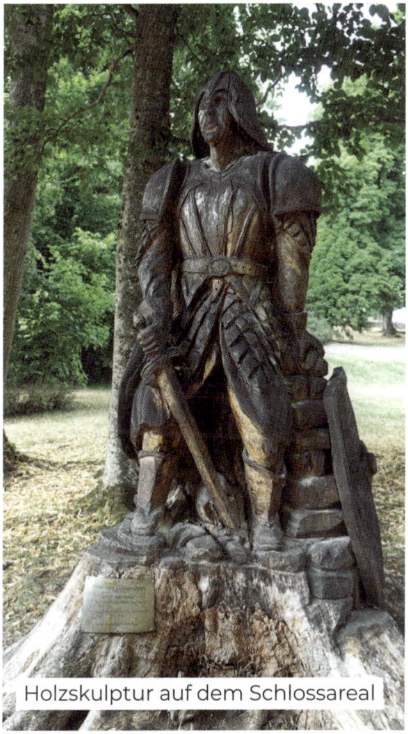

Holzskulptur auf dem Schlossareal

KRAFT TANKEN IM SCHLOSSAMBIENTE

Hungrige und Durstige dürfen sich bei der Zielankunft glücklich schätzen, denn hier gibt es gleich zwei Einkehroptionen: Die **Schlossschenke** (www.schlossschenke-lichtenstein.de, April–Okt. tägl. 9–18, März u. Nov. 10–16 Uhr) bietet klassische schwäbische Küche und einen Biergarten. Das **Alte Forsthaus** (www.altesforsthaus lichtenstein.de, April–Okt. Mi.–So. 11–18 Uhr, ab Nov. nur Sa./So.) wiederum punktet mit mittelalterlichem Charme. Bei schlechtem Wetter lockt das besondere Flair des Innenbereichs.

Extra-Tipp

Noch mehr Ausflugstipps in Honau-Lichtenstein

Schloss Lichtenstein ist wahrhaftig ein Schloss wie aus dem Buche – inspiriert von Wilhelm Hauffs gleichnamigem Roman. An den bekannten schwäbischen Märchenerzähler und Schriftsteller der Romantik erinnert in Lichtenstein-Honau das kleine, aber feine **Wilhelm-Hauff-Museum** (Echazstr. 2, www.gemeinde-lichtenstein.de/gaeste/kultur-erleben/wilhelm-hauff-museum, April–Mitte Nov. Sa./So. und feiertags 14–17 Uhr).
Das familienfreundliche **Freibad Honau** (Echazstr. 4, in der Saison tägl. 10–20 Uhr) bietet im Sommer nach der Wanderung eine wohlverdiente Abkühlung.
Ebenfalls in Honau lässt sich mit der **Olgahöhle** (https://olgahoehle.de, April–Okt. jeden ersten So. im Monat und feiertags 11–17 Uhr) eine weitere Grotte besichtigen, in diesem Fall eine aus Kalktuff.
Abenteuerpark Schloss Lichtenstein: Auf mehreren Parcours unterschiedlicher Schwierigkeitsgrade können sich Kinder wie Erwachsene im Klettern ausprobieren. Diese tragen so klangvolle Namen wie „Folterkammer", „Ritterschlag" oder „Münchhausens Flug". Auch Team-Trainings lassen sich buchen (www.abenteuerpark-schlosslichtenstein.de, April–Nov. geöffnet, Details s. Website, vorherige Anmeldung per E-Mail erforderlich).

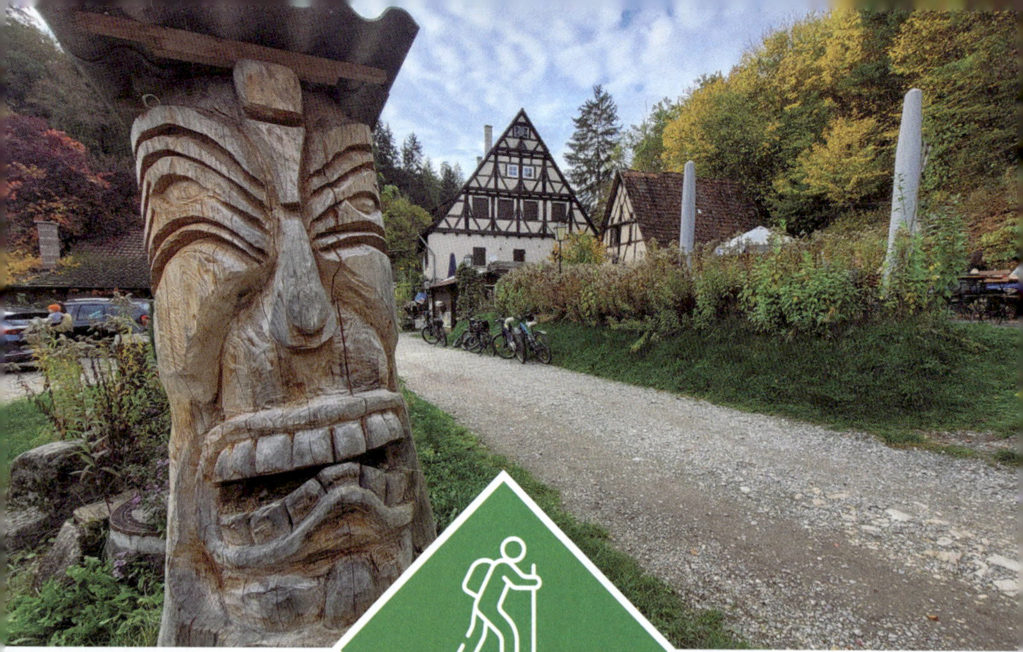

14

MÜHLENROMANTIK TRIFFT AUF SCHWÄBISCHE KÜCHE: DURCH DAS VERTRÄUMTE SIEBENMÜHLENTAL

Dauer
4 Std.

Entfernung
13 km | 60 HM

Weitere Infos:
www.siebenmuehlental.com,
www.leinfelden-echterdingen.de/Startseite/Stadt/Siebenmuehlental.html

Tipp:
Wer das Siebenmühlental abseits des Trubels und in Ruhe begehen möchte, der sollte die Tour nicht an Wochenenden oder Feiertagen in Angriff nehmen, denn dann sind hier viele Ausflügler unterwegs.

Am Rande des Naturschutzgebiets Schönbuch liegt das idyllische #SIEBENMÜHLENTAL. Es schlängelt sich von Musberg, einem Stadtteil Leinfelden-Echterdingens, bis zur Burkhardtsmühle bei Waldenbuch und ist gesäumt von etlichen #HISTORISCHEN MÜHLEN. Einige werden bewirtschaftet und laden vor allem am Wochenende zu #KAFFEE UND KUCHEN oder typisch schwäbischer Kost ein.

Für wen ist die Tour geeignet?

Die ruhige Lage des Tals ist ideal für **Genusswanderer.** Die Tour ist zudem perfekt für all jene Outdoorbegeisterte, die keine Lust auf anstrengendes Kraxeln bzw. allzu viele Höhenmeter haben. Sie ist auch wunderbar als Ausflug für **Familien mit Kindern** geeignet – der erste Teil der Route ist sogar kinderwagentauglich. **Feinschmecker,** insbesondere Fans schwäbischer Spezialitäten, finden im Siebenmühlental ihr kulinarisches Paradies.

Eckdaten

Charakteristik: einfache Streckenwanderung ohne nennenswerte Herausforderungen mit einem minimalen Anstieg, die ansonsten ebenerdig bis leicht abschüssig verläuft. Von Musberg bis zur Schlösslesmühle ist der Weg auf einer Länge von ca. 4,7 km kinderwagentauglich. Im Sommer spenden die vielen Bäume Schatten, im (verschneiten) Winter versprüht der Weg einen ganz besonderen Charme.

Kürzere Variante: Eine Abkürzung der Tour ist am Ende des Siebenmühlentals an der Bushaltestelle Burkhardtsmühle möglich (dann nur 10 km).

Stärkung zwischendurch: Unterwegs gibt es etliche Einkehroptionen, denn gleich fünf Mühlen laden zur Einkehr ein: Eselsmühle, Mäulesmühle, Schlösslesmühle, Kochenmühle und Burkhardtsmühle.

Anreise

Da es sich um eine Streckenwanderung handelt, empfehlen wir die Anreise mit öffentlichen Verkehrsmitteln. Vom Stuttgarter Hbf. aus geht es z. B. mit der **S-Bahn-Linie 2** nach **Leinfelden Bhf.** Hier steigen wir in den **Regionalbus 86** um und in **Musberg, Kirche** aus. Für die Rückfahrt sind verschiedene Busverbindungen möglich (Details s. S. 143). In der Regel muss man einmal umsteigen.

Autofahrer können die Parkplätze an der **Sporthalle** oder am **Friedhof**

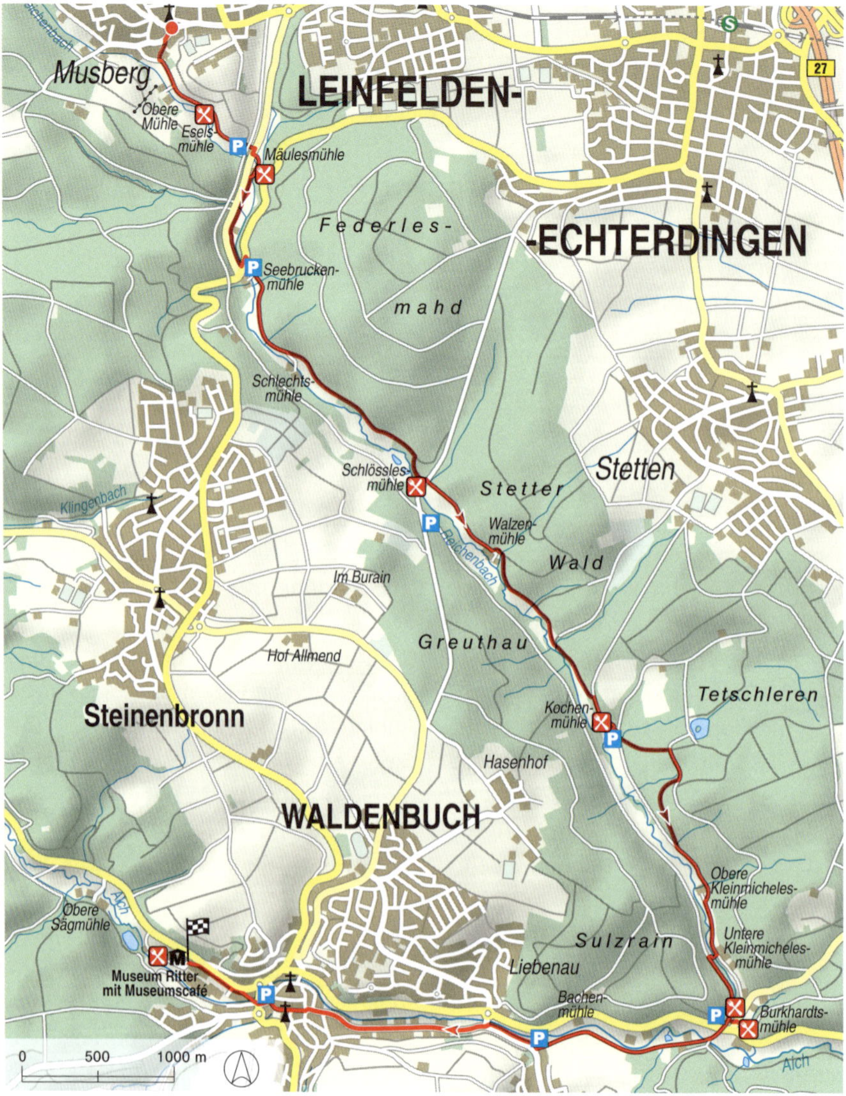

Musberg nutzen. Oder sie fahren bis zum **Wanderparkplatz Eselsmühle** und steigen dort in die Tour ein. An Wochenenden und Feiertagen ist dieser jedoch so stark frequentiert, dass man auf andere Parkplätze ausweichen sollte.

VOM BESCHAULICHEN MUSBERG ZUR ERSTEN MÜHLE

Vor der Haustür Stuttgarts, im als Wohnort immer beliebter werdenden **Leinfelden-Echterdingen,** beginnen wir diese Wanderung. Einheimische

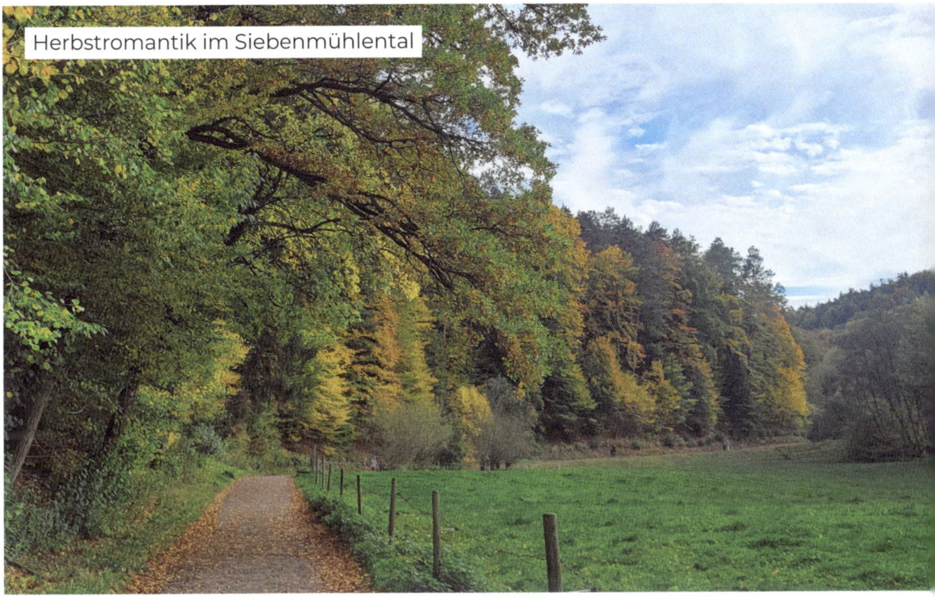
Herbstromantik im Siebenmühlental

nennen ihre Stadt gern kurz und knapp „LE“ – ausgesprochen wie die Abkürzung von Los Angeles, L.A. Gewitzt ist er, der Schwabe. Und für schwäbischen Humor steht auch eine der Mühlen, die wir später noch zu Gesicht bekommen werden.

Wir beginnen die Wanderung im kleinen **Musberg,** einem Stadtteil von LE, und zwar an der **Musberger Kirche.** Die Straße führt in südwestliche Richtung wenige Meter bergab und schon stehen wir am nördlichen Ende des Siebenmühlentals. Knappe 10 km werden wir nun in Richtung Südosten zurücklegen, bis wir die letzte Mühle im Tal, die Burkhardtsmühle, erreichen.

Die erste Mühle, die wir gleich zu Beginn sehen, ist die **Obere Mühle.** Sie steht unmittelbar gegenüber dem

Extra-Info

Wie viele Mühlen gibt es eigentlich im Siebenmühlental?

Das werden sich vermutlich viele fragen. Die nahe liegende Antwort – „sieben“ – ist allerdings nicht korrekt. Tatsächlich stehen heute noch **elf Mühlen** im Tal. Vermutlich waren es früher sogar 13 Mühlen, hundertprozentig sicher ist das aber nicht. Bis in die 1930er-Jahre wurde das Siebenmühlental „Reichenbachtal“ genannt und nach wie vor schlängelt sich der namensgebende **Reichenbach** durch das Tal. Aus touristischen Gründen wurde es in Siebenmühlental umbenannt und bezieht sich dabei auf Aufzeichnungen aus dem Jahr 1383, als erstmalig sieben Mühlen urkundlich erwähnt wurden. Im Laufe der Jahrhunderte kamen nach und nach weitere Mühlen hinzu.

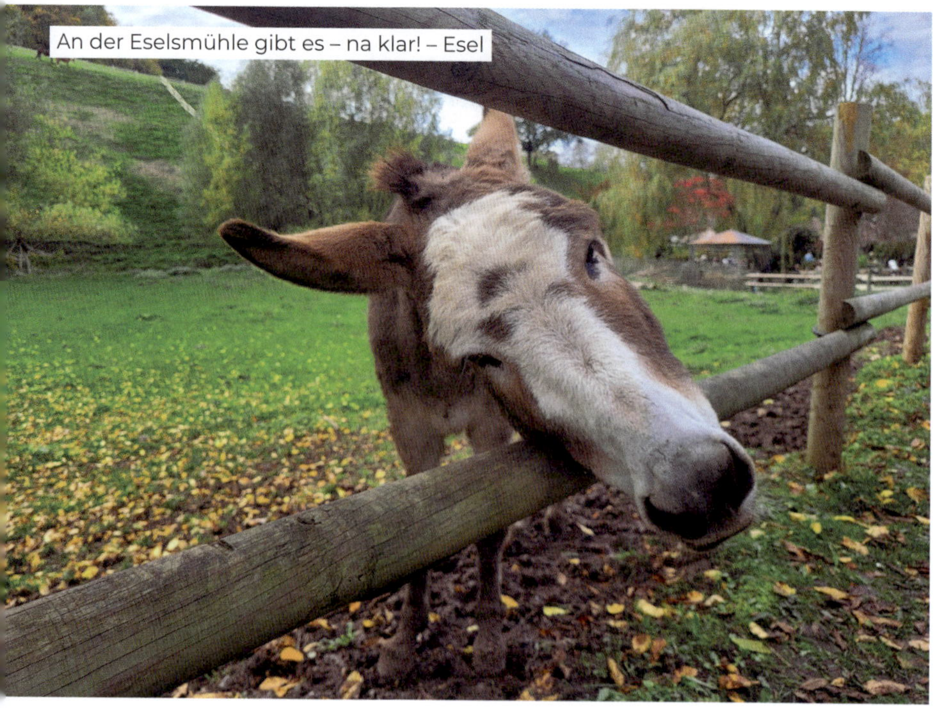

An der Eselsmühle gibt es – na klar! – Esel

Naturschutzgebiet Musberger Eichberg und ist eine von mehreren im Tal, die heute privat genutzt werden. Somit bleibt uns der Zutritt verwehrt.

DIE ESELSMÜHLE: BÄCKEREI, MÜHLENSTUBE, GARTENWIRTSCHAFT UND MEHR

Ganze 400 m weiter stehen wir schon vor der nächsten Mühle, der **Eselsmühle** (www.eselsmuehle.com, Mühlenstube und Biergarten Di.–So. 11.45–22, warme Küche bis 20 Uhr, Bioladen Mo.–Sa. 9–18, So./feiertags 10–18 Uhr). Sie kann auf eine stolze Geschichte von 600 Jahren zurückblicken und wird heute vielseitig genutzt: Sie beheimatet eine **Bäckerei,** in der hausgemachte Holz- und Steinofenbrote in Demeter-Qualität gebacken werden. Im mühleneigenen **Bioladen** lassen sich die ganze Woche über Obst, Gemüse, Säfte, hochwertige Weine und Käse zum Teil aus eigener Produktion erwerben. Die **Mühlenstube** ist ein angeschlossener Gastrobetrieb – hier werden Freunde des Fleischgenusses und Veganer gleichermaßen fündig. Die Speisekarte wartet mit schwäbischer Hausmannskost und Gerichten von der Tageskarte auf. Wer sich nach einer Rad- oder Wandertour im **Biergarten** ein kühles Helles gönnen möchte: gar kein Problem! Dabei kann man den Blick über die Felder schweifen lassen. Und wer sich fragt, woher die Eselsmühle ihren Namen hat: Die im Sommer auf den Wiesen lebenden **Esel** erfreuen sich vor allem bei Kindern großer Beliebtheit.

Apropos Kinder – sie fühlen sich hier ebenfalls sehr wohl. Ob beim Eselreiten, beim Austoben auf dem Spielplatz oder beim Besuch der kleinen **geologischen Sammlung** – ein erlebnisreicher Aufenthalt ist garantiert. In Letzterer lassen sich Mineralien und Versteinerungen bewundern, darunter beispielsweise die Abdrücke von Haifischzähnen aus der Heidenheimer Region.

Ihr seht schon: So schnell wird Besuchern in der Eselsmühle nicht langweilig. Wir wollen allerdings nicht schon zu Beginn unserer Wanderung im idyllischen Biergarten versacken. Einen halben Kilometer entfernt wartet bereits die nächste Mühle auf uns. Dazu überqueren wir am **Wanderparkplatz Eselsmühle** die Straße.

WO SCHWÄBISCHER HUMOR ZU HAUSE IST: DIE MÄULESMÜHLE

Mit der Mäulesmühle erreichen wir wenige Schritte weiter die dritte Mühle im Tal und eine zweite empfehlenswerte Einkehrmöglichkeit. Ein schmuckes Fachwerkhaus dient dem **Bio Restaurant Mäulesmühle** (Mäulesmühle 2, www.bio-muehle.de, Sa./Mo./Di. 14–20, So. 12–18 Uhr, Mühlenmuseum Sa.–Di. 14–18 Uhr, Eintritt frei) als stimmungsvolle Location, der **Biergarten** lädt im Sommer zum Draußensitzen ein. Es wird schwäbische Küche in Bioqualität serviert. Das kleine **Mühlenmuseum** bringt Gästen die Geschichte der Mühle und die technischen Seiten des Müllerhandwerks näher.

Schwäbische Kost der ganz anderen Art wurde lange Zeit in der gegenüberliegenden **Komede-Scheuer Mäulesmühle** (Mäulesmühle 1, www.maeulesmuehle.de) geboten. Die SWR-Serie „Hannes und der

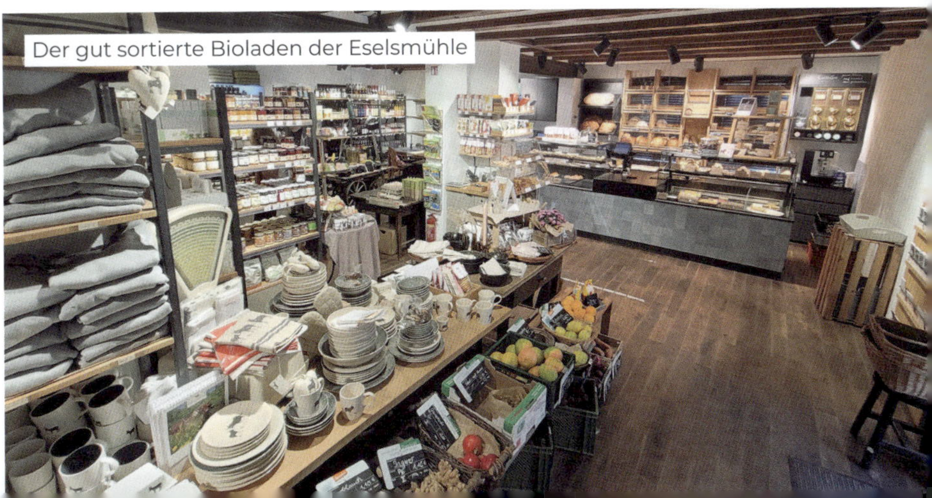
Der gut sortierte Bioladen der Eselsmühle

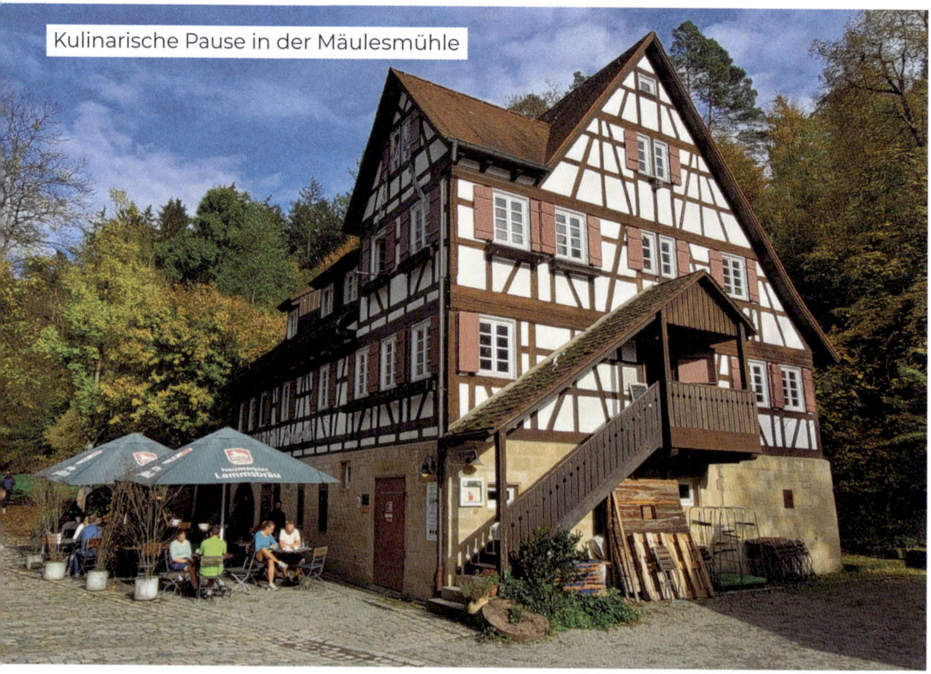

Kulinarische Pause in der Mäulesmühle

Bürgermeister“ wusste von 1994 bis 2023 mit Humor und schwäbischer Mundart zu begeistern, in der Theaterscheune wurden die Sketche bereits seit 1985 aufgeführt. So konnten Zuschauer hier fast 40 Jahre lang **schwäbisches Volkstheater** erleben. Sowohl Hannes als auch der Bürgermeister haben mittlerweile jedoch beschlossen, in Rente zu gehen. Die zahlreichen gedrehten Folgen können weiterhin online, etwa in den Mediatheken, abgerufen werden. Im Mai 2023 schloss die Komede vorerst. Auf der Internetpräsenz der Mäulesmühle werden Theaterinteressierte auf dem Laufenden gehalten, ob und in welcher Form das kulturelle Programm der Mühle fortgesetzt wird.

VON MÜHLE ZU MÜHLE WANDERN

Wir folgen dem Wanderweg, der zunächst parallel zur Straße verläuft, einige Meter und überqueren dann die Straße. So erreichen wir mit der **Seebruckenmühle** die vierte im Bunde. Sie lässt sich als Eventlocation buchen, bietet aber keine reguläre Gastronomie an.

Der Weg führt anschließend durch das weitläufiger werdende Tal. Hier sind durchaus viele Wanderer und Ausflügler unterwegs, die die angenehm zu gehenden Wege zu schätzen wissen. Bald sehen wir auf der rechten Seite die **Schlechtsmühle.** Die fünfte Mühle im Tal wurde erstmals im 15. Jh. erwähnt und ist heute in Privatbesitz. Bis 1993 wurde hier noch traditionell Mehl gemahlen.

Was die ländliche Idylle vielleicht etwas stört, sind die zahlreichen **Flugzeuge,** die beim Landeanflug auf den Flughafen Stuttgart über einen hinwegdonnern.

NÄCHSTER HALT AN DER SCHLÖSSLESMÜHLE

Wir verlassen für einen kurzen Moment den von Kieselsteinen gesäumten Wanderweg. Das nächste Teilstück führt uns in die Nähe des leise plätschernden **Reichenbachs.** Der Wiesenweg endet an der **Schlösslesmühle** mit ihrem **Biergarten** (www.schloesslesmuehle.com, auf Facebook, Mi.–Fr. 11.30–20, Sa./So. 11–18 Uhr) – genau der richtige Ort für eine kleine Pause mit Kaffee und Kuchen sowie regionalen Köstlichkeiten. In dem schmucken Fachwerkhaus kann man sogar übernachten. Die Mühle ist gut besucht und dient vielen von der Eselsmühle kommenden Ausflüglern als Wendepunkt, denn nicht jeder möchte das komplette Siebenmühlental durchwandern. Ab der Schlösslesmühle ist der weitere Weg überdies, wie bereits erwähnt, nicht mehr für Kinderwagen geeignet. Das heißt, ab sofort wandern wir über **naturnahe, verwurzelte Waldwege.**

Die Schlösslesmühle lockt mit einem lauschigen Biergarten

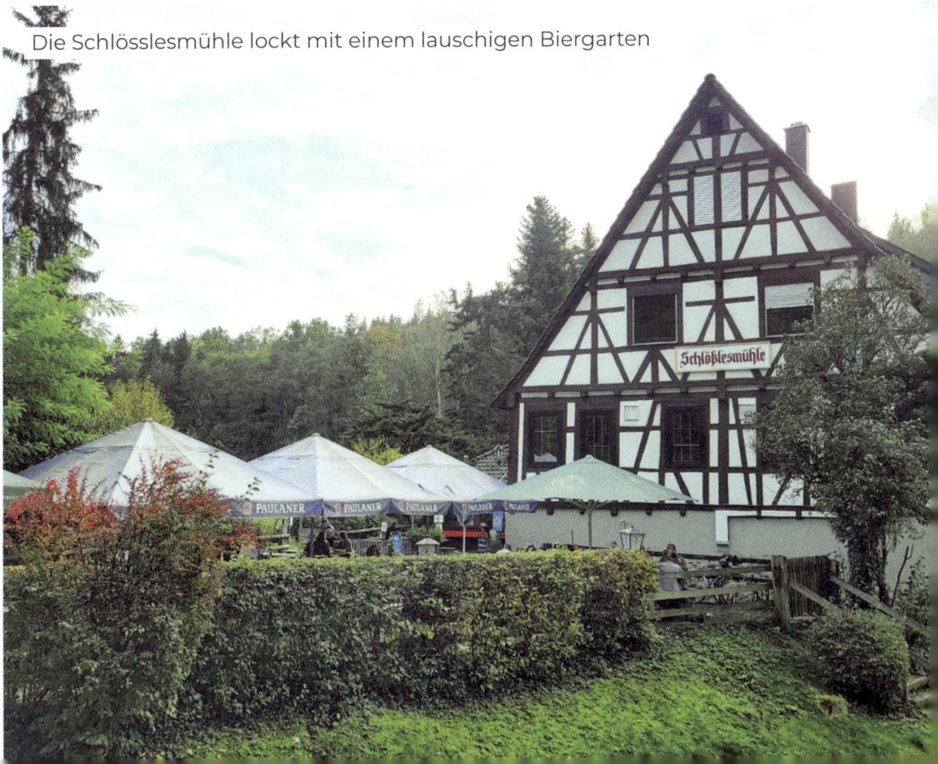

VON DER KOCHEN- BIS ZUR BURKHARDTSMÜHLE

Wir folgen dem Routenverlauf und erreichen nach 800 m das privat betriebene Hofgut **Walzenmühle.** Das Gelände wird mittlerweile als Reitsportanlage genutzt.

Nach weiteren 1,5 km kommen wir an der **Kochenmühle** (www.siebenmuehlental.com/kochenmuehle.html; Fr. 15–22, Sa./So./feiertags 11–20 Uhr) an, der achten Mühle, wiederum mit Einkehrmöglichkeit. Wer auf der bisher zurückgelegten, gut 7 km langen Wanderstrecke noch nicht pausiert hat und jetzt so richtig hungrig ist, der kann hier seinen Gaumen verwöhnen lassen – selbstverständlich mit typisch schwäbischer Kost. Freitags und samstags ist Rostbratentag! Im **Biergarten** geht es lauschig zu. Empfangen wird der Besucher von einer markanten, fast lebensgroßen, aus Holz geschnitzten Figur am Eingang.

Nach dem Besuch der Kochenmühle geht es bergauf, allerdings mit etwa 50 Höhenmetern äußerst moderat und locker machbar.

Ca. 1,5 km weiter erreichen wir mit der **Oberen Kleinmichelesmühle** die neunte ihrer Art. Sie ist privat bewohnt und nicht zugänglich. Gleiches gilt für die **Untere Kleinmichelesmühle** nur ein paar Schritte weiter, die auf dem Gelände einer Sägefabrik steht und vom Weg aus nicht ohne Weiteres einsehbar ist.

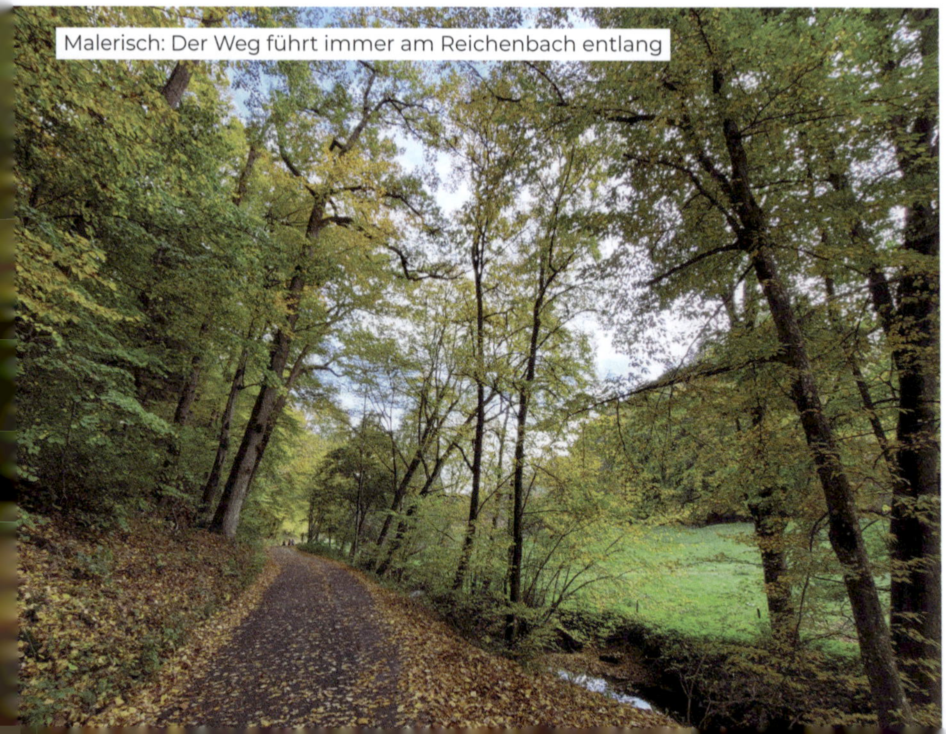
Malerisch: Der Weg führt immer am Reichenbach entlang

Nur wenige Hundert Meter entfernt treffen wir mit der **Burkhardtsmühle** auf die elfte und somit letzte Mühle im Siebenmühlental. Wer in den bisherigen Lokalen keinen Platz mehr gefunden hat, nicht satt geworden ist oder einfach nur Lust auf ein Getränk zum Abschluss der Tour hat, der ist im griechischen Restaurant der Mühle bestens aufgehoben (www.restaurant-beim-griechen.de, Mo. u. Mi.–Sa. 11–14.30 u. 17–23, So./feiertags 11–23 Uhr, Di. Ruhetag).

Alternativ gibt es gegenüber noch das **Waldmeister Biergarten-Café** (https://waldmeister-biergarten-cafe.business.site, tägl. ab 11 Uhr), das in den Sommermonaten geöffnet ist. Auch hier steht wieder – das kann man sich vielleicht schon denken – schwäbische Kost auf der Speisekarte, dazu wird bayerisches Bier gezapft.

RÜCKWEGVARIANTEN UND FINALE IN WALDENBUCH

Wir haben jetzt das Ende des Siebenmühlentals erreicht. Nun kann man wählen: Die sicherlich schönste, aber auch anstrengendste Variante ist es, den **gleichen Weg zurückzunehmen.** Dann hat die Strecke jedoch eine Gesamtlänge von ca. 20 km.

Wer eine gemütlichere Variante bevorzugt, der kann an der **Bushaltestelle** der Burkhardtsmühle in den Bus nach **Bernhausen** steigen und dort bequem die nächste **S-Bahn** zum Stuttgarter Hbf. nehmen.

Die dritte Option: Man wandert ca. 3 km entlang der Bahnhofstraße in westliche Richtung bis nach **Waldenbuch** – diese Variante ist auch eingezeichnet. In Waldenbuch ist das **Museum Ritter** (s. unten) einen Besuch wert und bietet sich außerdem für einen kunstvollen Ausklang der Tour an. Von Waldenbuch kann man z. B. den **Bus nach Leinfelden** nutzen, mit dem wir auch schon die Hinfahrt absolviert haben. Dort besteht wiederum Anschluss an die S-Bahn nach Stuttgart.

Extra-Tipp

Schokoladige Auszeit

In der **Ritter Sport Bunte Schoko Welt** (Alfred-Ritter-Str. 27, www.ritter-sport.com/de/waldenbuch, Mo.–Sa. 9–18.30, So. 11–18.30 Uhr, Eintritt frei) in Waldenbuch kann man die Welt der Schokolade kennenlernen. Für den Rundgang durch die **Schokoausstellung** sollte man eine gute Stunde Zeit einplanen. Erlebnisreiche **Workshops für Kinder** lassen sich online buchen.
Im zugehörigen **Museum Ritter** (www.museum-ritter.de, Di.–So. 11–18 Uhr, Eintritt: Erw. 6 €, erm. 4 €, Kinder bis 18 Jahre und jeden Do. Eintritt frei) und im angeschlossenen **Museumscafé** ist eine faszinierende Sammlung zeitgenössischer abstrakter Kunst ausgestellt. Im Café kann man sich außerdem stärken, und das nicht nur mit Schokolade! Für den Rückweg dürfen sich Besucher natürlich im **Schokoshop** glücklich shoppen bzw. sich mit Vorräten eindecken.

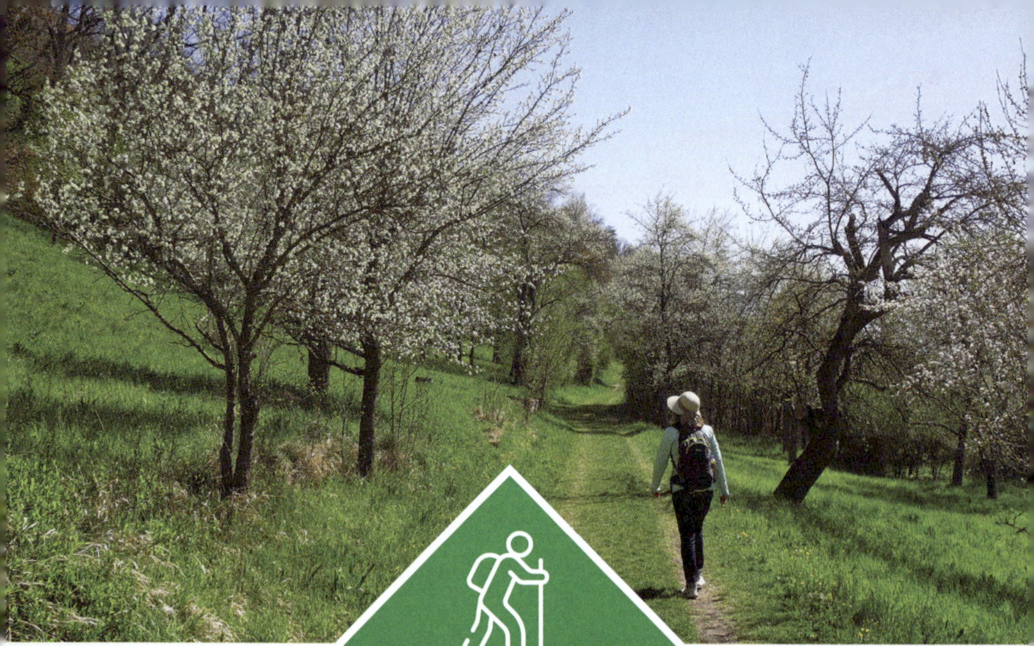

15

ZWISCHEN WALD UND OBSTWIESEN: UNTERWEGS AUF DEM SCHÖNBUCHTRAUF

Dauer
3½ Std.

Entfernung
11 km | 200 HM

Weitere Infos:
https://schoenbuch-heckengaeu.de

Über Waldpfade streifen wir durch den malerischen #NATURPARK SCHÖNBUCH. Nach der Hälfte der Strecke geht es mit fantastischer Aussicht auf das #SCHWÄBISCHE STREUOBSTPARADIES an der Traufkante zurück. Der #SCHÖNBUCHTURM punktet mit spektakulärer Architektur und grandiosem Fernblick. Wer noch etwas Stadtluft schnuppern möchte, besucht das Fachwerkjuwel #HERRENBERG.

Für wen ist die Tour geeignet?

Diese leichte Wanderung ist reich an Aussichtspunkten und optischen Highlights und bietet sich ganzjährig für einen erlebnisreichen **Familienausflug** an, ausdrücklich auch im verschneiten **Winter.** Für **Kinder** ist der Hochseilgarten spannend. **Tierliebhaber** erfreuen sich am Damwildgehege, dem Hirschkäfermeiler und einem Feuchtbiotop.

Eckdaten

Charakteristik: einfache, aussichtsreiche Wanderung durch Wald und Wiesen. Empfehlenswert ist die Verlängerung der Tour vom Schönbuchturm nach Herrenberg. Hierfür sollten weitere 1–1½ Std. Zeit eingeplant werden. Die Tour ist problemlos auch für Kinder machbar. Im Winter und bei regnerischem Wetter ist festes Schuhwerk vorteilhaft.

Stärkung zwischendurch: Unterwegs gibt es mehrere Einkehrmöglichkeiten, und zwar im Schützenhaus Mönchberg am Anfang, im Hotel Restaurant Kaiser in der Mitte und im Naturfreundehaus Herrenberg am Ende der Tour.

Anreise

Die Anfahrt ab Stuttgart Hbf. nach Herrenberg ist mehrmals pro Stunde mit der **S-Bahn-Linie 1** möglich. Auch **Regionalzüge** verkehren auf dieser Strecke.

Ab Herrenberg bietet sich zum offiziellen Startpunkt des Wanderweges „SchönbuchTrauf" am Schönbuchturm ein ca. 5 km langer **Spaziergang durch die historische Innenstadt** über den Schlossberg an. Der Weg zum Aussichtsturm ist bestens ausgeschildert. Alternativ kann die Anfahrt auch mit der **Buslinie 782** ab dem Herrenberger Bahnhof bis zur Station „Waldfriedhof Herrenberg" erfolgen.

Autofahrer nutzen die Parkplätze am Schönbuchturm oder den Parkplatz am Waldfriedhof.

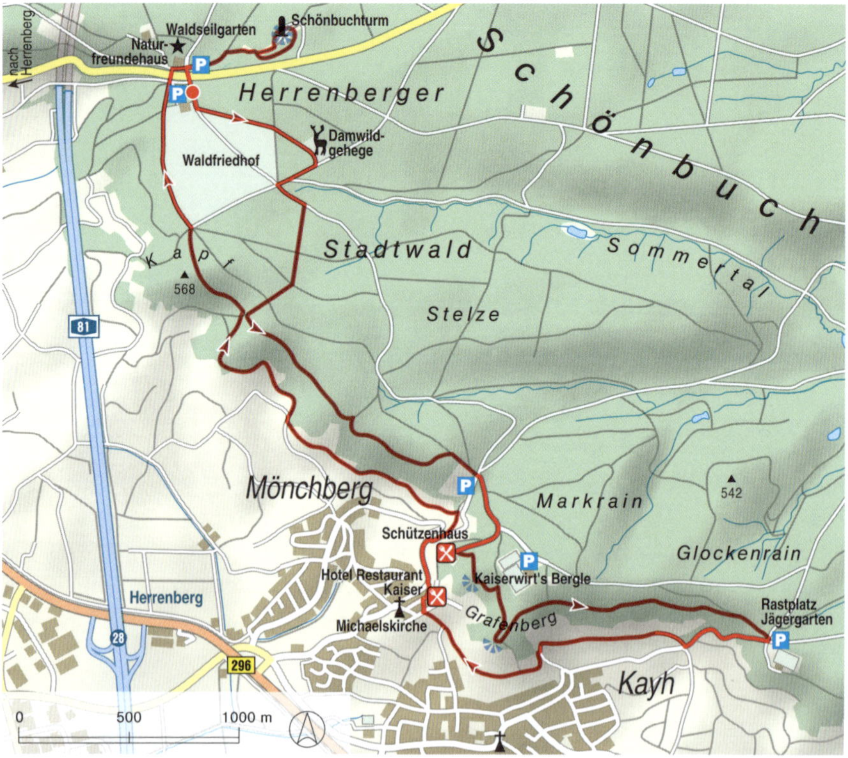

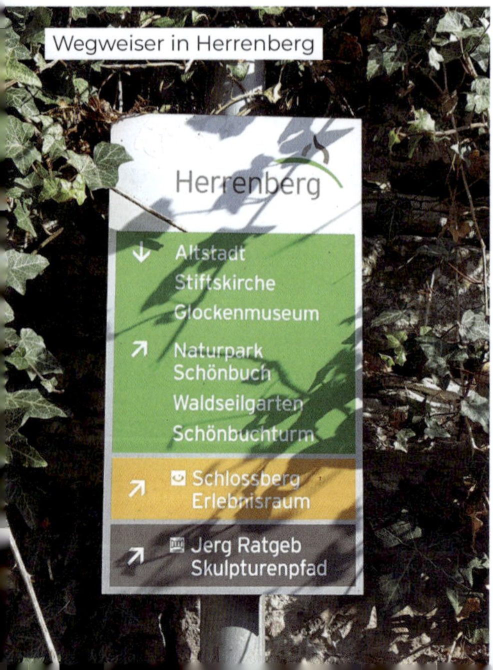

Wegweiser in Herrenberg

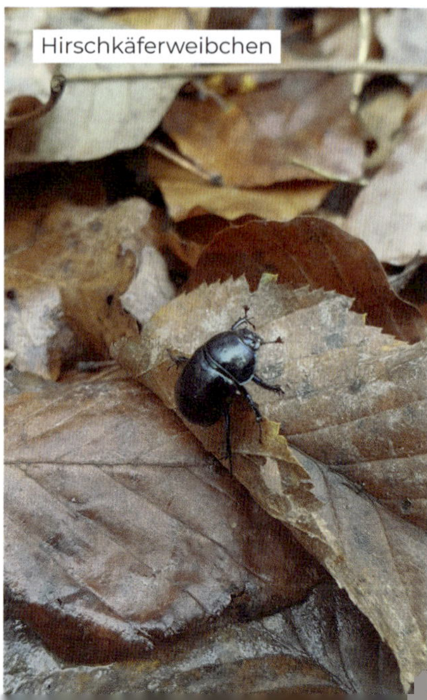
Hirschkäferweibchen

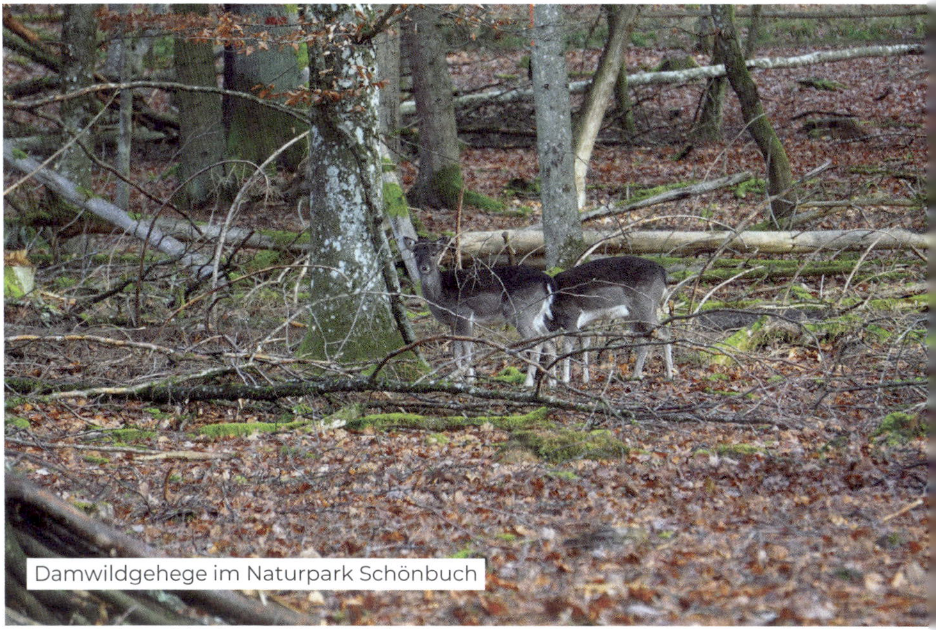

Damwildgehege im Naturpark Schönbuch

DAMWILD, HIRSCHKÄFERN UND ANDEREN WALDBEWOHNERN AUF DER SPUR

Unsere Tour beginnen wir am **Parkplatz Waldfriedhof Herrenberg.** Die Route ist durch **hellgrüne Wegweiser** mit dem **Schriftzug „Land.Tour SchönbuchTrauf"** sehr gut ausgeschildert. Mit dem Begriff „Trauf" werden steile Kanten an hohen Felsen bezeichnet.

Für ca. 600 m führt uns der Pfad in südöstliche Richtung am Friedhof vorbei, bis wir am **Damwildgehege** einen kurzen Stopp einlegen. Mit ein wenig Glück lassen sich im Schaugehege u. a. Dam-, Rot- und Schwarzwild, Mufflons sowie Wildschweine beobachten. Nach einem weiteren Kilometer in südliche Richtung erreichen wir eine kleine Hütte, die wir auch auf dem Rückweg noch einmal passieren werden. Wir halten uns zunächst links und folgen den hellgrünen Wegmarkierungen für ca. 2 km bis zum Schützenhaus Mönchberg. Zwischendurch kann man schon den einen oder anderen Blick durch die Bäume auf das Ammertal werfen.

Das **Schützenhaus Mönchberg** (Bei der oberen Steige 2, www.moenchberger-schuetzen.de/gaststaette.html, Mo./Fr. geschlossen, warme Küche Di. 16–19, Mi./Do./Sa. 15–19, So./feiertags 10–19 Uhr) dient dem hiesigen Schützenverein als Sportstätte, das zugehörige Gasthaus versorgt hungrige und durstige Wanderer sowie Ausflügler mit kleinen Speisen und Getränken.

Lediglich 200 m weiter erreichen wir mit dem **Kaiserwirt's Bergle** einen herrlichen **Aussichtspunkt.** Auf dem weiteren Weg passieren wir einen sog. **Hirschkäfermeiler:** Hier wurden große Eichenstämme im Boden vergraben und die Zwischenräume mit Eichenspänen gefüllt. Der Meiler sorgt dafür, dass sich die Hirschkäfer, die größten Käfer Europas, in ihrer fünf- bis acht-jährigen Reifezeit ungestört entwickeln können.

Nach rund 300 m ist der **Aussichtspunkt Grafenberg** auf 550 m Höhe in Sicht. Von hier schweift der Blick über die Streuobstwiesen, das **Ammertal** und bei guten Sichtverhältnissen sogar bis zum nördlichen Schwarzwald. Besonders auffällig ist die meterlange, aufwendig aus einem Baumstamm geschnitzte **Sitzbank** – perfekt für eine kleine Rast.

Weitere 500 m entfernt erreichen wir ein **Feuchtbiotop** mit einem kleinen **Erlebnissteg.** Infotafeln und Stelen geben Wissenswertes über die Bewohner des Biotops preis. Mit ein wenig Glück lassen sich hier u. a. Bergmolche, Pferdeegel („Blutegel") oder Gelbbauchunken beobachten.

Mit dem **Rastplatz Jägergarten** haben wir nun den **Wendepunkt** unserer Route erreicht. Wir machen eine Kehrtwende um fast 180 Grad und wandern jetzt mehr oder weniger parallel zum Hinweg zurück zum Ausgangspunkt, mit einem kleinen Abstieg am Kayher Sportplatz. Der wesentliche Unterschied: Der Rückweg bietet einen ungehinderten Blick auf die ausgedehnten Streuobstwiesen.

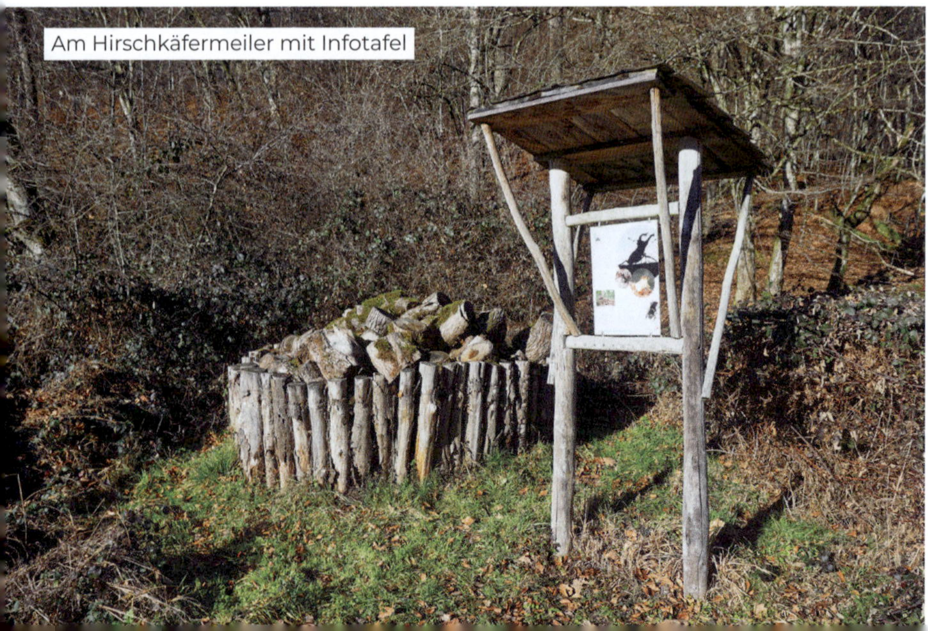

Am Hirschkäfermeiler mit Infotafel

EINE DER GRÖẞTEN STREU-OBSTLANDSCHAFTEN EUROPAS

Wir wandern in nordwestliche Richtung. Unübersehbar sind die zahlreichen **Kirschbäume**, die im Frühling mit ihren Blüten begeistern. Idyllisch präsentiert sich diese Landschaft übrigens auch im Winter. Hier, am Südhang des Grafenbergs, wurde früher im Anbaugebiet „Mähdelgut" Wein kultiviert. Heute steht der Anbau von Kernobst im Zentrum. Tatsächlich befinden wir uns mitten im **„Schwäbischen Streuobstparadies"** (www.streuobstparadies.de). Die Obstwiesen zwischen Alb und Neckar bilden mit rund 26.000 ha eine der größten zusammenhängenden Streuobstgebiete Europas. Mehr als 1,5 Mio. Obstbäume dürfen in dieser geschützten Landschaft wachsen und gedeihen.

Extra-Tipp

Ohrenschmaus und Augenweide

Um die Geschichte des traditionsreichen Obstanbaugebiets erlebbar zu machen, wurde die **Kayher Lauschtour** geschaffen, eine interaktive Infotour. An sieben Hörstationen lässt sich mithilfe von **QR-Codes** allerhand über die Historie und die Bewirtschaftung der steilen Hänge erfahren (https://streuobsterlebnis.mitmachstadt-herrenberg.de/erlebniswege/kayh/kayher-lauschtour). Im Frühjahr findet auf den Obstwiesen ein Spektakel der ganz besonderen Art statt. Zahlreiche Kirschblüten sorgen für ein **„Schwäbisches Hanami"** – Hanami ist der japanische Begriff für das Betrachten der blühenden Kirschbäume. Zwischen April und Juni berichtet ein Blüten-Ticker über den Stand der Blüte (www.streuobstparadies.de/Entdecken/Schwaebisches-Hanami).

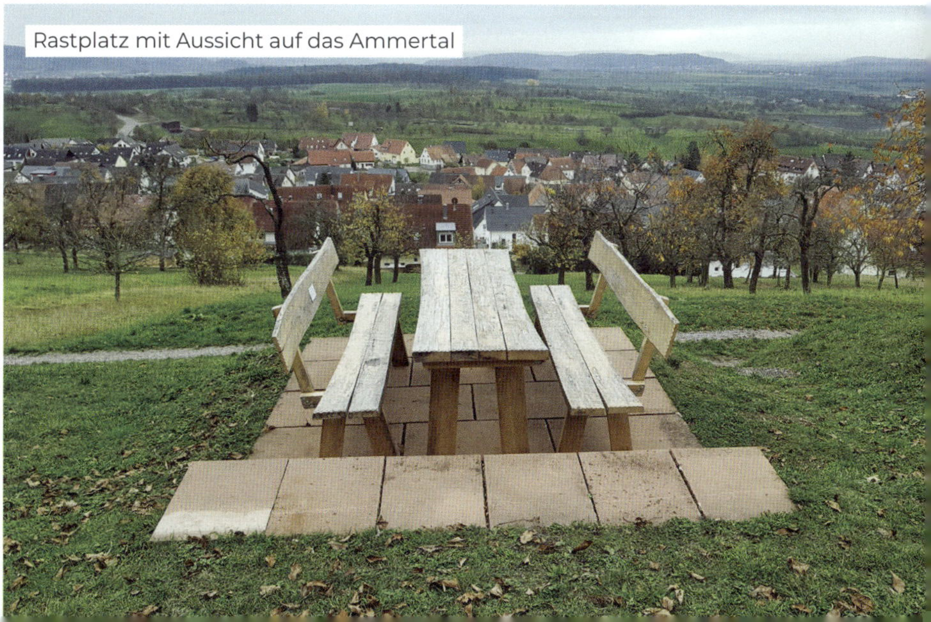

Rastplatz mit Aussicht auf das Ammertal

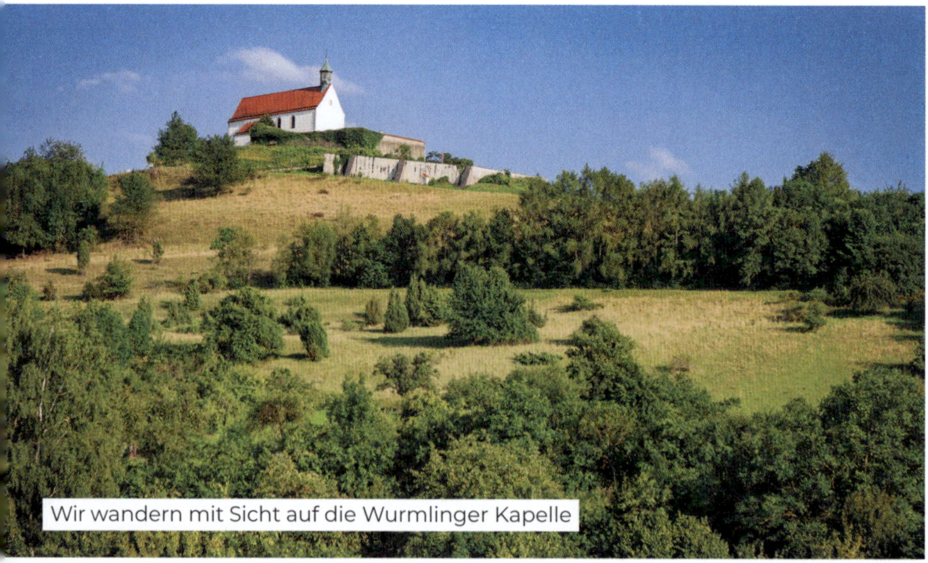
Wir wandern mit Sicht auf die Wurmlinger Kapelle

Der Wanderweg verläuft hier stets über offene Flächen mit einmaliger Aussicht in Richtung Schwarzwald. Ein echter Blickfang in der Ferne ist die **Wurmlinger Kapelle** in exponierter Lage auf dem 474 m hohen Kapellenberg.

Vor uns erblicken wir nun den hohen Kirchturm der **Michaelskirche,** rechter Hand ist das Schützenhaus Mönchberg zu erkennen, das wir bereits am Anfang der Tour passiert haben. An diesem Punkt lockt das **Hotel Restaurant Kaiser** (Kirchstr. 10, https://hotel-kaiser-herrenberg.de, Restaurant: Mo.–Fr. 17.30–22, Sa./So./feiertags geschlossen) zu einer kulinarischen Pause. Auf der Speisekarte stehen deutsche und schwäbische Klassiker.

Vom Restaurant aus wandern wir ca. 2 km in nordwestliche Richtung zu jener kleinen **Hütte,** die wir schon auf dem Hinweg passiert haben. Hier folgen wir dem Pfad nach links und erreichen nach einem guten Kilometer den **Aussichtspunkt Alter Rain.** Von hier aus sind es nur noch wenige Hundert Meter zum Ausgangspunkt unserer Wanderung, dem Parkplatz am Waldfriedhof.

Auf der gegenüberliegenden Straßenseite befindet sich mit dem **Naturfreundehaus Herrenberg** (Hildrizhauser Str. 103, www.nfh-herrenberg.de, Mi.–Sa. 12–21, So./feiertags bis 18 Uhr) eine weitere empfehlenswerte Einkehrmöglichkeit. Der meist stark frequentierte **Parkplatz** dient Ausflüglern als Ausgangspunkt für einen Besuch des **Schönbuchturms,** der nur einen zehnminütigen Fußmarsch entfernt und dank zahlreicher **Wegweiser** nicht zu verfehlen ist.

DER SCHÖNBUCHTURM: AUSFLUGSHOTSPOT IM NATURPARK

Der **Schönbuchturm** (https://schoenbuch-heckengaeu.de/tipp/schoenbuchturm) thront auf einer Anhöhe von 585 m und ist architektonisch ein echter **Hingucker.** Errichtet wurde er auf acht Stützen aus heimischem Lärchenkernholz, die sich kelchartig nach oben hin öffnen – der Turm ist also oben breiter als unten. Zwei spiralförmige **Wendeltreppen** sorgen dafür, dass beim Auf- bzw. Abstieg der 348 Stufen kein Gegenverkehr entsteht. Am Boden kommt der 30 m hohe Turm auf einen Durchmesser von 13 m.

Und die Aussicht? Der Blick reicht über den Naturpark Schönbuch und das Gäu bis zum nördlichen Schwarzwald und die Schwäbische Alb. Und das Beste ist: Der Turm kostet **keinen Eintritt.** Der Zutritt ist von Sonnenauf- bis -untergang möglich.

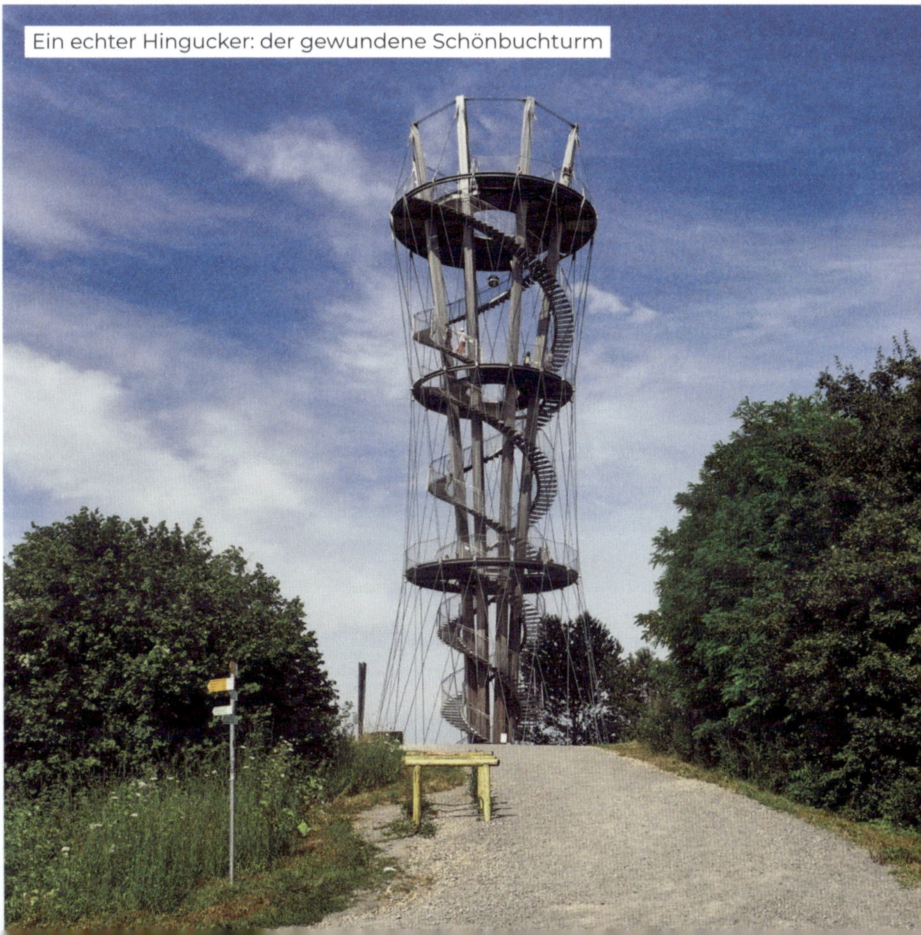

Ein echter Hingucker: der gewundene Schönbuchturm

DAS FACHWERKIDYLL HERRENBERG ALS ZUGABE

Vom Naturfreundehaus Herrenberg lässt sich diese Tour um weitere 5 km bis in die entzückende **Altstadt von Herrenberg** verlängern – eine ausgesprochen lohnenswerte „Zugabe"! Die Strecke zwischen Herrenberg und Schönbuchturm dient vielen Frischluftfreunden als Sonntagnachmittagsausflug oder zum Gassigehen mit ihren Vierbeinern. Herrenberg gilt als flächenmäßig größte Stadt des Landkreises Böblingen.

Vom Naturfreundehaus führt der Weg u. a. am **Waldseilgarten** (Am Alten Rain, www.waldseilgarten-herrenberg.de, je nach Wetter und Jahreszeit variierende Öffnungszeiten) und an einem **Mountainbike-Trail** (https://radsport.vfl-herrenberg.de/die-strecke) vorbei. Der Waldseilgarten bietet vor allem Kindern einen hohen Spaßfaktor.

Auf dem Weg zum nächsten Wegpunkt **Am Kapf** lässt sich gelegentlich in weiter Ferne abermals die Wurmlinger Kapelle sichten. Am Kapf wiederum kann man bei entsprechenden Schneeverhältnissen Schlitten fahren.

Der ebenerdige Weg endet am **Schlossberg-Plateau**, einer alten Ruine mitsamt **Aussichtsturm** und Schlosskeller. Die Aussicht in Richtung Ammertal und Herrenberg ist exzellent. Der **Schlosskeller** (Schlossberg 3, https://schlosskeller-herrenberg.com, Nov.–März geschlossen) lädt im Sommer zu einem kühlen Getränk und kleineren Speisen im Biergarten mit Ausblick ein.

Aussicht auf Herrenberg vom Schlossberg aus, im Vordergrund die Stiftskirche

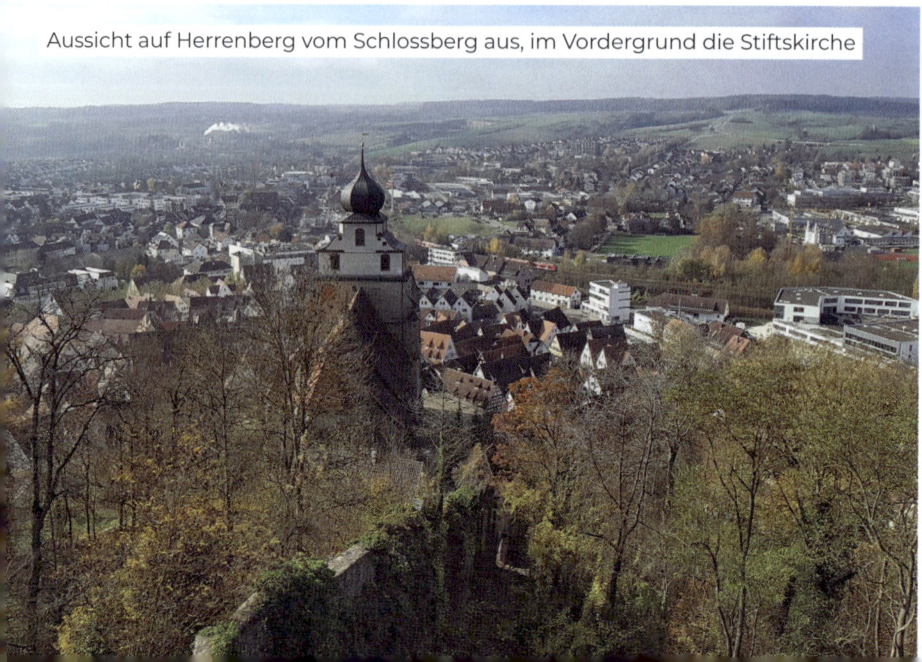

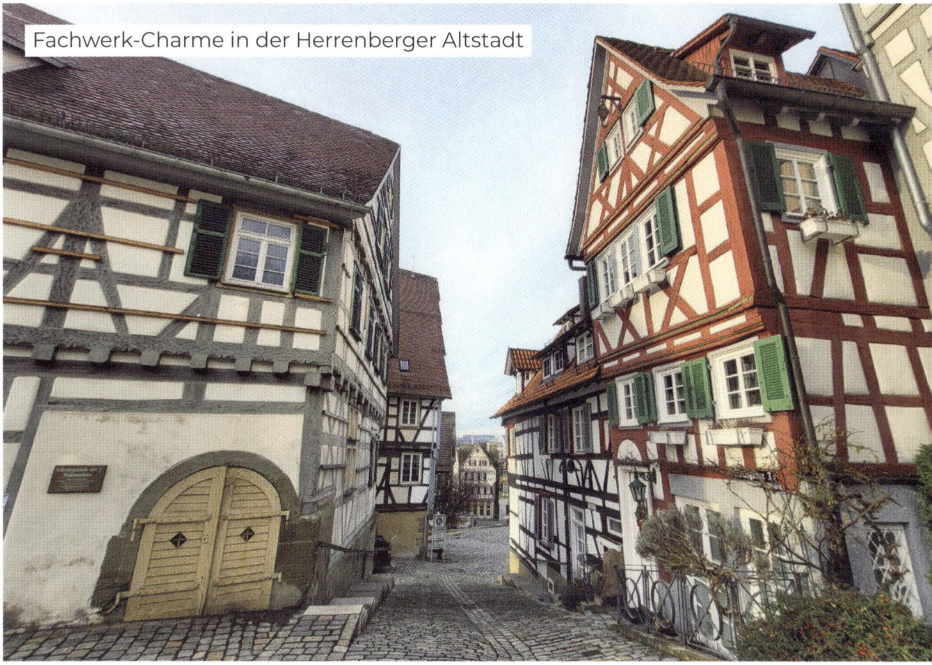

Fachwerk-Charme in der Herrenberger Altstadt

Am Schlossberg erfolgt der **Abstieg in die Herrenberger Altstadt.** Der Weg führt am Wahrzeichen der Stadt vorbei, der **Stiftskirche** (Kirchgasse 7, www.herrenberg.de/de/Stadtleben/Erlebnis-Herrenberg/Staunen-Erleben/Stiftskirche). Schon von Weitem ist das Gotteshaus über den Dächern Herrenbergs erkennbar. Aufgrund seiner exponierten Lage wird es auch **„Glucke vom Gäu“** genannt. Die Besichtigung der Kirche lohnt sich nicht nur wegen einiger Kunstschätze, sondern sie birgt auch ein Geheimnis (s. rechts).

Der Abstieg endet am **Marktplatz** von Herrenberg – hier genießt man den Blick auf ein pittoreskes, perfekt erhaltenes Ensemble von Fachwerkhäusern. Schmale Gassen mit kleinen **Geschäften und Cafés** laden zum Bummeln und Verweilen ein.

Extra-Tipp

Eine Kirche in Bewegung

Die **Stiftskirche von Herrenberg** rutscht! Und zwar jährlich um einige Millimeter auf die Innenstadt zu. Grund dafür sind die geologischen Gegebenheiten des Schlossbergs, der instabil ist und millimeterweise bergab rutscht. Deshalb mussten die Baumeister in der Vergangenheit immer wieder Stützbauten einfügen. Im Zeitraum 1971–1982 wurde die Kirche elf Jahre lang aufwendig renoviert und darf seitdem wieder besichtigt werden.

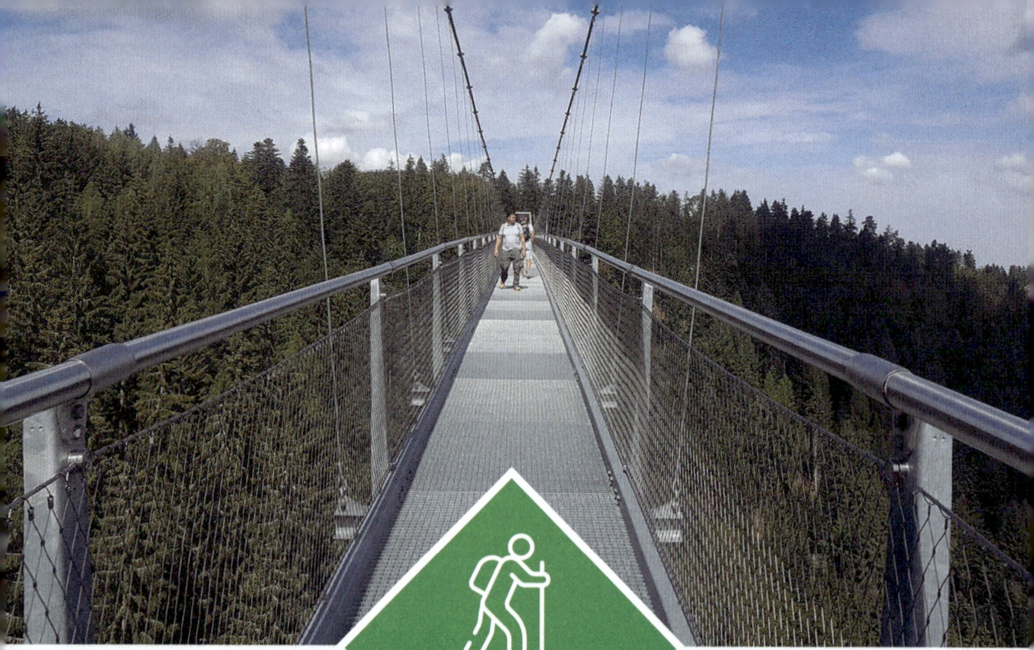

16

BAD WILDBAD: IN LUFTIGEN HÖHEN AUF DEM BAUMWIPFEL-PFAD UND DER HÄNGEBRÜCKE

Dauer
4 Std.

Entfernung
10 km | 360 HM

Weitere Infos:
www.bad-wildbad.de

Die Baumkronen einmal aus der #VOGELPERSPEKTIVE betrachten? Die Aussicht auf den nördlichen Schwarzwald vom vielleicht spektakulärsten #AUSSICHTSTURM dieses Landstrichs genießen? Die Überquerung einer #HÄNGEBRÜCKE in über 60 m Höhe wagen? Dazu noch #CHILLEN IM KURPARK oder Baden und Saunieren in orientalischem Ambiente? Diese Tour macht all dies möglich!

Für wen ist die Tour geeignet?

Diese Wanderung ist geeignet für **Erwachsene** und **Kinder,** ideal im Rahmen eines **Tagesausflugs** mit der **Familie.** Die Tour ist sehr facettenreich und lässt sich individuell gestalten: Höhenluft schnuppern auf der Hängebrücke oder doch lieber bei Kaffee und Kuchen in Bad Wildbad an der Enz sitzen? Von Nervenkitzel bis Ruheoase ist alles dabei.

Eckdaten

Charakteristik: einfache, erlebnisreiche Rundwanderung. Bis auf den Aufstieg auf den Sommerberg zu Beginn sind keine nennenswerten Steigungen zu bewältigen. Alternativ kann man die Sommerbergbahn nutzen. Für das Begehen der Hängebrücke sollte man schwindelfrei sein. Aufgrund des felsigen Untergrunds am Sommerberg und der teilweise verwurzelten Wege beim Auf- und Abstieg ist festes Schuhwerk in jedem Fall vorteilhaft.

Stärkung zwischendurch: Auf dem Sommerberg locken ein Ausflugsrestaurant und zwei Imbisse, auf dem Weg laden Schutzhütten zu einem Picknick ein (Proviant mitnehmen). Am Ende der Tour ist der Wildbader Hof eine Empfehlung.

Anreise

Ab Stuttgart Hbf. fährt stündlich eine Regionalbahn nach **Pforzheim.** Dort steigt man in die **S6** nach **Bad Wildbad** um. Der Ausstieg erfolgt an den Haltestellen **Uhlandstraße oder Kurpark.** Auf gleichem Weg fahren die Bahnen auch wieder zurück.

Autofahrer können in Bad Wildbad mehrere **Parkhäuser** ansteuern.

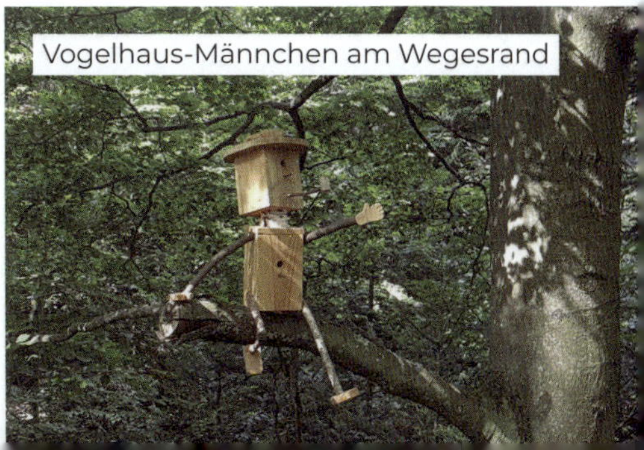

Vogelhaus-Männchen am Wegesrand

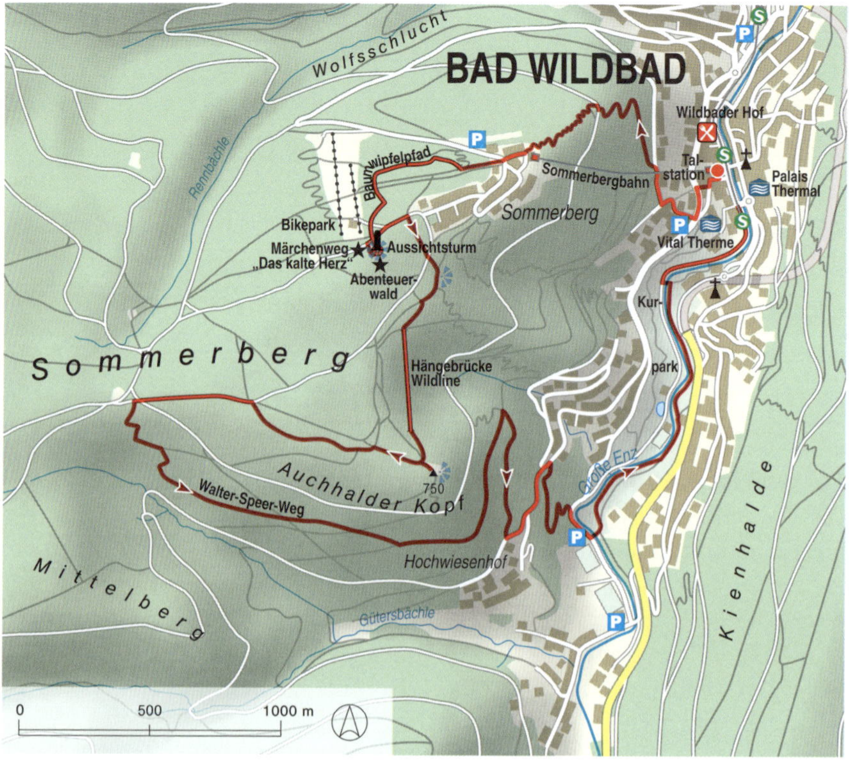

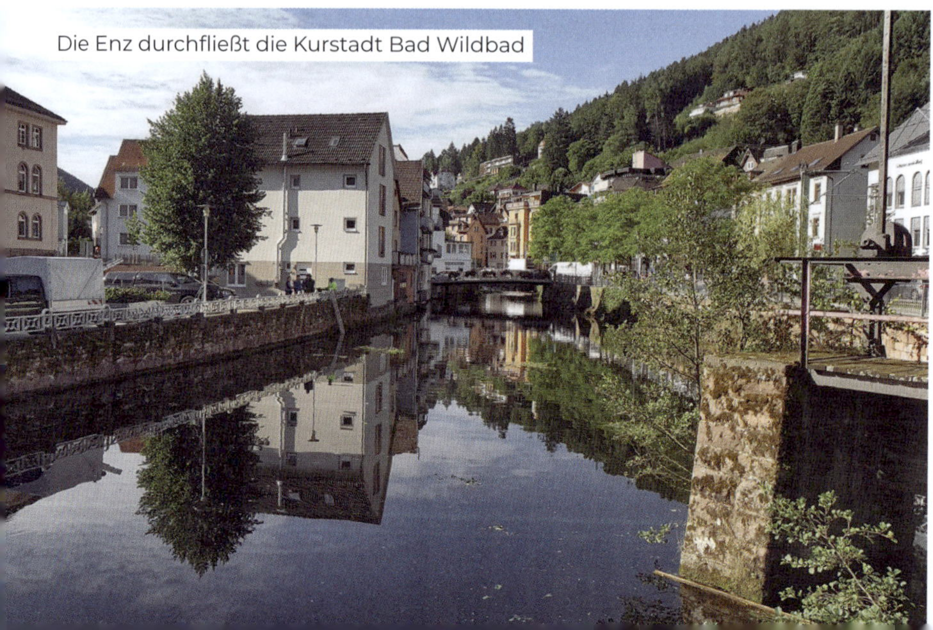
Die Enz durchfließt die Kurstadt Bad Wildbad

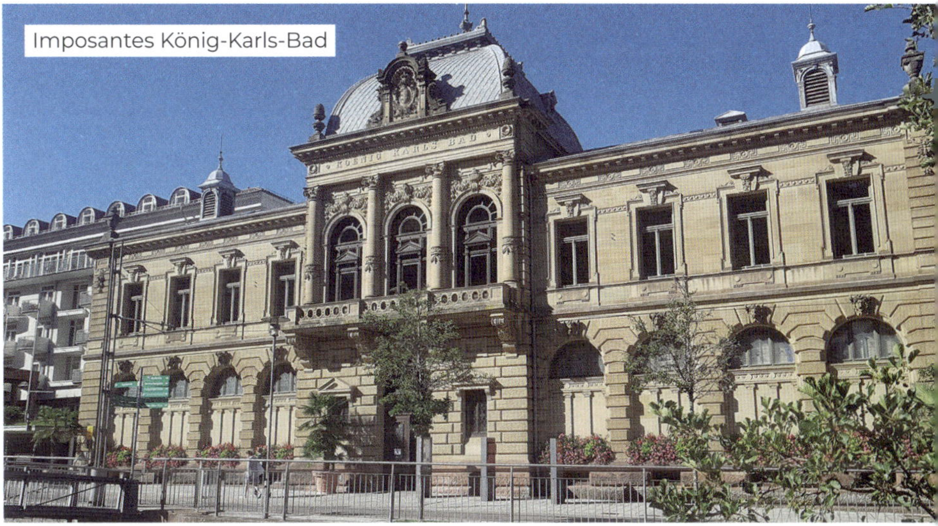

Imposantes König-Karls-Bad

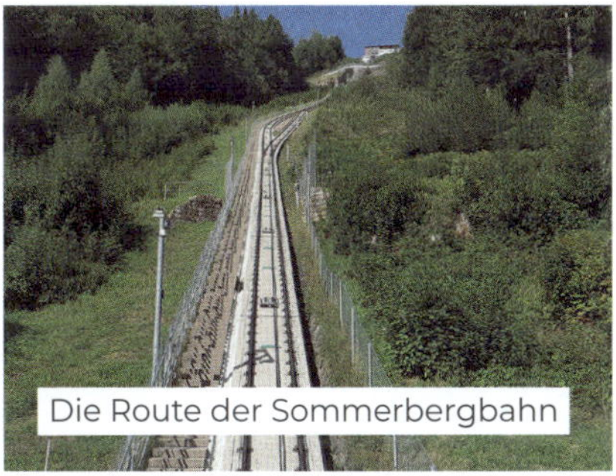

Die Route der Sommerbergbahn

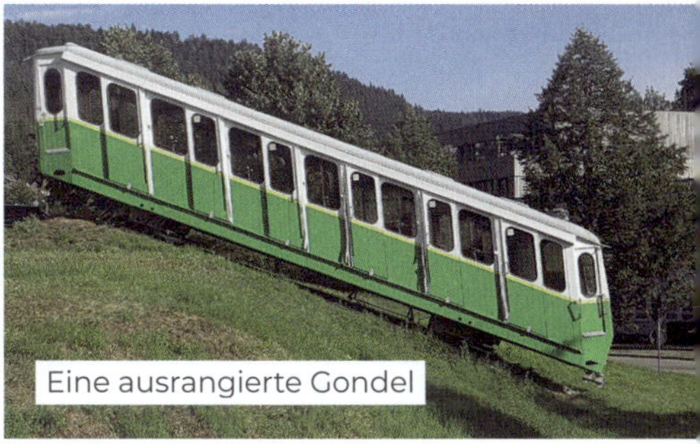

Eine ausrangierte Gondel

START IM ALTEHRWÜRDIGEN BAD WILDBAD

Bad Wildbad ist als **Kurbad** an sich schon einen Besuch wert. Die Geschichte des Heilbads reicht bis ins 19. Jahrhundert zurück. Seine teilweise illustren Gäste, zum Beispiel der Komponist **Gioachino Rossini** („Der Barbier von Sevilla"), haben im Ort ihre Spuren hinterlassen.

Unsere Wanderung beginnt im Ortskern von Bad Wildbad an der Talstation der **Sommerbergbahn.** Der ca. 260 m hohe Aufstieg zur Bergstation – der einzige der gesamten Tour – verläuft in **Serpentinen** auf teilweise felsigem Untergrund. Wer keine Lust auf den etwas schweißtreibenden Marsch hat, der nutzt einfach die bequeme und barrierefreie **Standseilbahn** (König-Karl-Str. 5, www.bad-wildbad.de/de/sommerbergbahn, tägl. 9–18 Uhr im 30-Min.-Takt, ab 15 Jahre 4 €, Kinder 2,50 €, Familienkarte 7,50 €).

Der Sommerberg: Startpunkt verschiedener Wanderwege

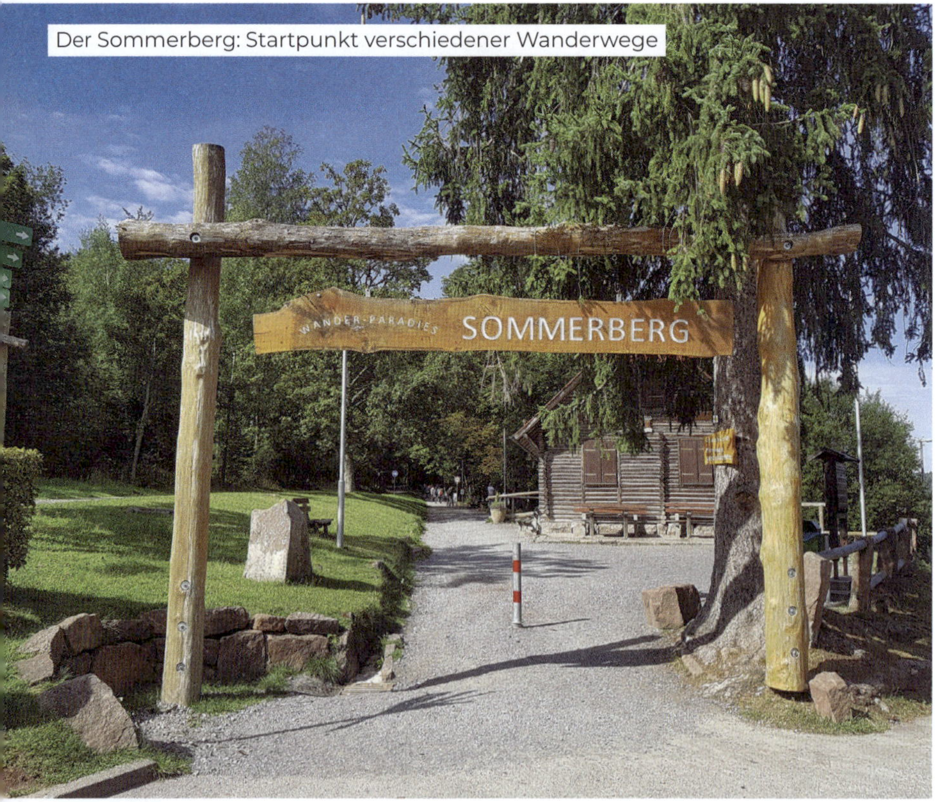

SOMMERBERG: AUSGANGSPUNKT FÜR NATURERLEBNISSE

Der auf 739 m Höhe gelegene Sommerberg ist der Startpunkt für allerlei Erlebnisse in der Natur. Neben diversen **Wanderrouten** gibt es auch zahlreiche **Mountainbike- und Radfahrstrecken,** die von hier beispielsweise in Richtung Hohlohturm oder zum Naturschutzgebiet Wildseemoor führen.

Oben angekommen, bietet sich das **Ausflugsrestaurant** des ehemaligen **Sommerberg-Hotels** (Heermannsweg 5–7) an, um bei einer Tasse Kaffee den Blick auf Bad Wildbad zu genießen. Die in die Jahre gekommene und aktuell nicht mehr betriebene Hotelanlage beherbergte in der Vergangenheit einige prominente Gäste: Gleich mehrere Bundespräsidenten – Heuss, Heinemann, von Weizsäcker und Herzog – weilten hier ebenso wie andere Berühmtheiten, darunter Carl Orff, Inge Meisel, Uwe Seeler oder Paul Schockemöhle.

Wir folgen den **Schildern** zum nur wenige Meter entfernten Eingangsbereich des Baumwipfelpfads.

ÜBER ALLEN WIPFELN: DER BAUMWIPFELPFAD SCHWARZWALD

Der ca. 1250 m lange Baumwipfelpfad auf gut 750 m Höhe lädt Besucher ein, den Schwarzwald aus einer **ungewohnten Perspektive** kennenzulernen. In luftiger Höhe von bis zu 20 m sind Fichten, Tannen und Buchen nicht nur zum Greifen nahe. Sie dürfen sogar tatsächlich angefasst und bewegt werden, denn nichts anderes täte auch ein kräftiger Windstoß! Während Erwachsene sich an der Aussicht erfreuen, dürfen Kinder sich den Pfad spielerisch erschließen. Vorbei an unterhaltsamen **Lern- und Erlebnisstationen** führt der Weg beispielsweise über wackelige, gut gesicherte Holzbalken. **Informationstafeln** geben Auskunft über die Welt der Bäume und die Bewohner des Waldes wie Eichhörnchen und heimische Vögel.

Extra-Tipp

Der verwunschene Märchenpfad

Für **Kinder** ist der am Baumwipfelpfad beginnende, 3,2 km lange **Märchenweg „Das kalte Herz“** interessant. Namensgeber ist der gleichnamige Roman Wilhelm Hauffs. Der Weg wartet mit geheimnisvollen Geschichten über den Schwarzwald und seine Bewohner auf.

Der Baumwipfelpfad endet am eindrucksvollen, 40 m hohen **Aussichtsturm.** Jetzt gilt es, die **geschwungene Konstruktion** hinaufzugehen. Sowohl der Baumwipfelpfad als auch der Aussichtsturm sind barrierearm gestaltet, weisen nur eine Steigung von maximal 6 % auf und ermöglichen so auch bewegungseingeschränkten Personen einen entspannten Zugang. In puncto **Panoramablick** auf den nördlichen Schwarzwald hat der luftig konstruierte Holzturm die Nase vorn: Die

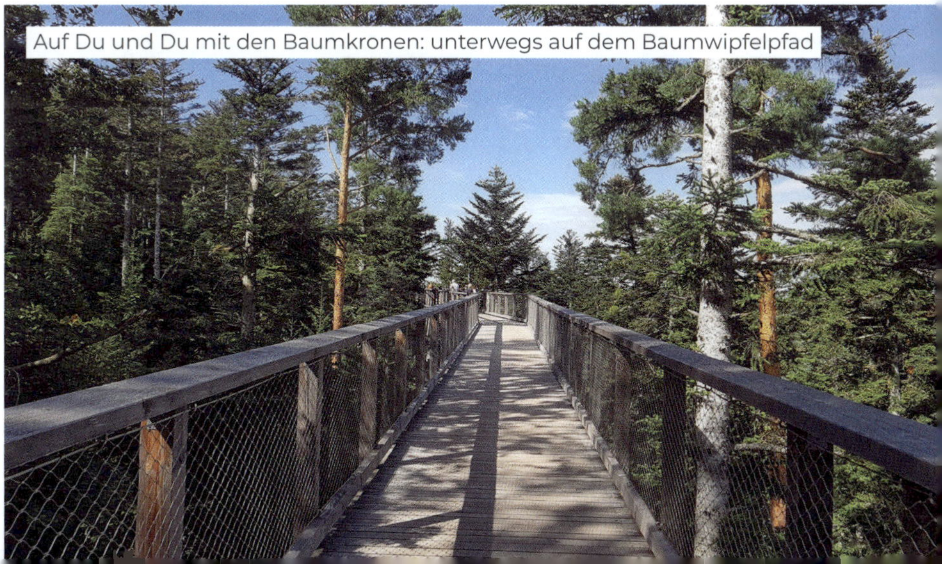

Auf Du und Du mit den Baumkronen: unterwegs auf dem Baumwipfelpfad

Aussicht von der obersten Plattform reicht bei guten Wetterverhältnissen bis zum Stuttgarter Fernsehturm, der Schwäbischen Alb und dem Kraichgau.

Hinab geht es entweder auf demselben Weg oder man nutzt die 55 m lange, spiralförmige **Tunnelrutsche** in der Mitte des Turms für eine rasante Abfahrt: Hier dürfen ausdrücklich auch Erwachsene rutschen!

Tipp: Tickets am besten online erwerben, dann bleibt einem die mitunter lange Warteschlange erspart (Peter-Liebig-Weg 16, www.baumwipfelpfade.de/schwarzwald/am-baumwipfelpfad, ganzjährig geöffnet, April–Okt. tägl. 9.30–18, Nov.–März tägl. 9.30–16 Uhr; Erw. 12,50 €, Kinder bis 6 Jahre frei, Kinder 6–14 Jahre 10,50 €, Familienticket 2 Erw./2 Kinder 29 €, Rutsche April–Okt. 2 € pro Rutschpartie).

Wieder unten angekommen, bietet sich ein großer **Spielplatz mit Bänken** für eine Vesperpause an. Die **Futterkrippe** (tägl. 11–16 Uhr) versorgt Hungrige mit kleinen Speisen und schmackhaften Getränken. Eine Alternative stellt die nur wenige Meter entfernte **Skihütte** (Peter-Liebig-Weg 60, https://skihütte-badwildbad.de, Mi.–So. 11–18 Uhr) dar – hier geht es etwas ruhiger und zugleich uriger zu. Im Winter kann man am Hang vor der Hütte Schlitten und Ski fahren.

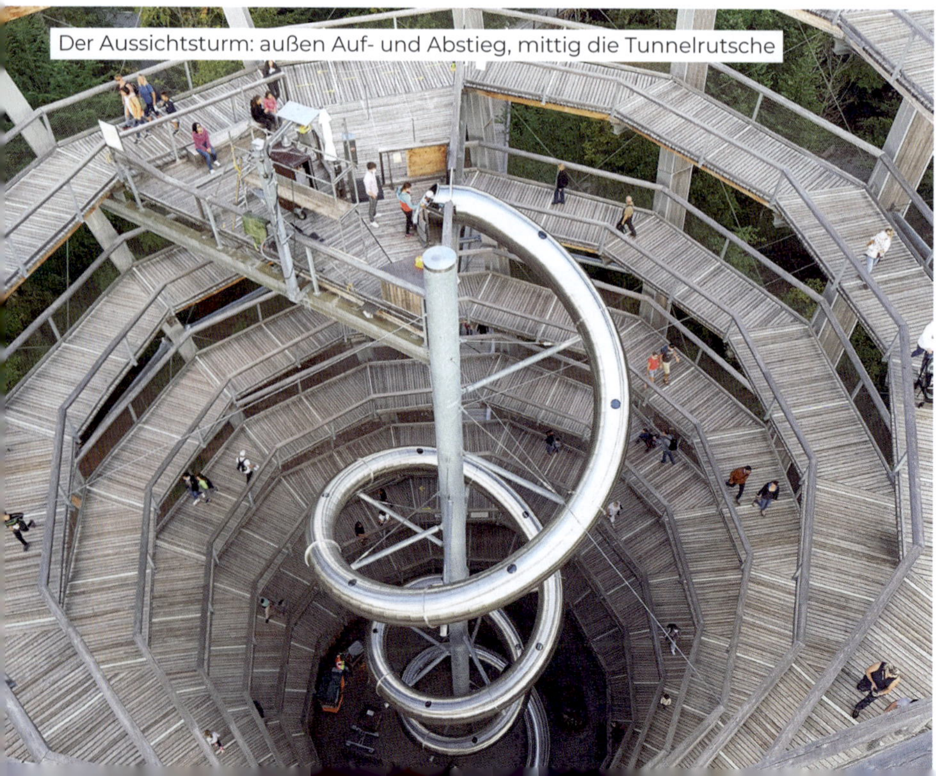

Der Aussichtsturm: außen Auf- und Abstieg, mittig die Tunnelrutsche

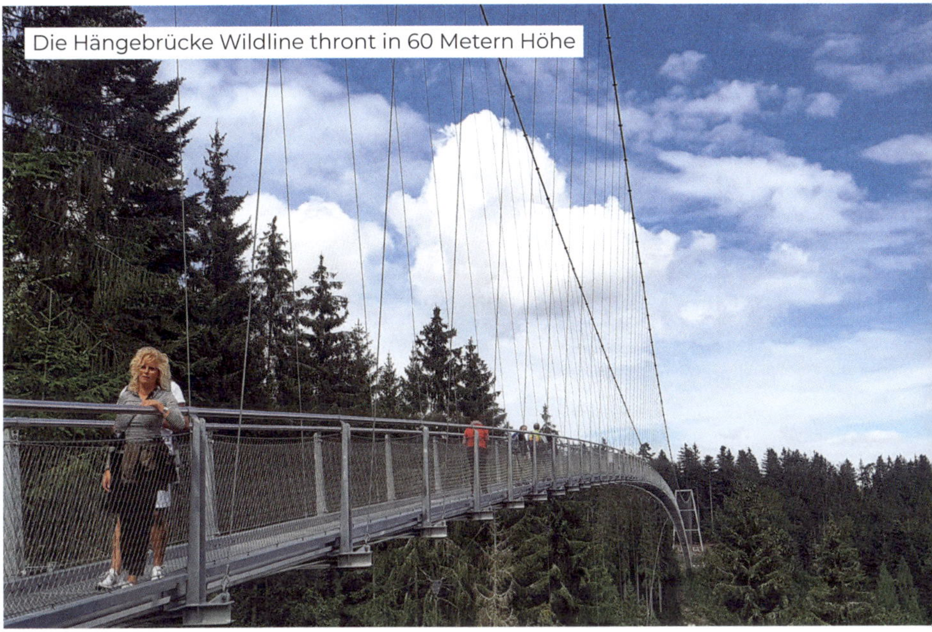

Die Hängebrücke Wildline thront in 60 Metern Höhe

SCHAUKELNDES VERGNÜGEN AUF DER HÄNGEBRÜCKE WILDLINE

Ab dem Baumwipfelpfad ist der Weg zur **Wildline-Hängebrücke** (Heermannsweg 100, https://wildline.de, Feb.–Okt. tägl. 9–19.30, Nov. –Mitte Feb. tägl. 9–16.30 Uhr, Erw. 9,50 €, Kinder 6–14 Jahre 7 €) bestens ausgeschildert. Kein Wunder: Die meisten Besucher kombinieren beide Attraktionen. Ein Kombiticket gibt es übrigens nicht, da es sich um zwei verschiedene Betreiber handelt.

Die imposante Hängebrücke erstreckt sich über eine Länge von 380 m und hängt in bis zu 60 m Höhe. Aufgrund ihrer Konstruktion kann sie bei Wind leicht schaukeln. Unter uns befindet sich die **Bärenklinge,** ein kleines Seitental des Sommerbergs. Die Aussicht auf die Baumkronen ist von hier aus fast noch beeindruckender als vom Baumwipfelpfad. Botanisch Interessierte werfen vielleicht einen Blick auf die Zapfen der Nadelbäume. Wer es noch nicht wusste: **Fichtenzapfen** hängen immer nach unten, Tannenzapfen wachsen in die Höhe! So wird schnell klar, dass wir hier hauptsächlich von Fichten umgeben sind.

Am Ende der Brücke haben wir die Wahl: Entweder gehen wir über die Hängebrücke wieder zurück zum Ausgangspunkt, denn sie ist von beiden Seiten begehbar. Oder wir folgen am Ende der Brücke dem Wanderweg nach links bis zur **Auchhalder Kopfhütte.**

VON HÜTTE ZU HÜTTE BIS ZUM WALTER-SPEER-WEG

Vom **Auchhalder Kopf** aus genießen wir abermals eine einmalige Sicht über das Tal und auf Bad Wildbad. Die **Schutzhütte** lädt zum Pausieren ein. Beliebt ist dieser Ort auch bei **Gleitschirmfliegern** – mit etwas Glück lassen sie sich hier beim Start in die Lüfte beobachten.

Wir setzen unsere Tour in westliche Richtung fort und wandern für ca. 1,1 km auf dem **Auchhalderkopfweg** bis zur **Saustallhütte.** Alle Hütten, die uns im weiteren Verlauf begegnen, werden übrigens nicht bewirtschaftet, sondern dienen in der Regel als reine Schutzhütten. Die nur 200 m entfernte Hans-Fuld-Hütte lassen wir rechts liegen und wandern weitere 400 m bis zur **Weggabelung „Fünf Bäume“.** Bäume stehen hier in der Tat, allerdings weit mehr als fünf.

Wir folgen zuerst in südöstliche, dann in nördliche Richtung dem ausgeschilderten **Walter-Speer-Weg** für weitere 1,5 km nach Bad Wildbad. Hatten wir auf den ersten drei Kilometern mit Baumwipfelpfad, Aussichtsturm und Hängebrücke reichlich Spektakel, so kehrt nun Ruhe ein. Der wunderschöne **naturnahe Wanderweg** führt uns durch ein stilles Waldstück bis zu den ersten Wohnhäusern Bad Wildbads.

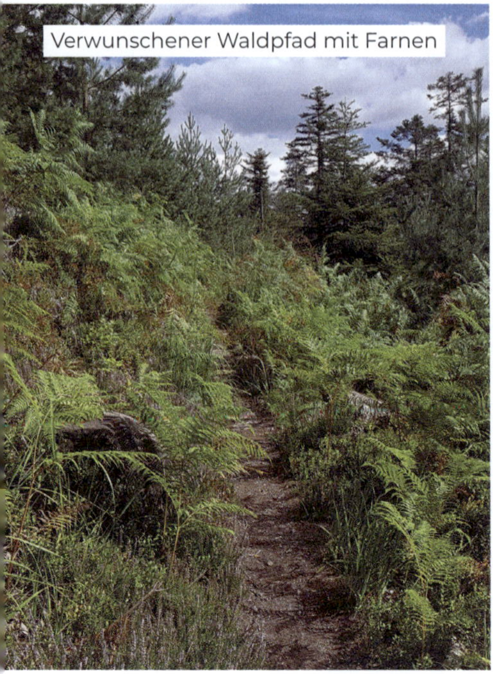

Verwunschener Waldpfad mit Farnen

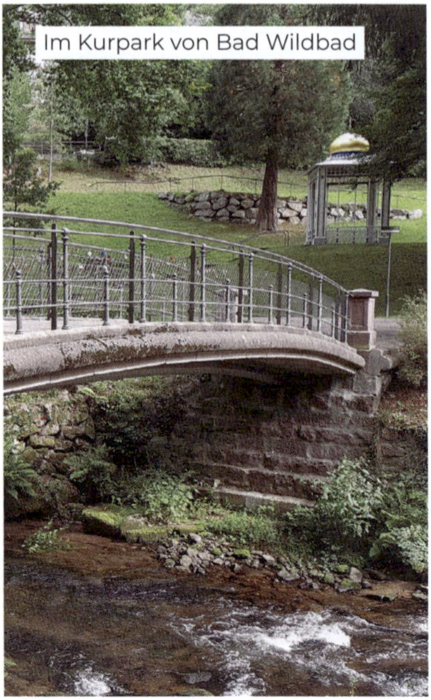

Im Kurpark von Bad Wildbad

KUR- UND BÄDERATMOSPHÄRE IN BAD WILDBAD

Unter uns können wir schon den **Kurpark** erkennen. Über Serpentinen bergab gehend, begeben wir uns in die lauschige Grünanlage. Das Plätschern der hier fließenden **Großen Enz** klingt leise in den Ohren.

Vom Park aus wandern wir gen Norden direkt in das **Ortszentrum von Bad Wildbad,** wo wir unsere Tour nach Belieben beenden können. Einige nostalgische Ladenlokale laden parallel zur Kurpromenade zum Bummeln ein. Entspannungssuchende sind im Wellnesstempel **Palais Thermal** (Kernstr. 5, www.palais-thermal.de, Öffnungszeiten s. Website) mit seinem orientalischen Ambiente sicherlich hervorragend aufgehoben.

Unser Einkehrtipp ist der **Wildbader Hof** (König-Karl-Str. 43, www.wildbaderhof.de, Mi.–Mo. 11.30 Uhr). Während im Sommer der Biergarten direkt an der Enz lockt, kann man es sich im Winter im Gewölberaum des Hofes gemütlich machen. Die Speisekarte lässt keine Wünsche offen – die Auswahl ist riesig!

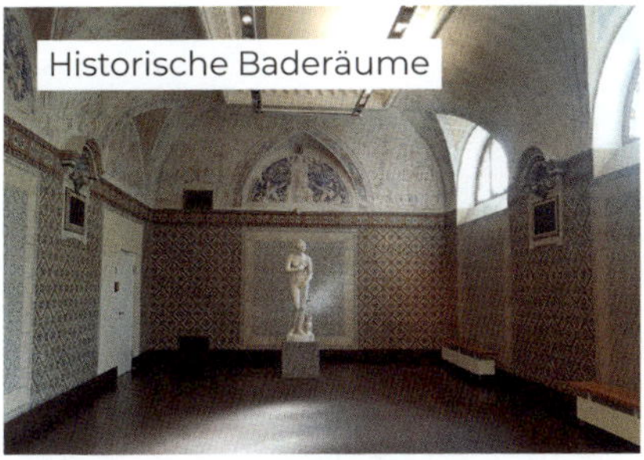
Historische Baderäume

Extra-Tipp

Zeitreise in die Bäderkultur des 19. Jahrhunderts

Der Kurort Bad Wildbad wirkt ein wenig verschlafen und aus der Zeit gefallen. Mit seinen Kurbauten erinnert er an das weltberühmte **böhmische Bäderdreieck,** bestehend aus **Karlsbad, Franzensbad und Marienbad.** Die verzierten Jugendstilfassaden versetzen den Besucher zurück ins 19. Jahrhundert.
Einen Eindruck von der damaligen Bäderkultur vermittelt auch das **Forum König-Karls-Bad** (www.bad-wildbad.de/de/tagungszentren/fkkb, tägl. 10–18 Uhr). Früher diente der im Neorenaissancestil errichtete Bau als Badeanstalt. Heute beherbergt er u. a. ein Tagungszentrum und ein kleines Kino und wird für Veranstaltungen genutzt. Das Gebäude lässt sich tagsüber besichtigen. Interessierte Gäste erwartet ein fast schon pompöser Eingangsbereich mit Ornamenten, reich verzierten Decken und wunderschönen Wandmalereien. Die Szenerie könnte glatt als Kulisse für einen Hollywoodfilm durchgehen. Durchgehen können Besucher auch durch einige bestens erhaltene Räume mit klangvollen Namen wie **Herrenbad** oder **Frottierraum.** Die bunt gefliesten Räume schinden ordentlich Eindruck. Das absolute Highlight ist jedoch der Treppenaufgang zum **Kuppelsaal.** Der Kuppelsaal mit seinen Malereien und Gobelins bildet die perfekte Kulisse für Trauungen und andere Feierlichkeiten.

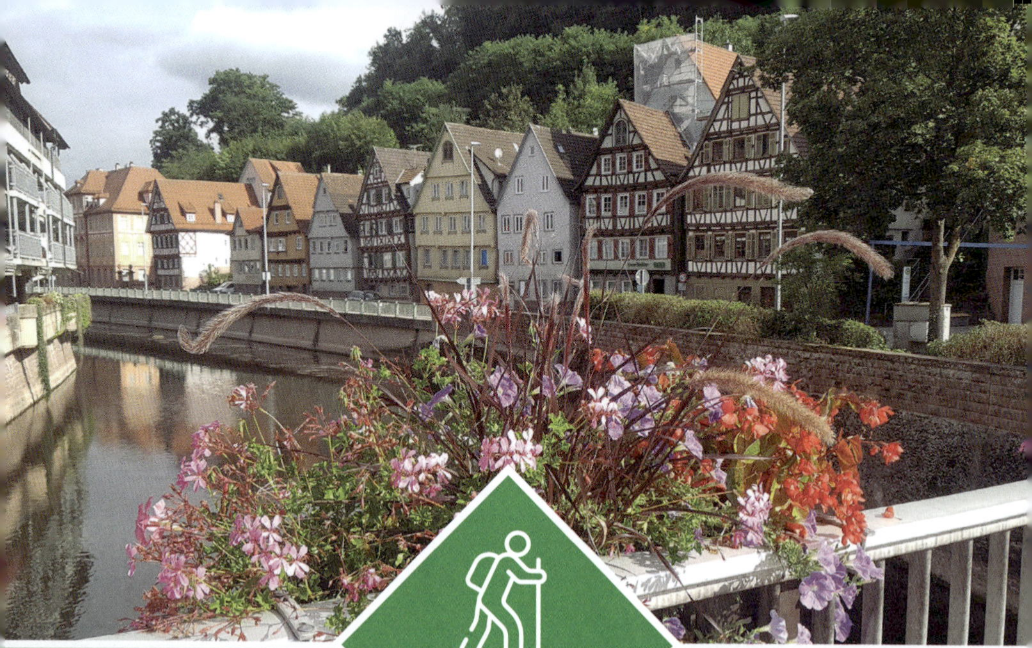

17

WASSER, WALD UND WIESEN: AUF DEM GENIESSERPFAD IN DIE HERMANN-HESSE-STADT CALW

Dauer
4½ Std.

Entfernung
14 km | 365 HM

Weitere Infos:
www.schwarzwald-tourismus.info

Auf dem #SCHWARZWÄLDER GENIEẞERPFAD wandern: Diese Route bietet Kontraste pur und so manche Kuriosität. Wir treffen auf ein schauriges Schafott, das wildromantische #RÖTELBACHTAL und einen skurrilen Felsen, der mitten auf dem Weg steht. Die schmucke Altstadt von #CALW – Start- und Zielpunkt dieser Tour – beeindruckt durch ihr zauberhaftes #FACHWERK-ENSEMBLE. In der Geburtsstadt Hermann Hesses kann man dem Autor ganz nahekommen.

Für wen ist die Tour geeignet?

Eine Wanderung für **Naturfreunde**, die Spaß an abwechslungsreichem Terrain haben: Wald, Schluchten, Felsen, Bächlein und Streuobstwiesen stehen auf dem Programm, aber auch **städtisches Flair** in Calw, wo **Literaturinteressierte** in die Lebenswelt Hermann Hesses eintauchen können. Wer diesen spannenden Rundweg einmal gewandert ist, der hat anschließend viel zu erzählen.

Anreise

Mehrfach stündlich bestehen **Zugverbindungen** von Stuttgart Hbf. nach **Calw,** in der Regel mit Umstieg in Pforzheim oder in Weil der Stadt.

Autofahrer können verschiedene öffentliche Parkplätze in Calw nutzen. Alternativ kann man mit dem Auto auch das **Wanderheim Zavelstein** ansteuern und dort in die Rundwanderung einsteigen. Am Wanderheim gibt es keine Haltestelle des ÖPNV.

Eckdaten

Charakteristik: einfache, vielfältige Rundwanderung auf einem Premium-Wanderweg mit nur wenigen Anstiegen. Festes Schuhwerk ist auf einigen Teilpassagen vorteilhaft.

Stärkung zwischendurch: im Wanderheim Zavelstein etwa zur Mitte der Tour oder in der Altstadt von Calw am Ende der Wanderung

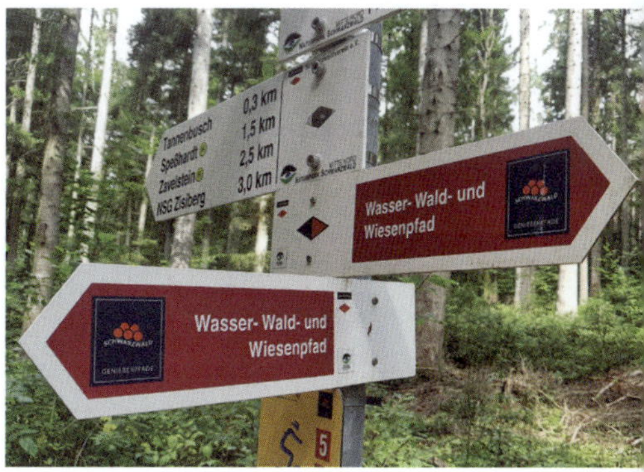

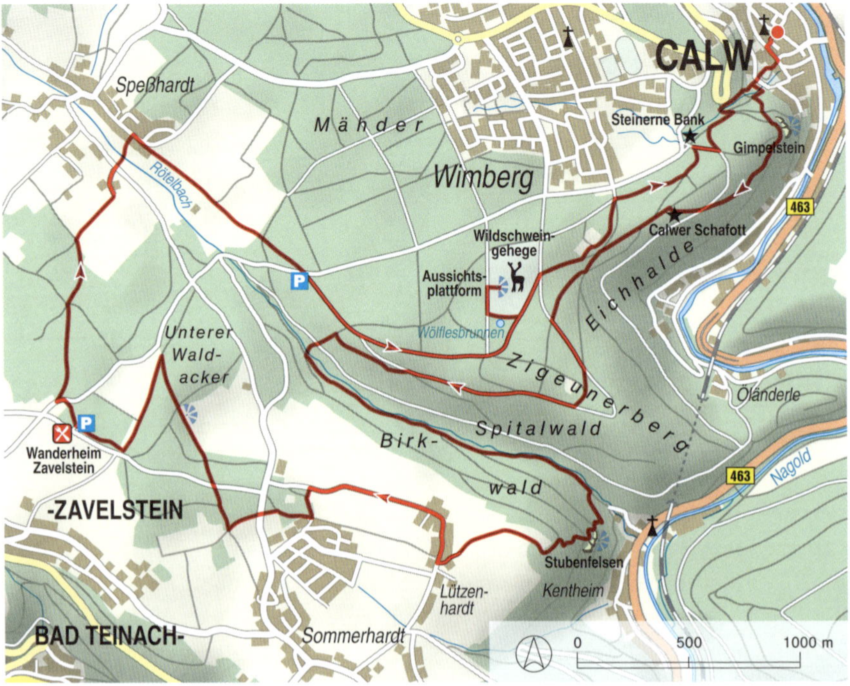

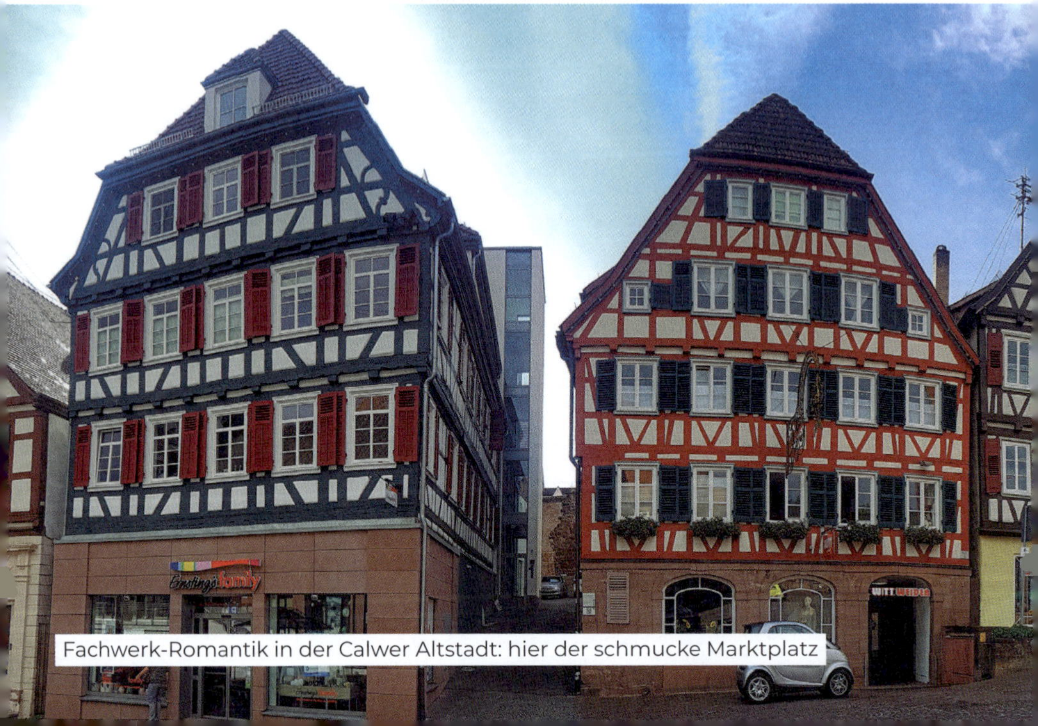

Fachwerk-Romantik in der Calwer Altstadt: hier der schmucke Marktplatz

START IM FACHWERK-KLEINOD VON CALW

Wir beginnen unsere Wanderung in Calw am pittoresken **Marktplatz** mit seinen schmucken Fachwerkhäusern. Hier sehen wir bereits die ersten markanten **Wegweiser,** die uns zum **Startpunkt des Genießerpfads „Wasser-, Wald- und Wiesenweg"** lotsen. Dabei geht es gleich zu Beginn der Tour einige Höhenmeter bergauf – ein kleiner Aufstieg zum Warmwerden gewissermaßen.

Nur wenige Meter nach Beginn der Wanderung genießen wir vom **Aussichtspunkt Gimpelstein** eine einmalige Aussicht auf Calw. Hier stehen die stattlichen „Annabuchen", die schon

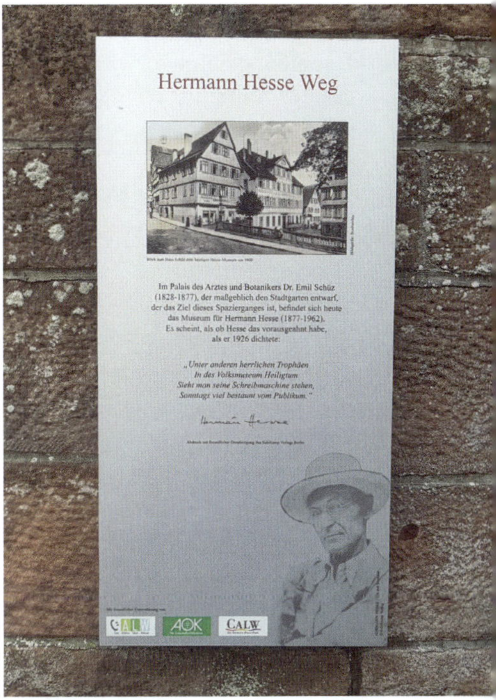

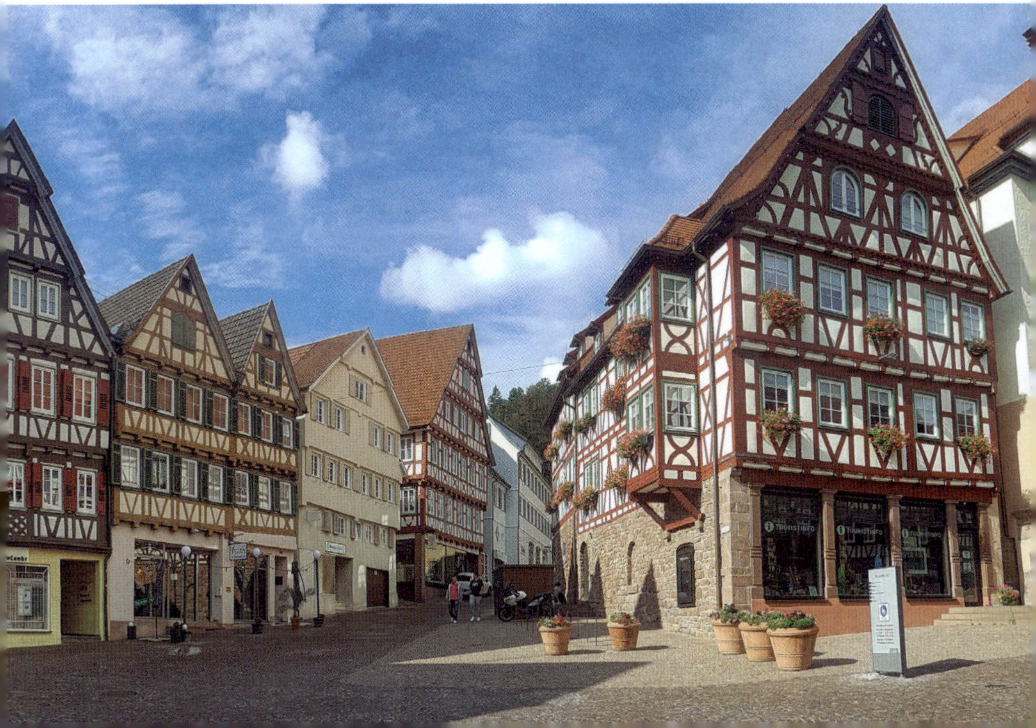

Hermann Hesse kannte, denn er hat sie in seinen Briefen erwähnt. Vom Gimpelstein führt der Weg gut 700 m in Richtung Calwer Schafott.

EHEMALIGE RICHTSTÄTTE: DAS CALWER SCHAFOTT

Bis ins Jahr 1818 fanden hier, am Calwer Schafott, tatsächlich Hinrichtungen statt. Eine **Infotafel** erinnert an die schaurigen Ereignisse. Heute befindet sich hier ein **Kinderspielplatz** und auch sonst präsentiert sich der Ort ausgesprochen idyllisch. Im Anschluss wandern ca. 2,7 km auf gut ausgebauten **Forstwegen** in südwestliche Richtung zum Rötelbachtal.

IMMER BERGAB IN DAS VERWUNSCHENE RÖTELBACHTAL

Der gut ausgeschilderte Weg führt uns nun über die **historischen Butterstaffeln** ca. 160 Höhenmeter bergab in das romantische, kleine Tal des **Rötelbachs,** dem Namensgeber dieses Landstrichs. Die Butterstaffeln sind gewissermaßen Treppenstufen im Wald, die für die Bauersleute der Region geschaffen wurden, um ihnen den Transport ihrer Waren nach Calw zu erleichtern. Wir folgen dem Bachlauf für ca. 1,5 km in östliche Richtung, das Plätschern des Baches wirkt sehr beruhigend. Links und rechts

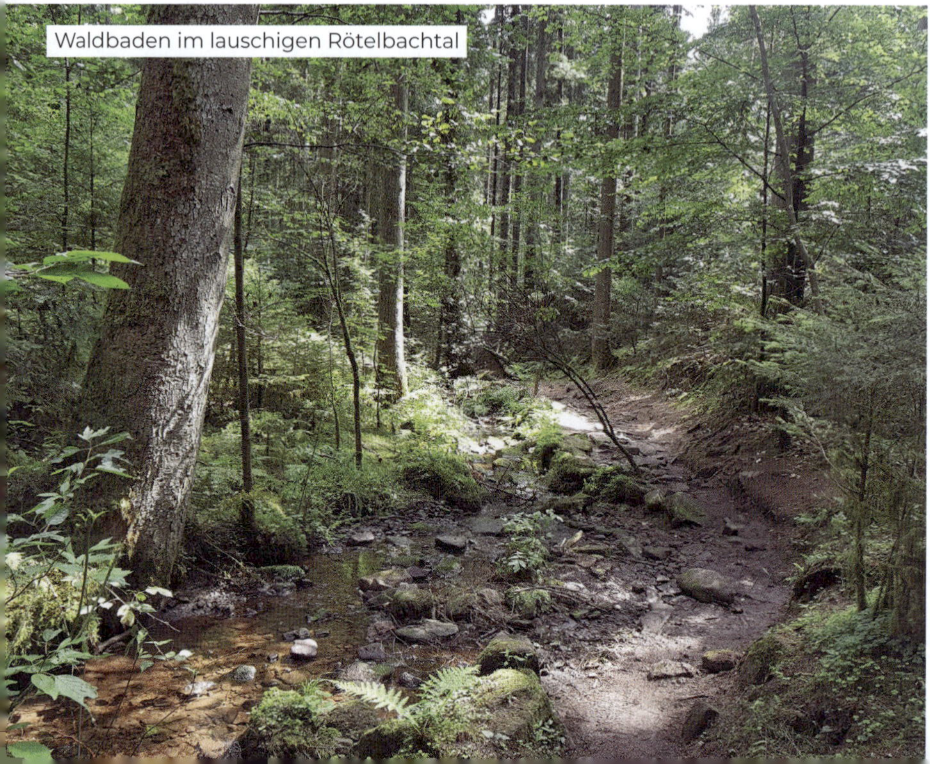
Waldbaden im lauschigen Rötelbachtal

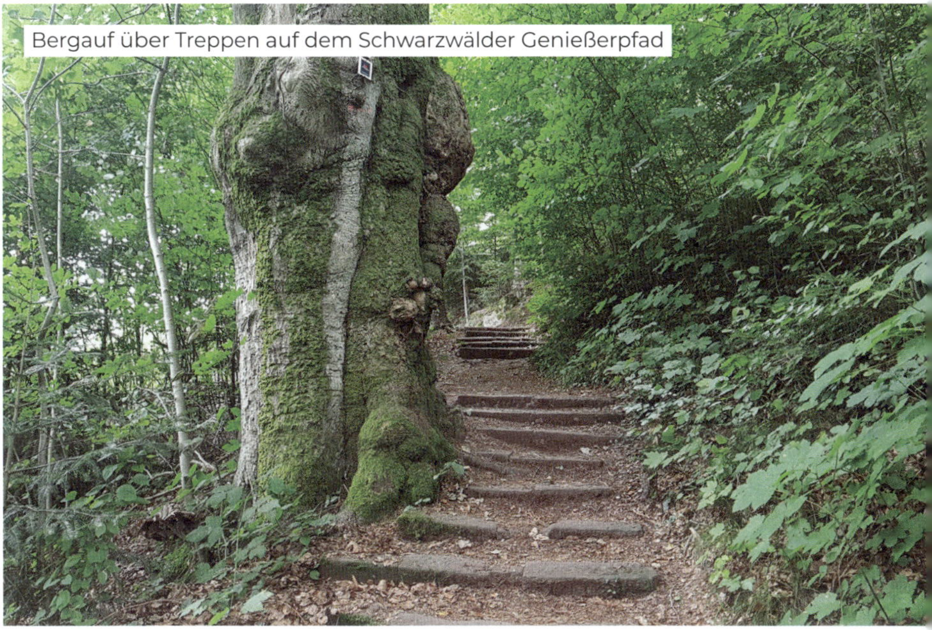
Bergauf über Treppen auf dem Schwarzwälder Genießerpfad

des Weges strecken sich die schwarzwaldtypischen **Fichten und Tannen** in den Himmel, deren würzigen Geruch wir wahrnehmen können. Außerdem wachsen hier unzählige **Farne,** die vom vorherrschenden feuchten Klima profitieren. Was für ein idyllisches Fleckchen Erde!

Am Waldrand, wo sich mehrere Fachwerkhäuser befinden, erreichen wir die niedrigste Stelle unserer heutigen Wanderung. Von hier geht es anschließend auf einer Strecke von ca. 4 km gut 220 m bergauf bis zum höchstgelegenen Punkt des Premium-Wanderweges, dem Wanderheim Zavelstein. Ein **sanfter Anstieg,** der problemlos auch für Ungeübte machbar ist und der bald eine Überraschung bereithält.

Extra-Info

Was ist überhaupt ein Schwarzwälder Genießerpfad?

Bei den „Schwarzwälder Genießerpfaden" handelt es sich um besonders erlebnisreiche **Premium-Wanderwege.** Um als solche zertifiziert zu werden, müssen diese Wege einige Kriterien erfüllen: Sie sollten abwechslungsreich und naturnah sein, also abseits von Straßen oder Ortschaften durch attraktive Landschaften führen, sowie kulturelle und kulinarische Höhepunkte bieten. Weiteres Kriterium: Der Weg sollte so gut ausgeschildert sein, dass keine Karte oder App zur Orientierung nötig ist. Mit all dem kann der „Wasser-, Wald- und Wiesenpfad" glänzen. **Infos:** www.schwarzwald-tourismus.info/erleben/wandern/geniesserpfade.

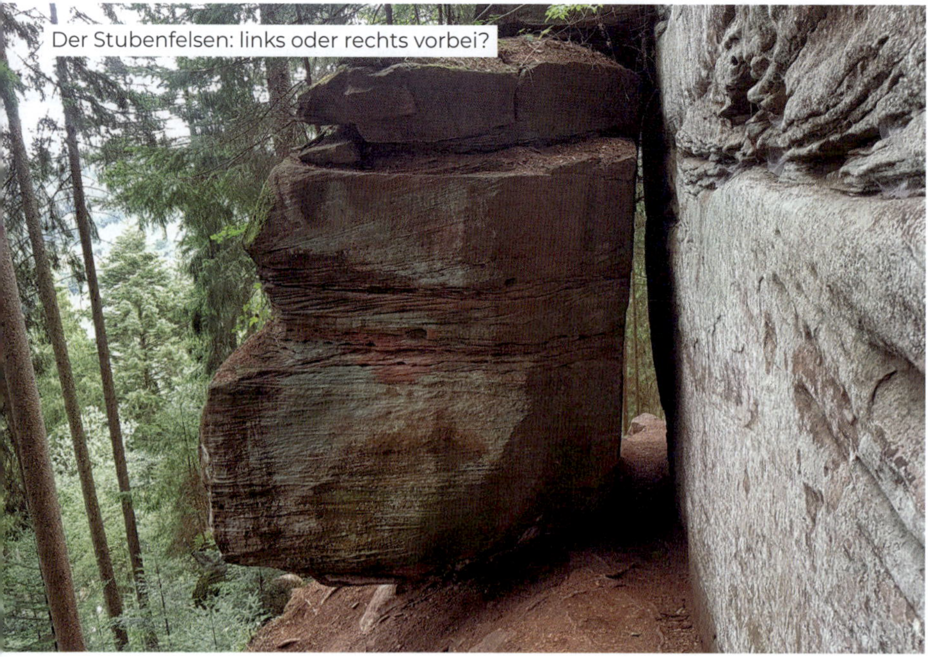

Der Stubenfelsen: links oder rechts vorbei?

Extra-Tipp
Hokuspokus Krokus!

Nur wenige Hundert Meter entfernt vom Wanderheim Zavelstein lockt jährlich im **März** ein Spektakel der ganz besonderen Art. Die **Zavelsteiner Krokusblüte** verwandelt die Umgebung in eine Augenweide. Teppiche blühender Krokusse bilden ein weiß und violett leuchtendes Farbspektakel. Empfehlenswert ist dann ein Besuch unter der Woche, an den Wochenenden kann es hingegen sehr voll werden. Über den aktuellen Stand der Krokusblüte berichtet sogar ein **Liveticker.** Ferner werden **geführte Krokus-Spaziergänge** angeboten.
Weitere Infos: www.teinachtal.de/de/unsere-heimat/krokusbluete/zavelsteiner-wildkrokusbluete

DER STUBENFELSEN ODER „WIE KOMME ICH AM FELSEN VORBEI?"

Der Weg führt zunächst in südliche Richtung in **Serpentinen** bergauf, bis wir unvermittelt auf ein Hindernis stoßen: einen riesigen **Felsbrocken,** der **mitten auf dem Weg** steht! Wie kommen wir daran vorbei? Schmal gebaute Menschen können sich tatsächlich zwischen Felswand und Felsen hindurchschlängeln. Alternativ wandert man links auf schmalem Pfad am Felsen vorbei. Bald darauf heißt es: „Achtung, Kopf einziehen!". Denn keine zwei Meter über uns befindet sich eine riesige, **vorstehende Felskante.** Der Weg ist an dieser Stelle mit Stangen gesichert. Der Stubenfelsen ist übrigens kein einzelner, für sich stehender Felsen, sondern Teil einer spektakulären Felsformation, die sich wunderbar für **originelle Fotos** eignet.

ÜBER FELDER UND WIESEN ZUM WANDERHEIM ZAVELSTEIN

Nach dem sensationellen Stubenfelsen geht es nun eher gemächlich weiter. Wir folgen dem Routenverlauf für gut 3,5 km gen Westen. Der Weg führt abwechselnd über Wald- und Wiesenwege. In Lützenhardt halten wir uns rechts. Erstmals haben wir freie Sicht auf den nördlichen Schwarzwald. Da kommt die gemütliche **Genießerbank** gerade recht: Hier können wir Platz nehmen und die Fernsicht genießen.

Am **Unteren Waldacker** biegen wir links ab und am **Schnappenrad** rechts. Nur wenige Schritte weiter ist das **Wanderheim Zavelstein** (Fronwaldstr. 48, www.berlins-hotel.de/de/genuss-kulinarik/wanderheim.html) erreicht. Der **Biergarten** lädt ebenso zur Einkehr ein wie das angeschlossene **Restaurant** (tägl. 11.30–21, warme Küche bis 20 Uhr). Deftige schwäbische Spezialitäten stehen auf der Speisekarte, Spätzle in allerlei Variationen und vegetarische Köstlichkeiten. Oder wie wäre es etwa mit einem klassischen Schwarzwaldeisbecher? Auch die Getränkeauswahl kann sich sehen lassen. Das Lokal ist gut besucht, denn gleich mehrere zertifizierte Wanderwege führen an Ort und Stelle vorbei und der nur einen Steinwurf entfernte Wanderparkplatz ist nicht nur an Wochenenden gut frequentiert.

Praktisch, dass das Wanderheim auch **Übernachtungsmöglichkeiten** anbietet und so etwa als Basis für ein (verlängertes) Wanderwochenende dienen kann.

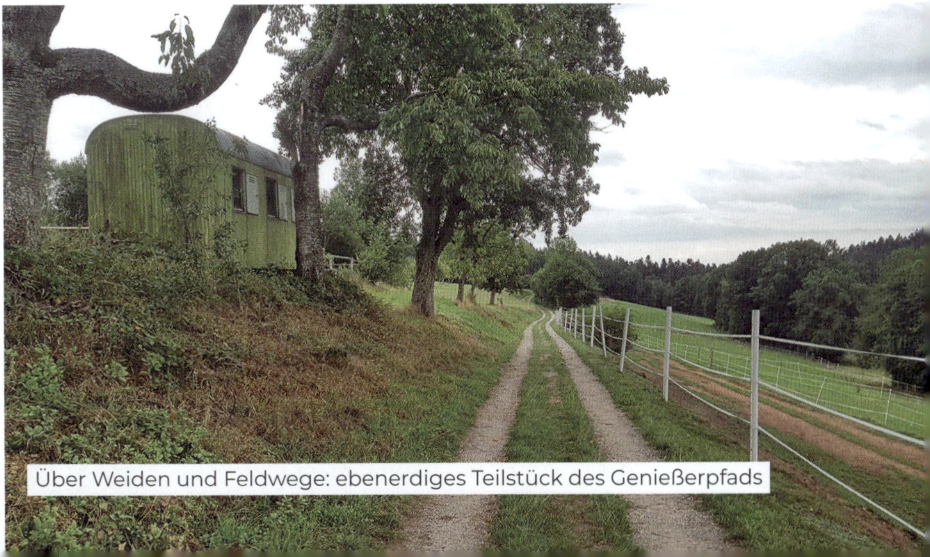

Über Weiden und Feldwege: ebenerdiges Teilstück des Genießerpfads

WÖLFLESBRUNNEN, STEINERNE BANK UND WILDSCHWEINGEHEGE

Nach einem kurzen Aufenthalt im Wanderheim setzen wir unsere Tour in Richtung Wölflesbrunnen fort. Die folgende, knapp 3,5 km lange Strecke führt uns anfangs in Richtung Nordosten durch den Wald, bevor wir auf eine weitere **Genießerbank** stoßen, die sich für eine kurze Pause anbietet. Danach wandern wir über eine größere Wiesenfläche mit Fernblick. Bald erreichen wir eine **asphaltierte Straße,** halten uns dort rechts und marschieren weiter in südöstliche Richtung. Die Route führt über die Wegpunkte Speßhardter Mauer und Tannenbusch entlang einiger Streuobstwiesen erneut in den Wald. Hier befinden wir uns auf einem Teilstück des **Fernwanderweges „Schwarzwald Ostweg“**. Der Ostweg führt von Pforzheim nach Schaffhausen, hat eine Länge von 240 km und teilt die Strecke in zehn Etappen ein.

Gut 1,8 km vor dem Wanderziel erreichen wir schließlich den **Wölflesbrunnen.** Eine **Infotafel** gibt Auskunft über die Geschichte des Brunnens, der seinen Namen einst aufgrund einer Wolfsgrube in der Nähe erhielt und an den sich Hesse in seinen Briefen immer wieder wehmütig erinnerte. Vom Brunnen aus bietet sich ein **Abstecher** zur ausgeschilderten **Aussichtsplattform am Wildschweingehege** an.

Nur 1 km weiter in Richtung Nordosten ist die **Steinerne Bank** ein weiterer Anziehungspunkt. Vor über 200 Jahren diente sie Marktfrauen, die außerhalb Calws lebten und auf

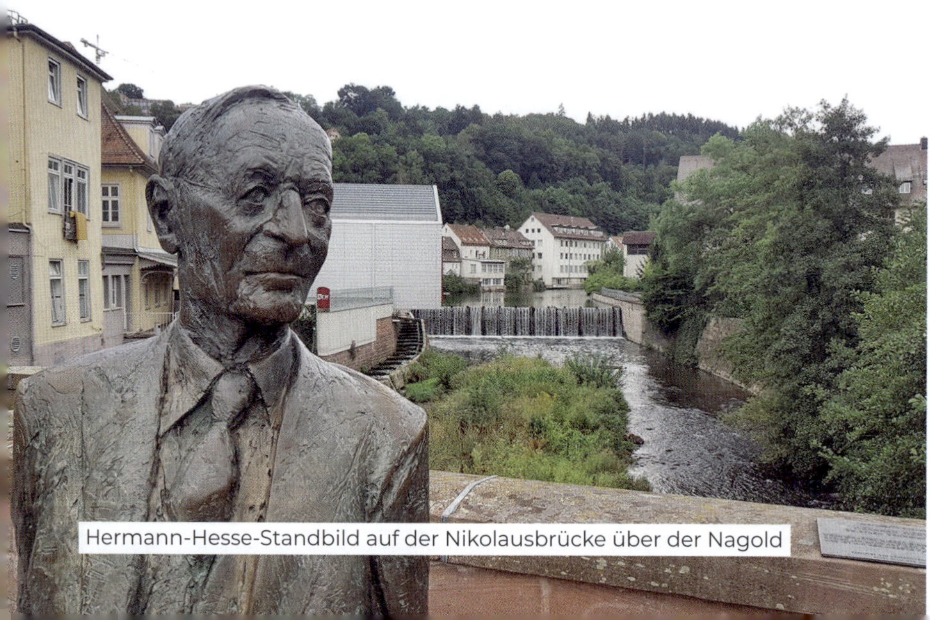

Hermann-Hesse-Standbild auf der Nikolausbrücke über der Nagold

dem Weg zum dortigen Markt waren, als willkommener Rastplatz.

Von der Bank aus sind es nur noch knappe 600 m bis zum Ziel. Wir steigen bergab in die **Calwer Altstadt** hinunter, die wir uns zum Abschluss noch ein wenig näher anschauen werden.

SCHLUSSAKT IN DER HERMANN-HESSE-STADT CALW

Über den **Stadtgarten** und die Salzgasse erreichen wir den **Marktplatz von Calw.** Hier reiht sich Fachwerk an Fachwerk. Es lohnt sich, dem lebhaften Treiben in der Altstadt in einem der einladenden **Cafés** bei Kuchen und einer Tasse Kaffee zuzuschauen. Das Flüsschen **Nagold** schlängelt sich durch das Stadtzentrum.

Unübersehbar ist Calw mit dem Namen des Literaturnobelpreisträgers **Hermann Hesse** verbunden, der auch **Ehrenbürger** der Stadt ist (s. rechts). Geboren und als kleiner Junge hier aufgewachsen, nutzte der „Steppenwolf"-Autor Calw und seine Umgebung als Inspirationsquelle für viele Gedichte, Erzählungen und Romane. So spielt die Nagold etwa in seinem Roman „Unterm Rad" eine wichtige Rolle. Hesse war auch ein passionierter Wanderer, wie dieses Zitat aus seinem Gedicht „Lindenblüte" (1906) zeigt:

„Oh, ihr Wanderburschen, ihr fröhlichen Leichtfüße, jedem von euch sehe ich wie einem König nach, mit Hochachtung, Bewunderung und Neid. Jeder von euch hat eine unsichtbare Krone auf, jeder von euch ist ein Glücklicher und Eroberer."

Das **Hesse-Andenken** wird heute in Calw gepflegt: Es gibt u. a. ein nach ihm benanntes Gymnasium, das Hermann-Hesse-Museum, eine Statue des Dichters und den **Hermann-Hesse-Weg** vom Marktplatz zum Stadtgarten (s. S. 183).

Nur 4 km entfernt befindet sich ein weiteres Calwer Highlight, das Kloster Hirsau. Nähere Informationen dazu liefert das Kapitel **„Durch das wildromantische Monbachtal zur Klosterruine Hirsau"** (s. S. 174).

Extra-Tipp
Hesse-Stadt Calw

Hermann Hesses Werke, etwa „Das Glasperlenspiel" und „Siddharta", sind weltberühmt und wurden in über 60 Sprachen übersetzt. Besucher können sich an mehreren Stationen in seiner Geburtsstadt einen Überblick über Hesses kreatives Wirken und sein Leben verschaffen. Das **Hermann-Hesse-Museum** (Marktplatz 30, www.calw.de/attraktionen/hermann-hesse-museum) wird zurzeit **saniert,** die Wiedereröffnung ist im Herbst 2024 geplant. Im **Gerbereimuseum** (Badstr. 7/1, www.calw.de/attraktionen/hermann-hesse-ausstellung-im-gerbereimuseum-vorderhaus) widmet sich die aktuelle Dauerausstellung den Themen „Hesses Kindheit in Calw" und „Calw im Werk Hermann Hesses". Auch im **Palais Vischer** (Bischofstr. 48, www.calw.de/attraktionen/palais-vischer) informiert eine Ausstellung über den Autor.

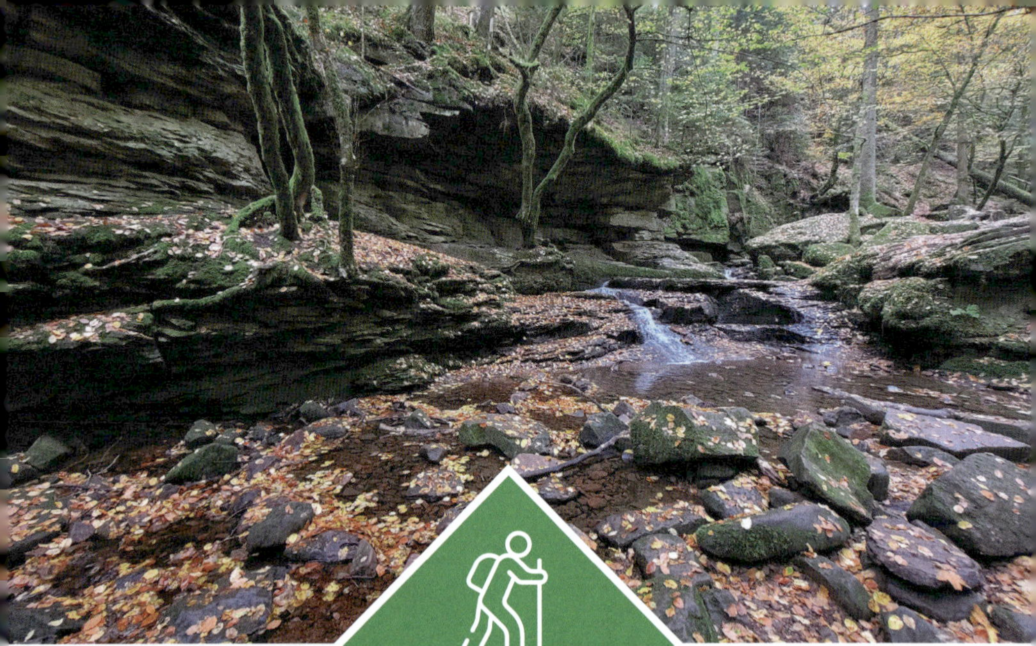

18

DURCH DAS WILDROMANTISCHE MONBACHTAL ZUR KLOSTERRUINE HIRSAU

Dauer
4 Std. bis Kloster Hirsau, 5 Std. bis Calw

Entfernung
17 km | 400 HM

Weitere Infos:
www.tourismus-bad-liebenzell.de/aktivitaeten/ausflugsziele/monbachtal

Tipp:
Wer eine kürzere Variante bevorzugt, der beendet die Tour in Hirsau und fährt von dort mit dem Zug zurück nach Stuttgart. Natürlich kann dieser Tourenvorschlag auch in entgegengesetzter Richtung, also von Calw aus, in Angriff genommen werden.

Diese abwechslungsreiche Tour führt uns durch das verwunschene Monbachtal mit seinem #WASSERFALL und in die reizvolle #WOLFSSCHLUCHT – hier tauchen wir tief in die verträumte Atmosphäre des nördlichen Schwarzwalds ein. Im geschichtsträchtigen #KLOSTER HIRSAU fühlen wir uns in vergangene Zeiten zurückversetzt. Als krönender Abschluss lädt die #HERMANN-HESSE-STADT CALW mit ihren Fachwerkhäusern zu einem genussvollen Altstadtbummel ein.

Für wen ist die Tour geeignet?
Eine Route wie geschaffen für alle, die Spaß an einer Wanderung in ursprünglicher Natur haben. Stressgeplagte können beim sanften Rauschen des Bachs „einfach mal runterkommen". Dank des moderaten Aufstiegs ist die Strecke auch für **Kinder** gut geeignet, die beim Spielen im Bachlauf ihre Freude haben werden. **Geschichts- und Kulturinteressierte** finden mit dem Kloster Hirsau einen traditionsreichen Ort mit reichlich historischer Patina. **Hermann-Hesse-Fans** stoßen in dessen Heimatstadt Calw auf Spuren seines Lebens und Wirkens.

Eckdaten
Charakteristik: naturnahe, äußerst abwechslungsreiche Streckenwanderung, zunächst auf einem von Felsen gesäumten Weg direkt am Bachlauf, später durch den Wald. An Wochenenden oder zu Ferienzeiten ist besonders der erste Teil der Wanderstrecke durch die Monbachschlucht sehr beliebt und dementsprechend stark frequentiert, vor allem bei gutem Wetter.

Stärkung zwischendurch: Eine Einkehroption gibt es frühestens am Kloster Hirsau. Es ist daher sinnvoll, für den ersten Teil der Tour ausreichend Getränke und Kleinigkeiten zum Vespern einzupacken.

Anreise
Für diese Wanderung empfiehlt sich die Anreise mit öffentlichen Verkehrsmitteln, da es sich um eine **Streckenwanderung** und keinen Rundweg handelt.

Nur eine knappe Stunde dauert die Anfahrt ab Stuttgart Hbf. mit der **Regionalbahn** bis zur **Bahnstation Monbach-Neuhausen** (mit einmaligem Umstieg in Pforzheim). Es han-

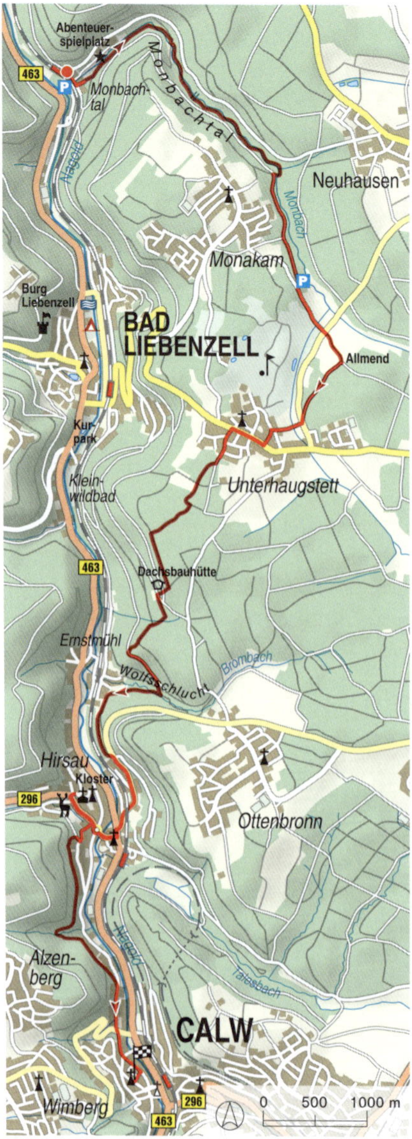

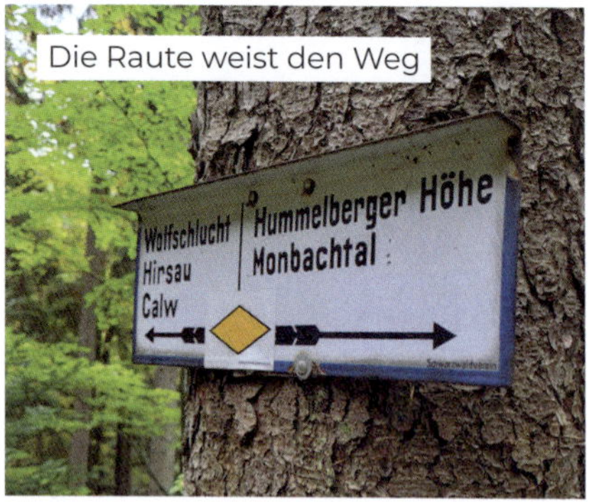

Die Raute weist den Weg

delt sich um eine **Bedarfshaltestelle,** man sollte also rechtzeitig den Knopf drücken, sonst riskiert man, dass die Bahn am Ausgangspunkt der Wanderung vorbeifährt!

STARTPUNKT IN MONBACH-NEUHAUSEN

Wir beginnen die Tour am **Bahnhof Monbach-Neuhausen,** gehen zunächst ein kleines Stück in südöstliche Richtung und wenden uns kurz hinter dem Monbach nach links. Gleich zu Beginn der Wanderung begrüßen uns mehrere **Ausflugslokale** und Cafés. Ebenso laden ein **Kneippbecken** und ein großer **Abenteuerspielplatz** zum Aufenthalt ein.

Die ersten Kilometer der Wanderung führen uns in nordöstliche Richtung, bevor der Weg einen Schlenker nach rechts in südliche Richtung macht. Von nun an verläuft der gesamte Pfad stets gen Süden. Wer nicht regelmäßig auf seinen GPS-Track schauen möchte, der achtet die ersten knapp 3,5 km auf die markante **schwarz-rote Raute.** Sie dient als Wegmarkierung des bekannten **Fernwanderweges „Schwarzwald Ostweg“,** dessen Route wir auf den ersten Kilometern und abermals zum Schluss der Tour folgen.

KÜHLE ATMOSPHÄRE BEI HOHEN TEMPERATUREN

Der Weg durch das **Monbachtal** hat fast schon eine meditative Wirkung. Das sanfte Plätschern des **Monbachs** begleitet uns auf den ersten 4 km. Abwechselnd wandern wir mal links, mal rechts des Bächleins und überqueren es mehrfach über Brücken und Steine im Bachbett. Mal gehen wir auf verwurzelten Waldwegen, mal über felsigen Untergrund. Es kann durchaus morastig und etwas rutschig werden! Vom Frühjahr bis in den Herbst ist der Monbach mitsamt seinen Wasserkaskaden ein perfekter **Wasserspielplatz für Kinder.**

Die Feuchtigkeit in der Schlucht sorgt gelegentlich für mystisch aufsteigenden **Nebel** – dies ist gewiss einer der Gründe, warum die Monbachschlucht häufig als „wildromantisch" bezeichnet wird. Am ehesten kommen Frühaufsteher in den Genuss dieses Anblicks. Tagsüber ist der **schattige Weg** – vor allem im heißen Hochsommer – eine angenehm kühlende Wohltat. Im Spätsommer und Herbst wachsen zahllose **Pilze** auf dem feuchten Boden und den bemoosten Bäumen.

Egal, wann man sich in der Monbachschlucht aufhält: Sie ist ein Ort, an dem zu jeder Jahreszeit eine ganz besondere Atmosphäre herrscht.

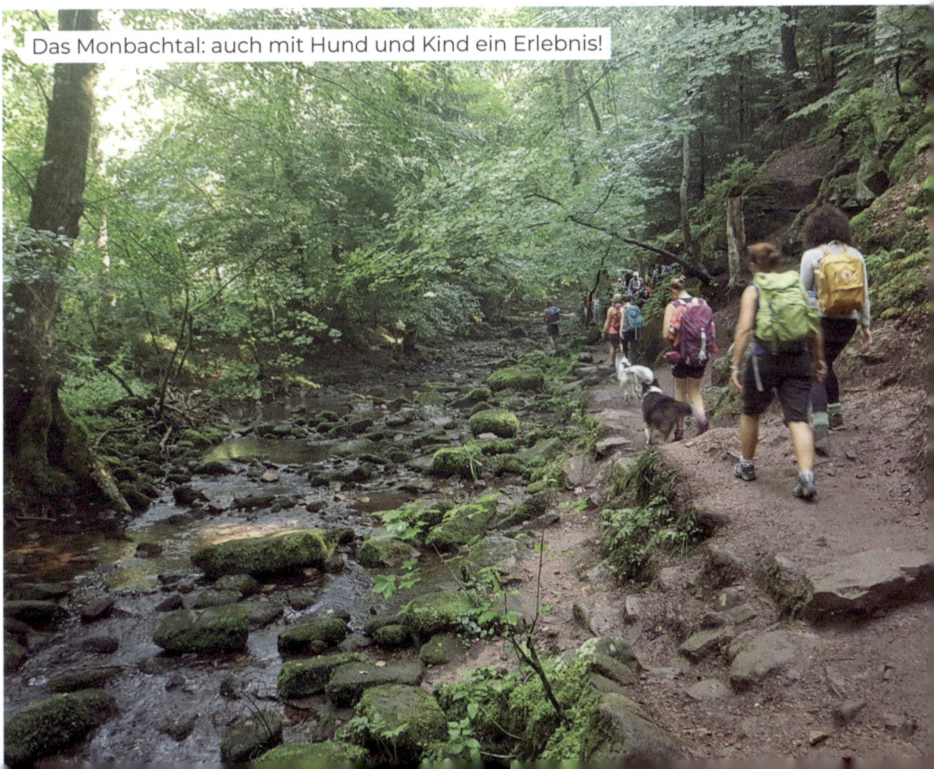

Das Monbachtal: auch mit Hund und Kind ein Erlebnis!

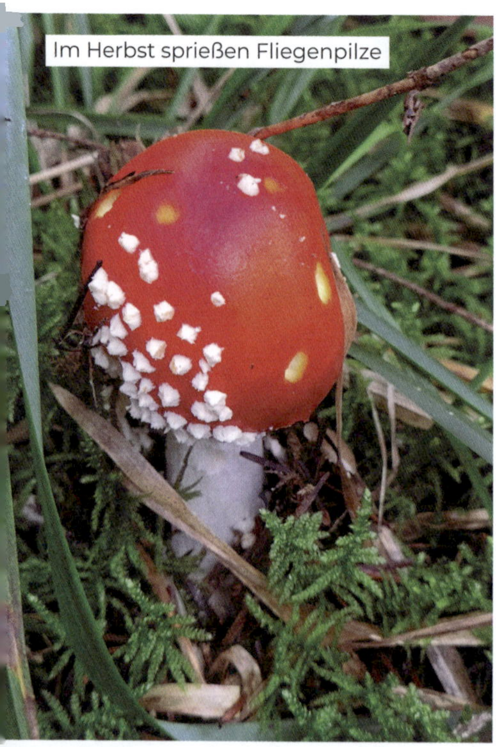

Im Herbst sprießen Fliegenpilze

PAUSE AM MALERISCHEN WASSERFALL

Der Höhepunkt ist für die meisten Besucher der Schlucht wohl der beinahe märchenhaft wirkende, kleine **Wasserfall des Monbachs.** Sicher kann er es in puncto Höhe und Einzigartigkeit nicht mit so manch anderem (be-)rauschenden Wasserfall aufnehmen. Dafür überrascht er mit **schlichter Schönheit** und einer ruhigen, fast schon meditativen Stimmung. Kein Wunder, dass sich der weltbekannte Autor **Hermann Hesse** (s. S. 183) hier in der Region stets wohlgefühlt hat. Der nördliche Schwarzwald diente ihm als Inspirationsquelle. Auf den Schriftsteller werden wir am Ende dieser Tour noch einmal stoßen.

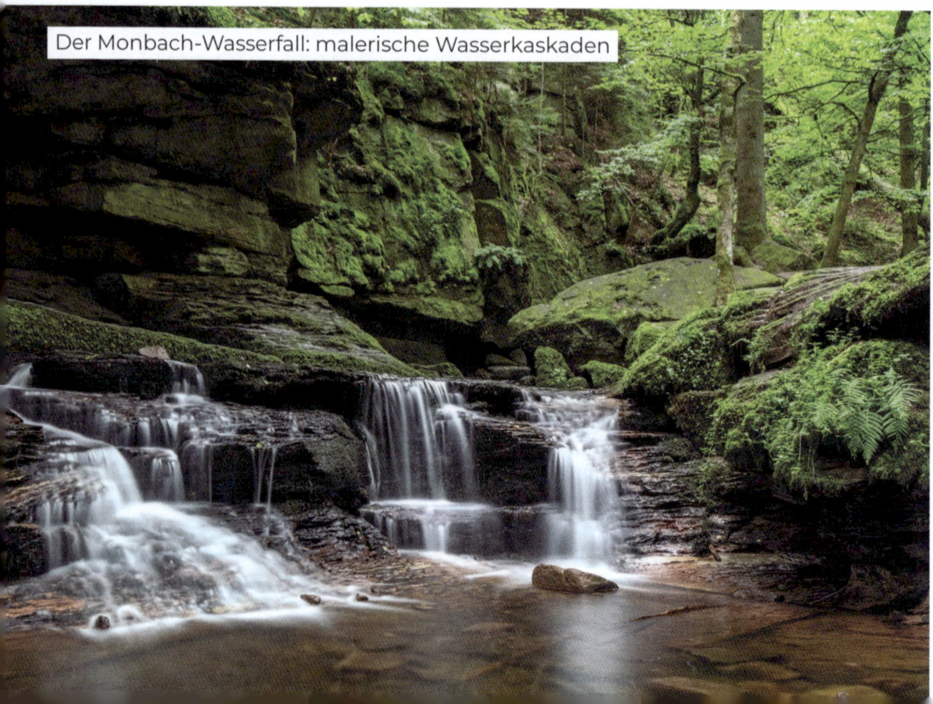

Der Monbach-Wasserfall: malerische Wasserkaskaden

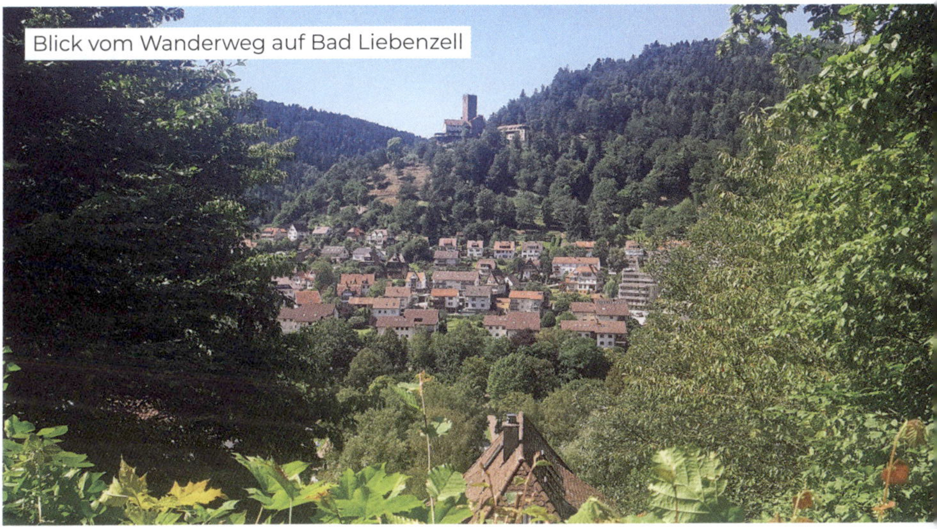

Blick vom Wanderweg auf Bad Liebenzell

Rund 200 m hinter dem Wasserfall erreichen wir die rustikale **Rolf-Hammann-Schutzhütte** mit **Grillmöglichkeit.** Ein idealer Platz, um eine Rast einzulegen, sich bei einem Picknick zu stärken und die bisherige Wanderung zu rekapitulieren.

ZWISCHEN MONBACH- UND WOLFSSCHLUCHT

Nach ca. 4 km verlassen wir die Monbachschlucht. Wir erreichen die **Monbachbrücke** auf 465 m Höhe und sehen einen markanten **Findling** mit mehreren Wegmarkierungen, denn hier kreuzen sich verschiedene Wanderwege. Auch eine imposante Felsformation ist nicht zu übersehen. Ab dieser Stelle wird es auf der Strecke zunehmend ruhiger, schauen sich doch viele Wochenendausflügler lediglich die Schlucht an und wandern anschließend wieder zurück zum Ausgangspunkt.

Wir folgen der Route gen Süden zum **Pumpwerk Monakam** und von dort ca. 1,7 km zum Wegpunkt **Allmend.** Zuvor überqueren wir die Neuhauser Straße. Am Wegpunkt biegen wir rechts in Richtung Unterhaugstett ab und verlassen den Wald. Weiter geht es auf asphaltierter Straße. Urplötzlich entdecken wir bunte Golfbälle im Straßengraben. Wie die wohl hierhin gekommen sind? Ganz einfach: Rechts neben der Straße erstreckt sich das Gelände des **Golfclubs Bad Liebenzell** und so mancher Golfball landet weit abseits des angepeilten Ziels.

Im Anschluss überqueren wir eine viel befahrene Straße und marschieren über die Albert-Schweitzer-, die Stuttgarter und die Gottlob-Rau-Straße durch den kleinen Ort **Unterhaugstett.**

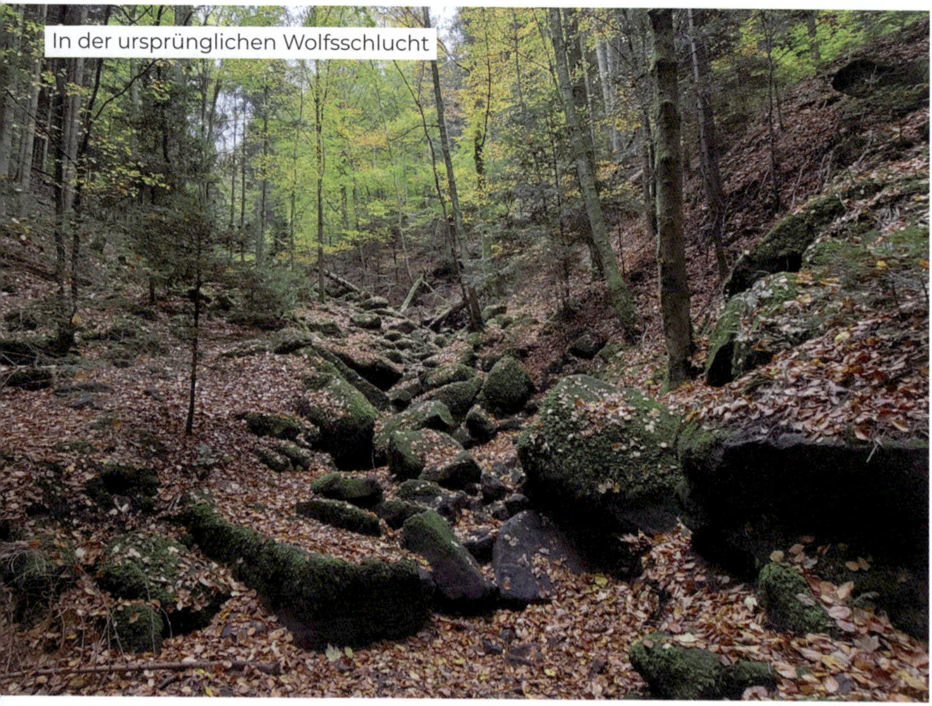

In der ursprünglichen Wolfsschlucht

WALDBADEN IM NÖRDLICHEN SCHWARZWALD

Stille erwartet uns, nachdem wir die Häuser des Ortes hinter uns gelassen haben. Wir wandern weiter in südliche Richtung. Erst jetzt wird uns bewusst, wie sich das Rauschen des Monbachs auf den ersten Kilometern in unseren Ohren festgesetzt hat. Auf den nächsten 5 km bis zur Wolfsschlucht nehmen wir andere Naturgeräusche wahr: Vogelgezwitscher, die sanfte Geräuschkulisse des Waldes und vielleicht das Rauschen des Windes.

Rund 1,3 km folgen wir der Route ab Unterhaugstett, biegen links ab und erreichen nach ca. 700 m die auf 533 m Höhe gelegene **Dachsbauhütte.** Sie wurde einst als Unterkunft für Waldarbeiter errichtet und nach den zahlreichen hier angelegten Dachsbauten benannt. Sie ist für Wanderer nicht zugänglich, dient aber als guter Orientierungspunkt.

Auf den nächsten 2,5 km geht es entlang hochgewachsener Fichten und Tannen über angenehm zu wandernde **Waldwege.** Unzählige Farne und – im Herbst – emporsprießende Pilze säumen den Weg. Am Wegpunkt **Dietersbachhalde** vollführt die Route einen Schlenker nach links und über den links abzweigenden **Wolfsschluchttrail** gelangen wir schließlich in die Wolfsschlucht.

DURCH DIE WOLFSSCHLUCHT HINAB NACH HIRSAU

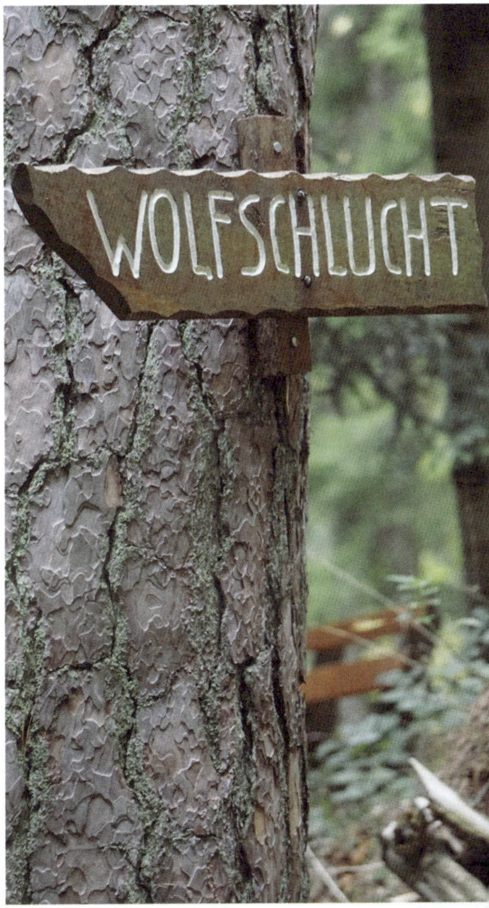

Die **Wolfsschlucht** mit dem Brombach ist schmaler und wirkt weniger märchenhaft als die Monbachschlucht. Der Weg führt hier stets bergab und beim **Abstieg** gilt es, auf die Wegbeschaffenheit zu achten. Bei Regen oder Schnee kann es durchaus rutschig werden. Während das Bett des **Brombachs** im Sommer meist ausgetrocknet ist, kann sich dieser bei stärkeren Regenfällen schon mal in einen kleinen Sturzbach verwandeln.

Wie bereits zu Beginn dieser Tour befinden wir uns nun wieder auf der Route des **Fernwanderweges „Schwarzwald Ostweg"**. Der Pfad verläuft in einem größeren Bogen nach links, dann geht es in Richtung Süden weiter. Schon bald können wir auf der rechten Seite einen ersten Blick auf Hirsau mitsamt seiner imposanten Klosteranlage erhaschen.

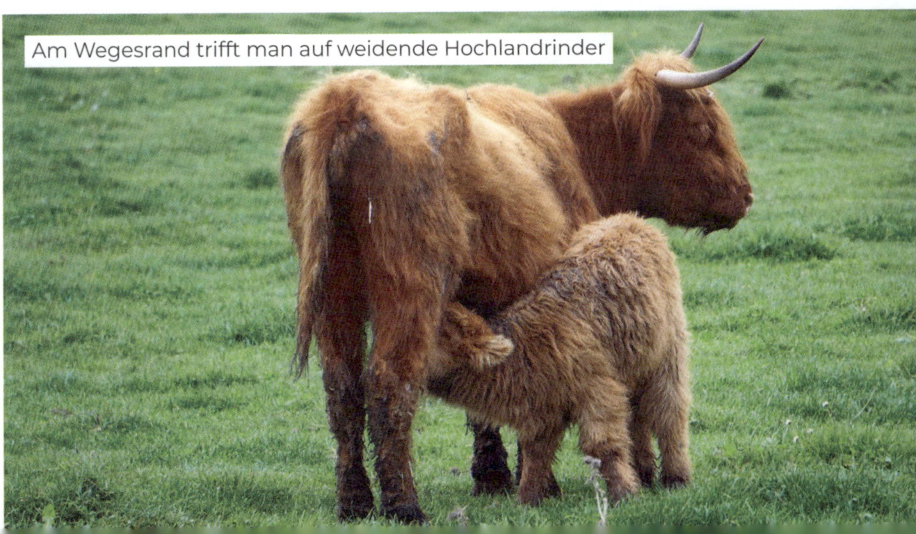
Am Wegesrand trifft man auf weidende Hochlandrinder

FAST 1000 JAHRE AUF DEM BUCKEL: KLOSTER HIRSAU

In Hirsau angekommen, überqueren wir den Fluss **Nagold** und erreichen so die beeindruckende **Klosteranlage,** einst eine florierende Benediktinerabtei. Sie kann mit einer beinahe 1000-jährigen Historie aufwarten. Die Besichtigung der **Außenanlagen** ist ganzjährig möglich. Eine Stippvisite wert sind die **Klosterkirche St. Aurelius** samt mittelalterlichem **Kräutergarten,** die Ruine des **Klosters St. Peter und Paul** mit der **Marienkapelle** und das **Jagdschloss** im Renaissancestil. Von April bis Oktober kann man außerdem das **Klostermuseum** (Calwer Str. 6, www.klosterhirsau.de, Eintritt: Erw. 2,50 €, erm. 1,50 €) besuchen, das Aufschlussreiches über die Geschichte des Gotteshauses bereithält. Ganzjährig sind **Führungen** mit unterschiedlichen Schwerpunkten buchbar, Familien mit Kindern können eine **Rallye** durch die Anlage unternehmen. Das gesamte Areal ist ein perfekter Tummelplatz für Fotografen, denn in der Ruine lassen sich unzählige lohnenswerte **Fotomotive** entdecken.

Wenige Meter von der Klosterruine entfernt kann man in einem **Rotwildgehege** auf 3½ ha Fläche etliche Rothirsche beobachten.

Mehrere kleine **Cafés** laden im Örtchen Hirsau zur Einkehr ein – hier kann man zum Kaffee beispielsweise ein Stück original Schwarzwälder Kirschtorte schnabulieren.

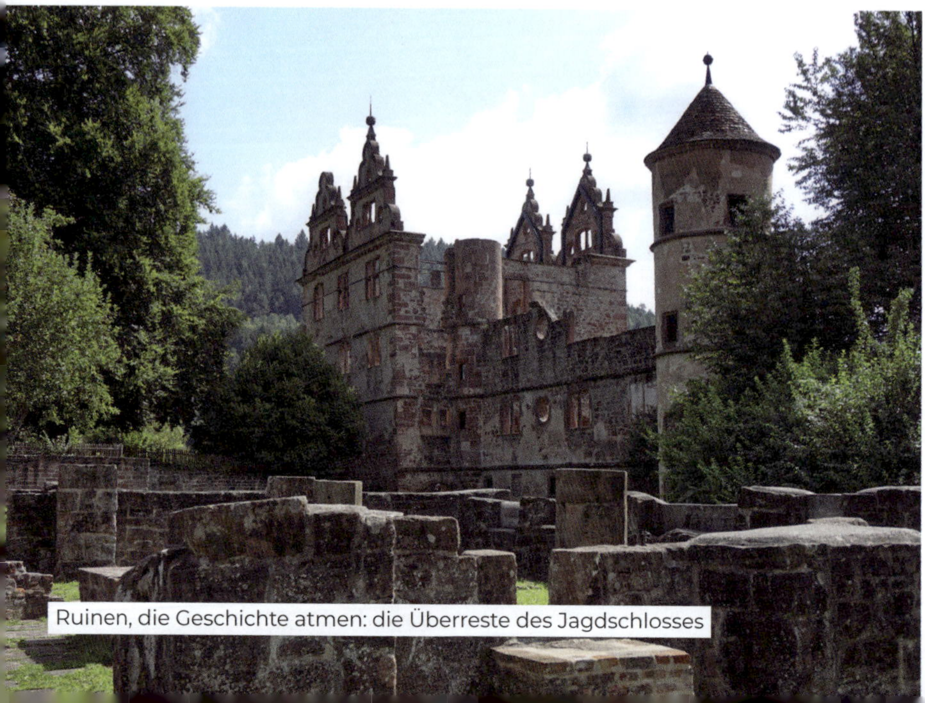

Ruinen, die Geschichte atmen: die Überreste des Jagdschlosses

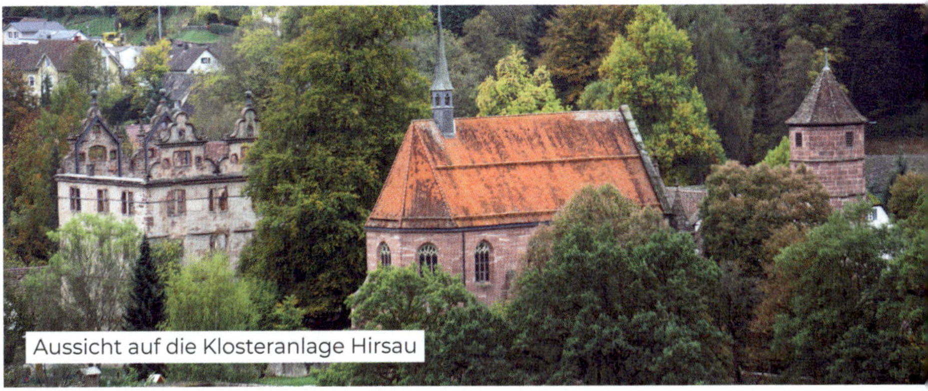

Aussicht auf die Klosteranlage Hirsau

GEMÄCHLICHER AUSKLANG IM ZAUBERHAFTEN CALW

Gut 14 km haben wir nun von Monbach-Neuhausen bis zum Kloster Hirsau zurückgelegt. Wem die Puste ausgegangen ist, der kann sich hier am Bahnhof in die Bahn setzen und gemütlich **zurück nach Stuttgart** fahren. Oder man setzt die Wanderung fort und geht weitere 4 km bis in die sehenswerte Hermann-Hesse-Stadt Calw.

Der restliche Weg nach Calw ist einfach und verläuft ohne nennenswerte Höhenmeter stets **parallel zum Fluss** gen Süden. Die Route folgt hier abermals dem „Schwarzwald Ostweg" etwas oberhalb des Flussufers. Auf der Strecke bietet sich immer wieder eine schöne Aussicht.

Unser Tour endet schließlich am **Marktplatz von Calw.** Dieser ist umgeben von einem traumhaften Fachwerkensemble, unter anderem dem **Geburtshaus von Hermann Hesse** im heutigen Modehaus Schaber. Vom **Bahnhof Calw** aus geht es im Anschluss zurück nach Stuttgart.

Weitere Infos zu einem Besuch der Stadt Calw liefert der Tourenvorschlag **„Wasser, Wald und Wiesen: auf dem Genießerpfad in die Hermann-Hesse-Stadt Calw"** (s. S. 164).

Extra-Tipp

Literarischer Streifzug durch Hesses Geburtsstadt

„Gerbersau" („Aue der Gerber") – so nannte **Hermann Hesse** (1877–1962) seine Geburtsstadt liebevoll: wegen der Gerber, die am Ufer der Nagold ihr Tagwerk verrichteten. Als Hesses Lieblingsort gilt die Nikolausbrücke. Wer in Calw auf den Spuren des Nobelpreisträgers wandeln möchte, sollte dem **Hermann-Hesse-Weg** folgen. Auf dem ca. 1 km langen Rundweg vom **Hermann-Hesse-Museum** (s. S. 173) bis zum Stadtgarten werden auf **37 Stelen** Gedichte und Zitate des Literaten sowie historische Stadtansichten Calws präsentiert.

Weitere Infos:
www.calw.de/kultur/hermann-hesse

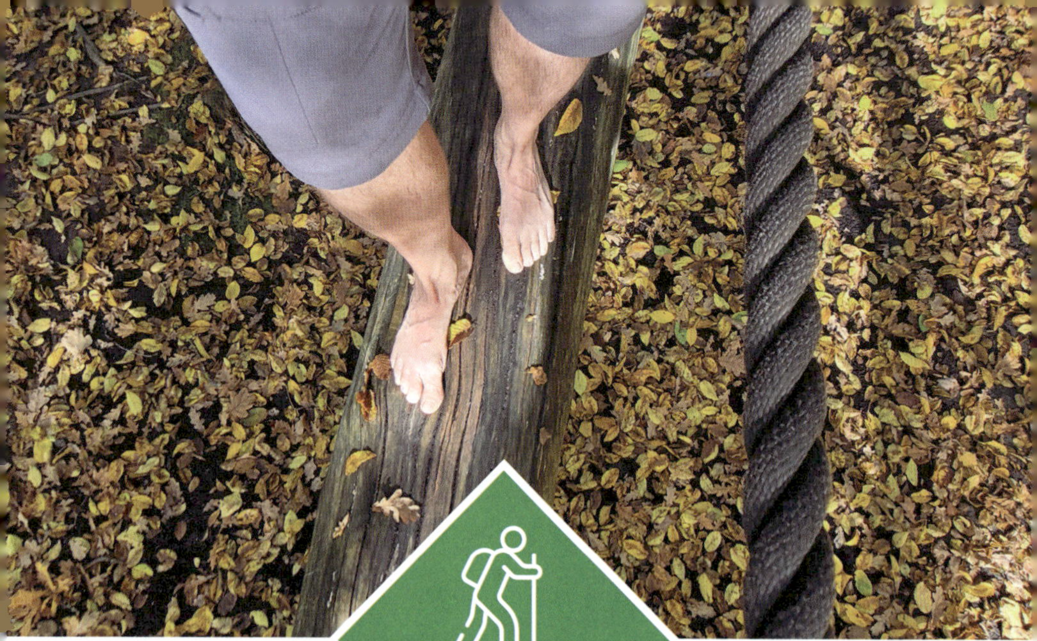

19

PER PEDES ÜBER STOCK UND STEIN: AUF DEM BARFUSSPFAD ÖTISHEIM

Dauer
½ Std.

Entfernung
1,5 km

Weitere Infos:
www.barfusspark.info/parks/oetisheim.htm, https://naturfreunde-oetisheim.de

Die Natur #HAUTNAH erleben – der Barfußpfad Ötisheim im #KOHLPLATTENWALD macht es möglich. Schuhe aus und rein ins Vergnügen, lautet das Motto! Über die #FUßSOHLEN lassen sich verschiedene Wege und Materialien – von Rindenmulch über Holzbohlen bis zu Kieselsteinen und #MATSCH – erspüren. Dabei nutzen wir nicht nur Auge und Ohr, sondern auch unseren #TASTSINN.

Für wen ist die Tour geeignet?

Der **Barfußpfad** ist ein ebenso ungewöhnliches wie abwechslungsreiches Erlebnis für **Jung und Alt,** um die Umwelt bewusster wahrzunehmen. Vor allem **Kinder** kommen dabei voll auf ihre Kosten, können sie doch Hindernisse überwinden, balancieren und ausgiebig im Matsch spielen.

Eckdaten

Charakteristik: Der Rundweg ist kostenlos und problemlos begehbar. Wer keine Lust auf das Barfußerlebnis hat, kann den Rundweg alternativ auf angenehm zu gehendem Waldboden zurücklegen. Um die Füße nach der Fußdusche am Ende des Parcours abzutrocknen, ist ein Handtuch vorteilhaft. Für Kinder sollte man ggf. Wechselkleidung mitnehmen. Nicht zugelassen auf dem Barfußpfad sind Hunde, Kinderwagen und Fahrräder, der Pfad ist außerdem nicht barrierefrei.

Öffnungszeiten: Mai–Okt. tägl. 7–21 Uhr

Anreise

Am einfachsten ist die Anfahrt mit der **Regionalbahn MEX 17c** ab Stuttgart Hbf. bis zur **Haltestelle Ötisheim.** Von hier geht es einmal durch die Unterführung, dann nach rechts in die Industriestraße und ca. 1 km weiter bis zum Kreisverkehr. Dort nehmen wir gleich den nächsten Abzweig rechts und erreichen nach nur 200 m den **Parkplatz** vom **Naturfreundehaus Ötisheim** (Maulbronner Str. 100). Dieser Parkplatz eignet sich auch ideal für Autofahrer. Der Barfußpfad beginnt direkt am Naturfreundehaus.

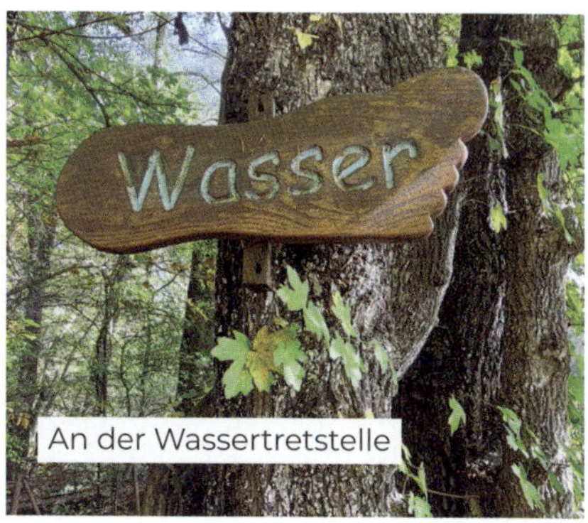

An der Wassertretstelle

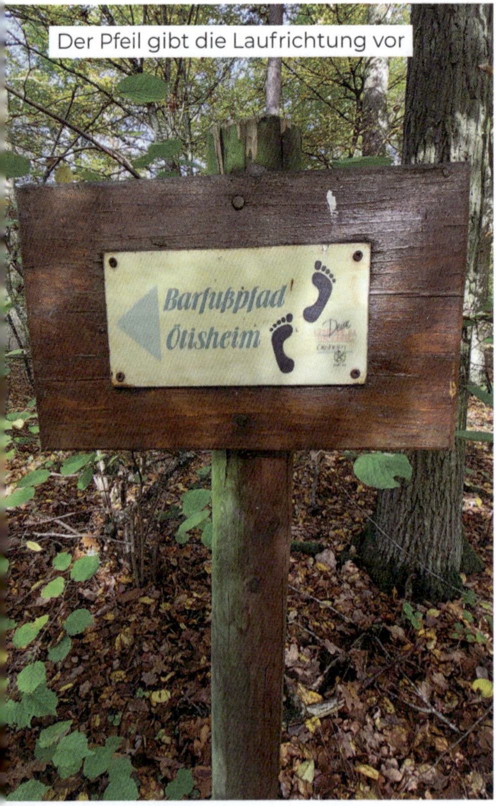

Der Pfeil gibt die Laufrichtung vor

DAS WICHTIGSTE AUF EINEN BLICK

Seit 2004 lädt der Barfußpfad im Kohlplattenwald in Ötisheim im Enzkreis zum Fühlen, Entdecken und Balancieren ein. Die nackten Füße geraten in Kontakt mit unterschiedlichen Materialien wie Sand verschiedener Körnung, Holzspänen, Erde, Kieselsteinen, Holzbohlen, Moos, Fichten- und Tannenzapfen, Korken, Steinen unterschiedlicher Größe, Matsch und Wasser. Zwischendurch darf man u. a. auf Holzstehlen und -balken balancieren. Mittlerweile sind es **fast 30 Stationen.** Und es werden stetig mehr, denn jedes Jahr wird der Parcours von der Gemeinde Ötisheim um eine weitere Attraktion erweitert. Der kostenlose Erlebnispfad wird immer umfangreicher, beliebter und bekannter.

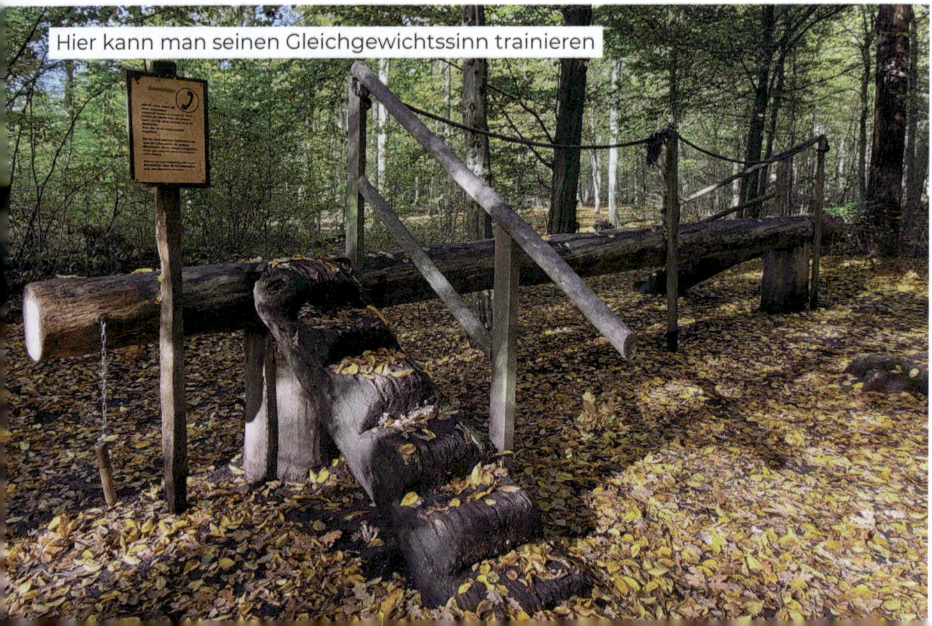
Hier kann man seinen Gleichgewichtssinn trainieren

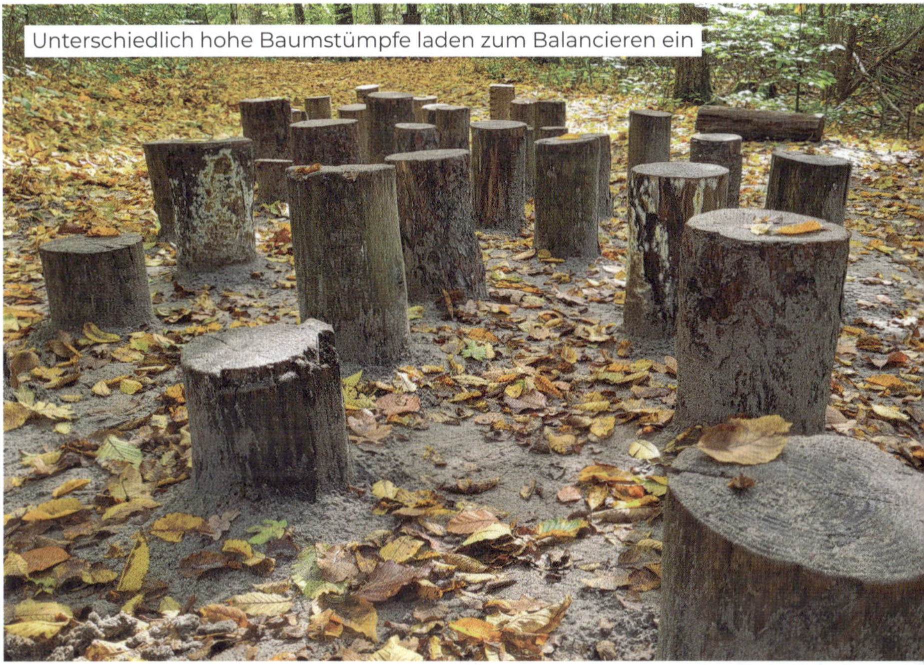
Unterschiedlich hohe Baumstümpfe laden zum Balancieren ein

WARUM BARFUß GEHEN GESUND IST

Um nur einige der Vorteile aufzuzählen: Es fördert die Durchblutung. Das Immunsystem wird gestärkt. Muskeln und Gelenke werden gekräftigt. Durch den Kontakt mit unterschiedlichen Bodenbeschaffenheiten werden die Fußreflexzonen massiert. Es verhindert einen Blutstau in den Beinen und aktiviert die Wadenmuskulatur. Bei niedrigeren Temperaturen wird die Wärmeproduktion des Körpers aktiviert, dabei tritt der bekannte Kneipp-Effekt ein. Nicht zuletzt macht das Ganze auch noch großen Spaß – und Lachen soll ja bekanntermaßen ebenfalls gesund sein.

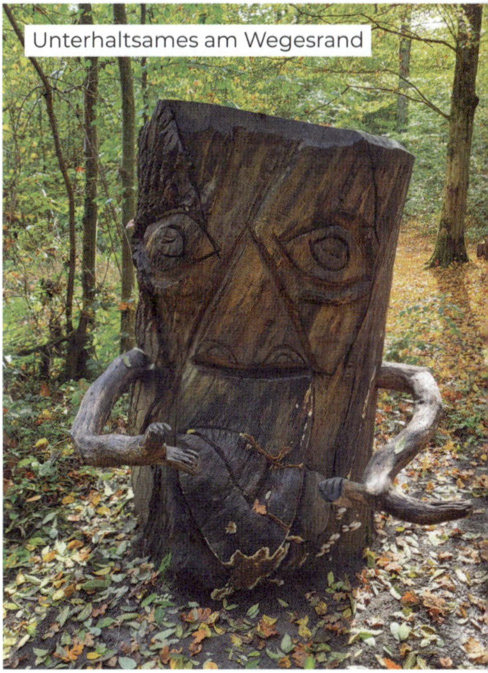
Unterhaltsames am Wegesrand

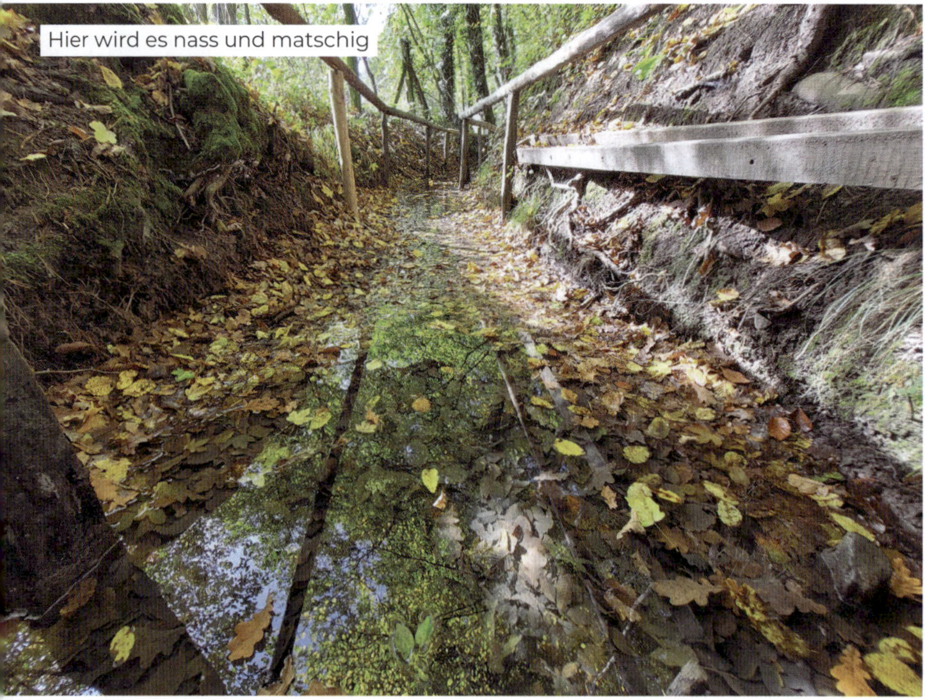

Hier wird es nass und matschig

DER PARCOURS IM DETAIL

Zum Einstieg in den Parcours, der als Rundweg im Uhrzeigersinn konzipiert wurde, bietet ein großes **Holzregal** Platz für einige Dutzend Paar Schuhe. Denn wie lassen sich unterschiedliche Bodenbeschaffenheiten besser erfahren als barfuß? Wer als Begleiter seine Treter lieber anbehalten möchte, der braucht seine Schuhe selbstverständlich nicht auszuziehen. Das intensivere Erlebnis hat natürlich der Barfußläufer!

Ganz zu Beginn des Rundparcours gibt eine **Infotafel** Auskunft über die bevorstehenden Stationen. Unser Tipp ist aber: einfach loslegen und sich überraschen lassen! Start- und Zielpunkt des Parcours sind identisch.

Während manche Stationen sehr einladend sind, weil sich die Materialien unter den Fußsohlen weich und angenehm anfühlen, sind andere etwas gewöhnungsbedürftig. Und so betreten einige Barfüßler die kurzen Strecken über kleine, spitze Steine eher etwas zögerlich. Viele Kinder marschieren einfach drauflos, während andere sich anfangs vielleicht noch nicht trauen, unbekanntes Terrain zu betreten.

Nach zwei Dritteln der Strecke erreichen wir eine kleine **Aussichtsplattform.** Danach führt der Weg über einige **Balancier-Holzpfosten,** bevor wir die vielleicht spannendste Attraktion des Pfads erreichen. Das passende Stichwort lautet: Matschepampe! Zuerst führt uns der Weg durch eine Art **Natur-Kneippbecken.** An dieser Stelle dürfen die Hosen hochgekrempelt werden. Rund 25–30 cm tief ist das Wasserbecken, dessen Bodengrund aufgrund des trüben Wassers nicht einsehbar ist. Wer noch nicht genug hat, der darf wenige Meter weiter abermals durch einen ca. 20 m langen **Bachlauf** waten. Kein Wunder, dass die meisten Parcoursgänger das Ende des Barfußpfads nicht nur mit einem Grinsen im Gesicht, sondern auch mit reichlich schmutzigen Füßen erreichen.

Und wie werden diese nun wieder sauber? Am Ende des Pfads heißt es „Wasser marsch!" – am **Fußwaschplatz** gibt es einige Schläuche mit fließendem Wasser, um seine Beine und Füße vom verkrusteten Matsch zu befreien. Und davon machen die Barfußgeher jeglichen Alters natürlich reichlich Gebrauch. Am Ende nimmt man seine Schuhe wieder in Empfang und kann den Rückweg antreten.

Falls gerade Sonntag ist, kann man zum Abschluss im **Naturfreundehaus Ötisheim** (März–Juli u. Sept./Okt. So. 14–20, warme Küche bis 19 Uhr, https://naturfreunde-oetisheim.de/das-naturfreundehaus) zu Kaffee und selbst gebackenem Kuchen oder zu verschiedenen herzhaften Kleinigkeiten einkehren.

Extra-Tipp

Ab ins Freibad!

Wer Gefallen am nassen Element gefunden hat, der kann gleich noch das **Freibad Ötisheim** (Im Hägnach, www.oetisheim.de/leben-freizeit/freibad.html, Mitte Mai–Mitte Sept. tägl. 10–20 Uhr, Erw. 3,50 €, Schüler/Studenten 3 €, Kinder 6–18 Jahre 2,50 €) aufsuchen. Lediglich 500 m vom Naturfreundehaus entfernt, kann man sich hier im Sommer herrlich abkühlen.
Vom Naturfreundehaus wendet man sich nach links und geht zurück zum Kreisverkehr, biegt an der nächsten Abzweigung rechts ab, passiert den Tennisclub und erreicht kurz dahinter das Freibad auf der linken Straßenseite.

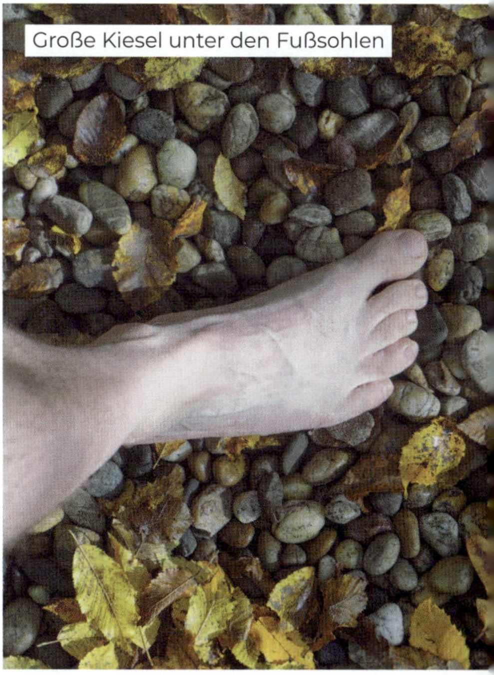
Große Kiesel unter den Fußsohlen

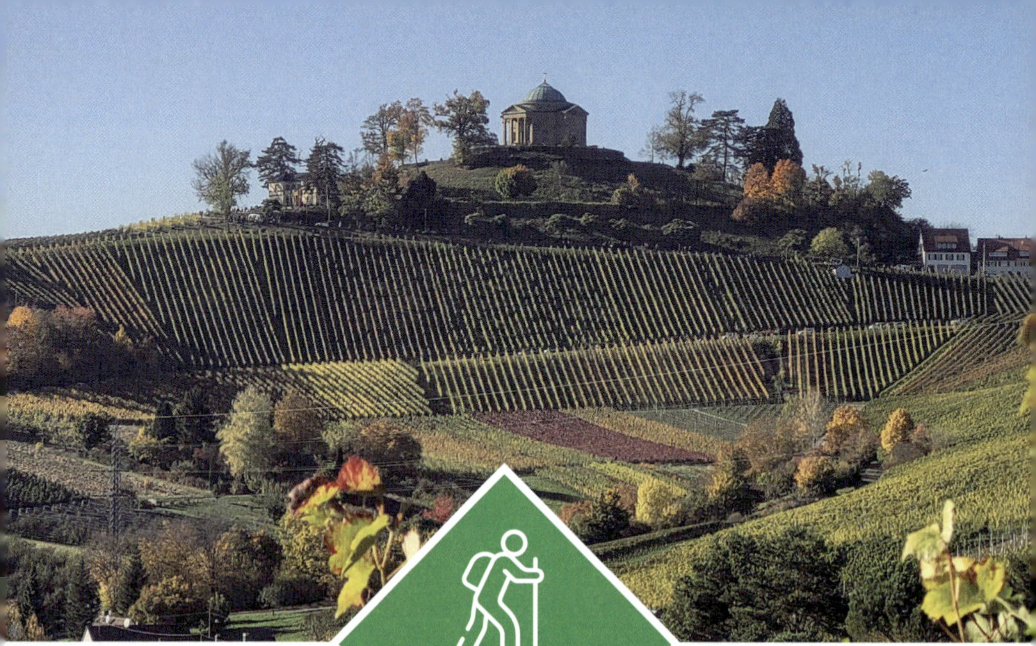

20

DER RÖSSLEWEG: STUTTGART NEU ENTDECKEN

Dauer
11–12 Std. (für fitte Wanderer)

Entfernung
55 km | 1000–1200 HM

Weitere Infos:
www.vsv-stuttgart.de/index.php?article_id=105

Einmal rund um den #STUTTGARTER KESSEL: Der Rössleweg macht die Schwabenmetropole aus einer ungewöhnlichen Perspektive erlebbar. Dabei begegnen wir einem nostalgischen Verkehrsmittel, bestaunen die #NECKARSCHLEIFE in Muckensturm und wandern zwischen Weinreben und Schrebergärten. Die #GRABKAPELLE AUF DEM WÜRTTEMBERG ist das Highlight, vor allem, wenn im Herbst die #BESENWIRTSCHAFTEN zu Speis und Trank einladen.

Für wen ist die Tour geeignet?

Diese Rundwanderung ist gespickt mit Attraktionen sowie Neuentdeckungen und ermöglicht einen Perspektivwechsel für all jene, die den Stuttgarter Kessel sonst nur „von innen" kennen. Die Tour ist für **alle Schwierigkeitsstufen** geeignet, denn je nach Fitnesslevel kann sie in **mehrere Etappen** aufgeteilt werden. Ein- und Ausstieg sind problemlos überall auf der Route möglich. Dank seiner Länge ist der Rössleweg zudem eine ideale Trainingstour für erfahrene **Mammut- und Megamarsch-Teilnehmer**.

Eckdaten

Charakteristik: Rundwanderung auf den Höhen rund um Stuttgart. Die erste Hälfte verläuft oft durch Waldgebiete, während die zweite Hälfte eher städtisch sowie von Weinbergen und Schrebergärten geprägt ist. Wer den gesamten Weg auf einmal geht, braucht eine sehr gute Kondition. Weniger Geübte sollten den Rössleweg in 3–5 individuelle Etappen aufteilen.

Wegmarkierungen: Der **Name „Rössleweg"** greift das im Stadtwappen Stuttgarts integrierte schwarze Pferd, das **Stuttgarter Rössle**, auf. Entsprechend ist der Pfad am **Ross im gelben Ring** erkennbar. Es gibt zwei Varianten von Wegweisern. Vor allem in den Waldgebieten wie Waldebene Ost, Kräherwald, Greutterwald etc. sind Holzschilder vorherrschend. In eher städtisch geprägten Teilstücken sind es vorrangig Metallschilder und Aufkleber. Die Markierungen sind teilweise schwierig zu finden, sodass der eine oder andere Umweg einkalkuliert werden sollte.

Stärkung zwischendurch: Entlang des Weges gibt es unzählige Einkehr- und Verpflegungsmöglichkeiten. Vor allem

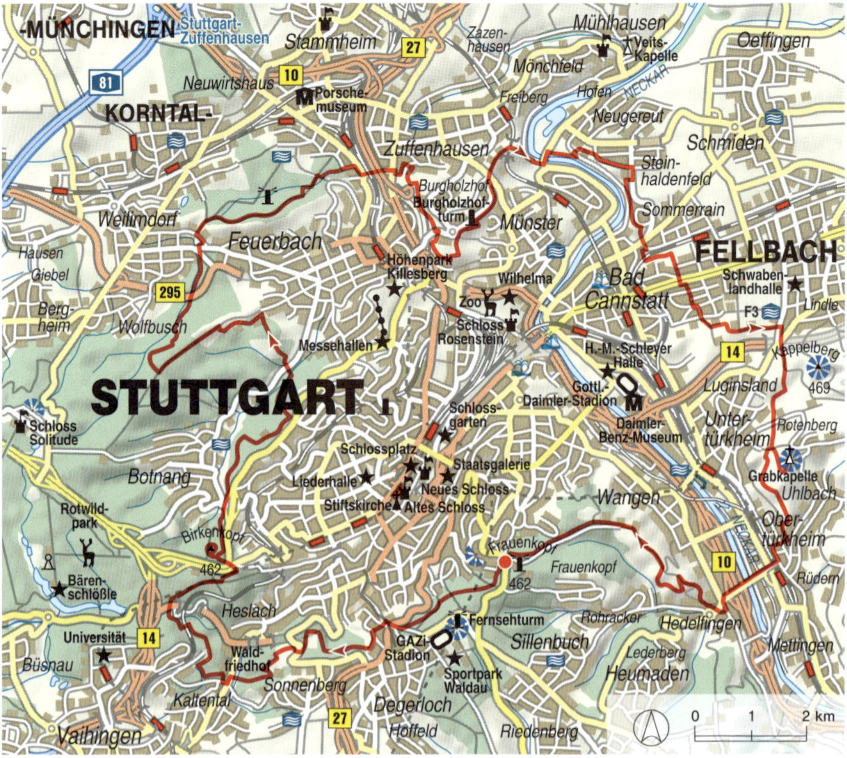

in der Nähe von Bahn- und Bushaltestellen, in den Kleingartenkolonien und Weinbergen gibt es verschiedenste Lokale. Auch sind diverse Bäckereien, Metzgereien und Supermärkte entlang der Strecke gelegen, wo man sich mit Proviant eindecken kann.

Anreise

Einen offiziellen Startpunkt besitzt der Rössleweg nicht. Da er als **Rundwanderweg** konzipiert ist, kann der Einstieg je nach Standort wohnortnah erfolgen. Die An- und Rückreise mit Bus und Bahn lässt sich daher ganz individuell gestalten.

Wir starten die hier näher beschriebene Variante an der **U-Bahn-Haltestelle Geroksruhe.** Diese ist in der Regel im Zehn-Minuten-Takt mit der U15 erreichbar.

START IN GEROKSRUHE UND ERSTER STUTTGART-AUSBLICK

Wir beginnen unsere Tour im Südosten Stuttgarts, und zwar an der **U-Bahn-Station Geroksruhe,** und bewegen uns zu Beginn in südwestliche Richtung. Zunächst überqueren wir die viel befahrene Jahnstraße, dann wandern wir über Waldwege ca. 3 km

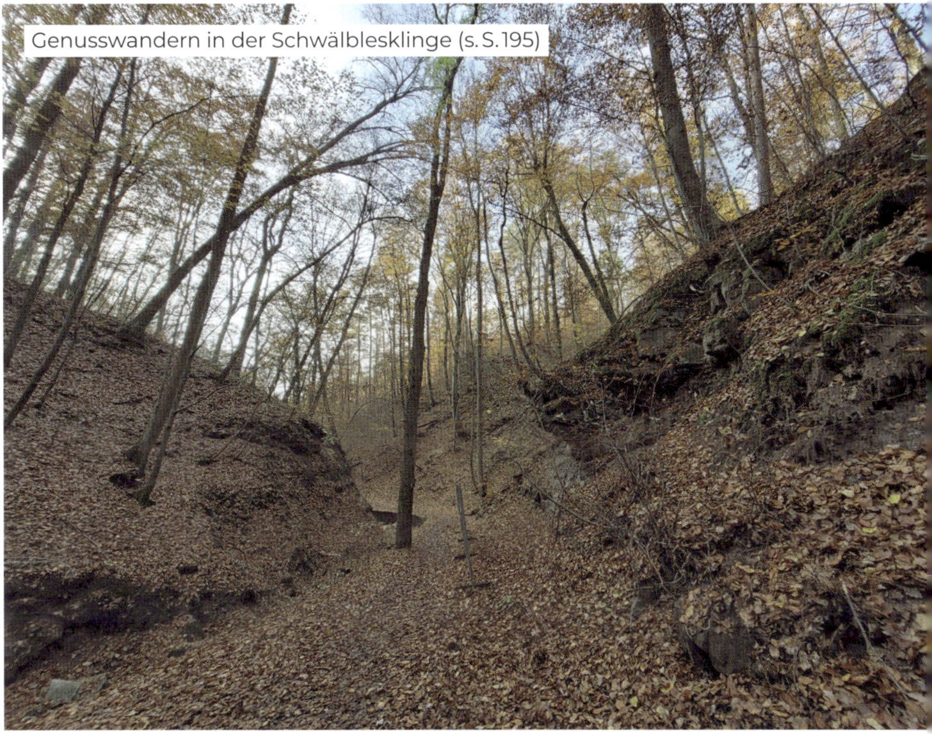

Genusswandern in der Schwälblesklinge (s. S. 195)

bis zur Haltestelle Weinsteige. Auf halber Strecke passieren wir einen viel genutzten öffentlichen Grillplatz mit einer **Schutzhütte** – ein idealer Platz, um zu rasten. Im Frühjahr breiten sich hier **Bärlauchteppiche** aus.

An der **Haltestelle Weinsteige** überqueren wir die Straße und gelangen zur **Haigstkirche.** Bevor wir uns hier links halten, legen wir noch eine Stippvisite auf dem rechts gelegenen **Santiago-de-Chile-Platz** ein. Vor uns erstreckt sich das Häusermeer Stuttgarts. In den Abendstunden sitzen hier oft einige Connaisseure und genießen die Aussicht bei einem Glas Wein.

WIR FOLGEN DER BLAUEN SOCKE: DER BLAUSTRÜMPFLERWEG

Der Santiago-de-Chile-Platz ist auch Start- bzw. Zielpunkt des ca. 8 km langen **Blaustrümpflerweges,** wie der bekannte Stuttgarter Stadtwanderweg auch genannt wird. Von der U-Bahn-Haltestelle Haigst folgt der Rössleweg dem Blaustrümpflerweg auf gleicher Route und so ist der Wanderweg nun zusätzlich mit einer „Blauen Socke“ gekennzeichnet. Wir folgen also beiden Markierungen.

Bald wird eine **Holzbrücke** unterquert, über die eine Downhill-Strecke

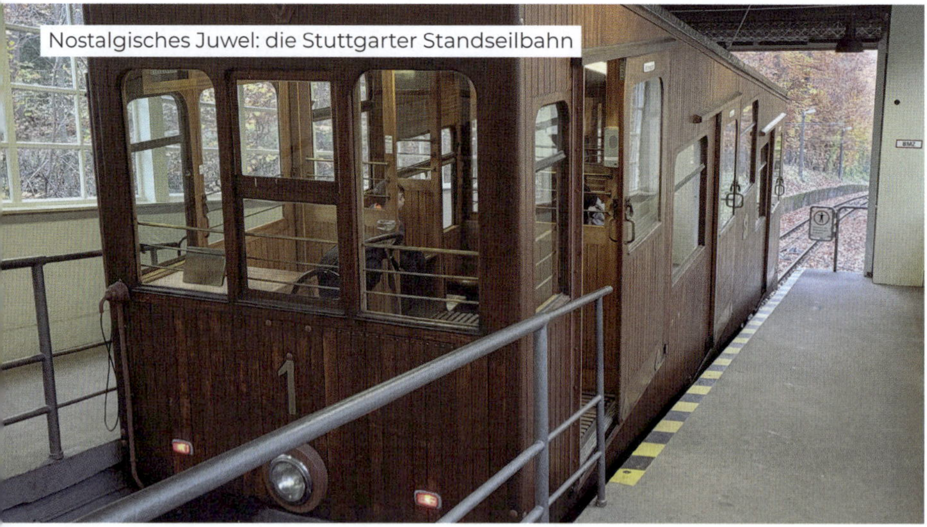

Nostalgisches Juwel: die Stuttgarter Standseilbahn

Extra-Tipp

Ein Hauch von Lissabon: die Stuttgarter Seilbahn

Ein lohnenswerter Abstecher vom Rössleweg: Eine altehrwürdige **Standseilbahn** verbindet den **Waldfriedhof** mit dem **Südheimer Platz** in Heslach und erinnert an ihr berühmtes Pendant in der portugiesischen Hauptstadt. Weil ihr Fahrtziel der Friedhof ist, wird sie scherzhaft auch **„Erbschleicher-Express"** oder **„Lustige-Witwen-Bahn"** genannt. Jeweils vier Minuten dauern die Berg- und Talfahrt. Besonders erwähnenswert sind die hölzernen Wagen aus Teakholz. Die Innenausstattung ist teilweise aus hochwertigem Mahagoniholz gefertigt. Die Bahn ist in den öffentlichen Nahverkehr integriert und kann zum regulären Tarif der VVS genutzt werden.
Weitere Infos: www.vvs.de/freizeit/detailansicht/stuttgarter-standseilbahn/173

namens „Woodpecker Trail" führt. Unser Weg bringt uns über den Dornhaldenweg durch ein Waldgebiet zum **Dornhaldenfriedhof.** Hier fallen vor allem der hohe Ablaufkamin des Heslacher Tunnels und das unter Denkmalschutz stehende **Garnisonsschützenhaus** aus rotem Backstein ins Auge. Kaum haben wir diese Grablege umrundet, stehen wir schon vor der nächsten, dem ungleich größeren **Waldfriedhof.** Hier lockt eine besondere Attraktion, die **Stuttgarter Seilbahn** (s. links).

VON DER SCHWÄLBLESKLINGE ZU DEN HESLACHER WASSERFÄLLEN

Nachdem wir den Waldfriedhof durchquert haben, halten wir uns links. Auch hier verläuft der Rössleweg eine Zeitlang parallel zu einer weiteren

Wanderroute, dem 4 km langen **Joseflesweg.** Schon bald erreichen wir die **Schwälblesklinge** – ein kleines Kerbtal, das den Eindruck erweckt, man befinde sich hier fernab der Großstadt. Beim Abstieg geht es vorbei am **Fritz-Keller-Brünnele** und dann entlang des Bächleins Schwälblesklinge, das dem Tal seinen Namen gab. Über eine Brücke überqueren wir die Böblinger Straße. Nach etwa 400 m knickt der Weg nach rechts ab und verläuft nun in nördliche Richtung.

Nach gut 2 km erreichen wir die **Heslacher Wasserfälle.** Die früher häufig als Top-Sehenswürdigkeit angepriesene Kaskade führt jedoch mittlerweile nur noch selten ausreichend Wasser. An den Wasserfällen überqueren wir die Straße und wandern knapp 1,5 km stetig bergauf, immer auf den Birkenkopf zu.

STUTTGARTS „MONTE SCHERBELINO“: DER BIRKENKOPF

Nachdem wir einige Höhenmeter zurückgelegt haben, ist der Birkenkopf mitsamt **Gipfelkreuz** auf einer Höhe von 511 m erreicht. Ein Aufstieg, der sich lohnt! Der Birkenkopf ist ganzjährig ein empfehlenswertes Ausflugsziel. Die vielleicht spektakulärste Aussicht auf die Schwabenmetropole lassen sich die Stuttgarter vor allem im Sommer zum **Sonnenuntergang** nicht entgehen. Bei gutem Wetter reicht die Aussicht bis auf die Schwäbische Alb oder gar den Nordschwarzwald. Viele Besucher machen es sich hier, hoch über der Landeshauptstadt, mit einem Gläschen Wein und mitgebrachten Snacks gemütlich.

Die eine oder andere **Mauereidechse** wurde schon auf dem Bir-

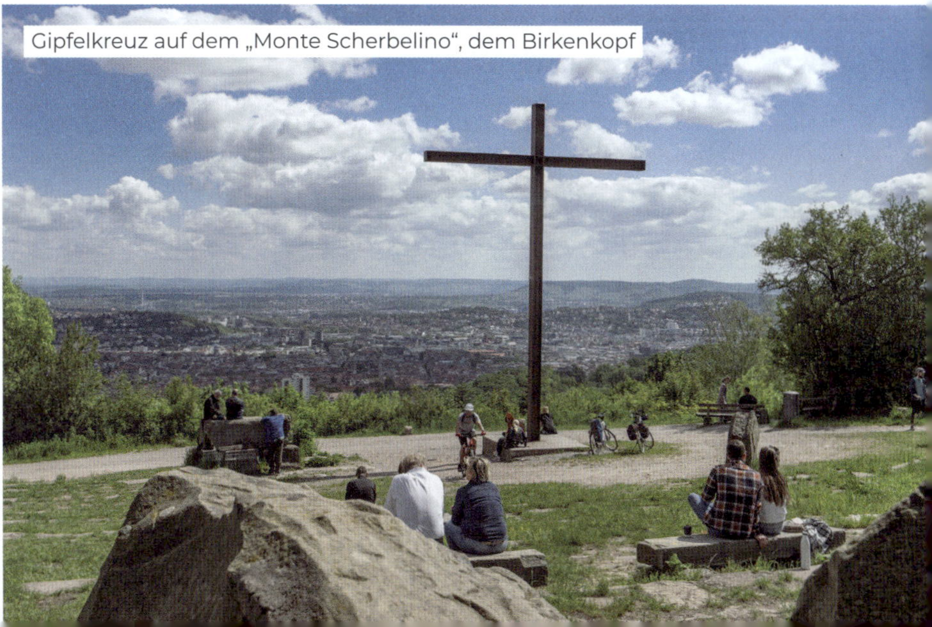

Gipfelkreuz auf dem „Monte Scherbelino“, dem Birkenkopf

kenkopf gesichtet. Die Tiere fühlen sich hier oben wohl, vor allem, wenn die umliegenden **Trümmer aus dem Zweiten Weltkrieg** durch Sonnenstrahlen erwärmt wurden. Wie in anderen Städten auch, wurden Schutt und Fassadenreste hier auf dem Birkenkopf „entsorgt" – daher auch der scherzhafte Name „Monte Scherbelino". Dadurch erhöhte sich die Gipfelhöhe des Birkenkopfs um über 40 m! Die stolze, hoch aufgeschossene **Eiche,** die sich hier oben auf dem Gipfel wohlzufühlen scheint, ist bei guten Sichtverhältnissen auch aus Stuttgarts Stadtteilen zu erkennen.

MÄHDERKLINGE UND TALKRABBE: WEITER BIS FEUERBACH UND WEILIMDORF

Wir wandern anschließend wieder bergab und folgen der Route in nördliche Richtung durch den **Kräherwald.** Der Weg ist geprägt durch ruhige Waldpassagen. Nach ca. 4 km erreichen wir die Bushaltestelle Doggenburg. Der Weg macht nun einen 90-Grad-Knick nach links und führt in Richtung **Feuerbacher Tal.** Wenige Schritte weiter erreichen wir die **Mähderklinge,** die im 19. Jh. als Militärschießplatz diente.

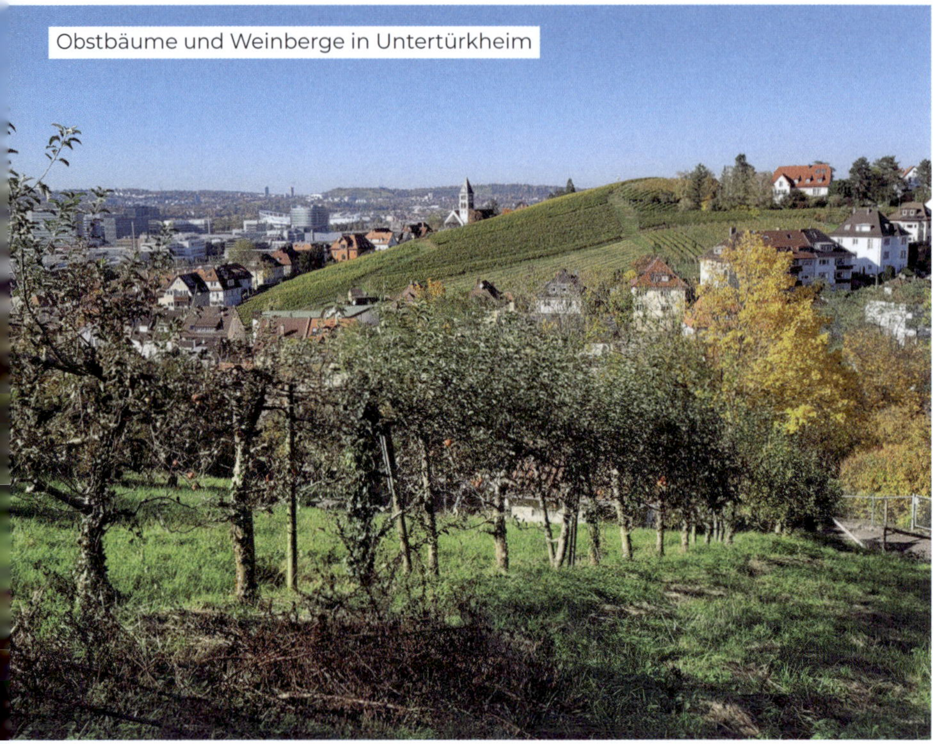

Obstbäume und Weinberge in Untertürkheim

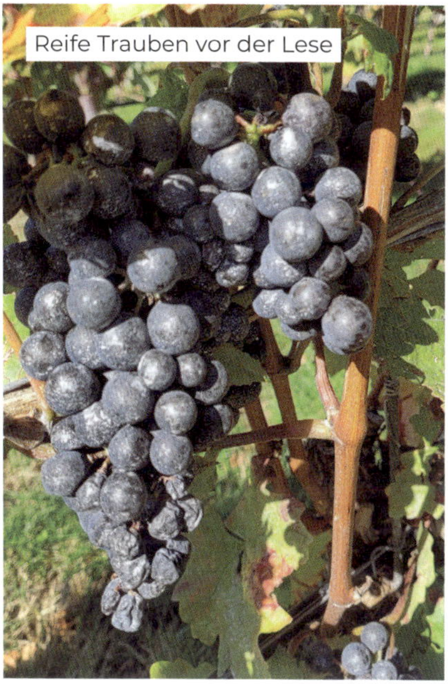

Reife Trauben vor der Lese

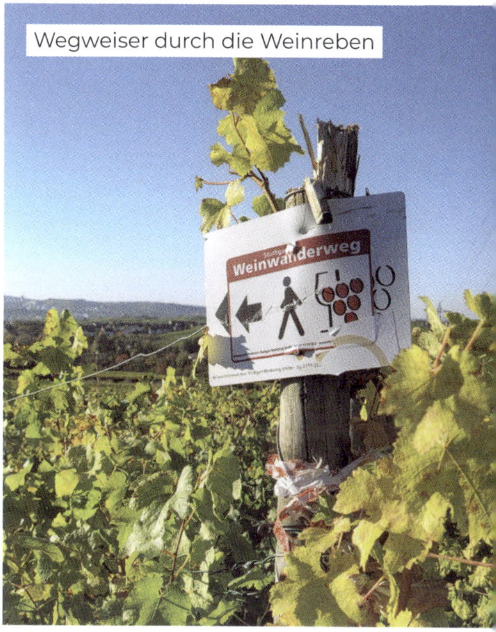

Wegweiser durch die Weinreben

Weiter geht es auf dem **Talkrabbenweg.** Rössle- und Talkrabbenweg verlaufen die nächsten ca. 10 km bis nach Zuffenhausen auf derselben Route. Der Name „Talkrabbe" steht jedoch keineswegs für eine heimische Tiergattung. Er wurde den Feuerbacher Bürgern von ihren Botnanger Nachbarn einst als Spitzname verpasst. Im Gegenzug erhielten die Anwohner Botnangs den Spitznamen „Kuckuck".

Am **Wegpunkt „Bei der Stroheiche"** macht der Pfad einen Knick nach rechts. Uns erstaunt ein Hinweisschild mit der Aufschrift „Zur Burg". Eine Burg? Tatsächlich sind von der uralten **Burg Dischingen** nur die Grundmauern erhalten. Nach ca. 1,5 km führt uns der Rössleweg im Stadtteil **Feuerbach** entlang zahlreicher **Schrebergärten,** die vor allem im Frühjahr mit ihrer Blütenpracht protzen.

Von dort geht es durch schattigen Wald am Lindenbach entlang in Richtung **Weilimdorf.** Dort mündet der Lindenbach in den kleinen **Lindenbachsee.** Fußmüde haben die Gelegenheit, den Rössleweg an der **U-Bahn-Station Landauer Straße** in Weilimdorf zu verlassen. Alle anderen setzen den Weg in nördliche Richtung fort.

GREUTTERWALD, KOTZENLOCH UND WEINREBEN

Die Strecke von Weilimdorf bis Zuffenhausen ist letztmalig geprägt von Waldpfaden – diesmal geht es durch den **Greutterwald.** Kurz hinter Wei-

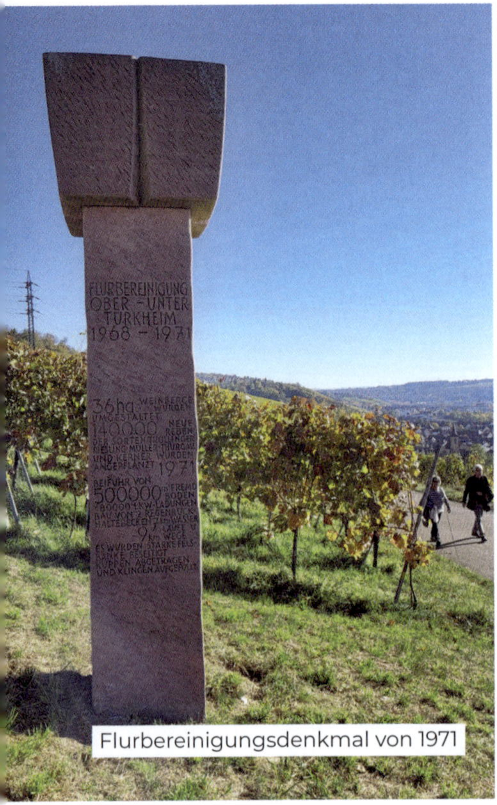

Flurbereinigungsdenkmal von 1971

limdorf biegen wir rechts ab und wandern nun in östliche Richtung. Am Lemberg überrascht uns ein Ort mit dem kuriosen Namen **„Kotzenloch“.** Gemeint ist ein ehemaliger Steinbruch, aus dem sich die Winzer dieses Landstrichs früher mit Ton und Kalk versorgten, um ihre Weinberge zu düngen. Zwischenzeitlich sollen hier auch mal Geister ihr Unwesen getrieben haben.

Jetzt begehen wir ein ausgesprochen schönes Teilstück des Rössleweges, und zwar den **Feuerbacher Höhenweg.** Hier werden Weinhänge bewirtschaftet, aber auch zahlreiche blühende Obstbäume prägen den Charakter dieses ca. 2 km langen Abschnitts.

Der Weg verläuft weiter in den **Schelmenwasen,** den Zuffenhäuser Stadtwald. Hier lassen sich noch Überbleibsel eines vor ca. 2500 Jahren aufgeschütteten **Grabhügels aus der Eisenzeit** bestaunen.

Autolärm begleitet uns bald, denn wir haben die **B10** erreicht, eine Bundesstraße, die so manchem Stuttgarter aus den Staunachrichten bekannt sein dürfte. Am **Bahnhof Zuffenhausen** nutzen wir die **Unterführung,** unterqueren die Ludwigsburger Straße mitsamt Bahngleisen und wandern einige Höhenmeter auf die vor uns liegende **Krailenshalde** hinauf. Zu unserer rechten Seite haben wir Sicht auf die viel befahrene „Automeile“ Heilbronner Straße. Weiter geht es in südliche Richtung. Bisher war der Rössleweg meist von Waldwegen geprägt. Dies ändert sich jetzt: Die Route verläuft nun bis zum Ende der Tour fast durchgehend auf asphaltierten Wegen, Bürgersteigen oder am Straßenrand.

VOM BURGHOLZHOFTURM ÜBER DEN SCHNARRENBERG ZUM NECKAR

Der Pfad führt durch die **Weinberge** auf dem Vogelberg bis zum **Robert-Bosch-Krankenhaus.** Wir halten uns rechts, umrunden das Krankenhaus und erreichen nach ca. 2 km in nordöstlicher Richtung den stattlichen **Burgholzhofturm** (Mai–Okt. Sa./So. 10–18 Uhr, Eintritt frei, www.stuttgart-tourist.de/a-aussichtsturm-burgholzhof). Der 1891 eröffnete, rund 25 Meter hohe Steinturm gilt als Wahrzeichen des Bezirks **Bad Cannstatt** und ist der einzige Aussichtsturm auf dem gesamten Rössleweg.

Nach wenigen Hundert Metern erreichen wir als Nächstes den **Schnarrenberg** – die perfekte Gelegenheit, den **Neckar** und die darauf verkehrenden Schiffe aus luftiger Höhe zu betrachten. Der Rössleweg führt uns an einer Niederlassung des Deutschen Wetterdienstes und mehreren **Weinbergen** vorbei. Oft haben die Winzer kleine **Infotafeln** aufgestellt – so erfahren die Spaziergänger, welche Rebsorten hier angebaut werden. Vor allem im Spätsommer und im Herbst laden die Winzer zu **„Hocketsen“** oder in ihre **Besenwirtschaften** ein. Dort wird für einen kurzen Zeitraum, in der Regel zwei Wochen, der eigene Wein ausgeschenkt. Dazu werden auch kleine Speisen gereicht.

Den Schnarrenberg lassen wir nun hinter uns und wandern bergab in Richtung Neckar. Wir überqueren den Fluss über die **Aubrücke.** Jetzt verläuft der Rössleweg östlich des Neckars.

GEHEIMTIPP MUCKENSTURM: FOTOMOTIV NECKARSCHLEIFE

Für rund 600 m führt die Route direkt am **Neckarufer** entlang, dabei passieren wir eine Golfübungsanlage und das Vereinsheim des Cannstatter Ruderclubs. Dahinter biegen wir links auf die Wagrainstraße und gleich wieder nach rechts ab. So gelangen wir auf den **Eibseeweg,** dem wir für

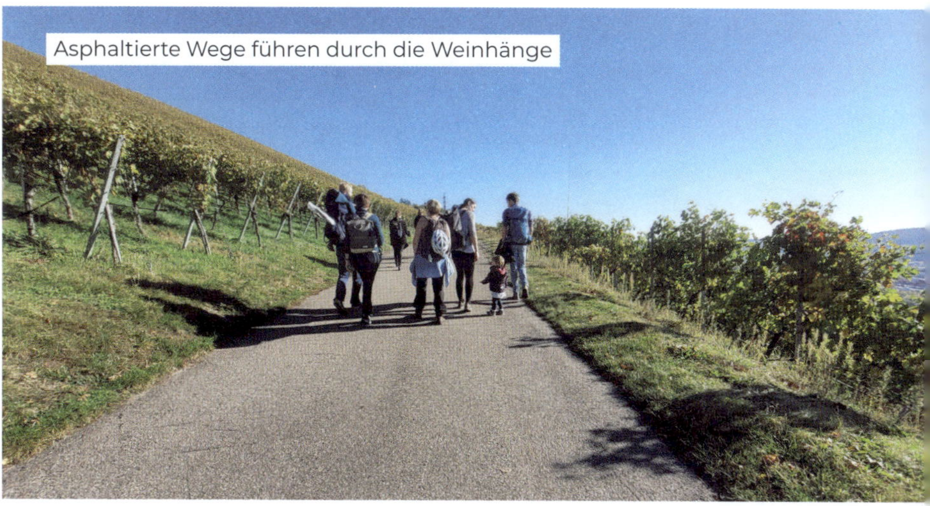

Asphaltierte Wege führen durch die Weinhänge

Traumhaftes Panorama: Neckarblick von Muckensturm

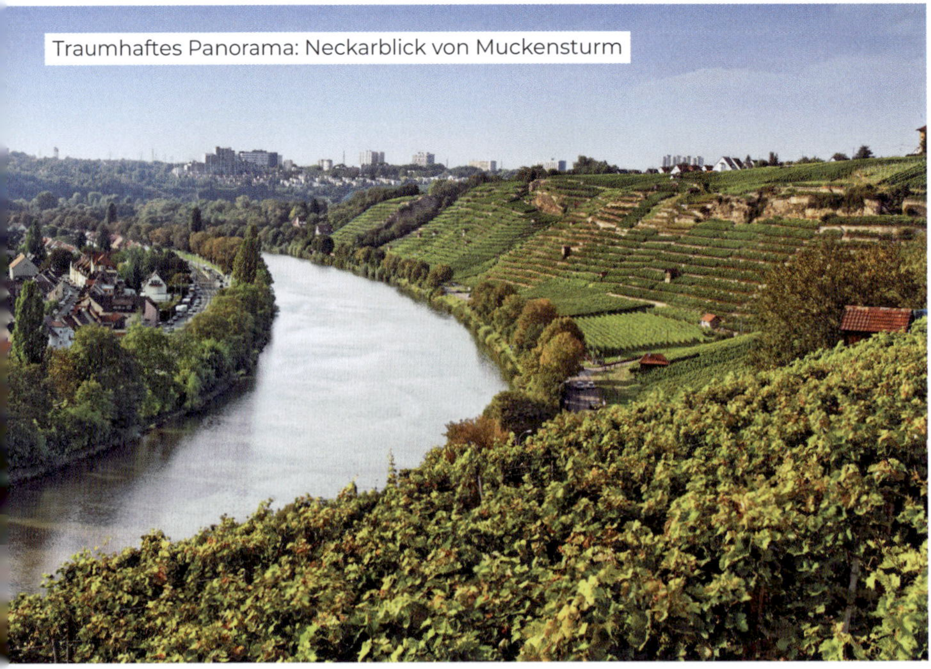

ca. 1,2 km folgen. Auffällig ist ein markanter Hochbunker am Straßenrand, der gerade zu einem Luxuswohnhaus umgebaut wird. An der Mündung der Straße halten wir uns rechts, biegen an der nächsten Kreuzung erneut rechts ab und marschieren in südliche Richtung zum **Muckensturm,** einem der schönsten **Aussichtspunkte** des gesamten Rössleweges: Wir blicken hinab auf die malerisch von Weinbergen gesäumte **Neckarschleife!** Ein fantastischer Fotospot, an dem viele Besucher ihre Kamera zücken. Das eine oder andere kleine Boot ist auf dem Wasser zu sehen und auch das bekannte **Ausflugsschiff „Neckar Käpt'n"** (https://neckar-kaeptn.de) dreht hier häufig seine Runden.

Ab Muckensturm, übrigens ein Stadtteil von **Bad Cannstatt,** wird es wieder zunehmend städtischer. An der Bahnhaltestelle Obere Ziegelei überqueren wir die Gleise, halten uns rechts und treffen wenige Meter später auf eine große **Freizeitanlage** mit Skate- und Bikepark sowie Basketball- und Fußballfeld. Nachdem wir das Gelände durchquert haben, führt der Rössleweg nach rechts und weiter in südliche Richtung.

Wir folgen dem Routenverlauf für gut 1,5 km, bis wir die **Lerchenheide** erreichen. Am Familien- und Freizeitbad **F3 Fellbach** wenden wir uns nach rechts in die Esslinger Straße. Dieser folgen wir nun für rund 4,5 km gen Süden.

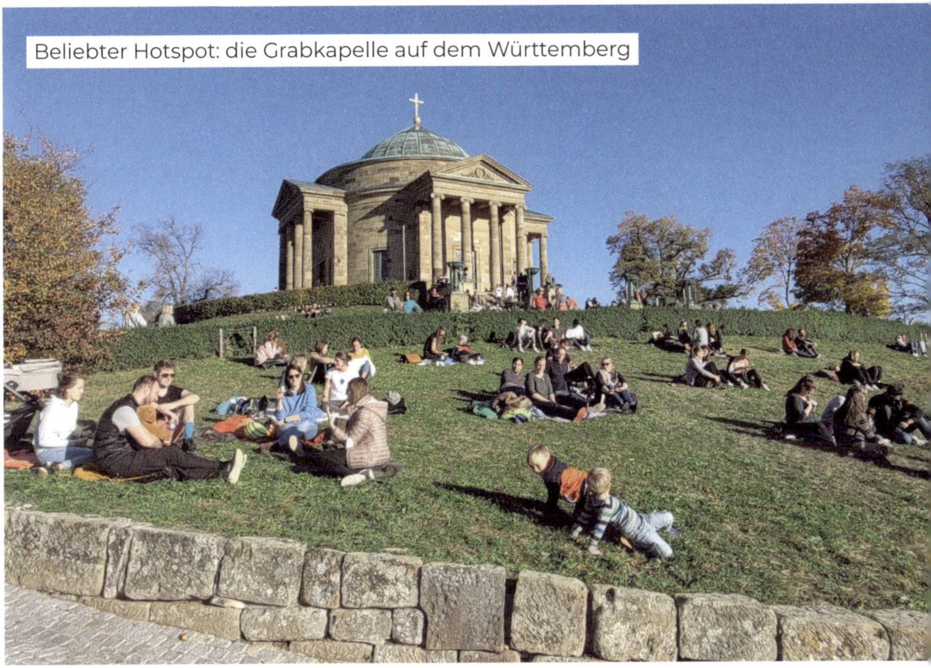

Beliebter Hotspot: die Grabkapelle auf dem Württemberg

DIE SENSATIONELLE GRABKAPELLE AUF DEM WÜRTTEMBERG

Wir sind hier in einem der bekanntesten **Weinanbaugebiete** der Region unterwegs. Im Sommer und Herbst laden die Winzer in ihre Besenwirtschaften ein. Auch organisierte **Weinwanderungen** sind rund um den **Württemberg** möglich.

Die pittoreske **Grabkapelle** (Mai–Okt. Mi.–So. 12–17, April Mi.–So. 10–17, Nov. Fr.–So. 11–16 Uhr, Erw. 4 €, erm. 2 €, www.grabkapelle-rotenberg.de) auf 411 m Höhe liegt zwar nicht direkt auf der Route des Rössleweges, aber der **Abstecher** in östliche Richtung empfiehlt sich ganzjährig. Von hier oben genießt man eine **phänomenale Sicht** auf die gegenüberliegende Wangener Höhe und die Mercedes-Benz-Arena in Untertürkheim. Und mit Picknickdecke, einer Flasche Wein und kleinen Snacks ausgerüstet, lassen sich hier die vielleicht schönsten **Sonnenuntergänge** über Stuttgart erleben. Ein Hotspot für Verträumte und Verliebte! Die Grabkapelle dient übrigens als **Mausoleum:** König Wilhelm I. von Württemberg hat sie nach dem Tod seiner Frau Katharina Pawlowna im Jahr 1819 errichten lassen, auch der König selbst ist dort beerdigt.

Nach dem Aufstieg zur Grabkapelle folgen wir dem Rössleweg durch die Weinberge in Richtung Süden. Im

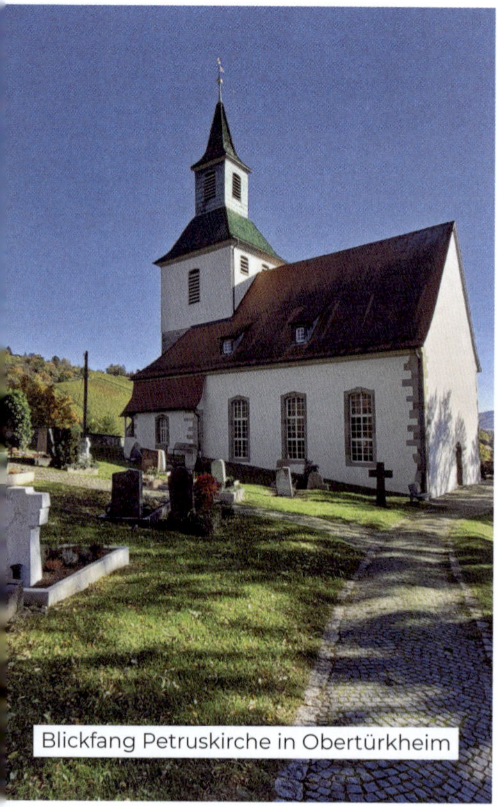
Blickfang Petruskirche in Obertürkheim

Extra-Tipp
Vintage Winery Stuttgart

Die **Vintage Winery Stuttgart** (Rohrackerstr., www.vintage-winery-stuttgart.de) in **Rohracker** ist das erste **Crowdfunding-Weingut** Deutschlands. Die fleißigen Winzer rücken verwahrlosten Brombeerhecken zu Leibe und lassen alte Weinberge neu aufleben. Die lokalen Weine werden häufig an Wochenenden im Weingut ausgeschenkt. Von Mai bis Oktober locken verschiedene Veranstaltungen mit Ausschank, wie z. B. das **Hidden Vineyard Festival.**

Stadtbezirk **Obertürkheim** laufen wir unterhalb der **Petruskirche** entlang – wer Lust hat, sich das schmucke, kleine Gotteshaus anzusehen, kann jetzt einen kurzen Abstecher dorthin unternehmen.

Kurz hinter der Kirche knickt der Wanderweg nach rechts ab und verläuft über die Otto-Hirsch-Brücken nach **Hedelfingen.** Bei der Brückenquerung können wir im Neckarhafen Frachtschiffe beobachten, unter uns rauschen Tausende Autos über die B10. In Hedelfingen führt der Rössleweg wieder bergauf.

ÜBER WEINHÄNGE UND DURCH SCHREBERGÄRTEN ZUM ZIEL

Auf dem nun folgenden Teilstück über die **Wangener Höhe** bis zum Start- und Zielpunkt unseres Rundweges in Geroksruhe werden auf 6,5 km Länge nochmals ganze 180 Höhenmeter überwunden.

Es geht immer in nordwestliche Richtung. Wir bewandern zunächst noch die **Weinhänge Rohrackers,** bevor es aus von dort direkt in die vielleicht schönste und imposanteste Kleingartensiedlung des Rössleweges geht, die **Schrebergartenkolonie „Wangener Höhe“.** Im Frühling und Sommer gewähren die gepflegten Anlagen einen spannenden Einblick in die Welt des Gärtnerns. Wer Hunger oder Durst verspürt, dem bieten sich hier gleich mehrere reizvolle **Einkehrmöglichkeiten** (s. S. 203).

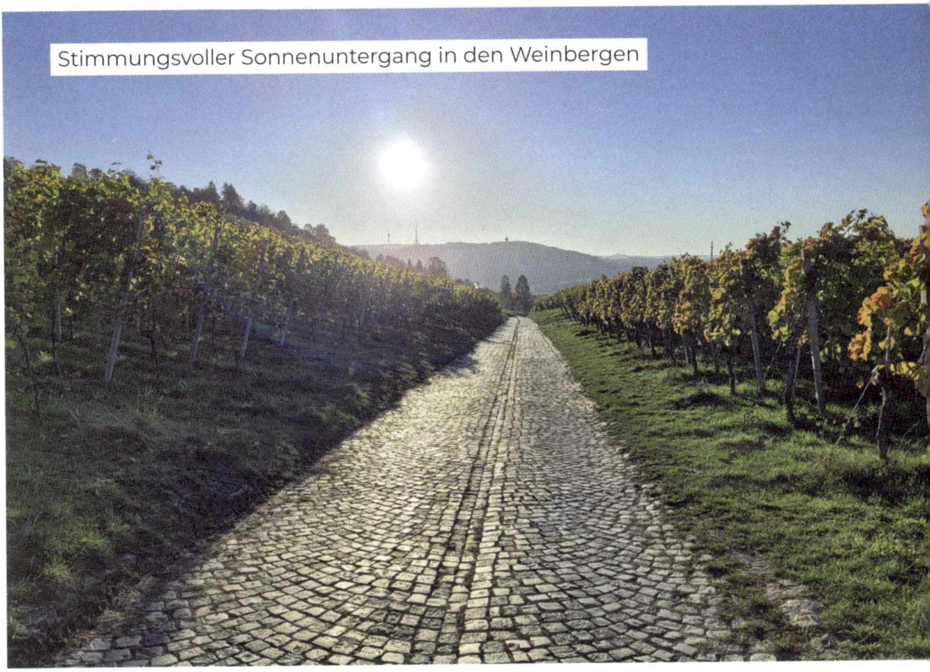

Stimmungsvoller Sonnenuntergang in den Weinbergen

Auf den letzten Metern des Rössleweges werden noch einige Sportanlagen auf der Waldebene Ost abgewandert, wo ebenfalls das eine oder andere Lokal geöffnet hat. Knapp eine Stunde wandern wir durch den Wald und erreichen schließlich unser Ziel, die **U-Bahn-Station Geroksruhe.**

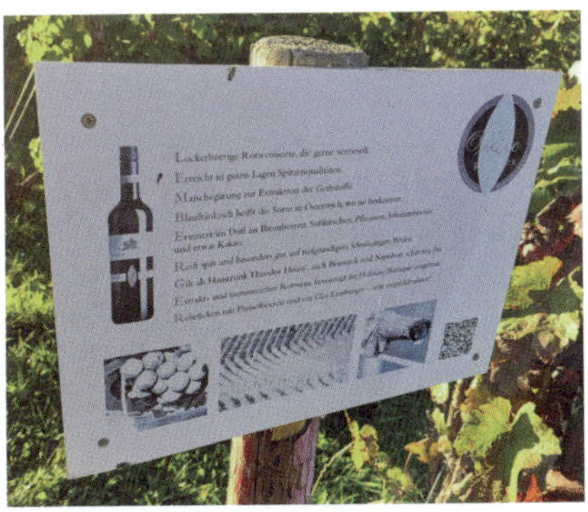

Extra-Tipp

Let's get lost!

Die **Schrebergartenkolonie „Wangener Höhe"** ist ein Geheimtipp für Ausflügler: romantische Schneespaziergänge im Winter, eine bunte Blumenlandschaft im Frühjahr und Sommer, im Herbst reizt der Ausblick über die Weinberge Rohrackers auf das Kaltental und Ostfildern. Unzählige **kleine, schmale Wege** führen durch die Wangener Höhe – Verlaufen ist hier ausdrücklich erwünscht! Einkehroptionen gibt es u. a. in den Traditionsgaststätten **Onkel Otto** (https://onkelotto-stuttgart.de), **Wirtshaus Friedrichsruh** (www.wirtshaus-friedrichsruh.de) oder **Waldheim Wangen** (http://schembergers.com).

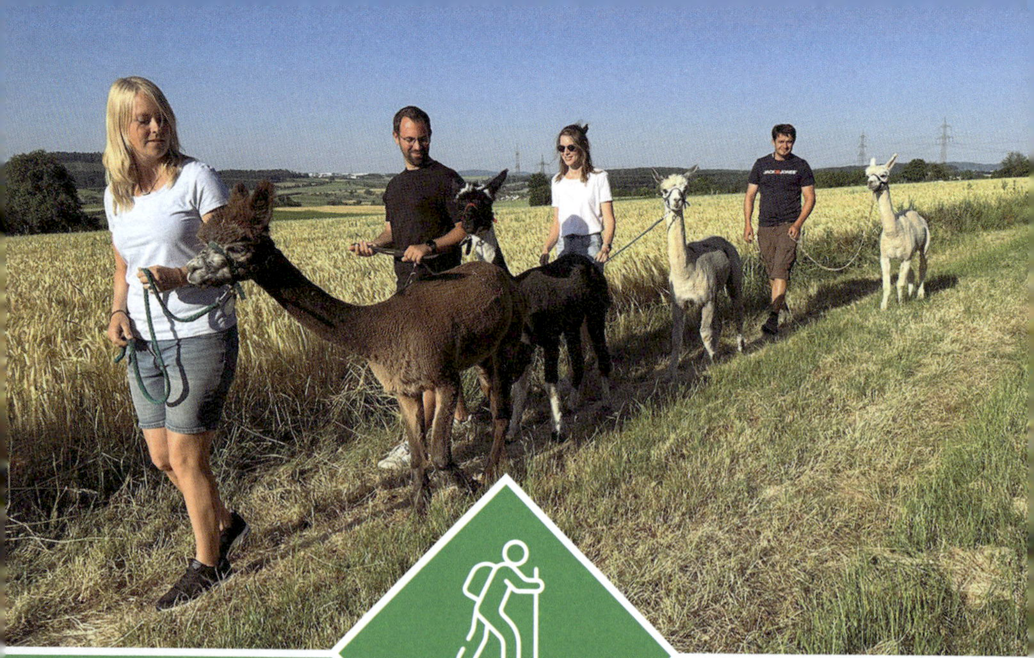

21

ALPAKA-WANDERUNG IM ZIPFELBACHTAL

Dauer
1–2 Std. (je nach Anbieter)

Entfernung
variiert (je nach Teilnehmer und Anbieter)

Tipp:
Alpaka-Touren unbedingt rechtzeitig vorab buchen!

Ein außergewöhnliches #WANDERERLEBNIS mit einem besonderen vierbeinigen Begleiter: Alpaka-Wanderungen werden immer beliebter. Mit einem der gutmütigen, friedliebenden und neugierigen #ANDENKAMELE an der Leine wandern wir über Wald- und Wiesenwege, durch Täler oder Weinberge und kommen so ganz allmählich zur Ruhe – das ist #ENTSCHLEUNIGUNG pur!

Für wen ist die Tour geeignet?

Eine Alpaka-Wanderung ist für **Jung und Alt** ein kleines Abenteuer und zugleich eine Möglichkeit, dem Alltagsstress zu entfliehen. Dabei lernt man, sich auf die Tiere einzulassen, im Hier und Jetzt zu sein, Störendes auszublenden und neue Erfahrungen im Umgang mit Lebewesen zu machen, die durchaus ihren eigenen Kopf haben.

Eckdaten

Charakteristik: Beim Wandern mit Alpakas steht natürlich das Tier im Vordergrund. Die jeweiligen Strecken sind in der Regel problemlos auch für Kinder (Mindestalter beachten!), Ältere und Bewegungseingeschränkte machbar. Aufgrund des langsamen Tempos sind Alpaka-Wanderungen auch für wenig Trainierte perfekt geeignet.

Da viele Touren über Feld-, Wiesen- und Waldwege führen, sollte man passendes Schuhwerk tragen. Bei entsprechender Witterung ist das Mitnehmen regenfester Kleidung sinnvoll.

Anbieter: Alle hier empfohlenen Anbieter stehen für eine artgerechte Tierhaltung.

Alpaka Venture, Remseck (http://alpaka-venture.de), Alpaka-Wanderungen ca. 1½ Std. ab 35 €/Person, Treffen auf der Weide, Geburtstage, Junggesellenabschiede, Alpaka-Produkte (Seife, Mützen etc.)

Alpakafarm Schaber, Nürtingen (www.alpakafarm.com), Alpaka-Trekking ca. 1 Std. ab 25 €/Person, Kräuterwanderungen mit Alpakas, Betriebsausflüge, Hofladen (Alpaka-Kleidung, -decken etc.)

Württemberg Alpakas, Untertürkheim (www.wuerttemberg-alpakas.de), Alpaka-Wanderungen ca. 2 Std. ab 50 €/Person, Erlebnis- und Wissenstouren, Hochzeiten, Alpaka-Produkte (Bettdecken, Alpaka-Dünger, Bücher)

WIE UNTERSCHEIDEN SICH LAMA UND ALPAKA?

Die Unterschiede zwischen Lama und Alpaka liegen in der **Größe** und im **Gewicht.** Während Lamas auf eine Schulterhöhe von bis zu 130 cm kommen und ein Körpergewicht von bis zu 140 kg erreichen, stellen Alpakas eher eine Miniaturausgabe dar. Sie erreichen bis zu 90 cm Schulterhöhe und sind mit einem Körpergewicht von bis zu 60 kg nicht nur leichter, sondern auch einfacher zu handzuhaben.

Extra-Info

Woher stammen Alpakas?

In den letzten Jahren sind die beliebten Andentiere mit den Kulleraugen auch in Deutschland häufiger auf Weiden anzutreffen. Die ursprünglich aus **Peru, Bolivien und Chile** stammenden **domestizierten Kamele** dürfen tatsächlich erst seit den 1990er-Jahren nach Deutschland ausgeführt werden, wobei zunächst die artverwandten Lamas und erst danach Alpakas in hiesigen Gefilden ein neues Zuhause fanden. Lange nahm man an, dass das **Guanako** der Ahne von sowohl Alpakas als auch Lamas ist, aber neuere DNA-Analysen haben gezeigt, dass das Alpaka vermutlich vom **Vikunja** abstammt. Allerdings können sich alle vier Arten untereinander paaren und deshalb ist eine Durchmischung des Genmaterials wahrscheinlich.
Bei den Alpakas gibt es übrigens **zwei Unterarten,** deren Fellstruktur sich unterscheidet: Huacaya und Suri, wobei Huacayas mit mehr als 90 % die Mehrheit bilden.

Das Fell der Alpakas dient vor allem in ihrer südamerikanischen Heimat zur **Wollgewinnung.** Es ist feiner, weicher und gleichmäßiger als jenes der Lamas. Optisch unterscheiden sich Alpakas durch ihren runder wirkenden Körper und ihren stark behaarten Kopf, Lamas haben dagegen weniger Wolle am Kopf und wirken insgesamt deutlich kantiger.

WIE IST DER ABLAUF EINER ALPAKA-WANDERUNG?

Ob man es nun Alpaka-Trekking, Alpaka-Wanderung oder Ausflug mit Alpakas nennt – eines haben alle Varianten gemeinsam: Jedes Tier wird einer bestimmten **Begleitperson** zugeordnet. Dies ist aus zwei Gründen wichtig: Zum einen stellt sich das Alpaka auf seine Begleitung ein, zum anderen die Begleitung auf das Alpaka. Denn nicht nur die Menschen, sondern auch die Tiere sind sehr individuell. Während das eine Alpaka eher ruhig und genügsam ist, ist das nächste Tier vielleicht neugierig und leicht schreckhaft. Ein langsames Kennenlernen ist daher für beide Seiten vorteilhaft.

Haben sich Mensch und Tier erst einmal beschnuppert, kann die Tour starten. Dabei wird das Andenkamel stets an einer **langen Leine** geführt. Alpakas sind sensible **Herden- und**

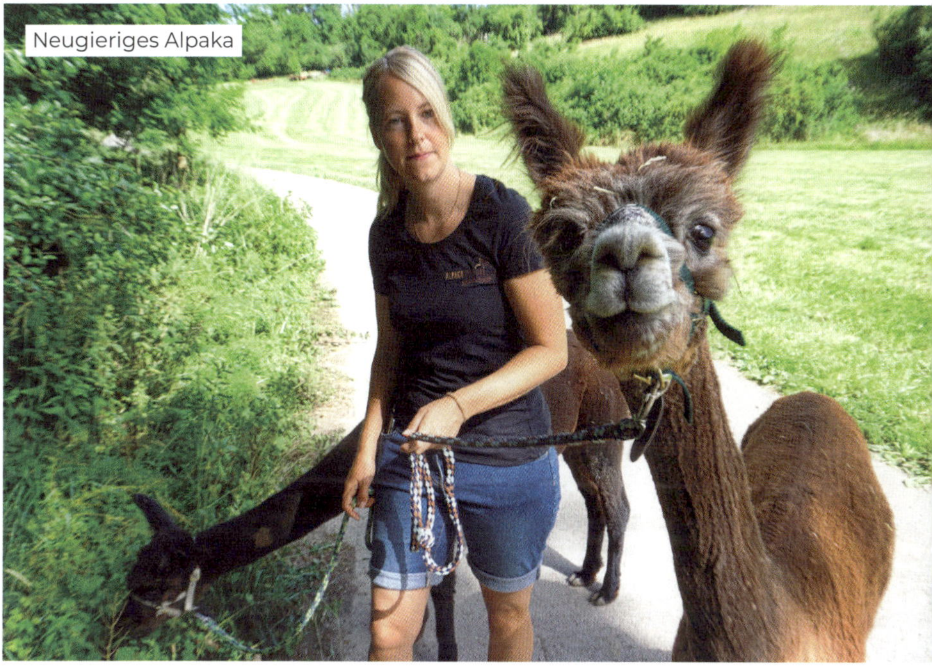

Neugieriges Alpaka

Fluchttiere. Schnell schrecken sie bei schrillen Geräuschen auf. Ruckartige Bewegungen durch eine zu kurze Leine mögen sie ebenfalls nicht. **Karawanenartig** begeben sie sich gemeinsam mit den anderen Tieren der Herde auf Wanderschaft.

Bei manchen Tourenanbietern können die Tiere nach der anstrengenden Wanderung mit einer **Wasserdusche** verwöhnt werden.

ZU WELCHEN ANLÄSSEN KANN ICH MIT ALPAKAS WANDERN GEHEN?

Anlässe für eine Alpaka-Wanderung gibt es viele. Je nach Wunsch stellen die Tourenanbieter auch individuelle Programme zusammen. Bei den meisten Anbietern kann man sich als Einzelperson oder Familie einer Alpaka-Wanderung anschließen, dafür hat man die Wahl zwischen festen Terminen. **Gruppentouren** dienen häufig als Teambuilding-Maßnahme. Warum nicht mal eine Alpaka-Wanderung in einen Firmenausflug integrieren? Auch als **Reha-Maßnahme** bietet sich eine Tour mit den sensiblen Tieren an, manchmal werden Alpakas etwa im Rahmen einer **tiergestützten Therapie** eingesetzt. Nicht jeder hat zum **Junggesellenabschied** Lust auf eine Kneipentour mit Clubbesuch und führt stattdessen lieber ein Andenkamel durch die Natur. Oder wie wäre es einmal mit einer **Alpaka-Tour in-**

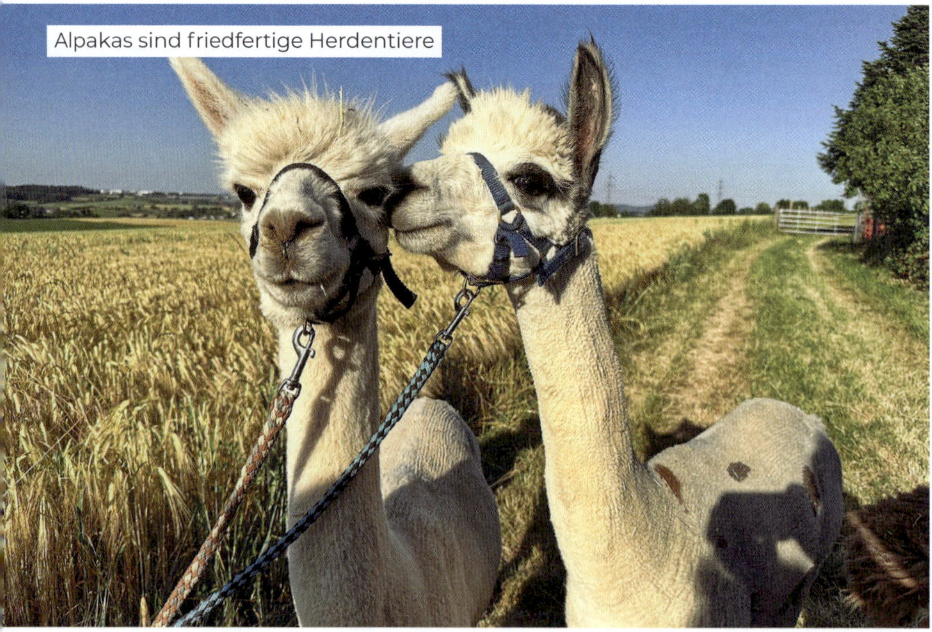

Alpakas sind friedfertige Herdentiere

klusive Weinverkostung lokaler Rebsorten in heimischen Weinanbaugebieten?

ALPAKA-WANDERUNGEN: NICHT FÜR KLEINKINDER UND HUNDE GEEIGNET

Ausdrücklich nicht empfohlen (und in der Regel auch nicht angeboten) werden aktive Alpaka-Wanderungen mit **Kleinkindern.** Die Tiere wollen und müssen geführt werden. Wenn ein Alpaka einmal – im wahrsten Sinne der Worte – „aus der Reihe tanzt", ist es die Aufgabe des zugewiesenen Partners, das Alpaka festzuhalten und zu kontrollieren. Das können Kleinkinder nicht. Aus Sicherheitsgründen sollten daher **Kinder unter zehn Jahren** kein eigenes Alpaka führen. Kinder ab etwa sieben Jahren können aber zusammen mit einem Erwachsenen und einem Zweitstrick ein Alpaka begleiten. Außerdem organisieren manche Anbieter auch **kinderwagentaugliche Touren,** wobei derjenige, der einen Kinderwagen schiebt, natürlich kein Alpaka führen kann.

Auch Hunde haben keine Chance auf eine Teilnahme, da Alpakas Fluchttiere sind, die naturgemäß **Angst vor Hunden** haben. Wichtig ist auch zu wissen, dass Alpakas von Natur aus **nicht gestreichelt** werden möchten, auch wenn die Versuchung angesichts ihres flauschigen Fells groß ist – sie sind keine Kuschel-, sondern **Distanztiere.** Außerdem sind Alpakas nicht zum Reiten geeignet.

WARUM SIND ALPAKA-WANDERUNGEN VERGLEICHSWEISE KURZ?

Alpakas sind **keine „Hochleistungssportler"**. Sie sind nicht für Ganztagesmärsche geeignet. Je nach Alter und tagesaktueller Kondition sind die Tiere in der Lage, bis zu drei Stunden im Rahmen eines langsamen Marsches durch die Natur zu gehen. Danach benötigen sie Ruhe zur Regeneration.

WANN SPUCKEN ALPAKAS?

Die Wahrscheinlichkeit, von einem Alpaka angespuckt zu werden, ist eher gering. Meistens tut es dies nur, um sich Respekt gegenüber anderen Tieren der Herde zu verschaffen. Wird eines der Andenkamele jedoch von einem Menschen provoziert und fühlt es sich bedroht, dann ist es durchaus möglich, dass es spuckt – und zwar aus bis zu fünf Metern Entfernung! Der **Geruch** der Alpakaspucke ist übrigens ziemlich penetrant und es dauert ein paar Tage, bis man ihn wieder los ist.

Extra-Tipp

Welche Produkte werden aus Alpaka-Wolle hergestellt?

Viele Anbieter von Alpaka-Wanderungen haben die Wolle der Tiere als Rohstoff oder in Form verarbeiteter Produkte im Angebot. Alpaka-Wolle bietet vor allem thermische Vorteile. Die sehr leichte Wolle hat hervorragende **wärmeisolierende Eigenschaften.** Bei niedrigen Temperaturen speichern die feinen Fasern Wärme, wohingegen sie bei höheren Temperaturen wärmeabweisend wirken. Die Fasern saugen Flüssigkeit sehr gut auf und sorgen so für weniger Schweiß auf der Haut. Somit können aus Alpaka-Wolle **hochwertige Kleidungsstücke** wie Mützen, Socken, Unterwäsche oder Pullover gefertigt werden. Alpaka-Wolle gilt außerdem als **allergikerfreundlich,** da sie kein Lanolin enthält.

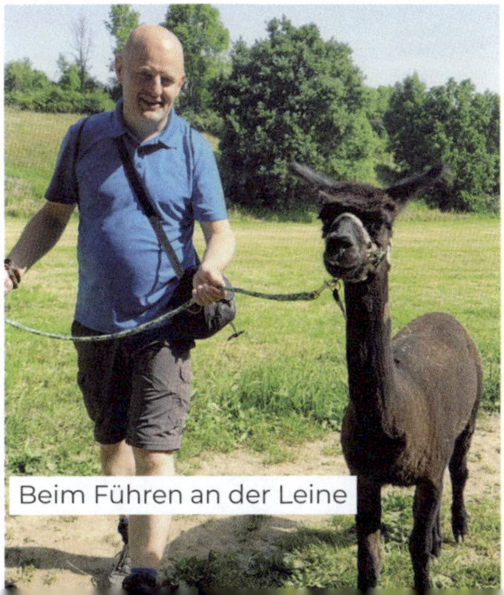

Beim Führen an der Leine

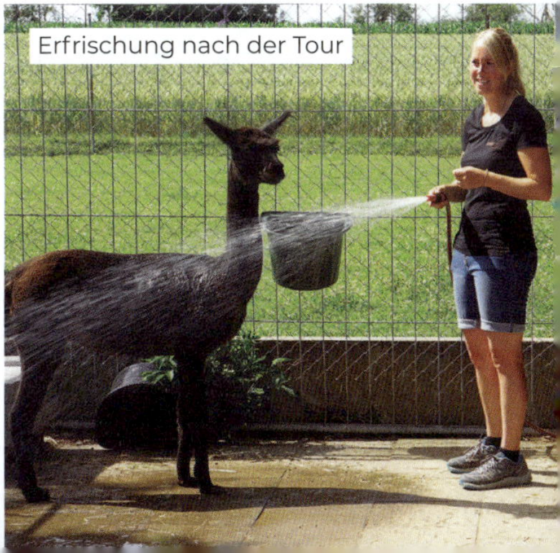

Erfrischung nach der Tour

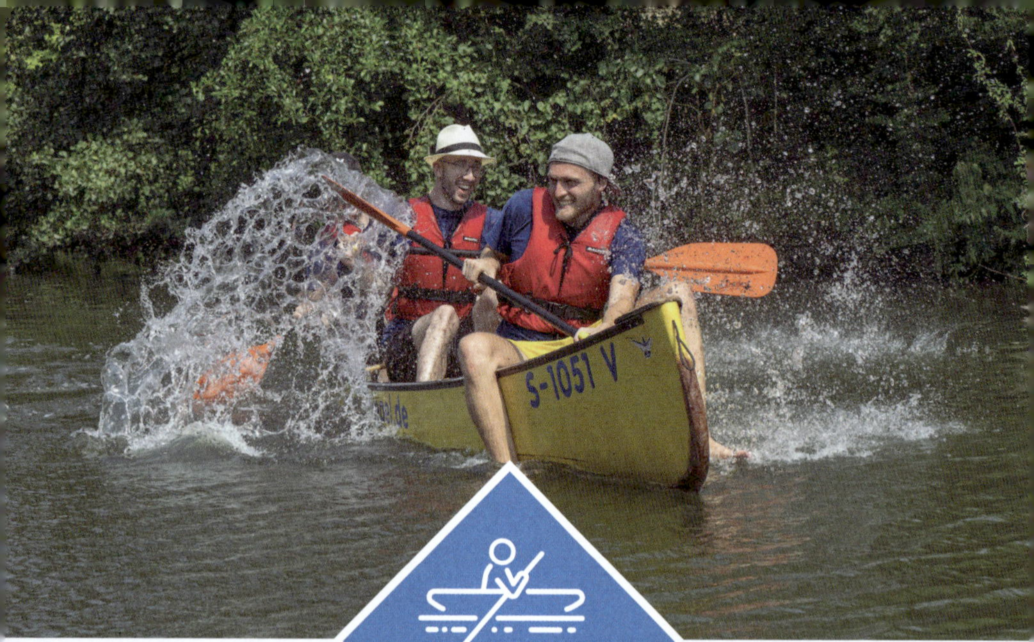

22

OUTDOOR-SPASS FÜR WASSERRATTEN: KANUFAHREN AUF DER ENZ

Dauer
3 Std.

Entfernung
8,5 km

Weitere Infos:
www.schwarzwald-tourismus.info/attraktionen/enz-140b8318d6

Alles ist im Fluss: Bei einer #PADDELTOUR auf der ruhigen #ENZ kommt man dem Element Wasser ganz nah, und zwar auf sehr entspannte Art und Weise. Wir starten in #BIETIGHEIM-BISSINGEN und paddeln entlang idyllischer Wiesen, Wälder und Weinhänge, bis die Enz im #WEINORT WALHEIM – unserem Zielpunkt – in den Neckar mündet.

Für wen ist die Tour geeignet?

Diese entspannte Kanutour ist ideal für Erwachsene sowie Kinder ab etwa sechs Jahren und dank weniger Strömungen auch für **Einsteiger** geeignet. Nichtschwimmer erhalten spezielle Schutzwesten. Außerdem kommen **Naturbegeisterte** auf ihre Kosten: Mit ein wenig Glück lassen sich Wasservögel wie Kormorane oder Eisvögel entdecken.

Eckdaten

Charakteristik: Auf dieser Kanutour werden keine größeren Hindernisse überwunden. Lediglich an der Mündung der Enz in den Neckar kann das Boot an einer Stromschnelle ein wenig schaukeln. Umtragestellen (s. S. 215) sind im Kartenmaterial vermerkt. Die tatsächliche Fahrtzeit ist abhängig von der Fitness der Teilnehmer und der Anzahl der Pausen, die man unterwegs einlegt.

Es sind keine besonderen Vorkenntnisse nötig und das komplette Equipment kann vor Ort ausgeliehen werden. Sportliche und ambitionierte Zeitgenossen dürfen die Fahrt um eine gute Stunde bis Kirchheim am Neckar verlängern.

Stärkung zwischendurch: s. S. 217

Anreise

Der **Bahnhof Bietigheim-Bissingen** ist von Stuttgart aus mit der **Regionalbahn MEX 12/18** in weniger als 20 Min. erreichbar.

Vom Bahnhof aus sind es ca. **25 Min. Fußweg** bis zur **Einstiegstelle.** Dazu läuft man vom Bahnhof in westliche Richtung zum Enzufer und dann flussabwärts gen Norden. Man unterquert das Viadukt und die Auwiesenbrücke, überquert die Enz über die alte Enzbrücke (Kronenbergstraße) und wendet sich direkt dahinter nach rechts, um die letzten Meter unterhalb der B27 bis zur Einstiegstelle zurückzulegen.

Sowohl von Walheim als auch von Kirchheim am Neckar aus lässt sich die **Rückfahrt** ausgesprochen bequem mit der Regionalbahn organisieren.

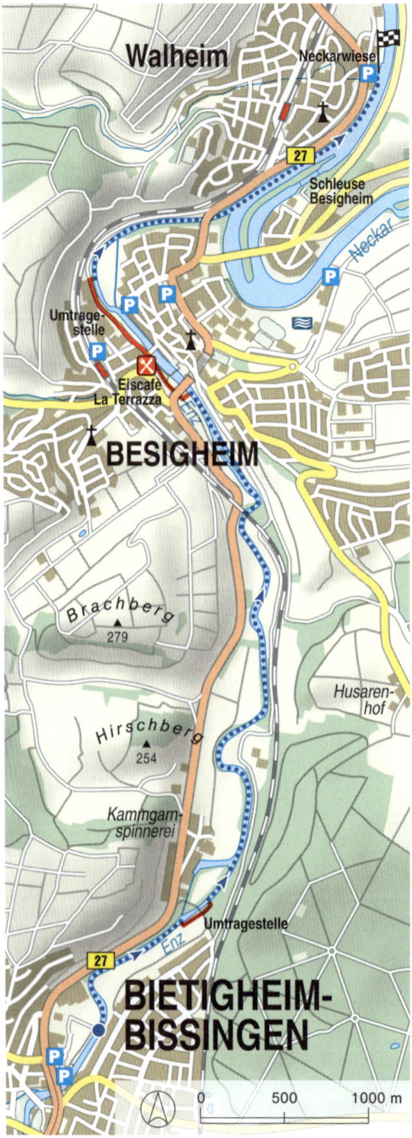

Zusätzlich lassen sich **Sammeltaxis** buchen, die Kanuten z. B. wieder zurück zum Ausgangsort bringen. Autofahrer nutzen den **Parkplatz Mühlwiesenstraße** an der Einstiegstelle.

Anbieter

Eine Möglichkeit, Kanus mitsamt Equipment zu mieten, bieten zum Beispiel **Die Zugvögel** (www.diezugvoegel.de). Die Kanufahrt darf mit dem geliehenen Equipment in Eigenregie durchgeführt werden (Erw. ab 28 €, Kinder bis 12 Jahre ab 20 €), man kann jedoch auch einen **Tourguide** hinzubuchen.

Ein weiterer Anbieter, der diese Strecke im Programm hat, ist der **Kanuverleih Hertner** (http://kanuverleih-hertner.de/strecken).

BENÖTIGE ICH EIN EIGENES KANU?

Nicht jeder nennt ein Boot sein Eigen und das ist auch überhaupt nicht notwendig. In der Regel kann man bei einem Touranbieter ein **Kanu mieten.** Und das Beste: Die gesamte **Ausrüstung** (Kanu und Paddel, Schwimmwesten, Sicherheitsboxen, wasserdichte Packbeutel etc.) wird am vorab vereinbarten Ausstiegspunkt wieder eingesammelt und abgeholt. Somit haben Kanufahrer keinerlei Aufwand mit dem Transport des Equipments.

Zur Wahl stehen die offenen, stabilen **Kanadier,** die auch für Anfänger geeignet sind und Platz für bis zu vier Personen bieten, oder die schmaleren, geschlossenen **Kajaks,** in denen man sich mit einem Doppelpaddel vorwärts bewegt – diese sind eher für fortgeschrittene Kanuten die richtige Wahl.

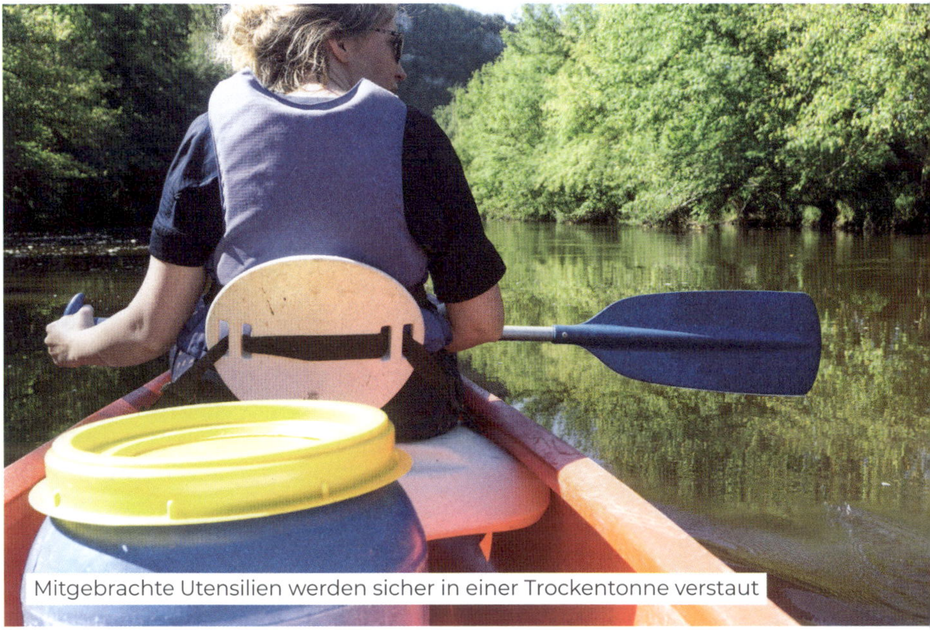

Mitgebrachte Utensilien werden sicher in einer Trockentonne verstaut

MIT ODER OHNE GUIDE AUF TOUR GEHEN?

Grundsätzlich ist das Kanufahren auf der hier vorgeschlagenen Route sowohl mit als auch ohne Guide möglich. Verfahren kann man sich jedenfalls nicht, denn man folgt immer dem Flusslauf und es besteht keinerlei Risiko, die Strecke irrtümlicherweise auf einem Nebenfluss zu verlassen.

WAS SOLL ICH FÜR DIE TOUR MITBRINGEN?

Das ideale Outfit für eine Kanutour besteht aus klassischer, schnell trocknender **Outdoor- bzw. Funktionsbekleidung.** Wer sich sportlich betätigt, kommt schnell ins Schwitzen. Außerdem bekommt man unterwegs den einen oder anderen Wasserspritzer ab – das sorgt mitunter für Heiterkeit und eine willkommene Erfrischung im Sommer.

Festes Schuhwerk ist für den Ein- und Ausstieg sinnvoll – dabei tun es durchaus ein Paar alte Turnschuhe. Manchmal befinden sich in Ufernähe nicht auf Anhieb erkennbare Glasscherben und eine Verletzung möchte keiner riskieren. Im Kanu selbst dürfen die Schuhe ausgezogen werden, man kann dann sogar barfuß paddeln.

Schnell wird vergessen, dass die Sonnenstrahlen zusätzlich von der Wasseroberfläche reflektiert werden. Vor allem im Sommer ist daher großzügiges Einschmieren mit **Sonnencreme** empfehlenswert. Eine **Kopfbe-**

deckung mit UV-Schutz (Cap, Mütze, Sonnenhut) sollte jeder Teilnehmer tragen, auch eine **Sonnenbrille** ist hilfreich.

An ausreichend **Getränke** und ein paar **Snacks** zum Vespern sollte man ebenfalls denken.

Schwimmwesten für die Teilnehmer werden vom Team gestellt.

SCHWIERIGKEITSGRAD

Die **Enz** ist, vor allem im unteren Bereich, ein meist sanft dahinfließendes, naturnahes Gewässer und deshalb perfekt für Kanufahrten geeignet. Eine der beliebtesten Touren und gleichzeitig **ideal für Einsteiger** ist die Passage zwischen Bietigheim-Bissingen und Walheim am Neckar. Diese ist – ebenso wie die verlängerte Variante bis nach Kirchheim am Neckar – grundsätzlich als einfach einzustufen. Es gibt keine nennenswerten Hindernisse oder schwierig zu meisternde Passagen. Erwähnenswert ist lediglich die **Stromschnelle** an der Mündung der Enz in den Neckar. Hier kommt nicht nur ein wenig Schwung in die Fahrt, es wird auch dementsprechend etwas schaukeliger. Die Wahrscheinlichkeit des Kenterns ist ziemlich gering, aber natürlich nie zu 100 % auszuschließen. Vor Beginn der Tour bekommt man jedoch eine **professionelle Einweisung,** bei der mögliche Gefahren besprochen und Tipps gegeben werden.

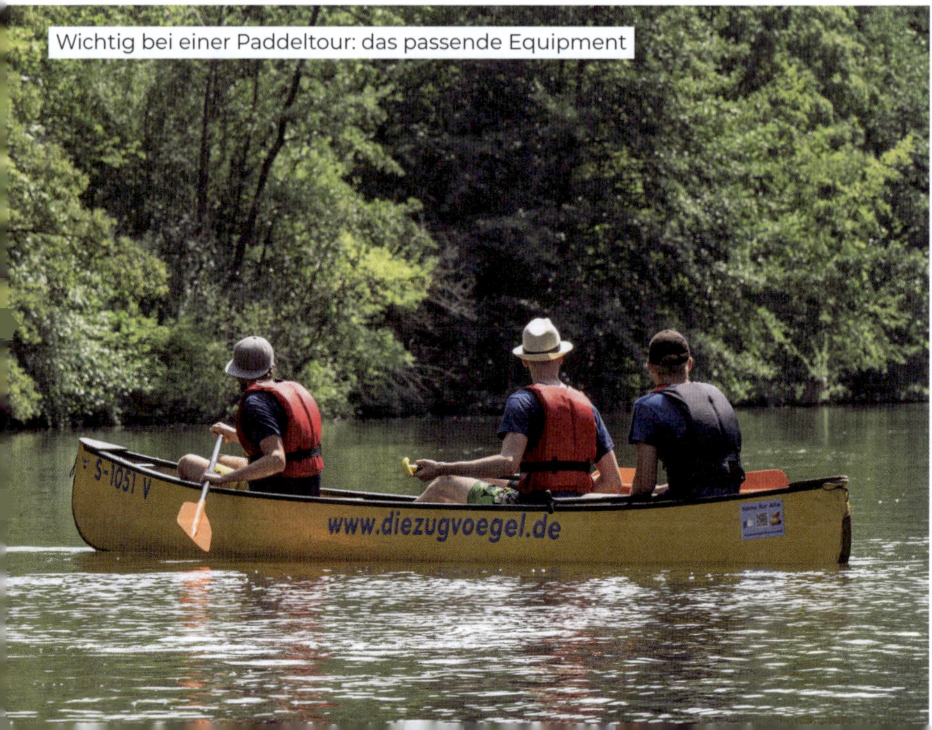

Wichtig bei einer Paddeltour: das passende Equipment

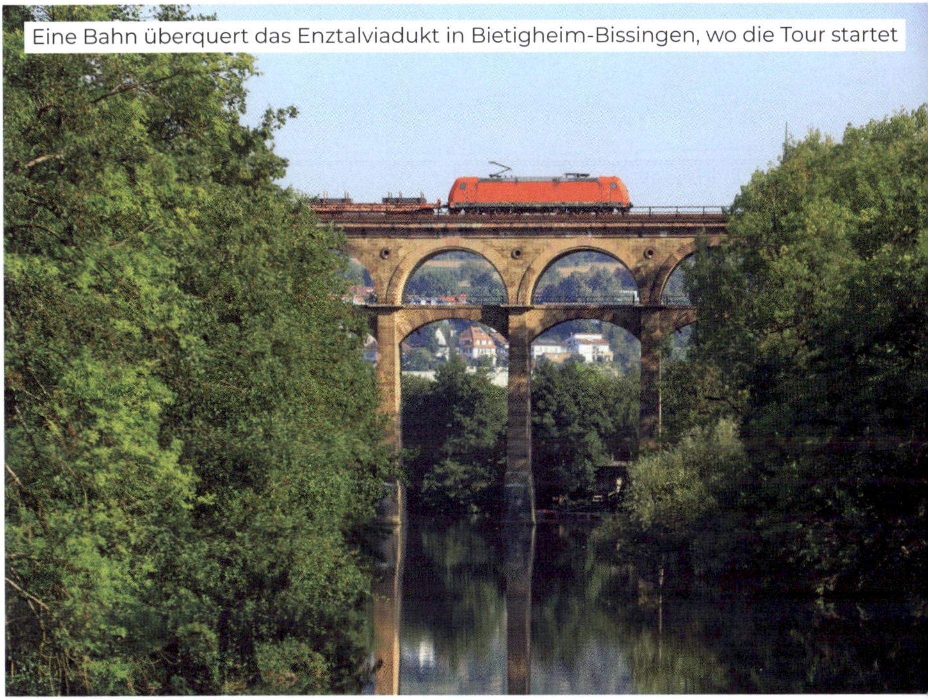

Eine Bahn überquert das Enztalviadukt in Bietigheim-Bissingen, wo die Tour startet

ABLAUF DER KANUTOUR

Der **Einstieg** erfolgt in **Bietigheim-Bissingen** am Westufer der Enz kurz hinter der B27. Zunächst paddeln wir vorbei an Wiesen, Bäumen und steilen Weinterrassen, dann nähern wir uns der **Kammgarnspinnerei,** wo wir die erste von zwei **Umtragestellen** erreichen: Hier muss das Kanu ein kurzes Stück „über Land“ transportiert werden. Am einfachsten gelingt dies mit speziellen **Bootswagen,** deren Nutzung bei den Touranbietern in der Regel inklusive ist.

Kurze Zeit später geht es wieder aufs Wasser der Enz. Nach ein paar Flusswindungen und der Unterque-

Extra-Info

Die Enz: eine Naturperle

Die insgesamt ca. 105 km lange Enz entspringt in **Enzklösterle** im Schwarzwald und mündet bei **Walheim** in den Neckar. Dabei fließt sie u. a. durch die Städte Calw, Pforzheim und Ludwigsburg. Tatsächlich ist sie der **längste Zufluss des Neckars.** Das Gewässer wurde früher für die Flößerei genutzt und ist heute besonders bei **Wassersportlern** beliebt. Am Oberlauf fühlen sich Wildwasserkanuten wohl. Natürlich ist die Enz auch ein wichtiger Lebensraum für **Pflanzen und Tiere:** Zur Fauna zählen etwa Barben (Fische), Libellen, Schnecken, Eisvögel, Pirole, Gänsesäger oder Bachstelzen.

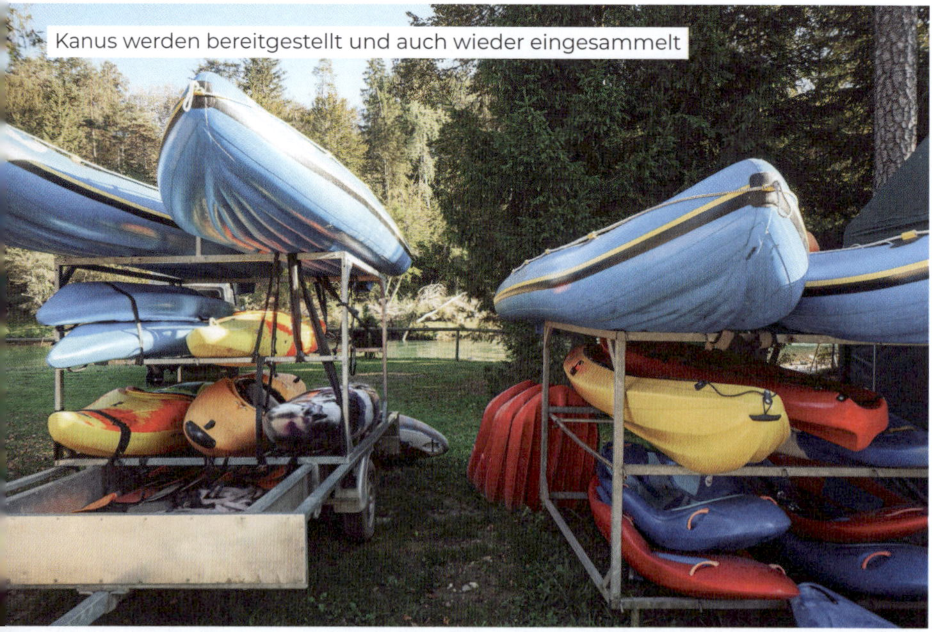

Kanus werden bereitgestellt und auch wieder eingesammelt

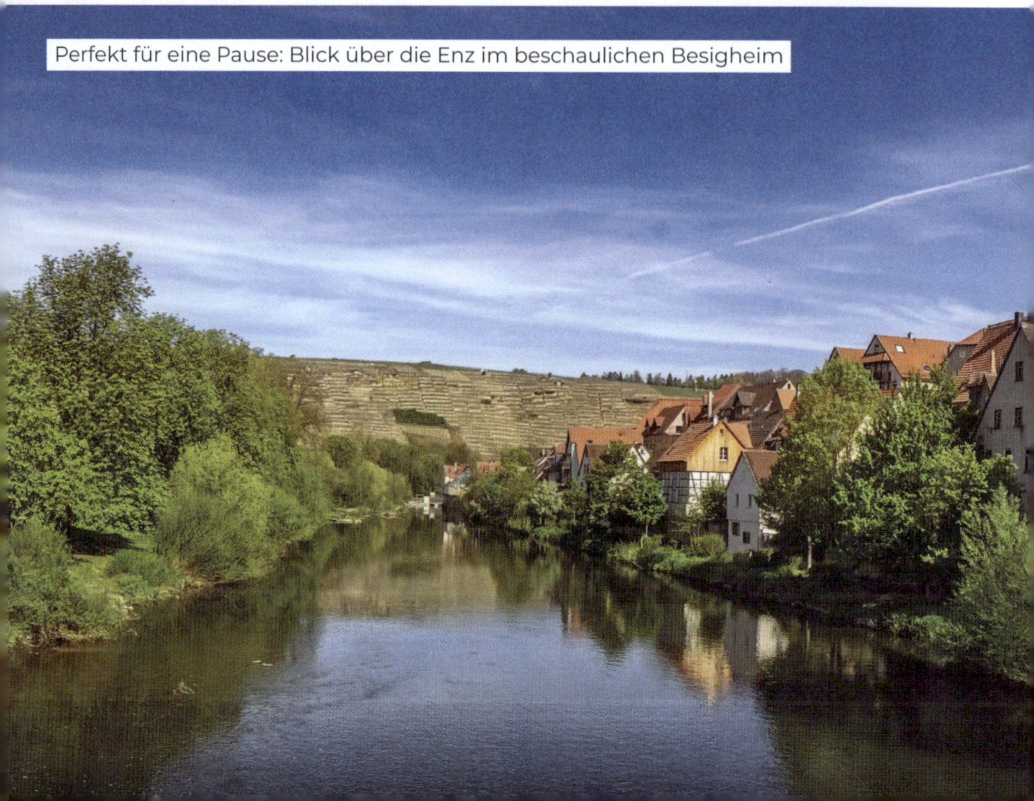

Perfekt für eine Pause: Blick über die Enz im beschaulichen Besigheim

rung einer Eisenbahnbrücke erreichen wir **Besigheim** mit zwei aufeinanderfolgenden **Wehren.** Auf Höhe der B27 gelangen wir zur zweiten **Umtragestelle,** an der das Kanu per Bootswagen ca. 800 m am Ufer entlang bis zur nächsten Einstiegstelle befördert wird. Dabei kommen wir an einem Spielplatz und einem Eiscafé vorbei. Schließlich paddeln wir noch einmal ein kurzes Stück auf der Enz, die nach rechts abknickt. Erneut unterqueren wir die B27 und direkt unter der **Brücke** erwartet uns eine **Stromschnelle** als Überraschung. Kurz danach mündet die Enz in den deutlich breiteren Neckar und wir paddeln gemütlich an Weinbergen vorbei, bis wir unser Ziel erreicht haben. Der **Ausstieg** erfolgt an der Neckarwiese in **Walheim** bequem über einen Steg.

Neben den offiziellen **Ein- und Ausstiegstellen** auf der Strecke ist es auch möglich, das Ufer zwischendurch direkt anzusteuern. Dabei sollte jedoch Rücksicht auf die natürliche Beschaffenheit der Uferzone genommen werden. Somit ist der Start mit dem eigenen Kanu entlang der Route jederzeit individuell möglich.

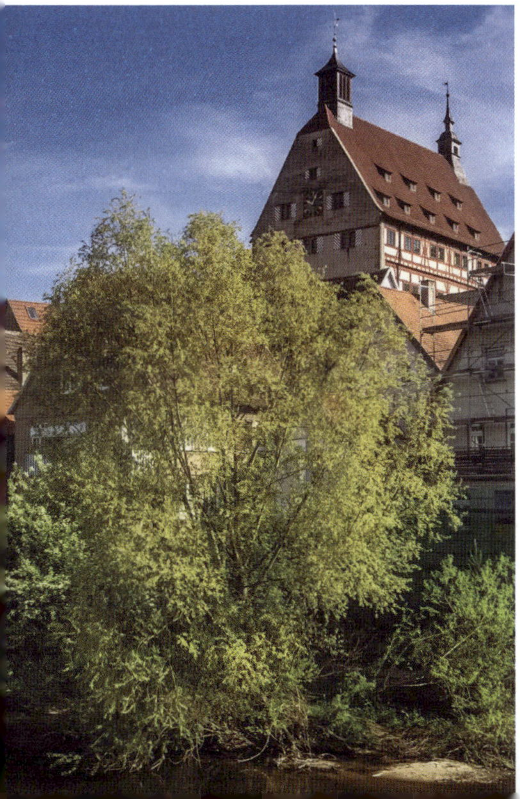

Extra-Tipp
Pausieren, Picknicken, Einkehren

Zwischen Bietigheim-Bissingen und Walheim gibt es mehrere **Ein- und Ausstiegstellen,** die sich für eine Pause anbieten, um zu picknicken, ein Eis zu essen, eine Toilette aufzusuchen oder einfach durchzuatmen – diese Ausstiegstellen sind auf der **mitgelieferten Karte** einsehbar. Mitgenommener Proviant, Getränke, Picknickdecken, Wertgegenstände und Rucksäcke werden während der Fahrt in **wasserdichten Trockentonnen oder Packsäcken** im Kanu verstaut.
An der Anlegestelle in **Besigheim,** wo wegen eines kurzen „An-Land-Transports" der Kanus ohnehin das Wasser verlassen werden muss, stehen öffentliche Toiletten bereit und es bietet sich ein Abstecher ins Eiscafé **La Terrazza** (www.facebook.com/laterrazza1998) an.
Im **Zielort Walheim** laden mehrere **Restaurants** zur Einkehr ein. An der Ausstiegstelle gibt es zudem einen **Grillplatz** (vorab reservieren).

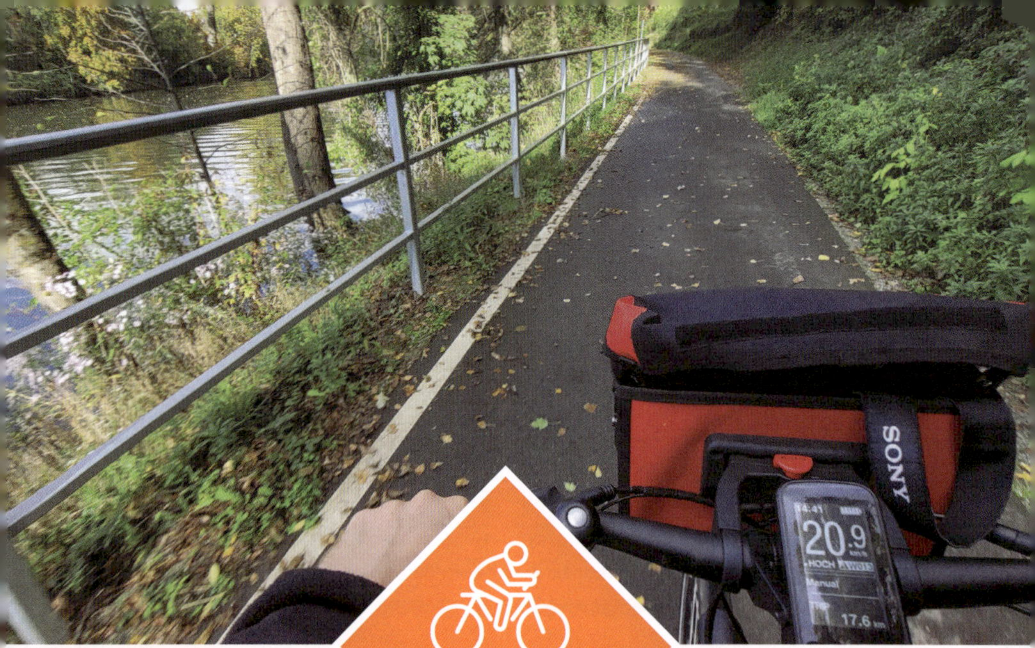

23

UNTERWEGS AUF DEM NECKARTAL-RADWEG: VON BESIGHEIM NACH BAD WIMPFEN

Dauer
3 Std. (ohne Pausen)

Entfernung
38 km | 50 HM

Weitere Infos:
www.neckartalradweg-bw.de

Tipp:
Kein eigenes Fahrrad zur Hand? Kein Problem, in Bad Wimpfen lassen sich u. a. E-Bikes ausleihen. Die Etappe kann dann in entgegensetzte Richtung von Bad Wimpfen nach Besigheim unternommen werden. Oder man transportiert das Rad mit der Bahn nach Besigheim und startet die Tour dort regulär. Infos zum Radverleih: www.neckartalradweg-bw.de/unterwegs-sein/fahrradverleih, www.lauterbikes.de/bikeshop-bad-wimpfen.

Wasser, Weinreben und Altstadtcharme: Wir begeben uns auf eine entspannte #GENIEßERTOUR entlang des #NECKARS. Etappe 6 des Neckartal-Radweges führt uns durch eine #WEINREGION PAR EXCELLENCE. Im Spätsommer und Herbst wird dem Auge dank bunter Rebstöcke ein wahres Farbspektakel geboten. Zum Abschluss punktet #BAD WIMPFEN mit mittelalterlichem Flair.

Für wen ist die Tour geeignet?

Die sechste Etappe des Neckartal-Radweges ist ideal für **Gelegenheitsfahrer** und **Genussradler**, bietet die flache Strecke doch etliche Rastmöglichkeiten, um die Aussicht und das Flair des Neckars auf sich wirken zu lassen. Die hübschen Fachwerkstädte Besigheim, Lauffen und Bad Wimpfen erfreuen **Stadtspaziergänger, Kulturfreunde** und **historisch Interessierte. Weinliebhaber, Schiffegucker und Mittelalterfans:** Sie alle werden die vielleicht schönste Etappe des Neckartal-Radweges lieben!

Eckdaten

Charakteristik: leichte, fast ebenerdig verlaufende Radtour hauptsächlich auf asphaltierten Wegen, die keine sportlichen Höchstleistungen erfordert. Gelegenheitsradler sollten die eine oder andere Pause einplanen. Abseits des Weges sind die Besichtigung der Heilbronner Innenstadt oder der Besuch des Science Center experimenta (s. S. 224) möglich. Hierfür sollte jedoch zusätzliche Zeit eingeplant werden.

Stärkung zwischendurch: Direkt am Weg gibt es keine empfehlenswerte Einkehroption, deshalb sollte man sich vor der Fahrt mit genügend Proviant und Getränken eindecken. Natürlich kann man in den Städten, die man unterwegs passiert, vor allem Lauffen und Heilbronn, jederzeit in einem Café oder Imbiss eine Pause einlegen. Oder man hebt sich die Stärkung bis zum Ende der Tour in Bad Wimpfen auf (Einkehrtipp s. S. 227).

Anreise

Der **Bahnhof Besigheim** wird von der Regionalbahn in der Regel mehrfach pro Stunde von Stuttgart Hbf. aus angefahren. Die Fahrt dauert weniger als 25 Min.

Wer mit dem **Auto** nach Besigheim anreist, kann z. B. das **Parkhaus Alte Kelter** ansteuern.

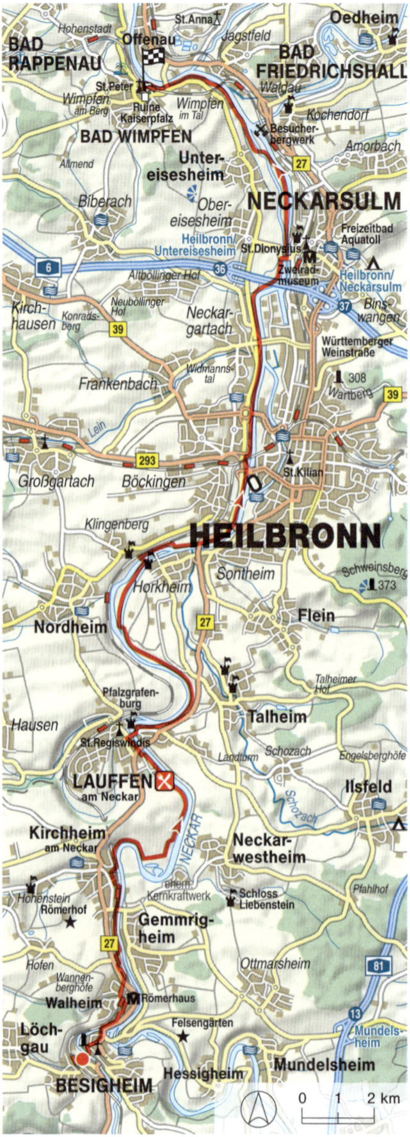

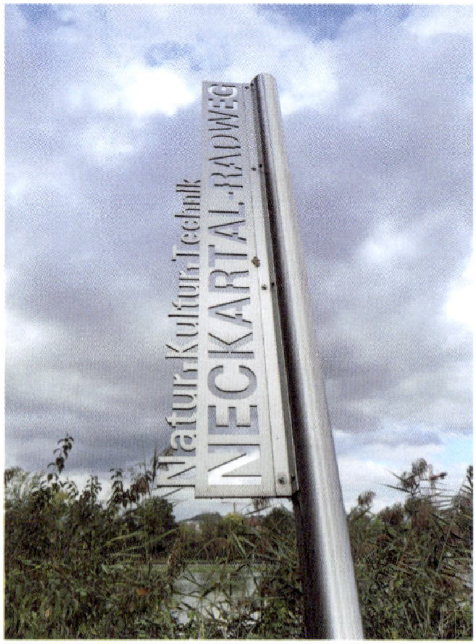

Die **Rückfahrt** mit der Bahn von Bad Wimpfen nach Stuttgart Hbf. oder zurück zum Ausgangsort Besigheim erfolgt mit einem Umstieg in Heilbronn oder Bad Friedrichshall. Je nach Wochentag und Tageszeit gibt es verschiedene Varianten. In Verbindung mit einem verbundübergreifenden Fahrschein ist die **Mitnahme eines Fahrrads** in Regionalzügen kostenlos (Details s. S. 229).

START IN BESIGHEIM: WEINBERGE UND NECKARBLICK

Der **Weinort Besigheim** erstreckt sich zwischen den beiden Flüssen Enz und Neckar und ist mit seiner kleinen Altstadt einen Besuch wert. Mehr Infos liefert unser Bericht **„Fachwerktour mit Elsass-Flair: Von Bietigheim-Bissingen nach Besigheim“** (s. S. 6).

Vom Besigheimer **Bahnhof** fahren wir auf der direkt gegenüberliegenden Steinbachstraße in nordöstliche Richtung über die **Enzbrücke.**

Wir folgen dem Straßenverlauf der Hauptstraße bis zum **Neckar.** Bis zum Ziel in Bad Wimpfen fahren wir am Fluss entlang in Richtung Norden. Es ist also beinahe unmöglich, sich zu verfahren, wenn man sich stets am Neckar orientiert. Ein weiterer Pluspunkt dieser angenehmen Radtour sind die zahlreich vorhandenen, gut sichtbaren **Wegmarkierungen.**

Gleich zu Beginn der Tour wechseln wir auf den Radweg neben der B27 und überqueren nochmals die Enz. Rechter Hand können wir beobachten, wie die **Enz in den Neckar mündet.** Nachdem wir links durch eine Unterführung gefahren sind, erreichen wir nach wenigen Minuten

Extra-Info

Der Neckartal-Radweg

Der Neckartal-Radweg lockt direkt vor den Toren Stuttgarts und wird als „Deutschlands konstrastreichster Flussradweg" beworben. Der insgesamt 374 km lange Radweg führt, aufgeteilt in **acht Etappen,** von Villingen-Schwenningen bis nach Mannheim und folgt dem Neckar in nördliche Richtung von der Quelle bis zur Mündung in den Rhein. **Etappe 6** verbindet Besigheim mit Bad Wimpfen. Der Radweg ist mit einem **auffälligen, bunten Logo** gut ausgeschildert. Zusätzliche Schilder geben stets Auskunft über die Entfernung zum nächsten Wegpunkt.
Weitere Infos: www.neckartalradweg-bw.de

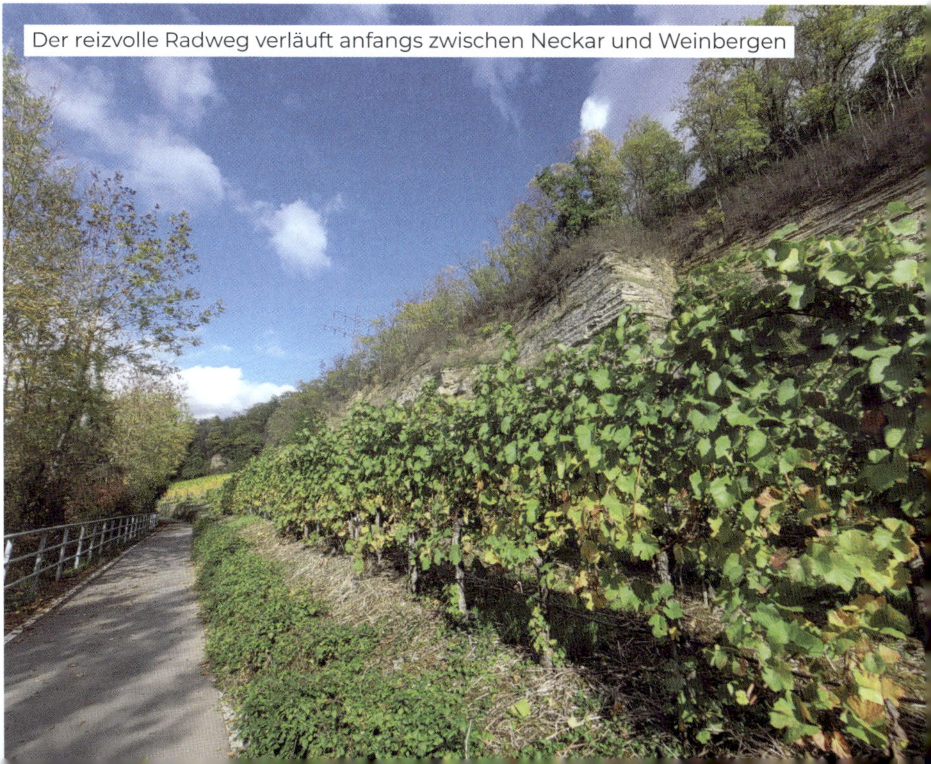

Der reizvolle Radweg verläuft anfangs zwischen Neckar und Weinbergen

die kleine Gemeinde **Walheim.** Schön anzuschauen ist das Fachwerkensemble rund um das Rathaus. Nach ca. 1,5 km Fahrt durch den Ort erreichen wir erneut den Neckar. Zur linken Seite entdecken wir erstmals die für diese Etappe so charakteristischen **Weinberge.**

Gute 3 km geht es auf dem asphaltierten Neckartal-Radweg vorbei an Weinhängen bis in den nächsten Weinort namens **Kirchheim am Neckar.** Immer wieder stoßen wir auf kleine **Infotafeln,** die uns vorrangig über die hier angebauten Weinsorten aufklären. Hinter Kirchheim bildet der Neckar eine kleine **Schleife** und entlang des Radweges wird es ländlicher. Auf dem Neckar lässt sich der eine oder andere Freizeitkapitän beim Steuern seines Bootes beobachten. Der bekannte **Ausflugsdampfer „Neckar-Käpt'n"** (https://neckar-kaeptn.de) ist hier ebenso zu sehen wie so manches Transportschiff, das seine Waren in Richtung Heidelberg transportiert.

LAUFFEN AM NECKAR: SALIERBURG UND FELSWÄNDE

Wenige Meter vor Lauffen macht sich ein wenig **maritimes Flair** bemerkbar: Jachtschule sowie Segelsport- und Ruderclub haben hier ihr Domizil, Segel- und Sportboote liegen vor Anker. Ein **Spielplatz** und eine **Minigolfanlage mit Imbiss** und gemüt-

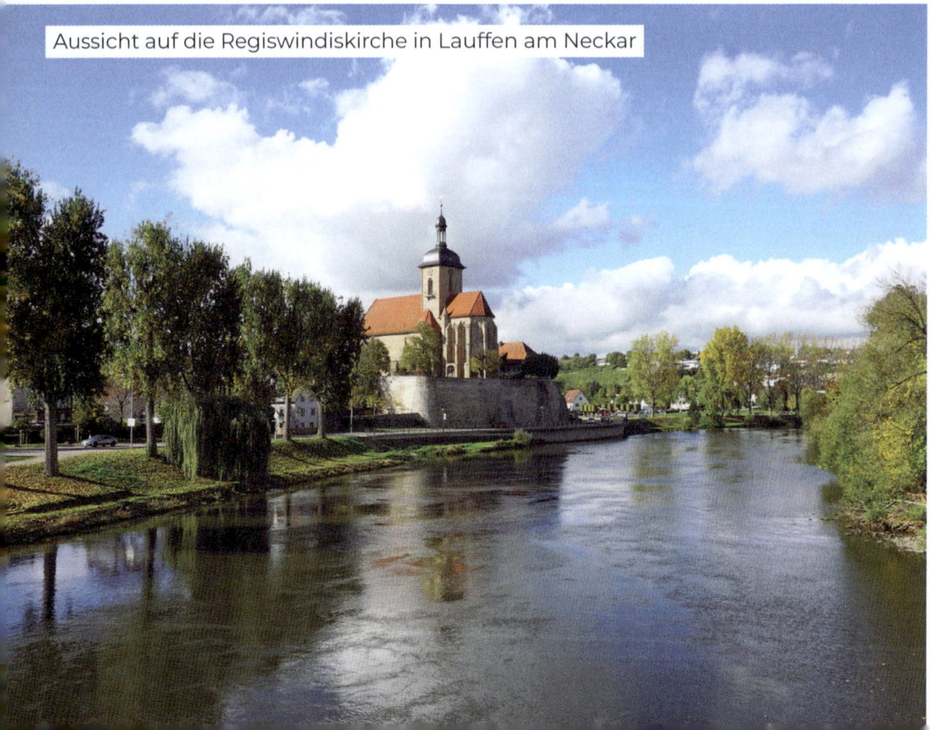
Aussicht auf die Regiswindiskirche in Lauffen am Neckar

lichem **Biergarten** (Neckaruferweg 20, ganzjährig Di.–So. geöffnet) laden Radfahrer zu einem ersten kühlen Getränk ein.

Nach gut 6 km Wegstrecke erreichen wir mit **Lauffen am Neckar** die Geburtsstadt des Dichters **Friedrich Hölderlin** (1770–1843). In Lauffen überqueren wir den Neckar zur rechten Seite hin. Ein tolles Fotomotiv stellt dabei der Blick auf den Fluss und die **Regiswindiskirche** dar. Nach Passieren der Brücke biegen wir links ab und gelangen zum Übergang zur wuchtigen **Burg Lauffen.** Die gut erhaltene Festung beheimatet heute u. a. das **Rathaus** der Stadt. Besonders erwähnenswert ist der Wohnturm aus dem 11. Jh., der deutschlandweit als einziger vollständig erhaltener Wohnturm gilt. Das interessante **Burgmuseum** (Rathausstr. 10, www.lauffen.de/website/de/freizeit/museen/burgmuseum, Mo.–Do. 8–12 u. 14–16, Fr. 8–12 Uhr), das sich kostenlos besichtigen lässt, berichtet über die Geschichte der Burg und seiner Bewohner aus der Zeit der **Salier,** einer ostfränkischen Adelsdynastie.

Im Anschluss radeln wir in westliche Richtung. Von Lauffen bis zum nächsten Ziel – der Weinstadt Heilbronn – führt der Weg gut 11 km am Neckar entlang, der von **steilen Weinhängen** gesäumt ist. Auf diesem Teilstück erleben Radfahrer malerische Landschaften: Weinstöcke, Wiesen, Felder und eine traumhafte Sicht inklusive. Kurz hinter Lauffen fahren wir

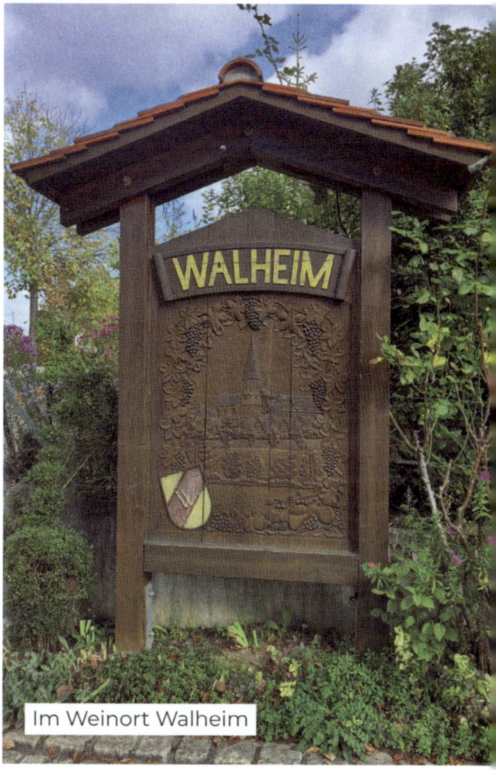

Im Weinort Walheim

im **Naturschutzgebiet Prallhang** an einer imposanten Felswand entlang.

Am **Oberen Wehr** wechseln wir die Seite und radeln links am **Schifffahrtskanal** entlang (der Neckar ist hier geteilt in einen schiffbaren und einen nicht schiffbaren Bereich). Nach rund 2 km biegen wir abermals links ab und überqueren den Neckar über den **Horkheimer Steg.** Jetzt sind wir auf der linken Flussseite. Wir halten uns rechts und fahren zunächst ein Stück parallel zur Zugstrecke, bevor wir hinter einem Sportplatz rechts abbiegen und so wieder zum Neckarufer gelangen.

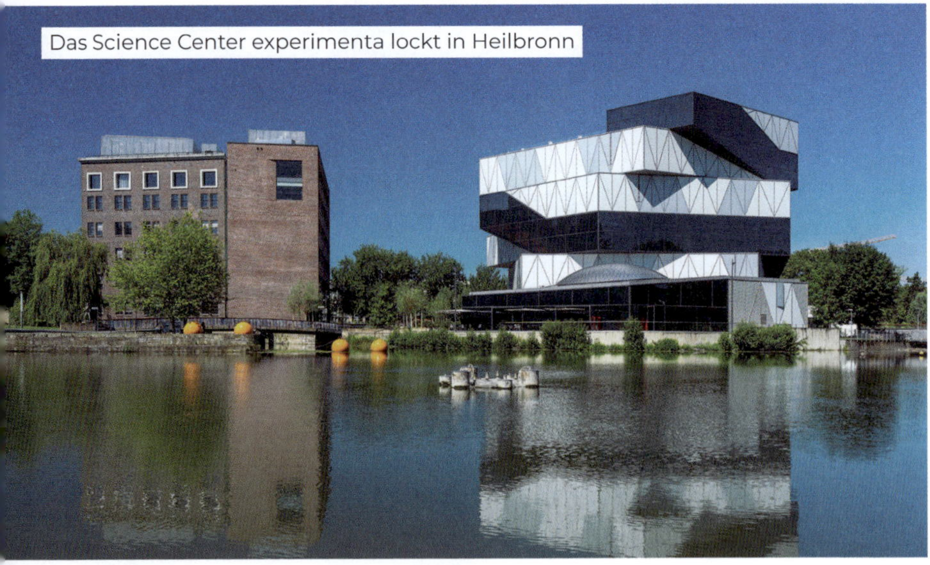

Das Science Center experimenta lockt in Heilbronn

URBANES FLAIR IN HEILBRONN

Mit **Heilbronn** erreichen wir die einzige Großstadt dieser Etappe des Neckartal-Radweges. Davon ist aber anfangs noch nicht viel zu spüren: Während wir rechter Hand stets mit Blick auf den Neckar radeln, sehen wir auf der linken Seite Tennis- und Fußballplätze. **Parkbänke** laden zu einer kleinen Rast ein, dabei lässt sich das eine oder andere Boot beobachten, das hier über den Neckar schippert.

Wer Lust auf einen **Abstecher** in die Innenstadt Heilbronns und etwas Sightseeing hat, der hält sich rechts und sollte hierfür ca. 1,5 km mehr einplanen. Spannend ist etwa eine Stippvisite im **Science Center experimenta** (www.experimenta.science, Mo.–Fr. 9–17, Sa./So./feiertags 10–18 Uhr, Eintritt: Erw. 12 €, erm. 6 €). Hier werden Naturwissenschaft und Technik erlebbar gemacht, auch eine Sternwarte ist dort beheimatet.

Die Route verläuft ansonsten ca. 5 km parallel zur viel befahrenen **Neckartalstraße.** Der Neckar und unser Lenker machen einen Schlenker nach rechts und schon erreichen wir **Neckarsulm.** An der Wehrbrücke wechseln wir auf den schmalen Weg zwischen **Schleusenkanal** und Neckar und radeln ca. 3 km u. a. am großen Audi-Werk vorbei. Unübersehbar türmen sich die bis zu 240 m hohen **Kühltürme** des Heizkraftwerks vor uns auf – ein Anblick, den die meisten von uns nur selten geboten bekommen.

Wir fahren auf die Schleuse Kochendorf zu. Auf der gegenüberliegenden, rechten Neckarseite befindet sich mit dem **Salzbergwerk Bad Friedrichshall** (www.salzwerke.de unter

„Tourismus“/„Besucherbergwerk Bad Friedrichshall“, bis voraussichtlich 2024 geschlossen) eine weitere interessante Sehenswürdigkeit. Hier gibt es so einiges zu entdecken: Mit einem Förderkorb geht es 180 m bergab in die Tiefe der Abbaustätte des „weißen Goldes“, in dessen Geschichte man eintauchen kann. Am Ende der Besichtigung darf man eine 40 m lange Bergmannrutsche testen.

Kurz vor Erreichen der **Schleuse Kochendorf** biegen wir links ab, wechseln über eine kleine **Brücke** auf die linke Neckarseite und fahren, rechts abbiegend, weiter gen Norden. Die letzten 4 km dieser Etappe legen wir fast ausschließlich direkt am Neckarufer zurück, bis wir schließlich Bad Wimpfen erreichen.

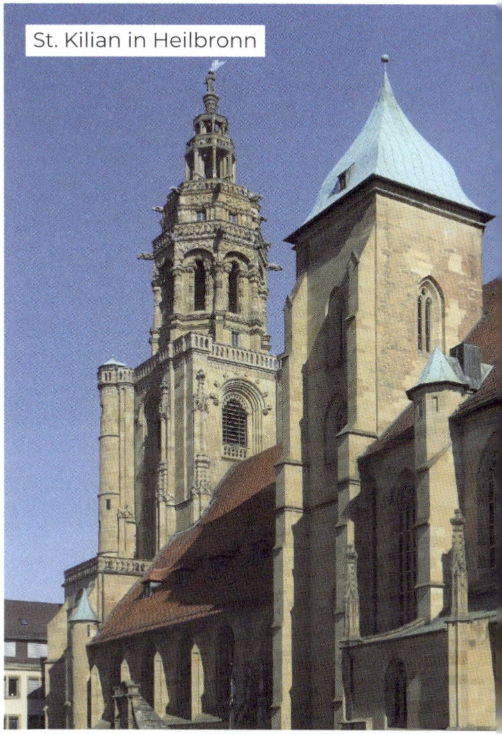
St. Kilian in Heilbronn

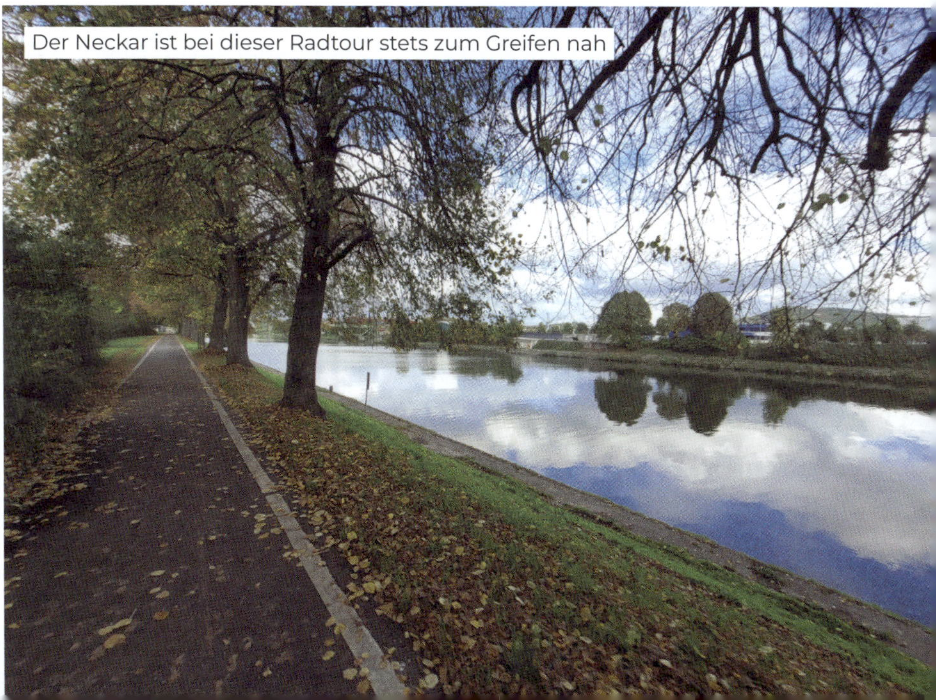
Der Neckar ist bei dieser Radtour stets zum Greifen nah

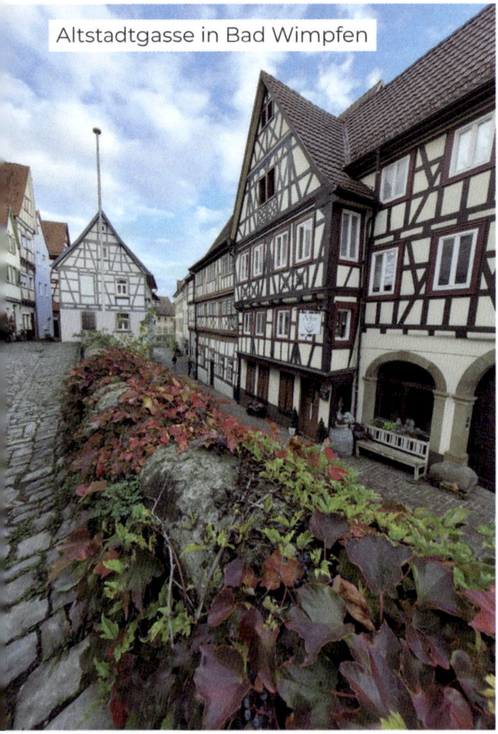
Altstadtgasse in Bad Wimpfen

BAD WIMPFEN: KURSTADT MIT FACHWERK-AMBIENTE

Auf den letzten Metern bis in den Ortskern von **Bad Wimpfen** (www.badwimpfen.de) müssen wir ein letztes Mal ordentlich in die Pedale treten, denn auch wenn der **Bahnhof** direkt am Radweg liegt, zum sehenswerten Ortskern führt die Straße einige Meter steil bergauf. Ein **Anstieg,** der sich wahrhaftig lohnt! Schon aus der Entfernung ist die Turmsilhouette der Kurstadt eindrucksvoll zu erkennen. Der 28 m hohe **Blaue** und der 23 m hohe **Rote Turm** – beides Wahrzeichen der Stadt – sind Bestandteile der

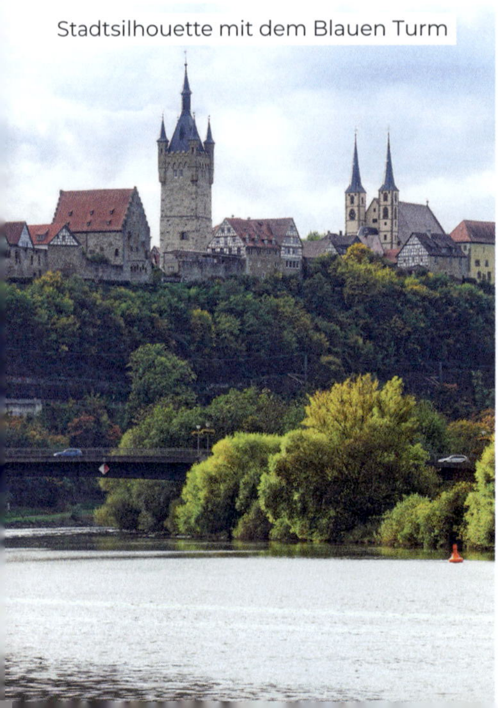
Stadtsilhouette mit dem Blauen Turm

Extra-Tipp

„Misthaufen trifft Wannenbad" – Führungen durch die Kurstadt

Bad Wimpfen lädt zum Entdecken ein. Spannende Hintergrundinfos erhalten Besucher im Rahmen zahlreicher individueller **Stadtführungen.** Dabei werden unterschiedliche Schwerpunkte gesetzt: Wie wäre es z. B. mit einer **Nachtwächterführung** durch die Gassen der Altstadt oder einer **kulinarischen Stadttour?** Für Gäste, die gern fotografieren, bietet sich die **Fotoentdecker-Tour** an. Und was sich wohl hinter dem Titel **„Misthaufen trifft Wannenbad"** verbirgt – vielleicht ein Ausflug in die Bädergeschichte des Ortes?

Infos und Buchung: www.badwimpfen.de/gaeste-bereich/bad-wimpfen-entdecken/stadtfuehrungen/stadtfuehrungen

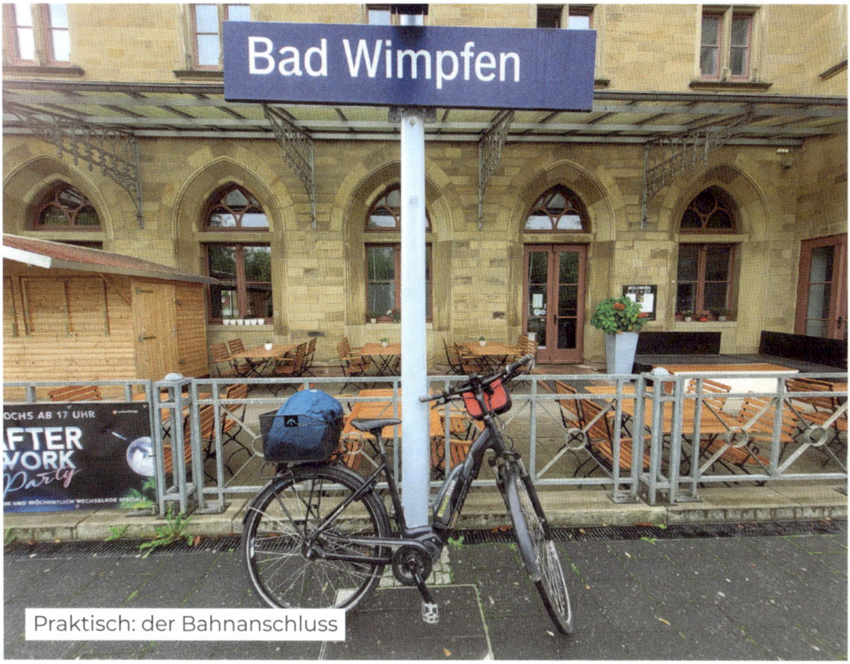

Praktisch: der Bahnanschluss

bedeutenden, um das Jahr 1200 von den Staufern erbauten **Kaiserpfalz,** die hoch über Bad Wimpfen thront.

Wer die historische, vollständig unter Denkmalschutz stehende **Altstadt** betritt, fühlt sich ins Mittelalter zurückversetzt. Die jahrhundertealten Fachwerkhäuser beeindrucken mit ihren Fassadenmalereien. Die schmalen, labyrinthartigen Gassen wirken wie aus der Zeit gefallen und öffnen sich zu verträumten Plätzen, die mit Brunnen geschmückt sind.

Ein ganz besonderes Flair herrscht während des **Altdeutschen Weihnachtsmarktes** in der Stadt. Dieser fand erstmals im Jahr 1487 statt und ist somit einer der ältesten seiner Art in ganz Deutschland.

Extra-Tipp

Deftige Stärkung zum Ausklang

In Bad Wimpfen lädt das traditionsreiche Restaurant **Zum Kräuterweible** (Marktrein 5, www.kraeuterweible-badwimpfen.de, Mo./Di. 11–21, Mi. 11–15, Fr.–So. und feiertags 11–22 Uhr) zum rustikalen Schmaus ein. Im **Biergarten** und in den urigen Innenräumen mit Kachelofen werden leckere Hähnchen- und andere Fleischgerichte serviert. Wer es nicht ganz so deftig mag, greift auf einen der schmackhaften Salate zurück.

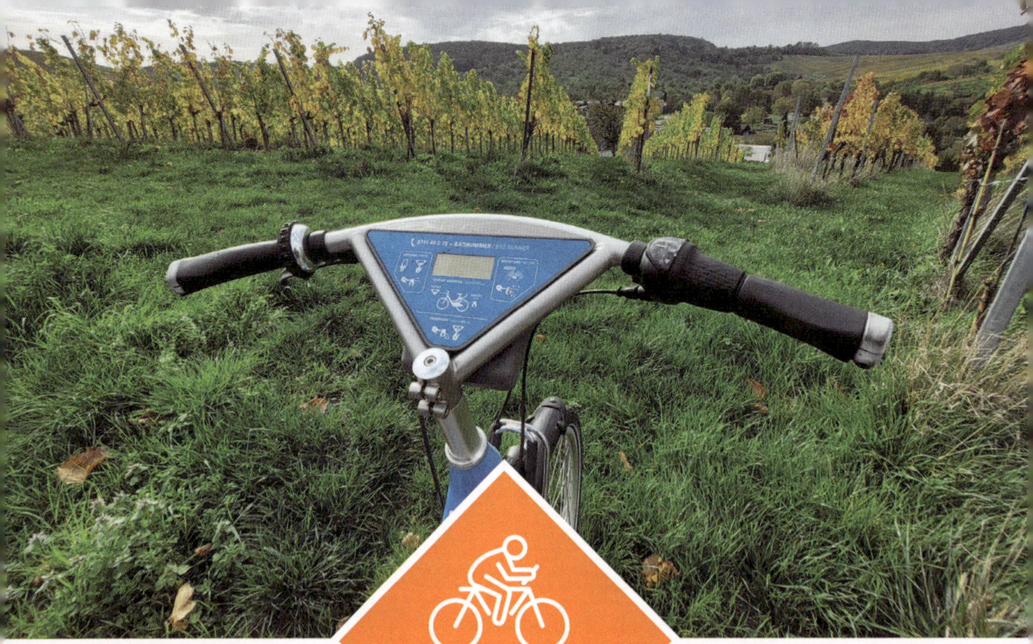

24

RADELN AUF DEM REMSTAL-RADWEG: VON WEINSTADT NACH WAIBLINGEN

Dauer
2½ Std. (ohne Pausen)

Entfernung
33 km | 170 HM

Weitere Infos:
https://remstal.de

Tipp:
Man kann diese Tour ganz bequem mit einem Leih-E-Bike unternehmen (Details s. S. 231)!

Eine entspannte Radtour im #REMSTAL: Die erste Etappe des Remstal-Radweges ist vielleicht die schönste der gesamten Strecke. Wir fahren durch #WEINBERGE und #NATURSCHUTZGEBIETE, vorbei an bunten Schrebergärten und Streuobstwiesen und natürlich entlang idyllischer #FLUSSUFER. Ausklingen lassen wir die Etappe im reizenden Altstadt-Ambiente #WAIBLINGENS.

Für wen ist die Tour geeignet?
Diese Route des Remstal-Radweges ermöglicht eine entspannte Tour für **Gelegenheitsfahrer,** die das Remstal in all seinen Facetten kennenlernen möchten. **Naturliebhaber** werden vor allem von der Landschaft, Flora und Fauna der Flussauen begeistert sein. **Kulturfans, Genießer und Flaneure** können durch die schmucke Fachwerk-Altstadt Waiblingens bummeln.

Eckdaten
Charakteristik: moderate Radtour auf attraktiver Strecke, im letzten Drittel an Neckar und Rems entlang. Die Höhenmeter verteilen sich vor allem auf zwei kleinere Anstiege, bevor der Weg ausschließlich sanft bergab führt. Gelegenheitsradler sollten die eine oder andere Pause zur Einkehr und zum Erkunden einplanen.

Stärkung zwischendurch: Im Bootshaus am Hechtkopf in Remseck kann man sich nach etwa zwei Dritteln der Strecke eine Pause gönnen oder aber am Ende der Tour in Waiblingen. Für den Rest der Fahrt sollte man ausreichend Proviant mitnehmen, vor allem Getränke.

Anreise
Von Stuttgart Hbf. aus fährt die **S-Bahn-Linie 2** mehrfach pro Stunde innerhalb von 20 Min. zum Startpunkt, dem **Bahnhof in Weinstadt-Endersbach.** Auch die Rückfahrt ab Waiblingen ist problemlos möglich, denn sowohl die **S-Bahn-Linie 3** als auch die Regionalbahn **MEX 13** fahren mehrfach in der Stunde zum Stuttgarter Hbf.

In Verbindung mit einem Fahrschein ist die **Mitnahme eines Fahrrads** in Regionalzügen – IRE, RE, RB, S-Bahn, AVG, SBB, SWEG, Go-Ahead und Abellio – kostenlos (Ausnahme: Mo.–Fr. 6–9 Uhr, Details: www.vvs.de/mitnahme-von-fahrraedern).

Autofahrer können den **Parkplatz direkt am Bahnhof** ansteuern.

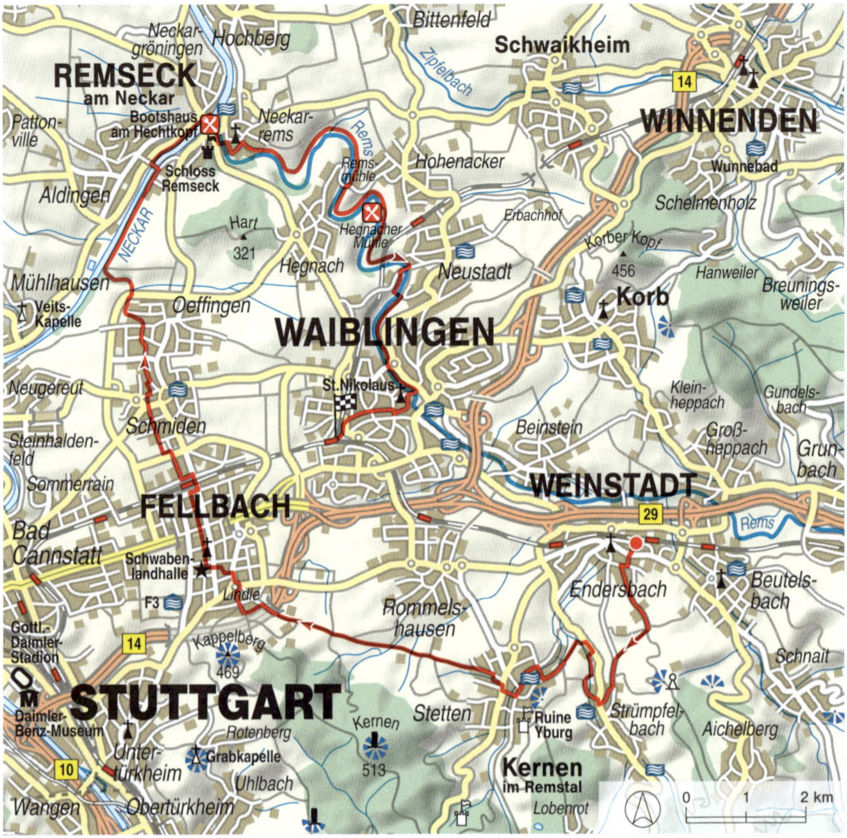

VON WEINSTADT-ENDERSBACH IN DIE WEINBERGE

Nachdem wir am **Endersbacher Bahnhof** angekommen sind, starten wir die Tour in südliche Richtung durch Wohngebiete. Nach wenigen Hundert Metern befinden wir uns zwischen Feldern und Wiesen und steuern, leicht bergauf, die vor uns liegenden Weinberge an. Am **Käppele,** der Ruine einer mittelalterlichen Wallfahrtskapelle, kann man einmal ordentlich durchschnaufen und einen Blick zurück werfen: Dieser reicht über Weinstadt und das Remstal hinaus in Richtung Korb.

Wir biegen links ab und folgen dem Straßenverlauf entlang der Weinberge auf dem **Stockenberg.** Das eine oder andere **Wengerterhäusle** bildet ein hübsches Fotomotiv, vor allem im Herbst, wenn sich die Blätter der Rebstöcke rotgolden verfärben. „Wengerter", die schwäbische Bezeichnung für Weingärtner, ist ein in der Region häufig verwendeter Begriff. Im Herbst laden viele lokale

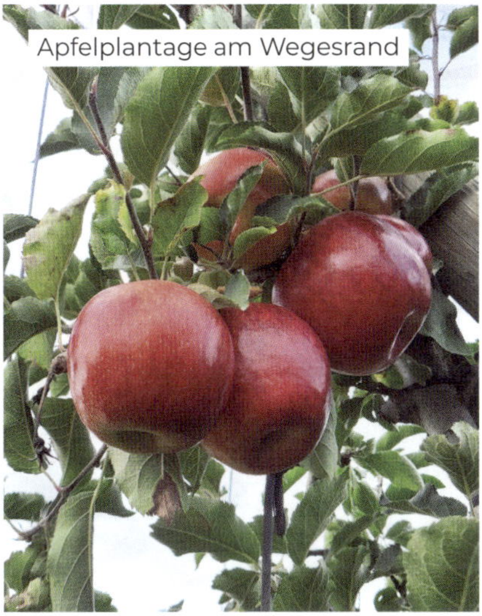

Apfelplantage am Wegesrand

Winzer in ihre **Besenwirtschaft** ein: Für kurze Zeit schenken sie dann ihre selbst produzierten Weine aus und bieten kleine Speisen zum Verzehr an. Ursprünglich wurde zu diesem Anlass ein Besen am „Wengerter" platziert – als markantes Zeichen, dass die Wirtschaft geöffnet ist. Heute sind es eher auffällige Schilder oder Plakate, die Aufmerksamkeit erzeugen.

Der Weg macht einige kleinere Wendungen und dennoch fällt die Orientierung dank zahlreicher **Wegmarkierungen** leicht. Die bevorstehenden Kilometer bis zum nächsten Ort werden auf mehreren Schildern angezeigt.

Auf dem Weg zum Zwischenziel **Stetten** in südwestlicher Richtung fahren wir an riesigen Streuobstwiesen und **Obstplantagen** entlang. Denn Weinstadt ist auch bekannt für seine vor Ort produzierten Fruchtsäfte. In

Extra-Tipp

Mit dem geliehenen Pedelec auf Tour gehen

Ein eigenes Rad ist auf dieser Tour nicht notwendig. Das Bikesharing-Angebot von **RegioRad Stuttgart** macht es möglich: An über 250 Stationen in mehr als 50 Städten und Gemeinden der Region Stuttgart warten rund 1000 Fahrräder darauf, ausgeliehen zu werden. Zur Wahl stehen **klassische Räder, E-Bikes bzw. Pedelecs** und sogar **Lastenräder,** die man alle per **Smartphone-App** ausleihen kann. Um auf Nummer sicher zu gehen, gibt es die Möglichkeit, ein Rad bis zu 45 Min. vor Beginn der Tour zu reservieren. In diesem Fall empfiehlt sich die Ausleihe eines Pedelecs direkt am Startpunkt der Tour, dem **Bahnhof Weinstadt-Endersbach.** Am Ziel in Waiblingen kann man sein Rad dann an einer der Abgabestellen zurückgeben. Wer zwischendurch ein wenig flanieren, einkehren oder pausieren möchte, kann sein Rad auch abschließen und die Tour nach einer Rast fortsetzen. Ein tolles Angebot, das übrigens auch bei unserem Tourenvorschlag **„Tausend Orte zum Verweilen: Radtour durch den Naturpark Schönbuch"** (s. S. 238) genutzt werden kann.

Weitere Infos:
www.regioradstuttgart.de

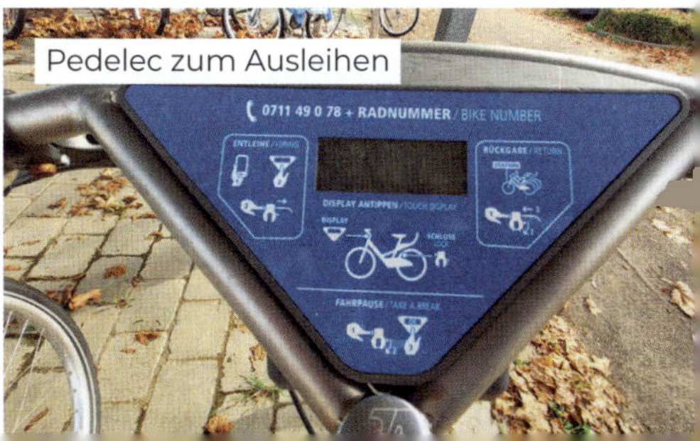

Pedelec zum Ausleihen

Extra-Info

Der Remstal-Radweg

Das Remstal lässt sich am besten im Rahmen einer Radtour kennenlernen. Der insgesamt 106 km lange **Remstal-Radweg** kommt da wie gerufen. Im Jahr 2020 erhielt er den Status eines **Landesradfernwegs,** außerdem ist er vom **ADFC** mit vier Sternen bewertet worden. Er beginnt in Weinstadt-Endersbach und endet nach **vier Etappen** in Aalen – von der Mündung zur Quelle (in Essingen) gewissermaßen.
Die **Markierung** des Radweges zeigt ein rotes Fahrrad über zwei stilisierten, blau-grünen Rems-Wellen. Darunter ist der Schriftzug „Remstal-Radweg" zu lesen.
Die **erste Etappe** des Remstal-Radweges führt von Weinstadt nach Waiblingen. Über die Bahnhaltestellen an jedem Etappenziel kann man An- und Rückfahrt bequem mit öffentlichen Verkehrsmitteln organisieren. Und das Beste: Dank des Bikesharing-Angebots von **RegioRad Stuttgart** (s. S. 231) benötigt man nicht einmal ein eigenes Rad!
Aktuelle Infos zum Remstal-Radweg, zu den einzelnen Etappen und eventuellen Sperrungen liefert die folgende Website:
https://remstal.de/natur/radfahren/remstal-radweg#/article

westliche Richtung fahrend, durchqueren wir Stetten und gelangen nach etwa 12 km in den Stadtkern von **Fellbach.** Von Stetten bis Fellbach legen wir nebenbei gut 60 Höhenmeter zurück, wobei der Weg ein ständiges Auf und Ab darstellt.

Wegweiser nach Stetten

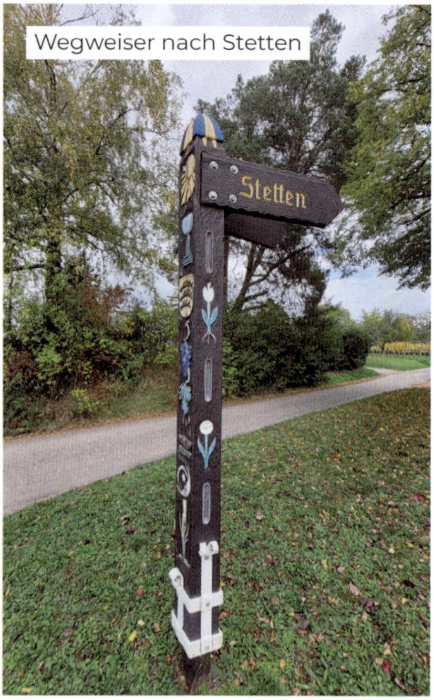

VON FELLBACH NACH REMSECK AM NECKAR

Stets gen Norden radelnd, wird die Umgebung nun wieder deutlich städtischer. Straßenverkehr und Ampeln prägen das ca. 10 km lange Teilstück bis nach **Remseck.** Dabei schwenken wir nach den ersten 7,5 km nach links zum **Neckarufer,** wo es wieder geruhsamer und naturnaher zugeht. Am Neckar angekommen, sorgt die **Landungsbrücke** für Aufmerksamkeit. Die 24 m lange Stahl- und Holz-Skulptur in Form einer zum Fluss weisenden Brücke darf betreten und befahren werden! Am höchsten Punkt befindet man sich 6 m über dem Wasserspiegel.

Der Radweg führt nun ca. 2 km rechts am Neckar entlang, dann wechseln wir über eine **Brücke** die Flussseite und setzen den Weg entlang des linken Ufers gen Norden fort. Nach weiteren ca. 1,5 km fahren wir unterhalb der Neckarbrücke hindurch und überqueren den Fluss auf der architektonisch interessanten **Fußgänger- und Fahrradbrücke** mit ihrem dreieckigen, glasgedeckten Dach.

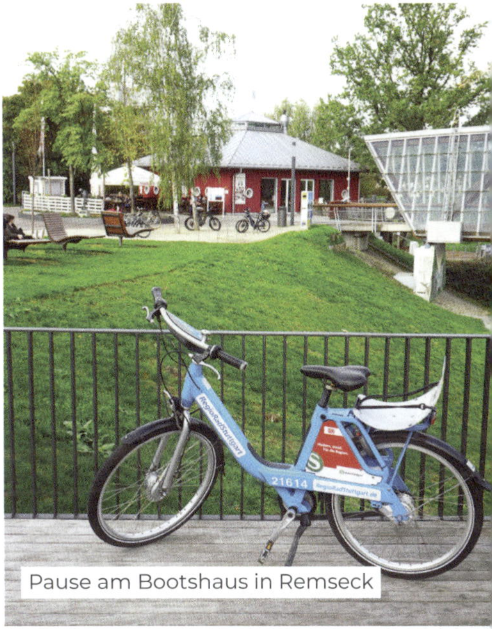
Pause am Bootshaus in Remseck

REMSECK: WO DIE REMS IN DEN NECKAR MÜNDET

Hier, an der Remsmündung in den Neckar, lohnt sich ein kleiner Zwischenstopp. Anlässlich der **Remstal Gartenschau** im Jahr 2019 wurden einige reizvolle Rast- und Aussichtsmöglichkeiten geschaffen. Wer den **Biergarten** vom **Bootshaus am Hechtkopf** (Marktplatz 5, https://bootshausamhechtkopf.net, Di.–Sa. ab 11, So./feiertags ab 11.30 Uhr) auf der Landzunge besucht, hat die Flussmündung genau im Blick. Gegenüber wurde mit dem **Neckarstrand** ein künstlicher Sandstrand mit Treppen, Sitzgelegenheiten und Spielgeräten für Kinder angelegt. Nicht nur Einheimische wissen diesen charmanten Ort zu schätzen und verbringen hier gern laue Sommerabende – besonders zum Sonnenuntergang. Hier können wir ruhigen Gewissens eine kleine **Vesperpause** einlegen!

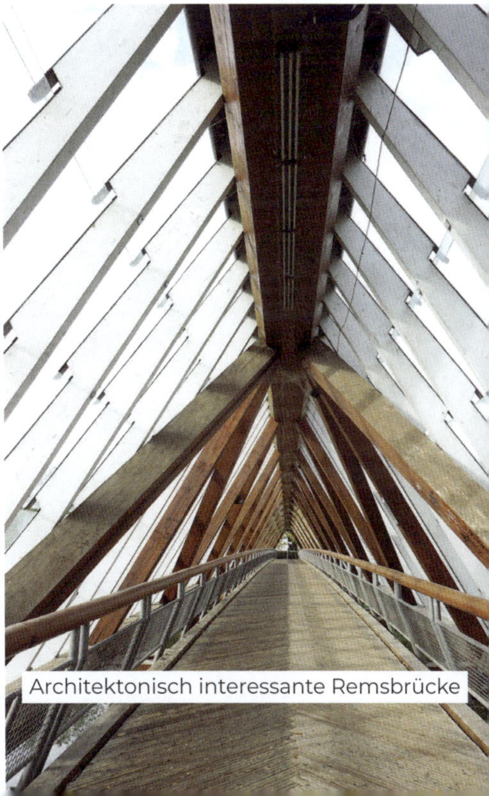
Architektonisch interessante Remsbrücke

Frisch gestärkt geht es dann in südliche Richtung entlang der **Rems** zu

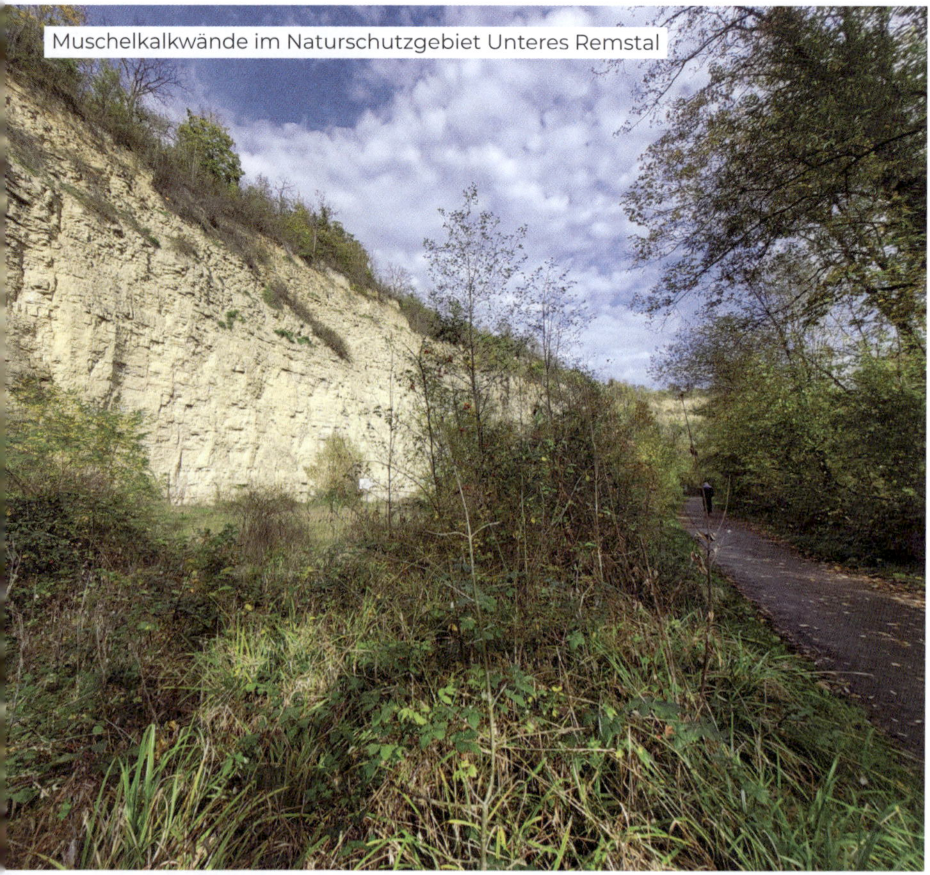
Muschelkalkwände im Naturschutzgebiet Unteres Remstal

einem weiteren, sehr schönen Etappenabschnitt. Denn für die nächsten 12 km bis zum Zielpunkt Waiblingen präsentiert sich die Route sehr idyllisch und naturnah. Der bestens präparierte Radweg folgt dem Flussverlauf, der sich in **Mäandern** durch das **Natur- und Landschaftsschutzgebiet Unteres Remstal** schlängelt, das von Wäldern und Auen geprägt ist. Zuvor aber überqueren wir die Rems über eine kleine Brücke und befinden uns nun am rechten Ufer.

DURCH DAS UNTERE REMSTAL: MÜHLEN UND FISCHTREPPE

Von nun an hören wir es plätschern. Ist die Rems eben noch in den Neckar gemündet, so folgen wir ihr nun einige Kilometer in Richtung ihrer 78 km entfernten Quelle auf der Ostalb.

Das Untere Remstal ist ein ausgewiesenes **Vogelschutzgebiet.** Eine erstaunlich große Vielfalt an Brut- und Zugvögeln ist hier mit ein wenig Glück anzutreffen: Eisvögel, Spechte,

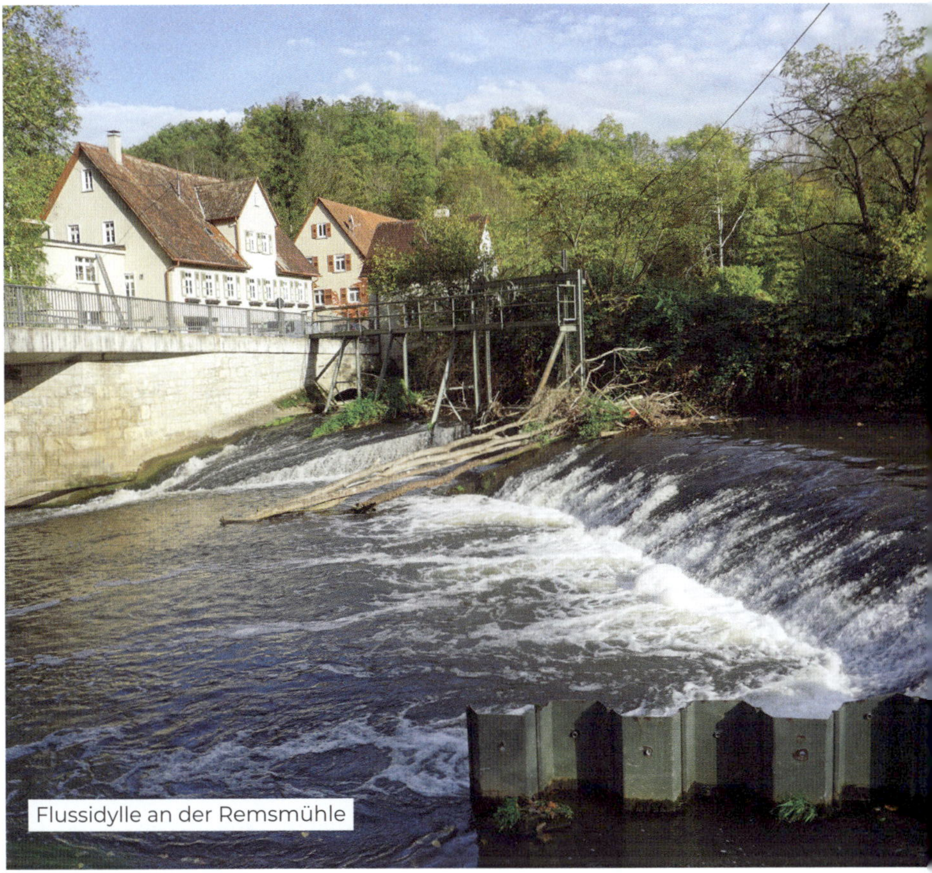

Flussidylle an der Remsmühle

Uhus, Falken, Graureiher und Wasseramseln, um nur einige zu nennen. Daher gilt das Motto „den Weg nicht verlassen", auch wenn die **steilen Felswände** aus **Muschelkalk** zu unserer Linken vielleicht zum Klettern und Entdecken einladen. In den Wänden liegen nämlich die Brutstätten vieler Tiere, ebenso wie im davorliegenden Feuchtgebiet der Schwarzen Rems.

Um das Naturschutzgebiet näher kennenzulernen oder sein Wissen zu testen, bietet das Remstal sowohl eine **Quiz-** als auch eine **Audiotour** an, die man über die Website abrufen kann (https://remstal.de/files/content/Natur/Naturschutzgebiet/56_s_Faltblatt_NSG_Unteres_Remstal.pdf).

Kilometer für Kilometer radeln wir entlang des Flusses und erreichen mit der **Remsmühle** (Hegnacher Str. 144) die erste Mühle unserer Radtour. Seit 1864 wird hier Getreide gemahlen. Waren wir eben noch umgeben von Bäumen, so führt die Strecke nun einige Hundert Meter über Wiesen.

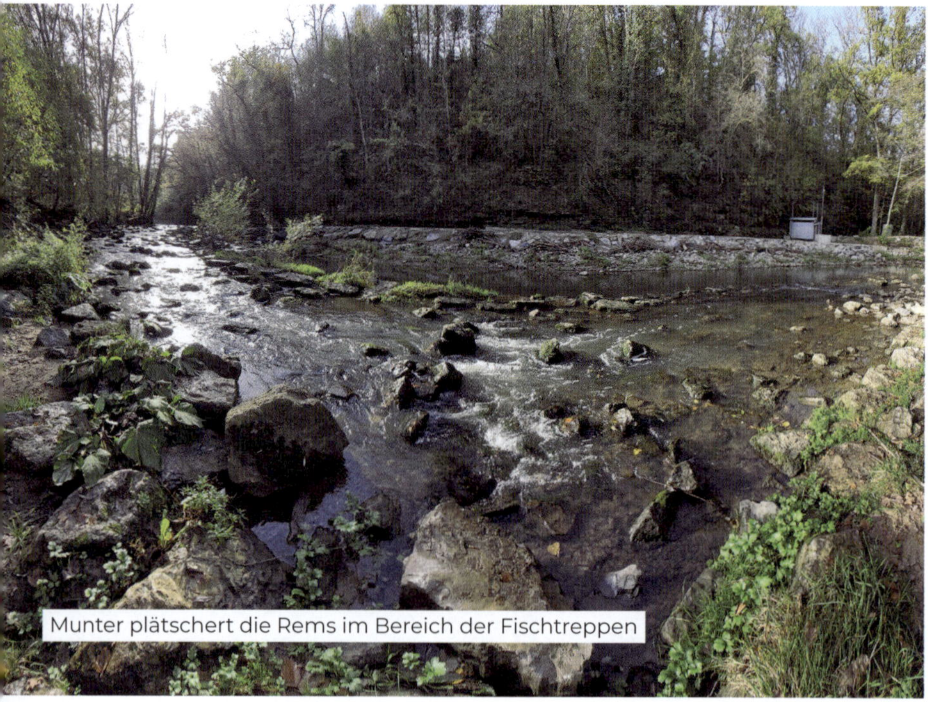

Munter plätschert die Rems im Bereich der Fischtreppen

Nach ca. 1,5 km Wegstrecke lädt die **Hegnacher Mühle** (www.hegnacher muehle.de, Mühlenladen: Mo.–Fr. 8–12 u. 13.30–17, Sa. 8–12.30 Uhr) zu einem Besuch ein. Für die 1874 erbaute Mühle wurde ein Mühlkanal teils gegraben, teils aus einem Fels gesprengt. Die Wasserräder kommen auf eine Höhe von fünf Metern. Im **Mühlenladen** lassen sich allerlei gesunde Produkte aus Getreide, Körnern, Trocken- und Hülsenfrüchten erwerben. Daneben werden auch aufschlussreiche **Mühlenführungen** angeboten.

Nach weiteren ca. 500 m befinden wir uns dann auf Höhe der 24-stufigen, 2019 eingeweihten **Fischtreppen.** Diese liegen ca. 100 m rechts vom Radweg. Auch wenn man dort gerade keinen Fisch zu Gesicht bekommt, ist der Anblick der vorbeirauschenden Wassermassen trotzdem ein visuelles Spektakel, das sich für eine kleine Rast anbietet. Im Sommer kann man hier die Füße ins Wasser tauchen und das kalte Nass sorgt für Abkühlung.

Unterhalb des **Remstalviadukts** fahren wir weiter in Richtung Waiblingen. Über die nächste Brücke wechseln wir die Flussseite und fahren ein Stück am westlichen Ufer entlang. Auf den letzten ca. 4 km Wegstrecke wird es wieder zunehmend städtisch. Ein letztes Mal überqueren wir die Rems vor den Toren Waiblingens und es gilt aufzupassen, nicht der weiteren Wegbeschilderung linker Hand zu folgen. Denn unser Tourenvorschlag endet in **Waiblingens Altstadt**, die nun direkt vor uns liegt.

ANKUNFT IN DER MALERISCHEN ALTSTADT VON WAIBLINGEN

Die Straße namens Alter Postplatz mündet in die Bahnhofstraße und führt uns direkt zum **Waiblinger Bahnhof.**

Unsere Empfehlung: ab in die Altstadt, das Fahrrad dort abschließen und den pittoresken, von Fachwerk geprägten Stadtkern erkunden! Das **Alte Rathaus** mit seiner Erdgeschosslaube aus der Renaissancezeit und dem barocken Fachwerkaufbau, das **Beinsteiner Tor** als einziges erhaltenes Stadttor, der **Hochwachtturm** mit seiner 45 m hohen Turmspitze – dem Auge wird hier einiges geboten.

Der passende Ort, um die Erlebnisse dieser Radtour bei Kaffee und Kuchen oder einem pikanten Snack Revue passieren zu lassen, ist sicherlich der **Marktplatz.** Einige **Cafés** bieten hier Außensitzplätze zum Verweilen an. In der modernen **Galerie Stihl** (Weingärtner Vorstadt 12, www.galerie-stihl-waiblingen.de) am Remsufer lassen sich Kunst und Kultur in Form von Ausstellungen und Veranstaltungen erleben. Rund um die Rems erstrecken sich außerdem einige lauschige **Parkanlagen,** in denen man die Seele baumeln lassen kann.

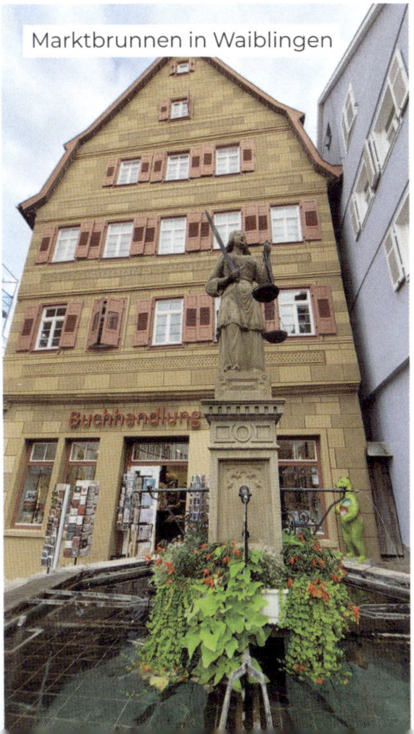

Marktbrunnen in Waiblingen

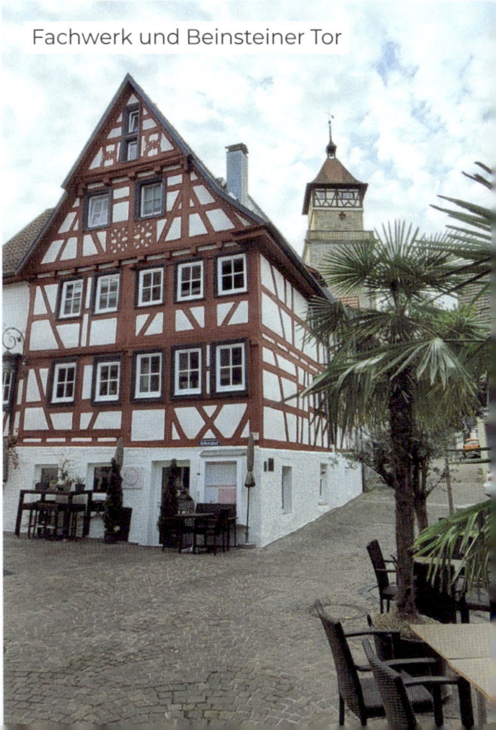
Fachwerk und Beinsteiner Tor

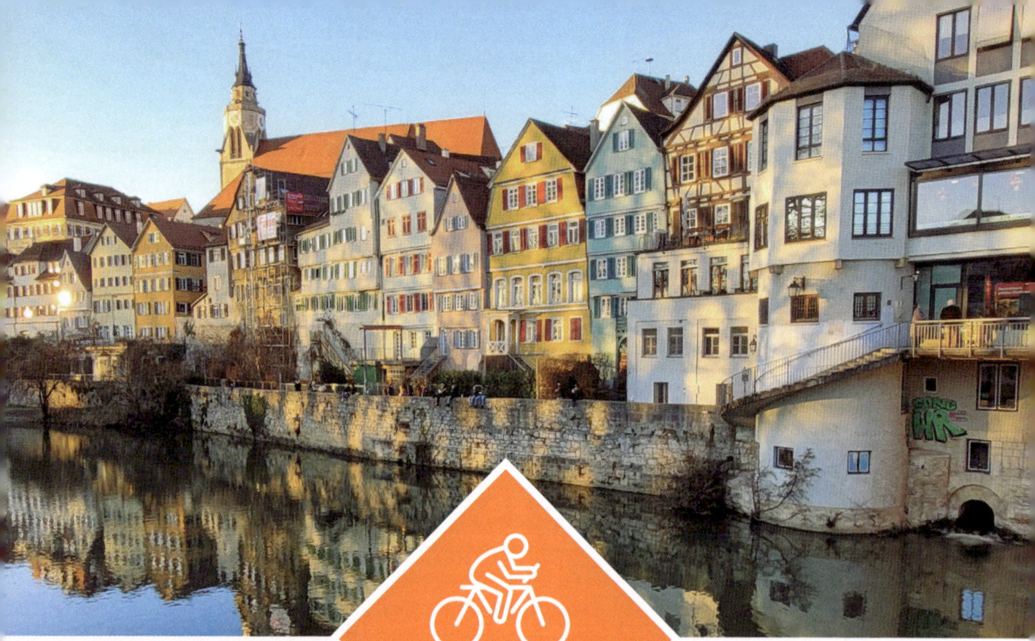

25

TAUSEND ORTE ZUM VERWEILEN: RADTOUR DURCH DEN NATURPARK SCHÖNBUCH

Dauer
2–3 Std. (1. Teil), 2 Std. (2. Teil)

Entfernung
48 km | 380 HM

Weitere Infos:
www.naturpark-schoenbuch.de

Tipp:
Wer möchte, kann sich am Startpunkt der Tour in Herrenberg ein Rad ausleihen (Details s. S. 240).

Wir radeln durch den wunderschönen Naturpark Schönbuch: Von #HERRENBERG aus geht es in die berühmte Universitätsstadt #TÜBINGEN, die mit ihrer schmucken Altstadt zu einem Stadtbummel und einer Einkehr einlädt. Auch das historische #KLOSTER BEBENHAUSEN ist einen Besuch wert. Wer noch Kraft in den Waden hat, fährt anschließend durch das pittoreske #AMMERTAL zurück nach Herrenberg.

Für wen ist die Tour geeignet?
Eine Radtour, die sich in eine Variante für Anfänger und eine für Erfahrene aufteilen lässt: **Genussradler** nehmen sich die Hälfte der Strecke von Herrenberg bis Tübingen vor. **Geübte Radfahrer** setzen die Fahrt durch das Ammertal zurück zum Ausgangspunkt fort. Die Tour ist u. a. aufgrund der Bäche im Naturpark und zahlreicher Grillstellen ideal für **Familienausflüge** geeignet. **Kulturbegeisterte** finden in Tübingen reichlich Gelegenheit zu flanieren und in die Atmosphäre der Stadt einzutauchen.

Eckdaten

Charakteristik: je nach Streckenlänge leichte bis mittelschwere Radtour. Der größte Anstieg mit 130 m erfolgt gleich nach dem Start. Bis nach Tübingen geht es für fast 25 km sanft bergab. Die weiteren Höhenmeter resultieren aus dem ca. 20 km langen Rückweg von Tübingen nach Herrenberg durch das Ammertal. Wenn man also die Tour in Tübingen beendet, dann ist sie auch problemlos für Ungeübte machbar.

Stärkung zwischendurch: Zu Beginn der Tour lässt sich in einer der zahlreichen Bäckereien und Metzgereien von Herrenberg Proviant und Grillgut für den Weg einkaufen, denn die erste Einkehrmöglichkeit gibt es erst in Bebenhausen ca. 6 km vor Tübingen. Dafür mangelt es unterwegs nicht an Grillplätzen.

Anreise

Ab Stuttgart Hbf. fahren diverse **Regionalbahnen** und die **S-Bahn-Linie 1** mehrfach stündlich **Herrenberg** an. Die Fahrt dauert rund 30–40 Min. Fahrräder lassen sich unter bestimmten Voraussetzungen mitnehmen (Details s. S. 229).

Der **Parkplatz am Bhf. Herrenberg** dient Autofahrern als Parkmöglichkeit.

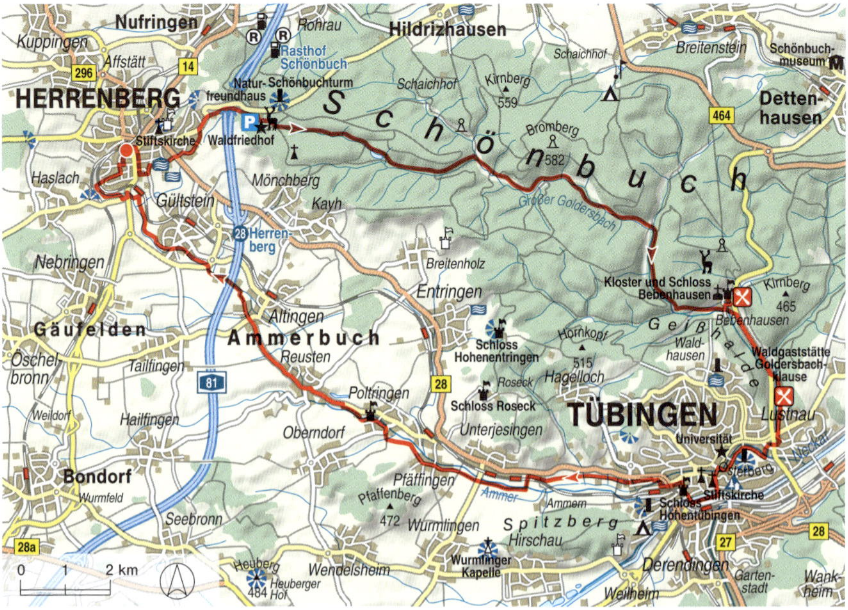

Extra-Info
Fahrradverleih in Herrenberg

Wer kein eigenes Fahrrad oder Pedelec besitzt oder auf die Mitnahme verzichtet, kann sich dank der Initiative **RegioRadStuttgart** (s. S. 231) am Bahnhof in Herrenberg eines ausleihen. Zurückgeben kann man die Räder an derselben Stelle oder einer anderen Rückgabestation des Anbieters, allerdings **nicht in Tübingen.** Das Rad kann jedoch sowohl in der Ammertal- als auch in der Regionalbahn in der Regel kostenfrei transportiert werden (s. S. 229).

Von **Tübingen** aus besteht stündlich eine Direktverbindung zurück zum Stuttgarter Hbf. Zahlreiche weitere Verbindungsvarianten nach Stuttgart bedürfen eines einmaligen Umstiegs.

Die **Ammertalbahn** (www.ammertalbahn.de; Onlinebuchung unter https://tickets.naldo.de) fährt in der Regel im 30-Minuten-Takt auf der Strecke Tübingen – Herrenberg.

START IN HERRENBERG UND SCHWEIßTREIBENDER ANSTIEG

Der **Naturpark Schönbuch,** südlich von Stuttgart gelegen, ist ein wahres Paradies zum Wandern und Radfahren. Wir nehmen uns heute eine besonders reizvolle Route vor, und zwar die Strecke von Herrenberg nach Tübingen. Über viele Kilometer hinweg begleiten uns die Bäche Fischbach und Lindach, die sich im Goldersbachtal zum Großen Goldersbach vereinen. Die Route wird übrigens zu Recht mit dem **Slogan „Tausend Orte**

zum Verweilen“ beworben, gibt es doch unterwegs etliche sehenswerte Naturschauplätze zu entdecken und praktischerweise auch zahlreiche Grillstellen fürs Pausieren. Die Route ist übrigens nicht namentlich ausgeschildert, man orientiert sich einfach an den klassischen **Fahrradweg-Markierungen.**

Zu Beginn der Tour (oder für Langstreckenradler am Ende) bietet sich ein Bummel durch die kleine, aber feine **Altstadt von Herrenberg** an (nähere Infos s. S. 152).

Wir starten die Radtour am Bahnhof in Richtung Süden auf der Schillerstraße und biegen an deren Ende links ab. Stets in östliche Richtung fahrend, führt der Radweg nach gut 1,5 km an der **Alten Steige** etwas mehr als 100 Höhenmeter bergauf. Bis zum **höchstgelegenen Punkt** dieser Tour, dem **Parkplatz Waldfriedhof,** muss man also ein wenig in die Pedale treten. Wem hier die Luft ausgeht, der schiebt sein Rad einfach das kurze Stück hinauf. Die gute Nachricht: Dies ist der einzige Anstieg auf dem gesamten Weg nach Tübingen – ab hier geht es nur noch sanft bergab.

An Wochenenden und Ferientagen steppt bei gutem Wetter am Parkplatz Waldfriedhof übrigens der Bär. Denn wir befinden uns hier an einem echten Hotspot. Der Parkplatz dient Ausflüglern als Startpunkt für Wandertouren, der nahe **Schönbuchturm** (s. S. 151) ist dank seiner auffälligen

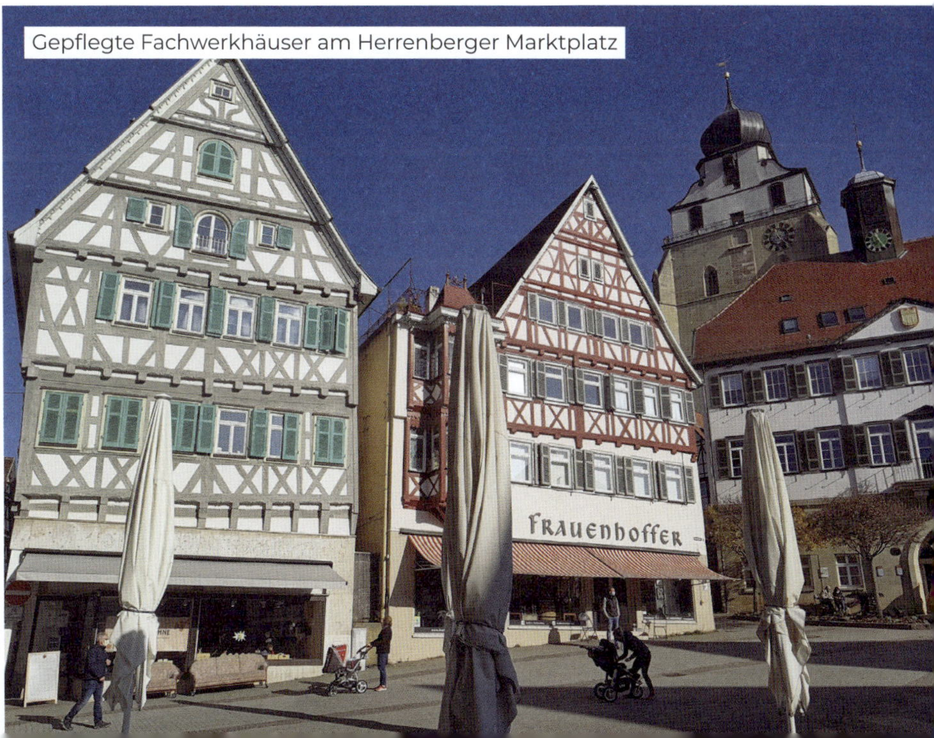

Gepflegte Fachwerkhäuser am Herrenberger Marktplatz

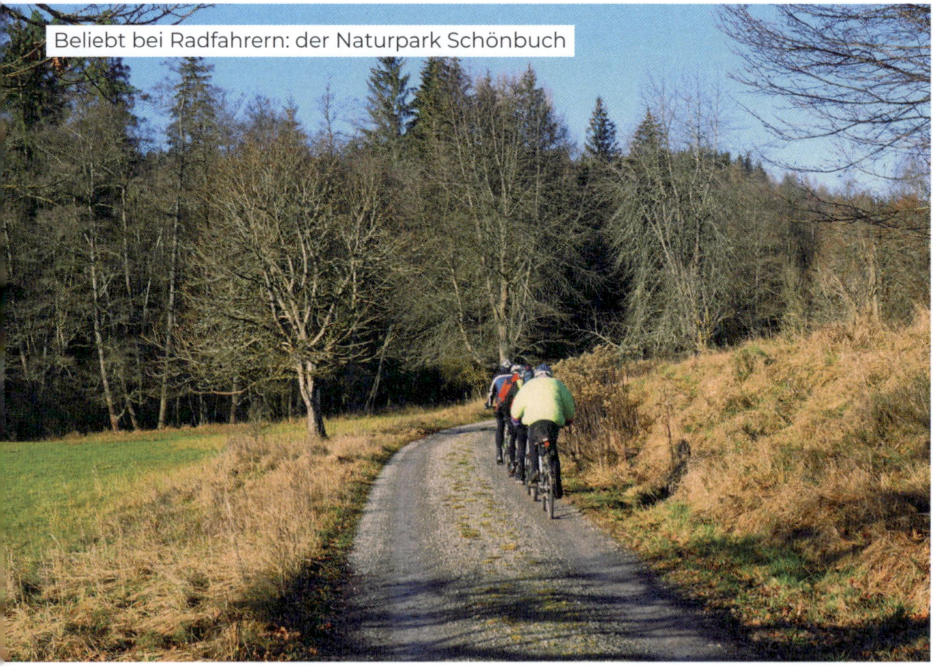

Beliebt bei Radfahrern: der Naturpark Schönbuch

Architektur und der grandiosen Aussicht überregional bekannt und das **Naturfreundehaus** mitsamt Spielplatz lockt Familien an. In unserem Tourenvorschlag **„Zwischen Wald und Obstwiesen: Unterwegs auf dem Schönbuchtrauf“** (s. S. 144) finden sich weitere Informationen zu diesen Ausflugszielen.

WIESEN, WEIHER, TÄLER UND ETLICHE GRILLPLÄTZE

Am Naturfreundehaus halten wir uns rechts und folgen der Route in Richtung Südosten. Nach der kurzen, aber knackigen Bergaufstrecke beginnt nun der angenehme, bergab führende Teil dieser Radtour. Bis Tübingen sind es noch gut 25 km. Gleich zu Beginn passieren wir ein **Damwildgehege.** Mit etwas Glück lassen sich hier Rehe, Hirsche oder Wildschweine beobachten. Stets in östliche Richtung fahrend, lassen wir den **Sommertalbrunnen** links liegen, fahren an der stattlichen **Fress-Eiche** vorbei und gelangen zum **Sommertalweiher.** Eine **Sitzbank** lädt zum Pausieren mit Blick auf den Weiher ein, der vom Wasser des **Fischbachs** gespeist wird. Dieser Bach wird uns noch eine ganze Weile bis zum Wegpunkt Teufelsbrücke begleiten.

Wenige Hundert Meter weiter erreichen wir an den **Kayhertalwiesen** den ersten **Grillplatz** dieses erlebnisreichen Radweges. Die gut erhaltene und geräumige Schutzhütte sorgt bei Regenwetter für einen trockenen Unterstand. Nach 2 km kommen wir zur Weggabelung **Neue Brücke**. Neben einer Schutzhütte finden wir hier eine weitere **Grillstelle** sowie einen kleinen **Spielplatz** vor. Wir biegen nach rechts in den Oberen Goldersbachtalweg ab und erreichen das gleichnamige Tal. Ein **Gatter** muss geöffnet werden, da wir uns nun in einer Wildruhezone befinden.

Für rund 5 km folgen wir dem Radwegverlauf bis zur Teufelsbrücke. Auf dem Weg stoßen wir zuerst auf die **Grillstelle Falkenkopf** und gelangen zum kleinen **Ziegelweiher.** Am Weiher befindet sich ein weiterer **Grillplatz**, einige Meter weiter östlich liegt ein **Soldatengrab.** Hier, im stillen Goldersbachtal, wird eines kurz vor Ende des Zweiten Weltkriegs verstorbenen 19-jährigen Soldaten gedacht.

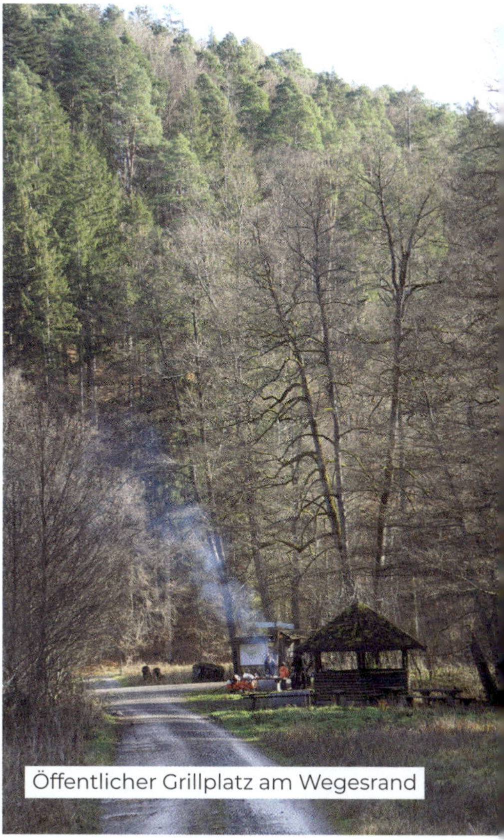
Öffentlicher Grillplatz am Wegesrand

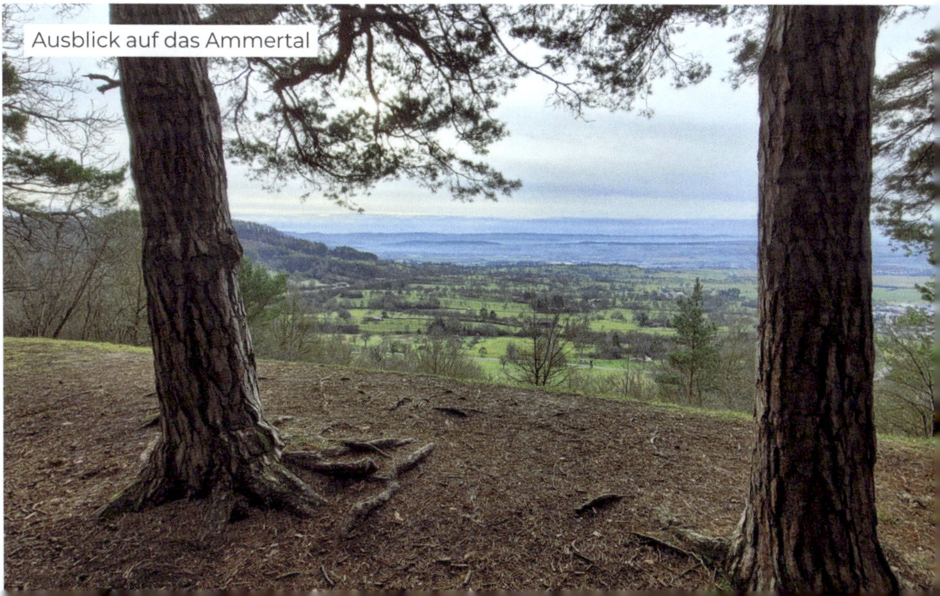
Ausblick auf das Ammertal

Immer weiter radeln wir, stets leicht abschüssig, auf dem Schotterweg durch das **Goldersbachtal.** Links und rechts des Weges beeindruckt die Natur, die durch den sich windenden Bach mit Feuchtigkeit versorgt wird. Nicht selten lassen sich Habichte und Bussarde beobachten, die über die Baumkronen hinwegfliegen.

Am nächsten Wegpunkt **Teufelsbrücke** fließen Fischbach und Lindach zusammen und hören fortan auf den Namen **Großer Goldersbach.** Am **Grillplatz** Teufelsbrücke knickt die Route nach rechts ab, weiter geht es gen Süden. Nach ca. 1,4 km gelangen wir zum **Grillplatz an der Tellerbrücke,** um nach einem weiteren Kilometer die letzte Grillmöglichkeit auf der Strecke anzusteuern. Der wenige Meter entfernte **Schwefelbrunnen** führt zwar ordentlich Wasser, wie an den anderen Brunnen im Schönbuch handelt es sich allerdings nicht um Trinkwasserqualität.

Nach gut 1000 m kommen wir schließlich in der kleinen Ortschaft **Bebenhausen** an, die heute ein Stadtteil von Tübingen ist. Indem wir uns nördlich halten, erreichen wir über die Schönbuchstraße das Kloster samt Schloss.

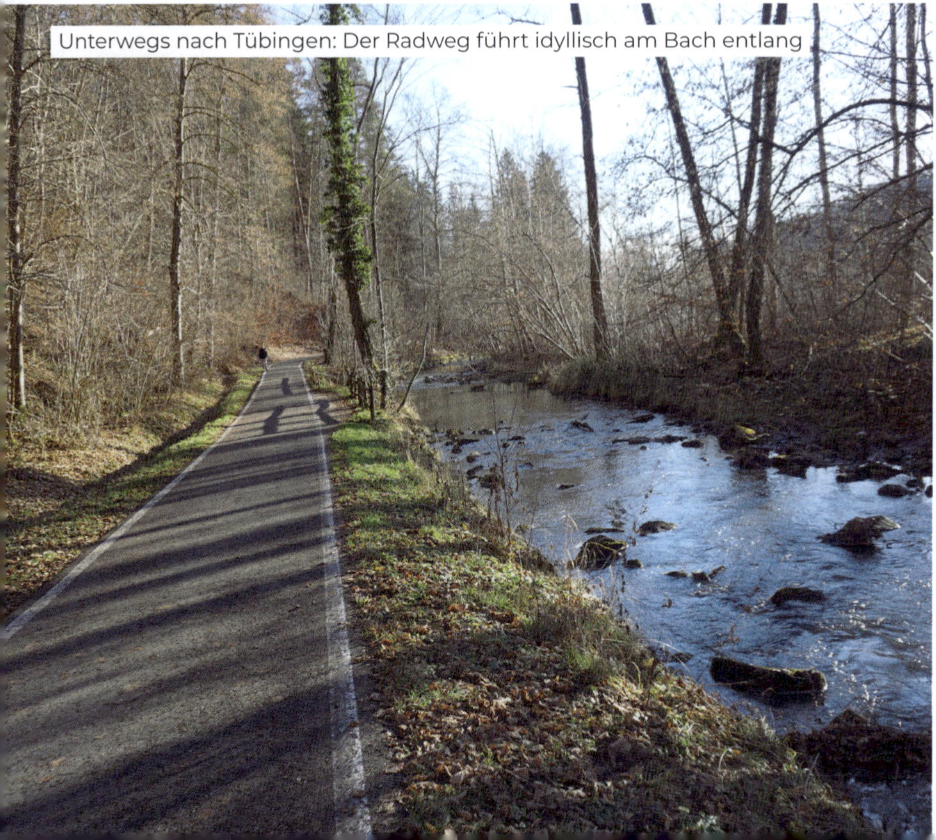

Unterwegs nach Tübingen: Der Radweg führt idyllisch am Bach entlang

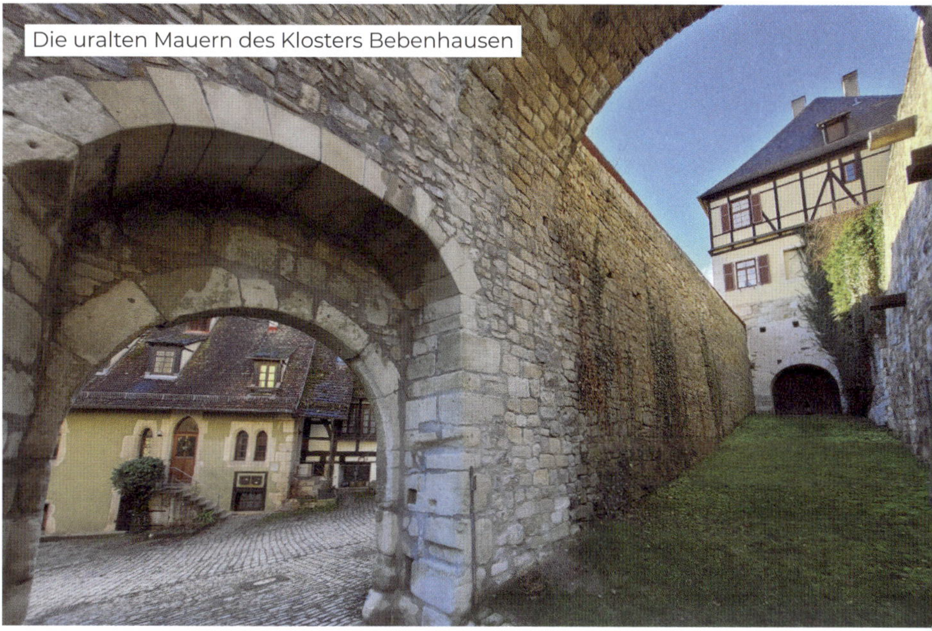
Die uralten Mauern des Klosters Bebenhausen

MITTELALTER-KLEINOD: KLOSTER UND SCHLOSS BEBENHAUSEN

Kloster und Schloss Bebenhausen sind idyllisch auf einer Lichtung gelegen. Die Anlage überzeugt mit Schlichtheit und Eleganz und atmet mittelalterliches Flair. Auf fast 1000 Jahre Geschichte kann die ehemalige Zisterzienserabtei mit ihrem beeindruckenden **Kreuzgang** zurückblicken. Zwischenzeitlich fungierte das Kloster als Jagdschloss der württembergischen Landesherren und danach diente es dem Landtag von Württemberg-Hohenzollern bis 1952 als Tagungsräumlichkeit. Heute wird der Bau zum Teil vom Forstbetrieb des Naturparks Schönbuch genutzt.

Das **Außengelände** ist frei zugänglich. Für den Eintritt zu den **Innenräumen** werden Einzeltickets und ein vergünstigtes **Kombiticket** (Erw. 10 €, erm. 5 €) angeboten. Im Rahmen von **Führungen** erhalten Besucher Informationen zur Geschichte von Kloster und Schloss (www.kloster-bebenhausen.de/besuchsinformation/oeffnungszeiten, Kloster April–Okt. tägl. 9–17, Nov.–März Di.–So. 10–17 Uhr, Eintritt: 6 €, erm. 3 €, Schloss nur mit Führung April–Okt. Di.–Fr. 11–17, Sa./So./feiertags 10–17 Uhr, Eintritt: Erw. 8 €, erm. 4 €). Es werden u. a. auch abendliche **Laternenumzüge** veranstaltet.

Wer Hunger verspürt oder seinen Durst stillen möchte, hat in Bebenhausen gleich mehrere Wahlmöglichkeiten: Im **Gasthof Sonne** (Schönbuchstr. 15, www.sonne-bebenhausen.de, Fr.–Mi. ab 11.30 Uhr) mit seinem urigen Ambiente geht es eher ungezwungen zu. Gehobene Küche wird im **Landhotel Hirsch** (Schönbuchstr. 28, www.hirsch-bebenhausen.de, tägl. ab 12 Uhr) und im **Schranners Waldhorn** (Schönbuchstr. 49, www.schranners-waldhorn.de, Mi.–So. ab 12 Uhr) serviert.

VON BEBENHAUSEN NACH TÜBINGEN

Von Bebenhausen führt uns die Route anschließend ca. 6 km in südliche Richtung auf einem gut ausgebauten Radweg neben einer viel befahrenen Landstraße ins **Tübinger Stadtzentrum.** Hierbei begleitet uns der munter plätschernde **Goldersbach.** Wir radeln am **Schlempp-Brünnele** und an der **Waldgaststätte Goldersbachklause** (Beim Schlemppbrünnele 2, www.goldersbachklause.de, Mi., Do. u. Sa. 12–19, So. 11.30–19 Uhr) vorbei. Die **Fahrradservicestation** der Klause mag für manch einen die Rettung in der Not sein: Pannenwerkzeug, Fahrradschläuche, Luftpumpe und eine Stromtankstelle stehen hier bereit. Außerdem kann man im Biergarten entspannen und sich mit schwäbischen Spezialitäten bewirten lassen.

Es wird nun immer städtischer auf unserer Route. Wir überqueren den Goldersbach, fahren an dessen Ufer weiter nach Süden und radeln dann rechts am Flüsschen **Ammer** entlang. In einem großen Bogen passieren wir die Gebäude der **Universität** und den **Botanischen Garten** und queren den **Neckar** über die berühmte **Eberhardsbrücke.** Der Blick auf die bunten Hausfassaden am Tübinger Neckar ist vielleicht eines der bekanntesten Postkartenmotive der Region. Egal zu welcher Tageszeit, zu welcher Jahreszeit, ob bei gutem oder schlechtem Wetter: Der Ausblick ist stets grandios. Im Sommer sitzen Tübinger und Gäste am Ufer, trinken etwas oder picknicken. Und wenn alljährlich im Sommer das berühmte **Stocherkahnrennen** startet, kennen die Tübinger kein Halten mehr. In bunten Kostümen startet man zum Bootsrennen oder beobachtet das Spektakel vom Ufer aus.

Extra-Tipp
Erfrischung mit Neckarblick

Direkt an der blumengeschmückten **Eberhardsbrücke** lädt die Tübinger Gasthausbrauerei **Neckarmüller** (Gartenstr. 4, https://neckarmueller.de, Mo.–Sa. 10–1, So. 10–24 Uhr) zu einer wohlverdienten Stärkung ein. Wer Glück hat, ergattert einen der beliebten **Sitzplätze im Biergarten direkt am Neckar.** Aber auch der zünftig-moderne Innenraum lädt zum stilvollen Speisen oder auch nur zum Getränk ein. Serviert werden Flammkuchen und schwäbische Spezialitäten, darunter auch vegetarische und vegane Varianten. Dazu gibt es **selbst gebraute Biere.**

Die bezaubernde Altstadt von Tübingen trumpft mit viel Charme auf

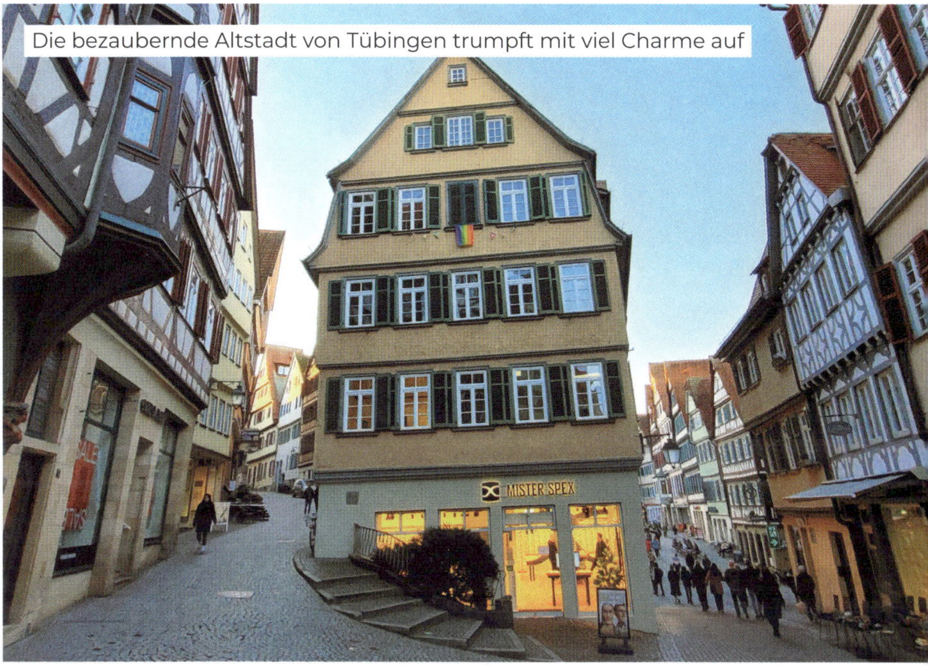

DREI RÜCKFAHRTOPTIONEN AB TÜBINGEN

Vom Startpunkt Herrenberg aus haben wir nun gute 28 km zurückgelegt. Selbstverständlich lohnt sich eine ausgiebige Sightseeingtour durch die **historische Altstadt Tübingens.** Allein der Anblick des **Rathauses** mitsamt der Marktplatzkulisse ist ein Augenschmaus.

Für den weiteren Verlauf der Radwanderung bieten sich nun **drei Varianten** an:

Wer die Radtour in Tübingen beenden möchte, geht zum südlich der Eberhardsbrücke gelegenen Bahnhof und steigt in die Regionalbahn nach Stuttgart Hbf. Alternativ kann man die Ammertalbahn von Tübingen nach Herrenberg nutzen, falls man dort beispielsweise sein Auto geparkt hat.

Wer Lust hat, weitere 20 km per Rad in Angriff zu nehmen, der folgt der in der Karte verzeichneten Route der „Tausend Orte zum Verweilen" durch das **Ammertal** in westliche Richtung und gelangt so **zurück nach Herrenberg.** Der Weg führt, im Gegensatz zum Hinweg, immer sanft bergauf. Dabei passiert man u. a. die Städte **Pfäffingen, Poltringen, Reusten und Altingen.** Praktisch: Wem unterwegs die Puste ausgeht, der kann entlang der Radstrecke an bis zu neun Haltestellen in die Ammertalbahn einsteigen und so ohne Muskelkraft zurück nach Herrenberg gelangen.

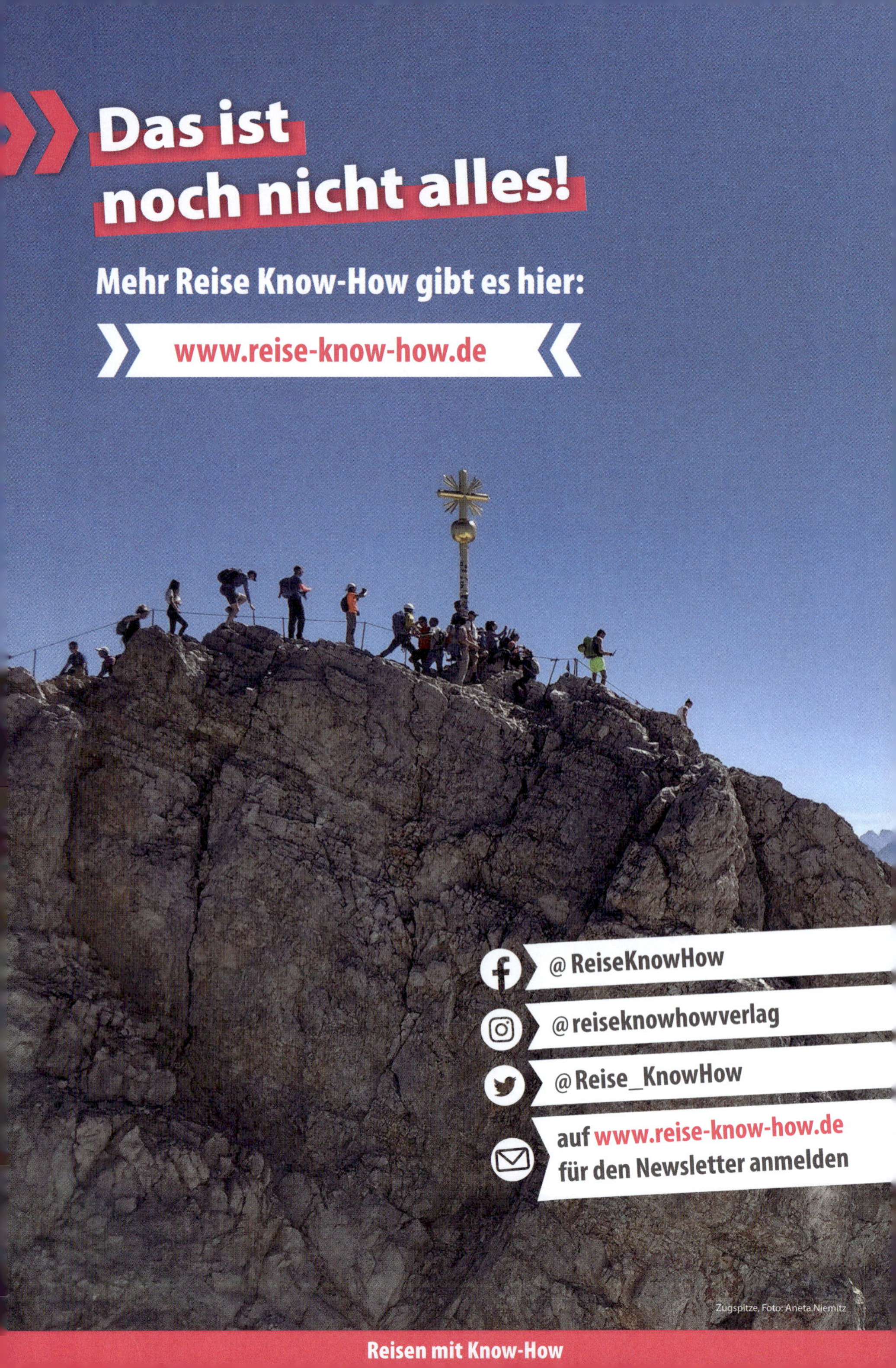

Zugspitze, Foto: Aneta Niemitz

BILDNACHWEIS

Umschlag: Alle Bilder ©Andreas Schwientek

Vorspann (S. 1–5): Alle Bilder ©Andreas Schwientek

Route 1: ©hifografik (AD): S. 9; ©Barbara Fröhlich (AD): S. 12; ©Eberhard Spaeth (AD): S. 14 (unten); alle weiteren Bilder ©Andreas Schwientek

Route 2: ©Denis Erhardt/Wirestock (AD): S. 24; alle weiteren Bilder ©Andreas Schwientek

Route 3: ©David Brown (AD): S. 29; alle weiteren Bilder ©Andreas Schwientek

Route 4: Alle Bilder ©Andreas Schwientek

Route 5: ©Manuel Schönfeld (AD): S. 46; ©Schwäbische Waldbahn: S. 49; alle weiteren Bilder ©Andreas Schwientek

Route 6: Alle Bilder ©Andreas Schwientek

Route 7: ©Ullrich Gnoth (AD): S. 72; ©Manuel Schönfeld (AD): S. 75; alle weiteren Bilder ©Andreas Schwientek

Route 8: ©Andreas Nägeli (AD): S. 76; ©Manuel Schönfeld (AD): S. 85; alle weiteren Bilder ©Andreas Schwientek

Route 9: Alle Bilder ©Andreas Schwientek

Route 10: ©S. Külcü (AD): S. 94; alle weiteren Bilder ©Andreas Schwientek

Route 11: ©Julian (AD): S. 113; alle weiteren Bilder ©Andreas Schwientek

Route 12: Alle Bilder ©Andreas Schwientek

Route 13: Alle Bilder ©Andreas Schwientek

Route 14: Alle Bilder ©Andreas Schwientek

Route 15: © turtles2 (AD): S. 144; ©photocorona.de/Olaf Peglow u. Ramona Mayerhofer (AD): S. 150; © Falko Göthel (AD): S. 151; alle weiteren Bilder ©Andreas Schwientek

Route 16: Alle Bilder ©Andreas Schwientek

Route 17: Alle Bilder ©Andreas Schwientek

Route 18: ©ON-Photography (AD): S. 178 unten; alle weiteren Bilder ©Andreas Schwientek

Route 19: Alle Bilder ©Andreas Schwientek

Route 20: ©MCM (AD): S. 195; ©S. Külcü (AD): S. 200; alle weiteren Bilder ©Andreas Schwientek

Route 21: ©Judith Eppinger/Alpaka Venture: S. 204, 208; alle weiteren Bilder ©Andreas Schwientek

Route 22: ©Andreas Weise/factum – Anna Bröll/Die Zugvögel: S. 210, 214; ©ink drop (AD): S. 213; ©Horst Bingemer (AD): S. 215; ©rhoenes (AD): S. 216 (unten); ©24K-Production (AD): S. 216 (oben)

Route 23: ©Eberhard Spaeth (AD): S. 224; ©Bildagentur-o (AD): S. 225 (oben); alle weiteren Bilder ©Andreas Schwientek

Route 24: Alle Bilder ©Andreas Schwientek

Route 25: Alle Bilder ©Andreas Schwientek

Anhang (S. 248–256): Alle Bilder ©Andreas Schwientek

Bei allen Fotografen mit dem Zusatz (AD) stammen die Bilder von stock.adobe.com.

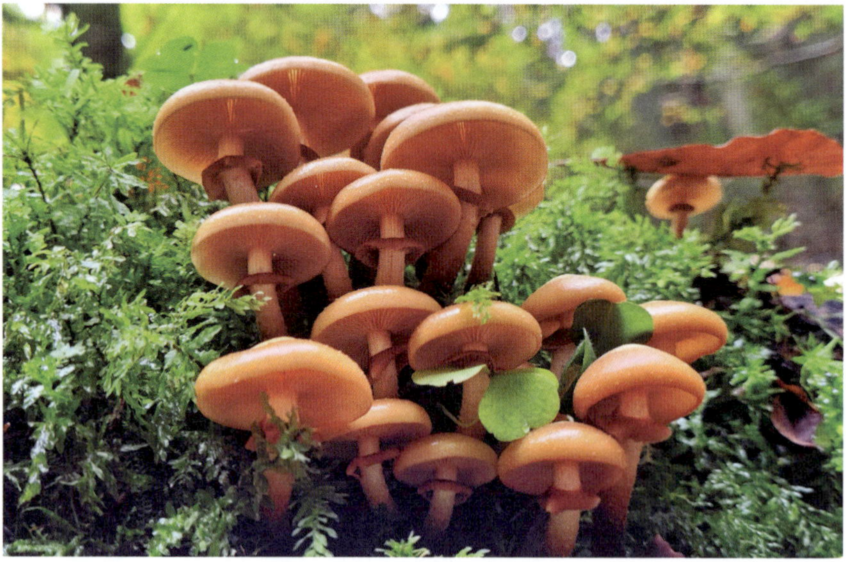

IMPRESSUM

Andreas Schwientek
Draußen rund um Stuttgart

1. Auflage 2023

ISBN 978-3-8317-3738-3

Printed in Germany

Druck und Bindung:
mediaprint solutions GmbH,
Paderborn

Layout: der Verlag, Realisierung:
amundo media GmbH
Lektorat: amundo media GmbH
Karten: Ingenieurbüro K. Wendler,
amundo media GmbH

Anzeigenvertrieb: KV Kommunal-verlag GmbH & Co. KG, Alte Landstraße 23, 85521 Ottobrunn, Tel. 089 928096-0, info@kommunal-verlag.de
Kontakt: Osnabrücker Str. 79, 33649 Bielefeld, info@reise-know-how.de

REGISTER

J, K

L

M

N

DER AUTOR

Andreas Schwientek, Profi-Blogger auf **www.jungwandern.de,** kennt sich bestens in der Outdoor-Region rund um die Landeshauptstadt Stuttgart aus. Der Wahlschwabe berichtet über abwechslungsreiche Wanderstrecken ebenso wie über spannende Outdoor-Aktivitäten wie z. B. Touren mit dem E-Bike oder Kanu. Außerdem stellt er interessante Urban-Hiking-Trips in die zahlreichen schwäbischen Kleinstadtperlen vor: Städteausflüge für Kultur- und Geschichtsinteressierte, oft kombiniert mit einer kleinen Wanderung in die reizvolle Natur dieses Landstrichs. Die meisten seiner Erlebnistouren sind klimafreundlich mit dem ÖPNV erreichbar. Seine Outdoor-Trips zeichnen sich weniger durch sportliche Höchstleistungen als vielmehr durch einen hohen Erlebniswert aus. Neben nützlichen Informationen zum Besuch von Attraktionen, historischen Anekdoten und Sehenswertem abseits des Weges weiß er humoristisch die eine oder andere Pointe zu setzen. Ausgestattet mit einem guten Auge für originelle Fotomotive folgen ihm auf seinem Blog www.jungwandern.de seit einigen Jahren mehrere Tausend Leser und Social-Media-Fans.

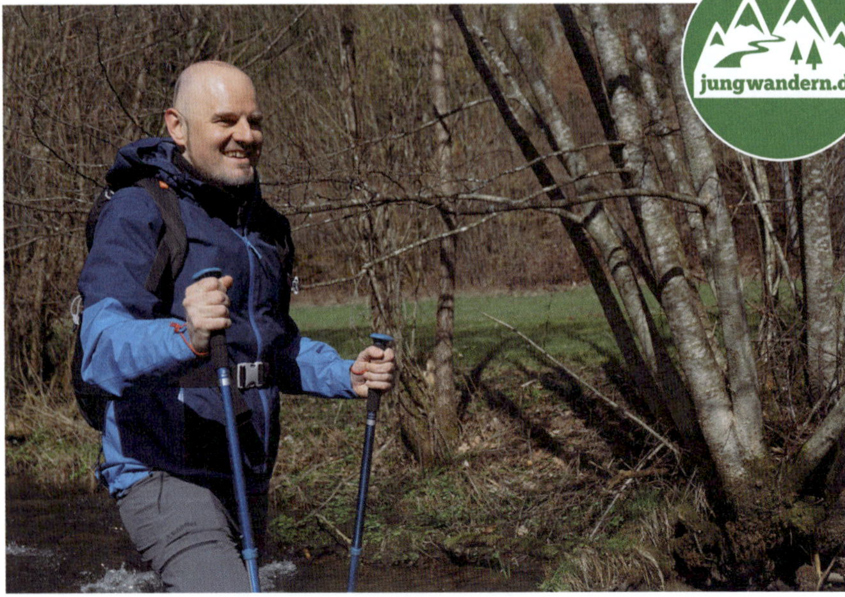